Claudia Bauder

Im Herzen Kanadierin

Meine transatlantische Kindheit
in einer deutschen Familie

Widmung

Für Nicolas

Dank

Folgenden Personen bzw. Firmen danke ich für ihre nützlichen Informationen, interessanten Gespräche und Hilfe:

Carin Bauder, für alles.

Margret Kelbaß, die mit mir viele Gespräche führte, um mir meine Mutter näher zu bringen, bedanke ich mich herzlich.

Charlotte Grimm (geb. Bauder), der Schwester meines Vaters, für Informationen über meinen Großvater Paul Bauder.

Klaus Maier, Bürgermeister der Stadt Heubach.

Dietward Horn.

Heidi Ribkoff (geb. Stiefenhofer).

Der Robert Bosch GmbH in Stuttgart für Einsicht in alte Personalakten meines Vaters und für diverse informative Gespräche.

Waltraut Mayer, der langjährigen Partnerin meines Vaters.

Ann Mulvale, Bürgermeisterin von Oakville.

Janet Hayes (geb. Monteith) und Shelli Harrison (geb. Pundsack). Wir hatten viel Spaß dabei, uns an manche Details unserer zum Teil gemeinsam erlebten Jugend zu erinnern.

Martin Holl, dem Bruder meiner Mutter.

Susanne Bauder Fujarczuk.

Hildegard Schmid, für die vielen interessanten Gespräche, die kritischen Fragen und die Korrekturlesung. Ohne ihre Unterstützung hätte ich dieses Vorhaben wahrscheinlich aufgegeben.

Brigitte Bauder.

Allen Anderen, die mich direkt und indirekt in diesem Vorhaben unterstützten.

An meine viel zu früh verstorbene Mutter,
Magdalene Emma Bauder, geborene Holl,
möchte ich hiermit erinnern.
Sie ist der Ruhepol in meinem frühen Leben gewesen
und ich vermisse sie noch heute.

Inhaltsverzeichnis

9

Von Europa nach Südamerika

Meine Eltern waren Deutsch und kamen ursprünglich aus der kleinen Stadt Heubach in Württemberg, etwa 60 Kilometer östlich von Stuttgart. Mein Vater, Hans-Jörg Bauder, wurde dort 1929 als drittes von insgesamt sieben Kindern geboren. Meine Mutter, Magdalene Emma Holl, genannt Magda, wurde 1930 ebenfalls dort geboren und war das zweite von drei Kindern. Meine Eltern kannten sich von klein auf, ihre Familien lebten wenige hundert Meter voneinander entfernt. Die Väter arbeiteten im selben Betrieb, der anfänglich Spießhofer & Braun hieß und später Triumph International. Im Mai 1945, wenige Tage vor dem 16. Geburtstag meines Vaters, ging der II. Weltkrieg zu Ende. Das war sein großes Glück, denn mit 16 Jahren wurden die jungen Männer damals in den Krieg eingezogen.

Bei Spießhofer & Braun begann mein Vater noch im selben Jahr eine Ausbildung als Nähmaschinenmechaniker mit Spezialgebiet Industrienähmaschinen. Danach machte er eine Ausbildung zum Bekleidungstechniker und anschließend besuchte er eine private Wirtschaftsschule. Er war sehr attraktiv, 1.87 Meter groß, schlank und sportlich, Brillenträger, hatte dunkle Augen und fast schwarzes Haar, und ein verschmitztes Lächeln.

Meine Mutter wurde bei Spießhofer & Braun zur Sekretärin ausgebildet. Zunächst arbeitete sie mit anderen Frauen zusammen in einem Raum verschiedenen Personen zu und später, ausschließlich für Paul Bauder, der nicht nur Direktor der Firma war, sondern auch der Vater ihres Freundes, Hans. Sie war 1.65 Meter groß, hatte eine sehr weibliche Figur und rotbraunes Haar, das sie meistens kurz trug. Unverwechselbar waren ihre großen, strahlend blauen Augen.

Ab Februar 1953 arbeitete mein Vater bei dem Nähmaschinenhersteller Pfaff in Kaiserslautern, als „Fachberater für die nähende Industrie mit Wohnsitz in Deutschland, Holland und Dänemark". Ab Oktober 1953 wurde er, 24-jährig, für ein halbes Jahr nach Holland entsandt, wo er mit dem Wiederaufbau des holländischen Industriegeschäfts tätig war. Aufgrund seines Alters wurde er damals für diese Aufgabe ausgesucht, denn er war zu jung, um während des Krieges Soldat gewesen zu sein und konnte somit in ein Land entsandt werden, in das wenige Jahre zuvor deutsche Soldaten einmarschiert waren. Mein Vater wohnte alleine in einem möblierten Zimmer in s'Hertogenbosch in der Haverdonklan und lernte abends Niederländisch. Es war während dieser Zeit, dass er sich endgültig für die Ehe mit meiner Mutter entschied, und die Zwei verlobten sich an Silvester 1954. Ab dem Frühjahr 1954 arbeitete er wieder in Deutschland und konnte fortan die meisten Wochenenden in Heubach verbringen und somit öfters seine Verlobte sehen, die allerdings noch bei ihren Eltern wohnte. Ab März 1955 wurde mein Vater dann für ein Jahr nach Dänemark entsandt, um den skandinavischen Markt für Pfaff aufzubauen. Er wohnte in Kopenhagen-Ordrup, im Ordrupvej. Mit der Eheschließung im Oktober 1955 hörte meine Mutter mit dem Berufsleben auf, zog zu ihrem Ehemann nach Dänemark und wurde Hausfrau.

Heubach, Oktober 1955, Hochzeit von Magda und Hans Bauder.

Bereits ein halbes Jahr später, im Frühjahr 1956, wurde mein Vater nach Deutschland zurückgeholt und meine Mutter erwartete schon ihr erstes Kind. In Deutschland herrschten in dieser Zeit zum Teil noch Wohnungsmangel und eine schöne große Wohnung anzumieten war nicht einfach. Da mein Vater weiterhin beruflich oft auf Geschäftsreisen sein würde und meine Mutter dadurch alleine zuhause -und zudem schwanger-, entschloss sie sich, dass es doch besser wäre, sie würden in Heubach im Haus ihrer Eltern mit wohnen. Dort war ausreichend Platz und sie war somit unter der Woche nicht alleine. Hans konnte unbesorgt verreisen, wissend, dass seine schwangere Ehefrau bestens aufgehoben ist. Das erste Kind, Susanne, wurde im Oktober 1956 in Schwäbisch Gmünd geboren. Nach der Geburt blieb meine Mutter noch ein halbes Jahr lang bei ihren Eltern wohnen und die Ehe war weiterhin eine Wochenendbeziehung. Dann sollte es ganz weit in die Ferne gehen, nach Südamerika.

Ab April 1957 arbeitete mein Vater für Pfaff International Corporation, die ihren Sitz in der Fifth Avenue in New York hatte. Sein Arbeitsort war allerdings nicht in den USA, sondern an verschiedenen Standorten in Südamerika. Als Verkaufsförderer zog er zunächst mit seiner jungen Familie nach Porto Alegre, Brasilien, um. Tochter Susanne war ein halbes Jahr alt. Meine Mutter war erst 26 Jahre alt, als sie in ihrem zweiten Ehejahr, mit Mann und nun auch schon mit Baby, den Umzug in das zweite fremde Land machte. Dieses Mal war sie aber sehr weit weg von ihren Eltern und völlig ohne deren Unterstützung. Mein Vater war gerade 28 Jahre alt geworden und verantwortlich für die dortige Erschließung neuer Märkte für Pfaff-Produkte und den Ausbau der gesamten Verkaufsorganisation. Meine Eltern lernten beide die Landessprache Portugiesisch. Sie gingen gerne aus zum Essen und zum Tanzen und genossen die dortige Lebensfreude. Nach nur einem Jahr in Brasilien zog die Familie aber bereits weg, nach Uruguay. In ihrem dritten Ehejahr folgte meine Mutter ihrem Mann in das dritte fremde Land.

Montevideo, Uruguay 1958

Von 1958 bis 1962 lebte die Familie in Montevideo, Uruguay, wo mein Vater dieselbe Aufgabe für Pfaff ausübte wie bereits in Brasilien. Die Familie wohnte nahe dem Plaza Fabini und konnte von ihrer Wohnung aus das Meer sehen, worüber alle sehr glücklich waren. In dieser Zeit wurden sie Mitglied in einem Reitverein und erlernten das Reiten. In ihrem „Cedula de Identidad" (Ausweis) von Dezember 1958 lautet der volle Name meiner Mutter: Magdalene Emma Holl Schurr de Bauder, denn in Südamerika gehörten auch diese Namen zum gesamten Familiennamen.

Susanne war zwei Jahre alt, als ihre Mutter zu einer medizinischen Behandlung für vier Monate nach Deutschland reiste und sie dorthin mitnahm. Während meine Mutter im Krankenhaus war, blieb Susanne bei ihren Großeltern, Hedwig und Eugen Holl, genannt Oma und Opa. Susanne sprach damals mehr Spanisch bzw. noch das Portugiesisch, was sie in Brasilien gelernt hatte, als Deutsch. Bei den Großeltern sagte sie dann auf die Schuhe zeigend: „Mio zapatos,

Oma zapatos, Opa zapatos". Aber die Drei schafften es trotz sprachlichen Differenzen, sich zu verständigen.

Nach der Genesung seiner Frau, reiste mein Vater seiner Familie nach, und sie brachen gemeinsam zu einer größeren Urlaubsreise auf, mit den Stationen Kopenhagen, New York, Toronto, Mexiko, Panama, Kolumbien und Peru. Meine Mutter schrieb in einem Brief: „Susanne hat sich an das Fliegen gewöhnt." Bei so vielen Flügen wohl kein Wunder! Über Susanne schreibt sie weiter, dass sie, wieder zu Hause in Uruguay angekommen, ihr alles, was sie sagt, auf Deutsch nachspricht und alles was das Kindermädchen auf Spanisch spricht, auf Spanisch nachsagt.

Im November 1959 war mein Vater bei einer Reise nach Rio de Janeiro etwas früher als notwendig am Flughafen gewesen. Man bot ihm an, mit einem früheren Flugzeug zu fliegen als geplant war, auch weil die geplante Maschine Verspätung haben würde. Er nahm das Angebot an, was sein Glück war, denn das Flugzeug, in das er eigentlich hätte steigen sollen, stürzte ab und es gab keine Überlebenden. Bei seinem Termin in Rio angekommen, starrten ihn alle im Büro an und konnten nicht fassen, dass er lebte. Sie sagten: „Herr Bauder, ihr Flugzeug ist gerade abgestürzt." Es erschien allen, einschließlich ihm, wie ein Wunder, dass er nicht das geplante Flugzeug genommen hatte. Kurz nachdem mein Vater mit sehr viel Glück dem Tod entkommen war, schrieb meine Mutter in einen ausführlichen Brief an ihre Freundin Margret, dass Hans sehr viel auf Reisen unterwegs und sie sehr viel alleine sei und „wir mussten schon viele persönliche Opfer bringen für den Beruf, aber wenn man dann nachher die Erfolge sieht, freut man sich auch". Sie schrieb weiter: „Im August hatten wir einen Volkswagen Jahrgang 1957 für 4.000 US-$ gekauft, der aber leider beim Zoll stand und nicht ausgeliefert wurde. Die Fluggesellschaften boten in der Zwischenzeit 40% Sonderrabatte an und so kam Hans die Idee, anstelle des Autos für den Herbst 1960 einen Flug nach Tokio zu kaufen. Gesagt, getan. Die Flugkarten lauteten: Montevideo – Zürich – Kopenhagen – Anchorage (Alaska) – Tokio – Hong Kong – Bangkok – Kalkutta – Deutschland – Lissabon – Montevideo."

Zuerst aber reisten meine Eltern gemeinsam mit Susanne, die inzwischen drei Jahre alt war, im Dezember 1959 nach Chile. Von Chile waren unsere Eltern so sehr begeistert, dass sie immer wieder über dieses wunderschöne Land sprachen. Mein Vater sagte später auch, er wolle als Rentner dorthin ziehen.

Ende September 1960 wurde die geplante Weltreise angetreten, die sechs Wochen dauern sollte. Zuerst flogen meine Eltern gemeinsam mit Susanne nach Zürich und brachten von dort aus ihre Tochter zu Oma und Opa nach Heubach zur Betreuung. Da auch 15 Jahre nach Kriegsende die Zeiten in Deutschland für viele

14

Menschen noch schlecht waren, schien es unseren Großeltern undenkbar, dass meine Eltern sich leisten konnten, eine Weltreise zu machen. Das machte damals noch keiner, denn sie waren in Deutschland noch mit dem Aufbau des Landes beschäftigt, aber noch lange nicht beim Wohlstand angekommen. Daher mussten meine Eltern versprechen, keinem der Freunde oder Verwandten von ihrer Weltreise zu erzählen. Sie sollten so tun, als würden sie auf eine Geschäftsreise gehen.

Susanne besuchte in dieser Zeit den Kindergarten in Heubach, den sie sehr liebte. Währenddessen wurde meine Mutter 30 Jahre alt und die Weltreise war ihr Geburtstagsgeschenk. An ihrem Geburtstag flogen meine Eltern von Osten nach Westen und um Mitternacht stießen sie auf ihren Geburtstag an. Da sie während dieses Flugs noch zwei Zeitzonen überflogen, konnten sie noch zweimal auf den Geburtstag anstoßen, was die Beiden prächtig amüsierte.

Am Ende der Weltreise holten meine Eltern ihre Tochter in Deutschland wieder ab und flogen nach Uruguay zurück. Über diese Reise sagte unser Vater später, es sei die beste Idee gewesen, die sie in ihrer gesamten Ehe gehabt hätten. Sie waren bei Antritt dieser Reise noch jung genug, um das Abenteuer richtig zu genießen. Sie konnten auf Kamelen reiten und jeden Abend Essen und auch Tanzen gehen. Und sie hatten große Freude daran, überall landestypische Andenken zu kaufen, die noch Jahrzehnte lang Teil unseres Haushaltes sein würden. Alle anderen Paare, denen sie auf dieser Reise begegneten, waren viel älter, die meisten im Rentneralter, und hatten nicht so viel Spaß wie sie.

Wieder zu Hause in Montevideo angekommen, ging Susanne in einen privaten deutsch-spanischen Kindergarten, um weiterhin beide Sprachen zu lernen. Den VW-Käfer haben meine Eltern dann auch noch bekommen, aber er hatte kein sonderlich langes Leben. Dieses war abrupt nach einem Unfall zu Ende, bei dem das Auto von hinten von einem Lastkraftwagen gerammt und dann vorne in einen zweiten Lkw geschoben wurde. Durch den Schlag von hinten flog meine Mutter nach vorne an die Windschutzscheibe, die zum Teil brach, und sie hatte nahezu überall Glassplitter vorne in ihrem Körper stecken, vor allem aber im Gesicht. Susanne hatte das große Glück, dass sie just im Moment des Aufpralls nicht auf der Rückbank saß, sondern hinter dem Sitz ihrer Mutter auf dem Boden, denn sie suchte gerade nach einem Spielzeug. Dadurch wurde sie lediglich gegen den vorderen Sitz gedrückt und blieb unverletzt. Da es damals keine Krankenwagen gab, wie man sie heute kennt, wurde die ganze Familie noch völlig unbehandelt von einem anderen privaten Auto mitgenommen und nach Hause gebracht. Verletzt, blutend und unter Schock stehend, wie sie alle waren, wurden sie dort von einem Arzt behandelt, den man kommen lies. Mit der Pinzette, wie sich Susanne erinnert, entfernte er die Glassplitter aus dem Gesicht ihrer Mutter und versorgte sämtliche Verletzungen.

Im Frühjahr 1962 bekam meine Mutter in Montevideo Besuch von ihrer besten Freundin Margret aus Heubach. Diese wollte unbedingt ein Erinnerungsfoto der Freundinnen in der Ferne machen, aber meine Mutter war schwanger und wollte sich so nicht fotografieren lassen. Damals hatten Frauen ein anderes Körperbewusstsein, und schwanger zu sein galt nicht als attraktiv. Also musste Margret ohne gemeinsames Foto wieder nach Hause fliegen, dafür aber mit vielen Eindrücken und Erinnerungen. In dieser Zeit war mein Vater wieder unterwegs auf Geschäftsreisen und schrieb an seine Schwiegereltern aus Port-of-Spain, Trinidad, West Indien, eine Postkarte vom Trinidad Hilton Hotel, das damals das neueste unter den Luxushotels in der Karibik gewesen sein soll.

Ihr zweites Kind, Carin, wurde im Juli 1962 in Montevideo, Uruguay, in einem britischen Krankenhaus geboren. Sie hätte ein Junge werden und den Namen Peter bekommen sollen, das stand fest. Nun mussten die Eltern ihre Enttäuschung über das „falsche" Geschlecht hinnehmen und beschlossen das Mädchen Karin zu nennen. Im Spanischen gab es aber den Buchstaben „K" nicht auf der Schreibmaschine und so mussten sie aus Karin eine Carin mit „C" machen. Bereits als die kleine Carin vier Wochen alt war, reiste meine Mutter mit ihr und Susanne in ihre Heimat nach Deutschland. Sie war erschöpft und wollte sich wieder bei den Eltern erholen. Die Reise für die Flugroute Montevideo, Rio de Janeiro, Recife, Cap Verde, Lissabon, Zürich, Stuttgart dauerte fast zwei Tage.

Susanne war mit knapp zwei Jahren nach Uruguay gekommen und erlebte es vier Jahre lang als ihr Zuhause und ihr erstes Heimatland. Mit fast sechs Jahren sollte sie sich von ihrer ersten Heimat verabschieden, denn sie würde nicht mehr dorthin zurückkehren. In Heubach angekommen, besuchte sie dort wieder den Kindergarten, den sie bereits zwei Jahre zuvor auch besucht hatte. Im Januar 1963 zog meine Mutter -nach einem halben Jahr Aufenthalt in Heubach- mit den Kindern direkt von Deutschland aus nach Caracas, Venezuela.

Caracas, Venezuela 1963

Ab Januar 1963 arbeitete mein Vater im Geschäftszweig Industriemaschinen für Pfaff Máquinas de Coser Industriales S.A., in Caracas, als Alleinverantwortlicher Geschäftsführer. Er war dort mit dem Import und Vertrieb von Industriemaschinen beschäftigt. Diese Aufgabe brachte mit sich, dass er nun weniger reisen musste als in den ersten sieben Jahren seiner Ehe und meine Eltern dadurch endlich mehr Zeit miteinander verbringen konnten.

In einem Brief meiner Mutter an ihre Freundin Margret schrieb sie im November 1963: „Seit September geht Susanne nun in die erste Klasse. Morgens um halb 7 Uhr kommt der Schulbus und bringt sie kurz nach 13 Uhr wieder. Sie hat 30 Stunden Unterricht in der Woche mit einem richtigen Stundenplan inklusive Naturwissenschaft und venezolanische Bürgerkunde. Die Kinder bekommen täglich bis zu fünf oder sechs verschiedene Schularbeiten auf. Jeden Monat gibt es Zeugnisse mit strengen Zensuren und zweimal im Jahr müssen richtige Examen gemacht werden mit schriftlicher und mündlicher Prüfung. Paukt man nicht intensiv zuhause mit den Kindern, so ist es unmöglich, dass sie das Pensum schaffen. Hier in Caracas ist die Lage wieder ein bisschen besser, seit circa 14 Tagen wird nicht mehr so viel geschossen. Seit einigen Wochen ist sehr viel Militär in den Straßen und das hilft anscheinend. Mal sehen wie lange? Sonst geht es gut, Hans hat viel Arbeit und ist sehr beansprucht. Susi bekommt nächste Woche Ferien für 2 Monate wegen der politischen Situation. Die meisten Schulen haben schon längere Zeit geschlossen. Dabei könnten die Leute hier das Paradies auf Erden haben."

Mitte Dezember 1963 reiste die Familie über Weihnachten nach Deutschland. Eigentlich wurde diese Reise durch den Wunsch meiner Mutter nach einem Weihnachtsbaum ausgelöst. Es war in Venezuela zu dieser Zeit Sommer und eine Tanne, wie sie sich unsere Mutter vorstellte, gab es in ganz Venezuela nicht. Sie hätte von Nordamerika eingeflogen werden müssen. Das aber war so teuer, dass mein Vater etwas überspitzt sagte: „Für das Geld können wir gleich nach Deutschland fliegen." Also, mal wieder gesagt, getan und sie flogen. Von Venezuela aus machten sie irgendwo in Nord-Afrika eine Zwischenlandung mit Übernachtung, da die Reise nach wie vor zwei Tage dauerte. Als Susanne dort aus dem Flugzeug stieg, traf sie fast der Schlag: Die Menschen hatten alle schwarze Gesichter! Darauf war sie überhaupt nicht vorbereitet gewesen und wusste nicht mal, dass es so etwas gab. Nicht nur hatten sie schwarze Gesichter, sie trugen dazu auch noch alle lange Gewänder! Wo sie sich befand, wusste das Kind nicht und sie kam aus dem Staunen nicht mehr heraus.

Mitte Januar 1964 reiste meine Mutter mit den Kindern über Zürich zurück nach Venezuela, wo es immer noch Sommer war, und nicht Winter wie in Deutschland. Die Familie verbrachte damals manchmal ein paar schöne Tage am Meer, nahe Maracaibo, und wohnte dort in einem Luxushotel. Mein Vater filmte seine Familie am Schwimmbad und im Garten des Hotels und anschließend das Hotel. Auf dem Dach des Hotels waren bewaffnete Männer zu sehen. Wie meine Mutter geschrieben hatte, war viel Militär präsent und es war eigentlich strengstens verboten sie zu filmen. Mein Vater konnte es aber nicht lassen und filmte trotzdem.

Im März 1964 starb die Mutter meines Vaters, Emma Bauder, und er wollte zu ihrer Beerdigung nach Deutschland fliegen. Die Ausreise aus Venezuela wurde ihm aber von den venezolanischen Behörden mit der Begründung verweigert, dass er erst wenige Wochen davor im Ausland gewesen sei und darum nicht schon wieder das Land verlassen dürfe. Die Verweigerung der Ausreisebewilligung war für ihn ein sehr schwerer Schlag. Mein Vater hatte seine Mutter sehr liebgehabt und an ihrer Beerdigung unbedingt teilnehmen wollen, aber in dieser Situation war er machtlos. Obwohl das Land so wunderschön war, hatte mein Vater daraufhin so allmählich genug von Venezuela und seiner politisch schwierigen Lage.

In diese reiselustige, wahrhaft kosmopolitische, aber doch sehr schwäbische Familie wurde ich hinein geboren. Meine Eltern waren bereits in ihrem achten Ehejahr, als ich am 10. Juli 1964 in der Clinica Caurimare, in Colinas de Bello Monte, Venezuela, als ihre dritte Tochter zur Welt kam. Meine Mutter wurde von einem deutschen Arzt betreut, der uns nach einer Woche Klinikaufenthalt nach Hause entließ.

Caracas; Magda und Claudia, November 1964

Die Familie wohnte in einem vornehmen Hochhaus in der Apartado de Correo in La Candelaria, Caracas. Meine Schwestern Carin und Susanne waren 2 und fast 8 Jahre älter als ich. Auch ich hätte ein Junge werden sollen, und meine Eltern wollten ihren Sohn Alexander nennen. Da es aber auch diesmal ein Mädchen geworden war, mussten sich meine Eltern einen weiteren Mädchennamen ausdenken. Dieses Mal aber hatte mein Vater seine Enttäuschung über das -schon wieder- falsche Geschlecht des Kindes wohl nicht mehr verbergen wollen oder können. Er sagte zu seiner Frau: „Es ist mir doch egal, wie das Kind heißt. Mach' Du das." Gesagt, getan. Meine Mutter wählte alleine, ohne Mitwirkung ihres Mannes, für mich den Namen Claudia aus. Von ihrem Freund Sven aus Dänemark erhielten meine Eltern eine Karte mit „Herzliche Glückwünsche, schon wieder einen Sohn!"

Meine Schwester Carin freute sich sehr über das Baby und sagte immer: „Mio Baby." Allerdings war sie von Anfang an eifersüchtig auf den Familienzuwachs, denn ich -das Baby- stahl ihr die Schau und sie geriet dadurch in den Hintergrund. Vielleicht hat sie aus diesem Grund eines Tages angefangen, mit einer neuen Rolle Klopapier so lange durch die gesamte Wohnung zu rennen, bis die Rolle leer war. Das bereitete ihr sehr viel Spaß und brachte ihr dann doch noch die gewünschte Aufmerksamkeit, auch wenn wahrscheinlich nicht in der Form die sie sich gewünscht hätte. Meine Schwester Carin war nicht nur voller Energie und frech, neugierig war sie auch. Eines Tages hob sie etwas ihr Unbekanntes vom Boden auf, steckte es sich in den Mund und fing an es zu kauen, um zu sehen, wie es schmeckt. Als unsere Mutter knackende Geräusche aus dem Mund ihrer Tochter hörte, fragt sie Carin, was sie denn da essen würde. Da Carin nicht antwortete, musste meine Mutter ihr daraufhin den Mund aufmachen und ihr die halb zerkaute Kakerlake aus der Backe nehmen.

Susanne äußerte den Wunsch, in den Sommerferien ihre Großeltern in Heubach besuchen zu dürfen. Ihr lagen die Menschen in Venezuela nicht so sehr, sie fand sie unfreundlicher als in die Menschen in Uruguay oder in Deutschland und Freunde hatte sie in ihrer neuen Heimat auch nicht. Wenige Wochen nach der Geburt ihrer zweiten Schwester wurde ihr Wunsch also erfüllt. Sie flog in Begleitung einer damaligen Bekannten der Familie nach Deutschland. Nur war es leider für Susi so, dass Frau Laux in der ersten Klasse flog, sie selbst aber in der Zweiten. Dadurch hatte sie zwar Begleitung am Flughafen, war aber den gesamten Flug lang alleine auf ihrem Platz. Dann in New York angekommen, stieg ihre Begleitung auch noch aus und Susanne musste ganz alleine weiterreisen. Sie erinnert sich, wie einsam und verlassen sie sich damals fühlte und sich dachte:

„Was mache ich denn hier eigentlich? Ich werde nie in Deutschland ankommen!".
Die Angst wich der Müdigkeit und sie schlief im Flugzeug auf dem Weg nach Europa ein. Als sie aufwachte, sagte man ihr, sie sei in Deutschland angekommen und Susanne war enorm erleichtert, es doch geschafft zu haben.

Die Schulferien in Deutschland waren nicht zeitgleich mit denen in Venezuela, weshalb Susanne, in Deutschland angekommen, gleich zur Schule gehen musste, anstatt Ferien zu haben, worauf sie sich eigentlich gefreut hatte. Während sie dort war, bekam unser Vater eine Versetzung nach New York, woraufhin er die entsprechenden behördlichen Unterlagen für den geplanten Umzug besorgte. Somit war bekannt, dass die Familie Venezuela im Dezember endgültig verlassen würde. Das wiederum hatte zur Folge, dass Susanne, als sie im September wieder nach Venezuela zurückwollte, die Rückreise ins Land verweigert wurde, da ihre Familie bereits drei Monate später nach USA umsiedeln würde. Aus behördlicher Sicht waren wir schon am Gehen und sie sahen deshalb keinen Grund jemanden unserer Familie wieder nach Venezuela einreisen zu lassen! Wieder war die Familie den Entscheidungen der Behörden gegenüber machtlos. Aus dieser Situation heraus wurde beschlossen, dass Susanne die nächsten Monaten in Heubach bei den Großeltern bleiben und dort weiter zur Schule gehen sollte. Eine andere Möglichkeit gab es nicht. Ihr wurde mitgeteilt, dass sie am Ende der Ferien nicht zu ihrer Familie zurückdurfte. Sie würde bis nach Weihnachten von ihren Eltern und Schwestern getrennt bleiben.

Die Großeltern waren damals 62 und 64 Jahre alt aber aufgrund ihrer Lebenseinstellung und guter körperlicher Verfassung noch ausreichend agil, um sich mit einem Kind in diesem Alter intensiv beschäftigen zu können. Hinzu kam eine große Dankbarkeit für dieses Kind, ihr Enkelkind, das bei ihnen wohnen sollte, da ihre eigenen Kinder alle inzwischen im Ausland lebten. Ihre Söhne, Martin und Gustav waren inzwischen nach Kanada ausgewandert. Es lebte nur noch Tante Berta im Haus, die zwar alt war, aber für ein Kind wie Susi doch irgendwie interessant. Susanne war nun das einzige Kind im Haus mit drei Erwachsenen -anstatt eines von drei Kindern- und genoss die große Aufmerksamkeit, die ihr zuteil-wurde.

Die Erwachsenen wollten ihr den Einstieg in einer deutschen Schule so leicht und erfolgreich wie möglich machen und lernten daher intensiv mit ihr. Um ihre Deutschkenntnisse zu verbessern, brauchte sie aber zusätzlich Nachhilfeunterricht. So war Susi morgens in der Schule, mittags bei der Nachhilfe und danach machte sie Hausaufgaben mit der Großmutter. Bald schon wurde es dem Kind zu viel. Als sie ihre Hausaufgaben machen sollte, stellte sie sich eines Tages vor die Großmutter hin und schrie sie an mit: „Nein!". Das führte dazu, dass

Oma ihr um den Tisch hinterher jagte mit dem Versuch, sie zu schnappen und zum Sitzen zu zwingen. Aber Susi rannte und rannte und schrie die ganze Zeit: „Nein!" Das arme Kind war offensichtlich überfordert. Die arme Oma aber auch. Und die Eltern wussten wahrscheinlich nichts von alledem.

Für Susanne war es ein ganz neues Erlebnis, mit einem Verwandten, einem Cousin, in derselben Schule zu sein. In der Ferne war das nicht möglich. Aber im Heimatort ihrer Eltern schon. So hatte Susi zwar ihre Ursprungsfamilie verlassen müssen, aber es bot sich ihr die Gelegenheit, andere Familienmitglieder kennen zu lernen und von ihnen herzlich aufgenommen zu werden. Es gab also auch durchaus positive Aspekte dieser Trennung. Zu den neu gewonnenen familiären Beziehungen kam natürlich, dass Susi die Sprache ihrer Eltern intensiv lernen konnte.

Im Oktober 1964 war mein Vater wieder auf Geschäftsreisen. Das bedeutete, dass meine Mutter mit den zwei kleinen Kindern alleine war und sich noch auf einen weiteren Übersee-Umzug vorbereiten musste. Auf einer Karte vom Zuckerhut schrieb mein Vater seinen Schwiegereltern: „Auf meiner schnellen Reise bin ich auch hier angekommen. Morgen geht es zurück nach Caracas" und er fügte noch am Rand hinzu „Gruß an Susi". Susanne sollte in den Weihnachtsferien Deutschland endgültig verlassen dürfen, um wieder mit der Familie vereint zu werden. Sie konnte nicht ahnen, dass sie das Zuhause, welches sie in Venezuela verlassen hatte, nie mehr sehen würde.

Caracas, November 1964, Martin Holl, Magda,
Pfarrer, Hans. Taufe von Claudia.

In der „Iglesia Evangelica Luterana en Venezuela", der Evangelisch-Lutherischen Auferstehungskirche zu Caracas, wurde ich getauft. Mein Taufspruch lautete: „Herr, Dein Wort bleibt ewiglich, so weit der Himmel ist." Psalm 119, Vers 89. Mein Onkel Martin Holl, der jüngere Bruder meiner Mutter, wurde mein Patenonkel. Er kam zur Taufe aus Montreal, Kanada, angereist.

Nach Weihnachten sollte der Umzug nach New York stattfinden. Vorbereitend auf den Umzug von Süd- nach Nordamerika bekam ich meinen ersten eigenen Reisepass. Er wurde im Dezember 1964 von der Republica de Venezuela ausgestellt mit der Nummer 146658. Laut diesem Pass trug ich den Namen Claudia Martina Bauder Holl und hatte die venezolanische Nationalität, weitere Angaben waren: Blaue Augen, blondes Haar.

Ganz in der Tradition der Familie durfte auch ich schon früh das Fliegen und das Umziehen erleben. Mit einem halben Jahr war ich auf meiner ersten Flugreise, mit der Fluggesellschaft Pan American. Als sechs Monate altes Baby durfte ich in einem Korb liegen, der im Flugzeug an der Wand angebracht wurde. So gebettet, war das wohl so ein entzückendes Bild, dass ich die Aufmerksamkeit eines Vertreters aus dem Hause Gerber, das Babynahrungsmittel herstellte, auf mich zog. Er fand mich so hübsch, dass er mein Gesicht als das neue „Gerber-Baby" haben wollte. Meine Mutter lehnte dankend ab mit der Begründung, dass wir mitten in einem Umzug steckten und sie keine Zeit für so etwas hätte. Aber der Mann versicherte ihr, er meine es ernst und sie solle mit mir unbedingt bei Gerber vorbeikommen und mein Gesicht würde in ganz Amerika auf jedem Glas mit seinen Babynahrungsmitteln zu sehen sein. Aber unsere Mutter nahm das Angebot nicht an.

Pan American Airways Flug von Caracas nach New York, Januar 1965

Von Südamerika nach Nordamerika

New York/ N.Y, USA, 1965

Im Januar 1965 zogen wir in die Vereinigten Staaten von Amerika. Mein Vater arbeitete als Vice President und Verkaufsleiter sowohl für Willcox und Gibbs als auch für Pfaff in New York City. Mit seinen 35 Jahren war er für Maschinen und Anlagen für die nähende Industrie zuständig und verantwortlich für die gesamte US-Verkaufsorganisation, mit 120 Personen in den 6 Niederlassungen und in der Zentrale.

Wir wanderten als Familie mit vier Mitgliedern in den USA ein, denn Susanne war noch bei den Großeltern in Deutschland. Angekommen im „Land der unbegrenzten Möglichkeiten", bekamen alle die Green Card die lebenslange Gültigkeit hatte. Umgehend kümmerte sich mein Vater darum, die Genehmigung zu bekommen, Susanne aus Deutschland zu uns nach USA zu holen. Diese Genehmigung wurde ihm aber, sehr zu seiner Überraschung, zunächst verweigert. Da Susanne nicht mit uns dabei war, als wir von Venezuela aus nach den USA geflogen und eingewandert sind, so, zumindest laut der Argumentation der amerikanischen Einwanderungsbehörde, gab es auch kein weiteres Kind, das einer Genehmigung bedurfte. Diese Nachricht war ein tiefer Schock für unsere Eltern, denn damit hatten sie nicht gerechnet. Gerade hatten sie Venezuela verlassen, das Land, in dem sie bürokratische Inflexibilität gewohnt waren. Aber von einem so modernen Land wie den USA hätten sie das nicht erwartet. Sie hatten nachweislich noch ein drittes Kind und würden weiter versuchen müssen, ihr Kind zu sich zu holen. Für Susanne bedeutete das, dass sie diese schlechte Nachricht verkraften und vorerst in Deutschland bleiben musste. Obwohl ihre Eltern zuversichtlich waren, die Familie wieder vereinen zu können, so musste die kleine Susi im schlimmsten Fall davon ausgehen, dass es nicht möglich ist zu ihrer Familie zu ziehen. Was für eine schreckliche Belastung das für sie gewesen sein muss! Das arme Kind!

Unser neuer Wohnort sollte New York City werden, wo wir zunächst in einem schicken und modernen Apartment-Hotel in „Upper East Side", nahe dem Central Park wohnten. Meine Eltern waren sehr glücklich darüber, dass die Tante meines Vaters, Trudel Pollanetz, und ihr Ehemann Alex im angrenzenden Staat New Jersey wohnten. Trudel war sehr froh darüber, dass einer ihrer insgesamt zehn Neffen und Nichten nun in ihrer Nähe wohnte, denn alle anderen wohnten in Europa. So fuhren Trudel und Alex immer wieder nach New York City, mal um die Familie zu besuchen, und mal um auf uns Kinder aufzupassen, damit die Eltern auch ohne uns losziehen konnten.

Es war mitten im eiskalten Winter der Neuengland-Staaten. Auf Carin und mich, die im tropischen Venezuela gelebt hatten und leichte Kleidung gewohnt waren, kam eine große Umstellung in Sachen Kleidung zu. In New York war das Klima das krasse Gegenteil dessen, was wir kannten. Wir mussten fortan warme Wintersachen tragen: lange Hosen, Pullover, Socken, Strumpfhosen, und für draußen noch Stiefel, Mützen, Jacken und Handschuhe dazu. Uns beiden passte das überhaupt nicht und wir kämpften ständig mit unserer Mutter ums Aus- und Anziehen. Meine Mutter berichtete einer Freundin, dass, wenn sie es tatsächlich mal geschafft hatte eines der Kinder anzuziehen, das Zweite anfing sich auszuziehen. Während sie mit dem zweiten Kind kämpfte (was ganz klar Carin war), schrie das Erste schon wieder und hätte am liebsten wieder alles ausgezogen. War es ihr dann mal gelungen, uns beide anzuziehen und nach draußen zu gehen, begann Carin, sobald wir draußen waren, sich wieder auszuziehen. Das führte dazu, dass sie ständig erkältet war und mich regelmäßig ansteckte. Das Problem löste meine Mutter einigermaßen, indem sie Carin die Jacken verkehrt herum anzog, sodass sie nicht mehr an die Knöpfe und Reisverschlüsse kommen konnte, um sich auszuziehen.

Unsere Eltern mussten in den USA ihre Fahrprüfung neu ablegen. Unserem Vater war es gelungen, die höchst mögliche Punktzahl bei seiner Prüfung zu erreichen. Daraufhin sagte eine Afroamerikanerin, die sein Ergebnis mitbekommen hatte und nach ihm in den Prüfungsraum sollte: „Mister, may I touch you?" („Mein Herr, darf ich Sie anfassen?"). Sie erklärte ihm, es würde ihr sicherlich Glück bringen bei ihrer Prüfung, wenn sie vorher kurz den Arm des Mannes berühren würde, der seine Fahrprüfung perfekt abgeschlossen hatte. Unser Vater stimmte ihrem Wunsch zu und wünschte ihr viel Erfolg bei ihrer Prüfung. Unsere Eltern fanden diese Geschichte lustig und so wurde der Spruch: "Mister, may I touch you?" in unserer Familie weiterverwendet. Unser Vater sagte später gerne zu uns, wenn es darum ging eine Prüfung bestehen zu müssen: „You wanna touch my arm - for luck?" (Willst Du meinen Arm anfassen, um Glück zu haben?).

Bardonia

Meine Eltern beschlossen, außerhalb der Stadt in ein Haus mit Garten zu ziehen und so zogen wir nach einem halben Jahr von New York City in einen Ort namens Bardonia im Staat New York um. Im März schrieb Trudel in einem Brief „Ich war während der letzten Monate verschiedene Male Babysitter bei meinen (Groß-) Nichten Carin und Claudia, die eigentlich nur Ananita, „Kleines" -auf Spanisch- oder Hermanita, „Schwesterchen" heißen. Das Baby ist süß und sieht Hans rausgeschnitten ähnlich, sodass Alex das Kind oft mit „er" anredet."

Nach 10 Jahren Ehe kauften meine Eltern sich ihr erstes Haus und lebten ihre Version des amerikanischen Traums. Wir wohnten in der Joseph Lane, am oberen Ende einer leicht abschüssigen Sackgasse, in der etwa ein Dutzend ähnlicher kleiner Häuser standen. Unser Grundstück war nicht eingezäunt und grenzte hinten an ein Waldstück. Die meisten Häuser unserer Straße hatten keine Zäune und so liefen die Kinder von einem Garten zum Nächsten und hatten dadurch einen riesigen Spielplatz. Zudem waren die Häuser in der Regel nicht abgeschlossen und die Kinder gingen überall ein und aus. Für Kinder war eine solche Gegend ideal, denn sie hatten die Freiheit sich draußen zu bewegen und fanden schnell Anschluss an andere Kinder.

Bardonia, New York, unser Haus, Joseph Lane, März 1965.

Nach wie vor versuchte mein Vater die Genehmigung zu bekommen, Susanne aus Deutschland zu uns zu holen. Aber es sollte noch Monate dauern, bis diese erteilt wurde und sie endlich dann im Sommer 1965 zu uns ziehen konnte. Nach einem Jahr war unsere Familie war endlich wieder glücklich vereint. In einem weiteren Brief schrieb unsere Großtante Trudel im Juli 1965 „Einmal besuchten wir Hansen's, es war wirklich nett dort. Magda bemühte sich sehr, alles gemütlich zu machen. Du wärst erstaunt, wenn Du sämtliche Neuanschaffungen dort sehen würdest. Im Haus selbst sorgen zwei Klimaanlagen dafür, dass es kühl bleibt. Abends gab es im Freien auf dem Grill gebratene Steaks nach südamerikanischer Art mit Salaten. Es schmeckte ausgezeichnet. Susi hat sich gut eingewöhnt und streitet sich mit Carin um Spielsachen, wie dies üblich ist unter Kindern. „Mein" Baby ist sehr süß mit seinen braunen Löckchen und den schelmischen Augen. Es watschelt nunmehr barfuß im Garten herum und landet des Öfteren auf seinem wohlgepolsterten Hinterteil. Die beiden Großen schwimmen im Schwimmbecken oder spielen abwechslungsweise auf der kombinierten Schaukel und Rutschbahn."

Susanne hatte die Familie in Venezuela wohnend und Spanisch sprechend verlassen. Nun kehrte sie zu ihrer Familie zurück, die inzwischen in den USA wohnte, wo man Englisch sprach. Sie hatte ein Jahr in Deutschland bei den Großeltern verbracht, Deutsch gelernt und die zweite Klasse dort absolviert. Nun sollte sie in den USA in die dritte Klasse gehen und auf einmal Englisch können. Im September 1965 beschreibt Trudel die Lage in unserer Familie so: „Hans kam am Sonntag von seiner geschäftlichen Reise nach Europa zurück... Susanne kam zur Schule, sie geht in die dritte Klasse und ist wissensmäßig ihren Mitschülern voraus, wie die Lehrerin feststellte, nachdem ihr Magda die Hefte aus Südamerika und Deutschland vorlegte. So dürfte die Umstellung nicht allzu schwer sein, jetzt handelt es sich nur darum, die englische Sprache zu erlernen. Wenn sie sich unbeobachtet glaubt, spricht sie schon ganze Sätze. Carin spricht ebenfalls Englisch, sie hört es von ihren Spielkameraden, und das Baby... schaut im Übrigen recht vergnügt in die Welt."

An ihrem ersten Schultag hatte Susi leider ein schockierendes Erlebnis. Die Lehrerin, eine Amerikanerin, stellte sie der Klasse vor und sagte: „Das ist Susanne, sie kommt aus Deutschland. Die Deutschen haben Millionen von Menschen, vor allem Juden, im Krieg getötet." Als Tatsache mag das gestimmt haben, aber was konnte dieses kleine Mädchen dafür? Die Klassenkameraden waren auf die Aussagen der Lehrerin hin entsetzt über Susanne und ihre Herkunft und wollten zunächst nichts mit ihr zu tun haben und grenzten sie aus. Susi hingegen war entsetzt über das, was ihr geschehen war. Unter diesen Umständen solltc sie nun Englisch lernen und die dritte Klasse schaffen! Durch diesen Vorfall hasste sie die USA und wollte zurück zu ihren Großeltern nach Heubach, aber unsere Eltern ließen sie nicht gehen. Es war sicherlich auch eine sehr schwierige Zeit für unsere Mutter, die ein Jahr lang ihr Kind vermisst hatte und nun sah, wie sehr es unter den Umstellungen und der Verurteilung durch die Lehrerin litt.

Als Trost aber holten unsere Eltern die Großeltern auf einen Besuch rüber. Oma und Opa, die in ihrem Leben nie zuvor ein Flugzeug bestiegen hatten, konnte meine Mutter erst nach längerer Zeit überreden, einen Überseeflug auf sich zu nehmen. Aber sie taten es, ihrer Susanne zuliebe und es wurde ein freudiges Wiedersehen.

Obwohl wir inzwischen in Nordamerika lebten und nicht mehr in Südamerika, sprach unser Vater in gewohnter Manier weiterhin mit Susi Spanisch. Auch Carin hatte einen kleinen spanischen Wortschatz, den sie beibehielt. Während Susi zur Schule ging, blieben Carin und ich zunächst zu Hause, wo wir das Fernsehen bzw. Zeichentrickfilme (Comics) entdeckten. Wir schauten jeden Tag vermutlich stundenlang Comics an. Unsere neuen „Freunde" waren Mickey und Minnie Mouse, Donald Duck und Goofy. Wir waren fasziniert und der Fernseher im Wohnzimmer lief den ganzen Tag. Schließlich war ein Fernseher ein Statussymbol dieser Zeit.

Als Haushälterin hatten wir eine kräftig gebaute Afroamerikanerin. So wie unsere spanische Haushälterin früher in Uruguay maßgeblich daran beteiligt war, Susanne Spanisch beizubringen, war es in Venezuela ebenso eine Haushälterin, die mit Carin Spanisch sprach. In Bardonia war es nun wieder eine Haushälterin, die diese Tradition fortsetzte, uns Kindern die Landessprache, diesmal Englisch, beizubringen. Wir bekamen aber zusätzlich ein Au-Pair-Mädchen aus Deutschland namens Elke, die mit uns Kindern Deutsch sprechen sollte, aber eigentlich für Susanne geholt worden war, damit sie mit ihr Deutsch sprechen konnte.

Unsere Nachbarn, zur einen Seite, hatten einen deutschen Schäferhund und die Nachbarn zur anderen Seite eine Katze. Wie die Kinder, liefen auch die Tiere in dieser Straße mehr oder weniger frei umher. Der Nachbarshund war eine Hündin namens Lady, die großen Gefallen daran hatte, sich in unserem Garten bei den kleinen Kindern aufzuhalten, vor allem bei mir. Lady war oft da, wo ich auch war und war auch daran beteiligt, dass ich laufen lernte. Sie hatte ein langes Fell, an dem ich mich festhielt und hochzog, bis ich stehen konnte. So liefen wir gemeinsam, Lady an meiner Seite und ich hielt mich fest. Als ich anfing selbständig zu laufen, muss es für mich ein besonderer Reiz gewesen sein, in den Wald hinter unserem Haus zu laufen, denn ich steuerte diesen des Öfteren zielstrebig an. Lady ließ aber nicht zu, dass ich in den Wald hinein ging. Irgendwie wusste sie, dass das keine gute Idee war und stellte sich zwischen mir und dem Wald und schob mich immer wieder in Richtung Garten zurück. Sie war eine treue Seele und beschützte mich. Wahrscheinlich habe ich in ihr den Mutterinstinkt geweckt und war ihr Ersatzkind. Sie hat auf jeden Fall in mir den Grundstein für meine Tierliebe gelegt.

Die Katze der Nachbarn auf der anderen Seite unseres Hauses mochte mich auch. Sie suchte daher auch meine Nähe und ich fand es schön, diese Katze zu streicheln. Allerdings erging es der Katze bei mir nicht immer so gut. Ich habe sie manchmal auch so gepackt wie den Hund, was ihr nicht so gut gefiel. Weil sie aber viel kleiner war als der Hund, habe ich zudem versucht, mich auf die Katze draufzusetzen, was mir wohl wie eine gute Idee vorkam. Manchmal gelang es ihr, sich selbst zu befreien, aber hin und wieder musste man das um Hilfe maunzende Tierchen retten.

Im Oktober 1965 schrieb unsere Großtante über uns: „Das Baby hat kürzlich seine ersten abenteuerlichen Schritte in noch unbekannte Welten unternommen. Sein Schwesterchen Carin ist mit ihm losgegangen und sie sind bis zum letzten Haus an der Straße gekommen, ehe man sie vermisste."

Mein Vater gehörte zu den vielen Menschen, die in der Stadt (New York City) arbeiteten, aber außerhalb wohnten und somit war er einer der vielen Pendler. Als im November 1965 in New York der Strom ausfiel (The big black out), war er einer von denen, die in der Untergrundbahn (der „subway") feststeckten. Er erzählte später mit Begeisterung von dieser Geschichte. Nach dem Stromausfall stellte man sich in New York die Frage: „Where were you when the lights went out?" (Wo warst Du, als die Lichter ausgingen?)

Meine Eltern liebten ihre Zeit in New York. Sie gingen auch gerne gelegentlich nach Manhattan zu Konzerten mit klassischer Musik, Opern und auch zum Broadway zu Musicals. Dort hatte mein Vater bereits 1965 eine Aufführung gesehen, in der Barbra Streisand mitwirkte. Er fand sie auf Anhieb fantastisch und schwärmte fortan von ihrer Stimme. Er sagte später immer, gleich gewusst zu haben, dass sie ein großer Star werden würde. Wenn ihre Lieder im Radio zu hören waren, sagte er mir dann, dass er sie sozusagen entdeckt habe. Er kaufte Platten von ihr und ich tat dasselbe, allerdings 20 Jahre später. Auch gab es Platten aus seiner Zeit in New York von Dean Martin, dem absoluten Lieblingssänger meines Vaters, und natürlich auch Klassiker wie Bing Crosby mit seinem „White Christmas". Die amerikanische Musik der späten 60er war fortan in unserem Haus zu hören.

In einem weiteren Schreiben unserer Tante Trudel von Dezember 1965 steht: „Susi liest zwar noch recht gut Deutsch und hoffentlich verlernt sie es nicht. Davon bin ich jedoch nicht so recht überzeugt. Sie spricht bereits recht nett Englisch, nur mit dem Schreiben hapert es noch und dies ist ja selbstverständlich. In Mathematik und Zeichnen ist sie die Beste ihrer Klasse. Sobald sie einmal einwandfrei Englisch sprechen und schreiben kann, hat sie sich eingelebt. Dies wird immerhin noch einige Monate dauern. Die beiden Kleinen sind süß. Claudia wächst so schnell heran und jedes Mal, wenn ich sie einige Monate nicht gesehen habe, hat sie so viel dazugelernt. Ihre größte Freude hat sie am Essen und Trinken und sobald der Tisch gedeckt wird, steht sie da und will in ihren Stuhl gehoben werden, gleichgültig, ob sie gerade erst gegessen hat oder nicht. Dann schiebt sie ihren leeren Teller auf den Tisch und verlangt „more" (mehr)."

Doch trotz der Tatsache, dass die Familie ein schönes Leben in USA hatte, hatte meine Mutter immer wieder Heimweh nach Deutschland, was sie auch ihrem Friseur erzählte. Dieser meinte, er hätte ein altes Buch in einer alten europäischen Sprache, möglicherweise aus Deutschland. Er fragte sie, ob sie es sich anschauen wolle. Das tat sie dann auch und bestätigte ihm, dass es aus Deutschland war. Das Buch war aus dem Jahr 1596! Es handelte sich um einen Druck von Briefen von Martin Luther, was für sie als gläubige Christin und dazu noch Protestantin von enormem Wert war. Sie erzählte mir später, dass sie es dem Friseur für 50 US-$ abkaufte, denn er wollte es nicht mehr haben. Er meinte, was soll er mit einem Buch, das er nicht lesen kann. Für sie als lutherische Protestantin wurde es ihr wertvollster Schatz.

Meine Mutter war eine leidenschaftliche Klavierspielerin und konnte sich in New York endlich ihren jahrelangen Wunsch erfüllen, ein eigenes Klavier zu kaufen. Zehn Jahre hatte sie ohne eigenes Klavier leben müssen, da die Familie regelmäßig umgezogen war und der Transport eines Klaviers zu teuer gewesen wäre. Da es durchaus möglich war, dass die Familie nochmals umziehen würde, musste sie sich für ein kleines Klavier entscheiden. Für 3.000 US-$ kaufte sie 1966 ein spezielles Klavier, das kleiner war als der damalige Standard, aber es war sogar tauglich für die Metropolitan Opera, also hochwertig. Sie war sehr glücklich über ihr Klavier, mein Vater aber war so schockiert über den Preis, dass er die Rechnung jahrzehntelang aufbewahrte.

Mit vier Jahren kam Carin im Herbst 1966 in den Kindergarten. Trudel schrieb im September 1966: „Carin besucht nun eine private Nursery School, da sie nach Magdas Aussage „der Hafer sticht" und ihre Ausgelassenheit und Wissbegierde in Bahnen gelenkt werden muss. Es gefällt ihr dort ausgezeichnet. Claudia kann es nicht fassen, dass beide, Susi und Carin, sie halbtags bzw.

ganztags alleine zu Hause lassen." In ihrem Kindergarten lernte Carin nicht nur fließend Englisch zu sprechen, was sie fleißig an ihre kleine Schwester weitergab, sie lernte auch noch die amerikanische Hymne zu singen und den Schwur auf die amerikanische Flagge zu leisten. Aus einer kleinen Südamerikanerin mit deutschen Eltern wurde eine eingebürgerte kleine Amerikanerin.

Im unserem Kinderspielzimmer hatten wir Kindermöbel und eine kleine Küche mit lauter Spielsachen, die typisch für kleine Mädchen waren. So hatten wir z.b. einen kleinen Backofen (der Marke Betty Crocker) mit dem wir Kochen und Backen spielten, einen Spielzeug-Staubsauger (von Hoover) und vieles mehr, alles klein und kindergerecht. Unser Esstisch mit Stühlen war eine Kopie der Möbel, die in den 60ern in den USA Mode waren, nämlich mit einer Kunststoff-Oberfläche und einem Metallrand, der an den Ecken abgerundet war. Carin und ich spielten nicht nur gerne an unserem Tisch, wir tanzten auch gerne auf ihm. Eines Tages aber passte es meiner Schwester nicht, mit mir den Tisch teilen zu müssen und sie schubste mich herunter. Ich landete mit dem Gesicht auf dem abgerundeten Metallrand und direkt auf meinem Auge. Das Blut floss und meine Mutter brachte mich sofort ins Krankenhaus, wo die Verletzung genäht werden musste. Die Platzwunde verlief wenige Millimeter neben und auch unterhalb des Auges und so hoffte der Arzt, dass es zu keinen Komplikationen kommen würde, sodass ich nicht noch mein Auge verlieren würde. Ich hatte großes Glück, und es heilte alles gut ab.

Ersatz-Großeltern

In einem Brief im Januar 1967 schrieb Tante Trudel: „An und für sich wäre es angenehm mit Dir zu plaudern. Allerdings fürchte ich, dass daraus nicht viel wird, denn Claudia erscheint regelmäßig, um mir etwas zu zeigen. Vielleicht weißt Du, dass Magda seit Mitte Dezember in Deutschland ist und endlich am 4. Januar operiert wurde. Die Operation scheint gut gelaufen zu sein und wir hoffen, dass sie in einigen Wochen wieder auf den Beinen sein wird, um ihre Familie versorgen zu können. Claudia war 10 Tage bei uns, dann holte Hans sie für 10 Tage nach Hause, da er noch Urlaub hatte, und seit dem 2. Januar ist sie nun wieder hier. …Carin ist bei Tante Liese und es gefällt ihr dort gut, allerdings hat Carin des Öfteren Launen wie eine Primadonna, die sie bei mir nicht durchsetzen dürfte. Sie ist die Vornehme der Familie mit ihrem feinen Gesichtchen und dem guten Benehmen, wenn ihr gerade der Sinn danach steht. Susi geht zur Schule und bleibt bei einer benachbarten Familie."

Freunde aus der Nachbarschaft, die Johnsons, hatten von den Problemen unserer Mutter erfahren und angeboten, dass Susi nach der Schule zu ihnen nach Hause kommen dürfe. Dort blieb sie auch noch zum Abendessen und unser Vater holte sie dann spät am Abend, nach der Arbeit, ab. Für Susi war das keine schöne Zeit, denn sie musste morgens sehr früh aufstehen, sich selber fertig machen und früh alleine zur Schule gehen, während unser Vater sich auf dem Weg zur Arbeit in der City machte. Er war es nicht gewohnt, sich um die Kinder zu kümmern und hatte auch kein Verständnis dafür, dass Susi auch mal länger brauchte, um fertig zu werden, woraufhin er sie anschrie. Als sie eines Morgens mit einem geschwollenen Fuß aufwachte und meinte, sie könne nicht mehr laufen, musste er sie zum Arzt bringen. Der Arzt meinte, es wäre ein Biss einer Spinne, der den Fuß so anschwellen ließ. Es stand außer Frage, dass sie zuhause bleiben konnte, da unser Vater mit Sicherheit nicht wegen einem kranken Kind von der Arbeit fernbleiben würde. Sie musste also, mit einem Schuh ihrer Mutter am Fuß -da ihr eigener Schuh zu eng war-, trotzdem zur Schule gehen, was sie sehr ärgerte, denn zum einen hatte sie Schmerzen und zum anderen war ihr die Schuhgeschichte sehr peinlich. Aber sie hatte keine Wahl, denn unser Vater bestand darauf, zur Arbeit zu gehen. So war zwar alles unter Kontrolle, auch wenn Susi unter den Schmerzen und der Peinlichkeit ziemlich litt.

Weiter schrieb Trudel: „Eben kommt mal wieder meine Claudia und erzählt „I did not touch it" (Ich habe es nicht angefasst). Dies bedeutet in ihrer Sprache, dass sie wahrscheinlich irgendetwas angefasst hat, dass ihr verboten war. Jetzt ist sie beleidigt davongelaufen, da ich mich nicht mit ihr abgegeben habe." Bei meiner Tante Trudel und meinem Onkel Alex war ich sehr gut aufgehoben. Sie mochten mich beide von Anfang an sehr und ich sie auch. Unsere „Dreier-Gemeinschaft" war stets friedlich. Obwohl sie selbst keine eigenen Kinder hatten, waren sie als Ersatz-Eltern bzw. -Großeltern vorbildlich. Sie waren unglaublich gelassen, aber auch interessiert und engagiert. Trudel und ich entdeckten zusammen die einfachsten Dinge und hatten viel Spaß dabei jeden Morgen zum Frühstück „Rice Crispies" zu essen. Wir saßen vor unseren Schüsseln und hörten uns an, wie unser Frühstück die in den USA berühmten Geräusche „snap, crackle, pop" (schnapp, knack, knall) machte. Damit konnten wir uns ziemlich lange beschäftigen und so fing der Tag schon mit Spaß an. Das kannte ich von zu Hause nicht.

Alex ging als angestellter Feinmechaniker arbeiten. Trudel kümmerte sich vormittags um den Haushalt und ich durfte frei herumlaufen und einiges, aber nicht alles anfassen. Nachmittags gingen wir entweder zum Spielplatz oder, wenn Alex am Wochenende auch Zeit hatte, fuhren wir ans Meer und gingen an der

Strandpromenade, am „boardwalk" spazieren. Wenn ich nicht mehr laufen wollte, trug Alex mich ganz stolz hoch auf dem Arm, als wäre ich sein eigenes Kind und dann sang er mir Lieder vor. Waren wir dort, sang er am liebsten das Lied „Under the Boardwalk" von The Drifters. Für mich war es ein wunderschönes Gefühl von beiden so viel Aufmerksamkeit zu bekommen und geliebt zu sein. Möglicherweise wirkten wir wie eine glückliche kleine Familie und das waren wir in der Zeit in der wir zusammen waren auch.

Carin hatte nicht so viel Glück bei ihrer Pflegefamilie gehabt wie ich. Die verstanden sich überhaupt nicht und meine Schwester wurde sozusagen rausgeschmissen. Trudel und Alex nahmen sie also mit auf, obwohl sie nicht so viel Platz in ihrem kleinen Haus hatten und wir beide im Wohnzimmer schlafen mussten. Ich war froh, meine Schwester mit bei mir und meinen Ersatzgroßeltern zu haben. Alex, als gelernter Uhrmacher konnte zwar seinen eigentlichen Beruf nicht ausüben, baute dennoch in seiner Freizeit Standuhren. Eine seiner Standuhren, auf die er sehr stolz war, stand im Wohnzimmer. Für uns Kinder war sie riesig groß und tagsüber hatte sie einen sehr schönen Klang. Doch nachts ging der Klang weiter und erschwerte uns das Einschlafen. Irgendwann waren wir dermaßen müde, dass wir dann doch einschliefen. Anfangs hatte ich Schwierigkeiten damit, fand die Klänge mit der Zeit doch beruhigend, da ich dann im Halbschlaf wusste, dass ich bei Trudel und Alex war. Carin brauchte auch ihre Zeit, bis sie sich daran gewöhnen konnte.

Meine Schwester wirkte anfangs, als sie zu uns gekommen war, noch recht traumatisiert von den Erfahrungen in der Pflegefamilie, und so mussten wir sie aufheitern. Durch unser Frühstücksritual fing auch sie wieder an zu lachen. Schon bald war sie wieder die, die sie wirklich war: sie ließ nichts aus, hatte viel Energie, wuselte herum, kurzum, sie war recht anstrengend. Und es dauerte auch nicht lange, bis sie sich selbst in Schwierigkeiten brachte. Sie hatte es bereits nach wenigen Tagen geschafft, den Kopf durch die Gitterstäbe eines Geländers zu schieben, aber ihn dort nicht mehr heraus zu bekommen. Nachdem Trudel alles Mögliche versucht hatte, um sie zu befreien, musste sie schließlich die Feuerwehr um Hilfe rufen, die tatsächlich das Kind aus dem Geländer heraus schweißen mussten! So sehr Trudel und Alex mich liebten und auch Carin liebgewonnen hatten, waren sie sicherlich dennoch froh, als nach insgesamt zwei Monaten Abwesenheit, unsere Mutter Mitte Februar zurückkehrte und sie uns wieder abgeben konnten. Ich kann mich nicht daran erinnern, ob mir die Trennung von meiner Mutter schwergefallen war, möglicherweise schon. Auf jeden Fall freute ich mich, sie wieder zu sehen. Ich denke, es war keine gute Idee, uns Kinder zunächst voneinander zu trennen. Man hätte uns zusammenbleiben lassen sollen.

Es wäre sicherlich besser gewesen, uns zu Hause wohnen zu lassen mit einer entsprechenden erwachsenen Betreuungsperson. Aber vielleicht konnte sie damals keine entsprechende Person finden. Davon abgesehen, verstehe ich nicht, warum meine Mutter wegen einer Operation nach Deutschland ging. Sicherlich gab es doch auch gute Ärzte in New York. Vermutlich wollte sie sich nach ihrer Operation wieder bei ihren Eltern auskurieren. Ich erinnere mich auf jeden Fall daran, dass ich froh war, wieder in unser Zuhause zurückkehren zu dürfen.

Kaum war unsere Mutter wieder zu Hause, musste unser Vater im März auch schon wieder verreisen, dieses Mal nach San Juan, Puerto Rico, einen Monat später nach Denver, Colorado. Sie musste mit uns im Alltag alleine zurechtkommen, ob sie nun genesen war und sich stark genug fühlte, oder auch nicht.

Wir hatten eine geräumige amerikanische Küche mit allen für die damalige Zeit neuen Geräten. Dazu gehörte auch ein großer Kühlschrank, der so hoch war wie ein erwachsener Mensch. Die Tür ging schwer zu öffnen und der Kühlschrank war immer voll. Wir Kinder durften uns herauszuholen, was wir gerade essen und trinken wollten. Das oberste Regal des Kühlschranks stand voller Getränke und dort war immer ein großer Glaskrug gefüllt mit Saft oder Limonade. Carin spielte damals mir gegenüber gerne den „Chef", und so musste ich meist erst um ihre Erlaubnis bitten, um etwas aus dem Kühlschrank zu holen. Meistens holte sie mir dann den schweren Glaskrug herunter, aber es kam der Tag, an dem ich meinte, diesen selbst herausnehmen zu können. Meine Schwester war dagegen, es mich alleine machen zu lassen, entweder weil sie ahnte, dass ich das nicht schaffen würde, oder weil sie dadurch ihre Position als „Getränkechef" aufgeben musste, sollte ich feststellen, dass ich auch ohne ihre Hilfe zurechtkam. Wir waren etwa drei und fünf Jahre alt, standen vor dem geöffneten Kühlschrank und zankten uns um den gefüllten Glaskrug. Am Ende gewann ich zwar den Kampf, aber der Krug rutschte mir aus den Händen und krachte auf den Boden direkt vor meine Füße. Er zerbrach in viele Teile und Glas flog in alle Richtungen, auch an meine Beine. Getroffen von Glasstücken, die mir zum Teil tief in die Haut schnitten, schrie ich fürchterlich. Blut floss mir die Beine runter, meine Mutter stand auch sofort in der Küche und sah mit Entsetzen, was geschehen war. Sie packte uns beide ins Auto und fuhr -mal wieder- direkt mit uns ins Krankenhaus. Dort wurden meine Schnitte versorgt und es wurde mir eine Art Gips verpasst. Zur Beruhigung gab mir der Arzt einen Lutscher, was sicherlich ablenkte, aber die Schmerzen blieben vorerst. Auch meine Schwester bekam einen Lutscher, aber ich war der Ansicht, dass sie ihn nicht verdient hatte. Schließlich war ich doch die Verletzte! Als ich da saß und das ganze Geschehen um mein Bein miterlebte, war ich davon überzeugt, dass meine Schwester an allem Schuld war, so wie beim letzten Mal als ich ins Krankenhaus musste.

In Bardonia lernten wir die vier Jahreszeiten des amerikanischen Nordostens kennen. Für mich war dies das normale Wetter, da ich als Säugling dorthin kam, aber nicht für Carin, die ihre ersten 2½ Jahre im tropischen Norden von Südamerika verbracht hatte. Am besten gefiel uns beiden der Herbst, wenn die Blätter der Bäume ihre Farben wechselten und wir im Wald direkt hinter unserem Haus sämtliche Baumarten und ihre Verwandlungen sehen konnten. Wir sammelten die verschiedenen Blätter in allen Grün-, Gelb-, Orange- und Rot-Tönen auf. Wir erlebten hier auch das Halloween. Wir bereiteten uns vor wie die anderen Familien auch, indem wir einen großen Kürbis aushöhlten und ein Gesicht rein schnitzten. Meine Schwestern verkleideten sich, um abends mit anderen Kindern zusammen von Haus zu Haus zu gehen und „Trick or treat!"(Streich oder Süßigkeit!) zu rufen. Ich war noch etwas zu jung, um mit ihnen zu gehen und blieb daheim. Auch dies war ein teils gruseliges Erlebnis, denn die anderen verkleideten Kinder kamen ja zu uns. Schutz suchend -denn ich konnte ja nicht wissen, ob vielleicht ein Gespenst vor unserer Tür war- stand ich dicht hinter meiner Mutter, als sie die Tür öffnete, um den kleinen, gruselig oder kreativ verkleideten Kindern als Lohn für ihre gelungenen Verkleidungen eine Süßigkeit zu geben. Am Ende des Tages profitierte ich von der Beute meiner Schwestern, denn sie mussten mit mir teilen, und ich konnte noch tagelang viele Süßigkeiten essen. An den Folgen für unsere Zähne dachten wir damals nicht und ich kann mich grundsätzlich nicht an eine regelmäßige oder intensive Zahnpflege in meiner Kindheit erinnern. Leider erlebten wir auch, dass manchmal die großen Kinder in der Halloween-Nacht die schön geschnitzten Kürbisse einfach mit ihren Füßen zertraten und wir dann eine riesige Kürbis-Sauerei vor dem Haus hatten.

Sehr schön fanden wir auch den Schnee, der uns unendlich erschien. Carin hatte ihn zuvor nie über einen längeren Zeitraum hinweg erlebt, umso größer war ihre Freude zu entdecken, dass man aus dieser Masse auch Schneemänner bauen konnte. Nach dem langen Winter kam recht schnell ein Frühling, mit einer enormen Blumenvielfalt und Menge, sodass wir aus dem Staunen kaum herauskamen. Die Bäume wurden sogar wieder grün, was wir nach dem langen und sehr kalten Winter nicht für möglich gehalten hätten. Schnell verwandelte sich der Frühling in den Sommer, der sehr heiß war und zu unserer Freude sehr lange dauerte. Wir hatten unser Planschbecken im Garten und sprangen ständig hinein. Wir genossen die vier Jahreszeiten und machten aus jeder das Beste. Wir waren rundum zufrieden.

Im August 1967, im Alter von 38 Jahren, bewarb sich mein Vater als Mitarbeiter bei der Robert Bosch GmbH in Stuttgart. Er schrieb: „Hier in den USA war meine Hauptaufgabe, den Verkauf von Pfaff Industriemaschinen zu intensivieren. Die erzielten Erfolge führten zu meiner jetzigen Stellung als Vice President, verantwortlich für den gesamten US-Verkauf, nicht nur von Pfaff-Produkten, sondern auch der eigenen Nähmaschinenlinie der Firma Willcox und Gibbs."

Wie ich bei der Recherche für dieses Buch herausfand, hatte mein Vater tatsächlich in seiner damaligen Bewerbung die Geburtsjahre aller drei Töchter falsch angegeben! Anstelle der Jahre 1956, 1962 und 1964, schrieb er die Jahre 1957, 1963 und 1965. Möglicherweise dachte er eher im Rahmen von Umzügen bzw. Länderwechseln und assoziierte damit, welches Kind in welchem Land geboren worden war. So kann ich mir erklären, dass er meinte: „Geburt von Susi, danach sind wir nach Südamerika gezogen, also war es das Jahr 1957. Als Carin zur Welt kam, zogen wir nach Venezuela, also muss das noch 1963 gewesen sein. Claudia kam zur Welt, als wir nach USA zogen, also muss das 1965 gewesen sein". Oder so ähnlich, ich kann nur raten. Hierbei fällt mir auf, dass die Familie nach jedem neugeborenen Kind binnen wenigen Monaten umzog. Kein Wunder, dass das Leben für meine Mutter so anstrengend war.

Eines Tages kam Inge, eine Cousine unserer Mutter, mit ihren drei Töchtern vorbei. Es stellte sich heraus, dass sie zum Abholen unserer Spielsachen gekommen waren, denn wir würden jetzt nach Deutschland ziehen, da wir ab Januar dort leben würden. Das kam uns etwas plötzlich vor -denn von der Bewerbung hatten wir Kinder nichts gewusst- und wir waren auf diese plötzlichen Veränderungen auch gar nicht vorbereitet worden. Wir standen vor vollendeten Tatsachen. Diese Mädchen durften sogar auch unsere Spielzeugküche, auf die wir alle so stolz gewesen waren, einfach mitnehmen. Wir waren entsetzt! Unsere Mutter hatte gesagt, die Sachen funktionierten in Deutschland sowieso nicht und damit war das Thema beschlossen und erledigt. Es wurde nicht darüber gesprochen und schon gar nicht darüber diskutiert. Und weg waren die Sachen! Wir konnten nur noch unserem Spielzeug hinterher winken: Bye, bye.

Nachdem wir drei Jahre lang in New York gewohnt hatten, ging unser USA-Aufenthalt zu Ende. Ich würde zwar bereits meinen zweiten Überseeumzug miterleben, aber mit ziemlicher Sicherheit zum ersten Mal bewusst. Und ich musste mich von meiner geliebten Tante Trudel und meinem Onkel Alex, meinen Ersatzgroßeltern, verabschieden. Ich verließ mit drei Jahren, englischsprechend, meine erste gefühlte Heimat. Carin und ich waren zu zwei kleinen fast

Amerikanerinnen geworden. Sie verließ mit 5 Jahren, nun auch englischsprechend, bereits ihre zweite gefühlte Heimat. Für meine Eltern ging es zurück in ihre alte Heimat, nach Deutschland, und auch für Susanne ging es in ein vertrautes Land zurück. Susanne hatte sich an das Leben in den USA, in den 2½ Jahren, in denen sie dort lebte, gewöhnt. Sie war mitten in der fünften Klasse, als sie mit 11 Jahren nun bewusst ihr viertes Heimatland verließ. Eine sehr schöne Zeit und ein sehr angenehmer Lebensabschnitt gingen für die ganze Familie zu Ende. Bereits Weihnachten 1967 würden wir bei den Großeltern in Heubach verbringen.

Von Nordamerika nach Europa I

Heubach/ Württemberg, Deutschland 1968

Im Januar begann mein Vater seine Karriere bei dem im Jahre 1886 gegründeten Unternehmen, der Robert Bosch GmbH in Stuttgart. Das Unternehmen hatte damals etwa 90.000 Mitarbeiter und erzielte weltweit einen Umsatz von knapp vier Milliarden DM, davon ein Großteil im Ausland. Die Geschäftsbereiche im Stammhaus Stuttgart waren die Kraftfahrzeugausrüstung, Elektrowerkzeuge, Metall- und Kunststofferzeugnisse, Kondensatoren, Werkstattausrüstung und Fertigungsausrüstung. Darüber hinaus war die Firma durch Tochter- und Beteiligungsgesellschaften in den Bereichen Hausgeräte, Rundfunk und Fernsehen, Elektronik und Photokino, Verpackungsmaschinen, Industrieausrüstung, Elektrische Ausrüstung und Anlagenverwaltung tätig.

Der Vorsitzende der Geschäftsführung war Hans L. Merkle, der ursprünglich aus der Bekleidungsindustrie kam, bereits aber seit einigen Jahren bei Bosch war. Von meinem Großvater Paul Bauder, der ebenso aus der Bekleidungsindustrie war, hatte er den Vorstand des Liederkranzes in Baden-Württemberg übernommen. Die beachtliche Laufbahn meines Vaters im Ausland war Hans L. Merkle durch Erzählungen meines Großvaters, Paul Bauder, bekannt und mein Vater wurde über diesen Weg für Bosch gewonnen.

Da Heubach, der Heimatort unserer Eltern, nur eine Stunde von Stuttgart entfernt lag, zog die Familie dorthin. Wir wohnten zur Miete in einem großen, modernen Haus in einer Straße namens Weingartshalde. Nachdem meine Eltern 13 Jahre lang im Ausland lebten, war es für viele im Ort aufregend, dass sie nun zurückkehrten. Mein Vater hatte sich beruflich hochgearbeitet und begann gerade seine Karriere in einem der angesehensten Traditionsunternehmen überhaupt in der ganzen Region Stuttgart und darüber hinaus. Meine Eltern hatten zudem einen internationalen Lebensweg, was zur damaligen Zeit wirklich außergewöhnlich war. Sie kleideten sich ausgesprochen elegant, hatten sehr viel ungewöhnlich Interessantes erlebt und Vieles zu berichten. Nicht nur die Eltern meiner Mutter waren sehr stolz auf ihre Magda und wie sie immer sagten, „ihren" Hans. Der Stolz ging über die Grenzen der Familie hinaus und viele wollten an der Aura des Weltgewandten Teil haben. Sie waren für manche im Ort einheimische Helden, die „es" geschafft hatten.

Heubach 1968; Magda, Tante Klärle, Onkel Alex,
Sue, Tante Trudel, Carin und Claudia.

Unsere Eltern wurden oft eingeladen, um ihre Rückkehr zusammen mit dem Erfolg zu feiern. Während sie abends zu Einladungen gingen, blieben wir Kinder zu Hause und wurden von irgendwelchen Bekannten unserer Eltern oder Verwandten betreut. Es waren Menschen, die wir Kinder aber nicht oder kaum kannten und mir gefiel es überhaupt nicht, mit fremden Menschen in unserem Haus zurückgelassen zu sein. Zudem sprachen wir überwiegend noch Englisch und verstanden diese Fremden nicht sonderlich gut.

In den Jahren, in denen meine Eltern im Ausland ein besseres Leben und bessere Lebensbedingungen genossen, wurde in Deutschland am Wiederaufbau gearbeitet. Daher mag für manche ihrer Verwandten und Freunde, diese außergewöhnliche Zeit, von dem sie berichteten, wie eine Provokation geklungen haben, so als hätten meine Eltern sich der Arbeit und der Aufgabe des Wiederaufbaus entzogen. Aber genau genommen, hatten sie das nicht. Sie hatten nur nicht im Land mitleiden, dafür sich aber im Ausland stets als noch „böse" Deutschen behaupten müssen. Das war nicht einfach, denn ein Großteil der Welt hasste Deutschland und die Deutschen nach dem 2. Weltkrieg. Es ging hier also nicht nur um wirtschaftliche Interessen, sondern auch um Völkerverständigung, um Diplomatie, auch ohne einen offiziellen Auftrag dafür zu haben. Stets mussten meine Eltern, und wir Kinder auch, uns wie besonders „gute" Deutsche vorbildlich verhalten. Auch das war anstrengend. Das war aber ein Beitrag unserer Familie „unserem" Land gegenüber.

Der Beitrag, den mein Vater im Ausland für den Wiederaufbau leistete, war, kurzgefasst, deutsche Produkte zu verkaufen. Was nutzen gute Produkte, wenn sie nicht an den Markt, eben im Ausland, kommen? Wie viele Arbeitsplätze hingen davon ab? Mein Vater hatte Vertriebsnetze aufgebaut und Niederlassungen deutscher Firmen geleitet. Das war enorm wichtig! Und wie viel Arbeit seinerseits dahintersteckte und wie oft meine Mutter allein gewesen war, das sahen die anderen nicht. Der Erfolg und die finanziellen Vorteile wurden gesehen und ihnen oftmals geneidet. Und manche werden sich sicherlich gedacht haben, „das", die Vorteile, will ich auch. Aber die Leistung zu erbringen, daran dachten sie wohl nicht.

Für manche wiederum mag das Erzählen von fremden Ländern und Abenteuern angeberisch gewirkt haben. Meiner Meinung nach ist es aber keine Angeberei, wenn man aus eigener Kraft etwas geleistet hat. Meine Eltern haben sich im Ausland in vielerlei Hinsicht selbstverwirklicht. In Deutschland waren die Möglichkeiten hierzu in der Nachkriegszeit sehr eingeschränkt. Menschen, die in Deutschland geblieben waren, fragten sich vielleicht, warum sie nicht auch aufgebrochen sind, um im Ausland Geld zu verdienen und zu leben? Aber wer geht das Risiko, sein Heimatland zu verlassen, schon ein? Wer war damals schon gerne im Ausland der „böse Deutsche". Der sichtbare finanzielle Vorteil des hohen Arbeitseinsatzes meines Vaters und der internationalen Mobilität der Familie hat auch ohne Zweifel stumpfsinnigen Neid ausgelöst, ohne dass dabei der Einsatz berücksichtigt wurde.

Ab Januar gingen Carin und ich in Heubach in den Kindergarten. Dort lernten wir, nachdem wir in den USA Englisch gesprochen hatte, schwäbisch zu sprechen. Nachdem Susi Englisch gelernt hatte, musste sie jetzt wieder Deutsch lernen und mitten im Schuljahr auf Deutsch die 5. Klasse beenden. Sie kam aufs Gymnasium und freute sich darauf, dort mit ehemaligen Klassenkameraden aus ihrem Schuljahr in Heubach drei Jahre zuvor in eine Klasse zu kommen. Leider hatte man in Deutschland aber inzwischen den Schuljahresbeginn umgestellt von Frühjahr auf Herbst. Durch diese Veränderung wurde die Klasse, in der sie gewesen war, um ein halbes Jahr nach vorne gezogen, bzw. mussten sie den Stoff von zwei Schuljahren in anderthalb schaffen. Somit waren ihre ehemaligen Klassenkameraden bereits in der 6. Klasse und nicht wie sie in der 5. Klasse. Susi konnte nicht verstehen, wie das passieren konnte. Sie hatte immer fleißig gelernt und wurde trotzdem von ihren damaligen Klassenkameradinnen getrennt und musste nun mit den „Kleineren" in eine Klasse. Die anderen Kinder gingen davon aus, dass Susi schlecht in der Schule gewesen war und ein Schuljahr wiederholt hatte. Sie fand das alles ungerecht und war unglücklich darüber.

Großeltern und Tanten

Wir waren in dieser Zeit häufig bei Oma und Opa in der Paradiesstraße. Ich war sehr gerne bei ihnen, auch weil sie mir das Gefühl vermittelten bedingungslos geliebt zu werden, schon weil ich das Kind ihrer Tochter war. Obwohl wir auch dort meistens fein gekleidet waren, mussten wir uns nicht wie anderswo auf Besuch, wie dressierte Schoßhunde benehmen, sondern durften Kind sein. Hedwig und Eugen wirkten zufriedener und gelassener als alle anderen Verwandten, die ich in dieser Zeit in Deutschland kennen lernte.

Faszinierend für mich war das Haus, in dem sie wohnten, ein Fachwerkhaus, das damals schon etwa 250 Jahre alt war. Es war schmal, aber tief und drei Etagen hoch. Dazu gab es noch einen richtig abenteuerlichen Gewölbekeller aus Stein gemauert. Unsere Großeltern hatten -für unsere nordamerikanischen Verständnisse- eine recht kleine Küche, die für unser Verständnis spartanisch, aber für deutsche Verhältnisse normal eingerichtet war. Als wir ihren Kühlschrank sahen, der dem damaligen deutschen Standard entsprach, also eintürig und etwa 80 cm hoch, fragten wir Kinder unsere Eltern: „Is it to play with?" (Ist er zum Spielen?). Wir waren von USA eben andere, größere Dimensionen gewohnt und unser Spielzeug-Kühlschrank war nicht wesentlich kleiner gewesen als der echte Kühlschrank unserer Großeltern.

Bei Oma gab es immer ein gutes, warmes Mittagessen, pünktlich um 12:00 Uhr serviert. Meistens gab es zu Beginn eine Suppe, dann eine Hauptspeise mit einem Salat dazu und nach all diesem Essen auch noch eine Nachspeise. Mittags warm zu essen waren wir nicht gewohnt, denn in den USA aßen wir -wie der Rest der Nation- abends warm, zusammen als Familie. Mittags gab es dort Brote, Würstchen oder irgendeine Kleinigkeit. Hier war es umgekehrt. Das war eine Umstellung, an die wir uns erst gewöhnen mussten. Ich ging aber trotz dieser Umstellung gerne zu meiner Oma zum Essen, da sie für meinen Geschmack wunderbar kochen konnte. Aber ich ging auch gerne zu ihr, um überhaupt nur in ihrer Nähe zu sein. Sie war meistens in sich ruhend, als würde sie über irgendetwas nachdenken. Sie schaffte es auch immer, mich mit den einfachsten Dingen zu beschäftigen. In ihrem uralten Haus hatten wir Kinder zudem viel zu erkunden. Und es waren auch noch ein paar wenige Spielsachen unserer Mutter dort, aus ihrer Kindheit. Ich war fasziniert von den Unebenheiten dieses Hauses; die Wände in jedem Zimmer hatten eigene Winkel und die Böden waren zum Teil uneben. Jedes Zimmer hatte seinen eigenen Geruch und jeder Boden seine eigenen Geräusche. Das Haus hatte Charakter und wirkte mit seinen knackenden und knarrenden Böden auf mich fast so, als ob es lebendig wäre. Selbst die Türen waren verschieden und fast jede Türklinke war anders. Es war das reinste Sammelsurium einiger Jahrzehnte, wenn nicht sogar der letzten zwei Jahrhunderte. Das faszinierte mich!

Hinter dem Haus gab es einen Garten, der als Nutzgarten angelegt war, in dem Blumen, Beeren, Obst und Gemüse reihenweise angelegt waren. In einer engen Dichte bot sich eine Vielfalt an Farben, Formen und Gerüchen an, die ich so sonst nicht kannte. Überhaupt roch hier alles toll, und nicht wie das Essen aus dem Supermarkt. Dieser Garten war notwendig gewesen, um auf dem Land zu überleben und, wie meine Oma mir sagte, auch im Krieg zu essen zu haben.

Opa rauchte Zigarren, was er aber im Haus nicht durfte, außer in den Wintermonaten. Dann durfte er unten in der Waschküche rauchen. So spazierte er im Garten auf und ab und rauchte seine Zigarren mit Genuss und mit einer Gelassenheit, die ein bisschen ansteckend war. Wenn er genüsslich seine Zigarre paffte, war ich gerne in seiner Nähe, was ihn keineswegs störte. Meine Großeltern schienen sich überhaupt nicht durch uns Kinder gestört zu fühlen und möglicherweise war es genau das, was sie so anders machten als meine Eltern. Bei meinem Vater hatte ich meistens das Gefühl, ihn schon alleine durch meine Anwesenheit zu stören. Abgesehen davon wusste ich, dass ich aus seiner Sicht sowieso als das „falsche" Geschlecht nicht wirklich erwünscht war. Und meine Mutter, so sehr sie mich auch liebte, hatte öfters nicht die Kraft, sich um uns zu kümmern. Manchmal fiel sie durch Krankheit komplett aus. Manchmal wirkte sie auf mich schlichtweg desinteressiert, was uns Kinder anbetraf. Vermutlich aber war sie in ihren Krankheiten gefangen oder unter dem Einfluss von Medikamenten, die ihre Reaktionen beeinflussten. Dagegen waren meine Großeltern ganz anders, denn wir störten sie nicht -ich kann mich nicht daran erinnern auch nur ein einziges Mal von einem von ihnen zurückgewiesen worden zu sein- und sie liebten uns, so wie wir waren. Meine Oma war an allem, was ich ihr erzählte oder was ich machte, interessiert. Geschimpft hat Oma sowieso nie mit uns, aber ich gab ihr auch keinen Anlass dazu. Ich kann mich auch nicht daran erinnern, dass meine Großeltern sich jemals miteinander gestritten oder gar schlecht übereinander gesprochen hätten. Sie schienen froh zu sein, einander zu haben, und sie waren rundum zufrieden. Diese Zufriedenheit, die sie ausstrahlten, war für mich ein wunderbares Gefühl. Alles in ihrem Leben war durch die lange Ehe geregelt, jeder kannte den Tagesablauf und wusste um seine Rollen und Aufgaben. Dort gab es keinen Stress und auch keine Hektik. Das ganze Haus war von oben bis unten immer ordentlich, alles hatte seinen Platz und alles war auch immer sauber. Als kleines Kind empfand ich dieses Haus als eine Oase der Ruhe und fühlte mich herzlichst willkommen.

Hin und wieder besuchten wir auch unseren Opa Bauder. Er wohnte in einer am Hang gelegenen Villa, gegenüber dem Gelände der Firma Triumph, in einer Straße namens „Alte Steige". Für mich als kleines Kind war der Weg dorthin lang und steil und ich fand es mühsam überhaupt dorthin zu gelangen. Endlich dort angekommen erwartete uns dieses große Haus, das auf mich recht kühl wirkte. Möglicherweise lag es daran, dass seine Ehefrau bereits gestorben war, dass ich dort keine Wärme antraf und ich deshalb auch nicht gerne dort hinging. An unseren ersten Besuch dort nach unserer Rückkehr aus den USA erinnere ich mich gut. Wir Mädchen hatte Kleidchen an und waren aufs feinste angezogen, als wir von der Haushälterin hineingebeten wurden, die wiederum meinen Vater herzlich begrüßte und umarmte. Uns Kinder strahlte sie auch voller Freude an, als würden wir uns schon ewig kennen, aber ich hatte diese Frau nie zuvor -zumindest nicht bewusst- gesehen. Wir Kinder mussten dann still sein und wurden mit unserem Vater in das Herrenzimmer geführt. Der Weg dorthin führte durch das Speisezimmer, das einen sehr großen Tisch hatte, viele Stühle und eine sehr große Anrichte. Alles schien mir dort riesig zu sein. Dann sah ich einen alten Herrn in einem Sessel sitzen, der nicht lachte, aber zu lächeln versuchte. Er hatte wenig Haare auf dem Kopf und einen dreiteiligen grauen Anzug an. Nachdem er aufstand und seinen Sohn Hans per Händedruck begrüßt hatte, schaute er mich mit seinen kalten dunklen Augen an und fragte in einer tiefen und lauten Stimme: „Und wer bist Du?" Ich erstarrte vor Angst und bekam keinen Ton heraus. Dieser Mann war so stark in seiner Präsenz, dass ich damals mit meinen 3½ Jahren eingeschüchtert war und versuchte, mich hinter meiner Schwester zu verstecken.

Richtig herzlich wurden wir Kinder dagegen immer von unserer Nenntante Margret empfangen. Ich war ganz besonders empfänglich für ihr freudestrahlendes Gesicht, wenn wir bei ihr ankamen. Sie drückte mich immer ganz fest und lachte dabei. Margret liebte Kinder und ganz besonders die ihrer besten Freundin Magda. Margret hatte Anfang der Sechziger Jahre Siegfried Kelbaß geheiratet, der gelernter Gärtner war. Sie hatten sich eine eigene Gärtnerei aufgebaut und waren spezialisiert auf Orchideen. Das direkt neben dem Wohnhaus liegende Gewächshaus war für mich der interessanteste Ort von ganz Heubach. Ich konnte da lange bleiben und mir eine Pflanze nach der anderen ansehen. Margret hatte aber nicht viel Zeit für uns. Sie hatte ihren kleinen Sohn Martin, ihren Mann, ihre Mutter, ihr Haus und die Gärtnerei, für die sie arbeiten musste. Zudem kümmerte sie sich noch um die Finanzen des Betriebs. Trotz ihrer regulären Vierzehn-Stunden-Arbeitstage war sie von einer unerschütterlichen Positivität geprägt und hatte eine ansteckende Herzlichkeit in ihrem Wesen, die ich sonst nicht kannte und für mich einmalig war.

Herzensgute Menschen, wie meine Tante Margret, zeigten keinerlei Spur von Neid was den beruflichen Erfolg meiner Eltern anbetraf. Und das konnte ich schon als kleines Kind spüren. Sie wusste, wie mir Margret später erzählte, dass dieser Erfolg das Resultat harter Arbeit war und zwar von Hans und Magda zusammen. Margret konnte sich für ihre Freundin Magda darüber freuen, dass sie Außergewöhnliches erlebt hatte. Aber sie wusste auch, dass meine Mutter die tragende Kraft hinter Hans war, die ihm den Rücken freihielt, um so viele Geschäftsreisen machen zu können und ein schönes Leben zu Hause zu haben. Margret wusste, dass meine Mutter Enormes leistete für ihren Mann und ihre Familie - und das nicht nur im Haushalt. Um bei den Geschäftseinladungen ihren Ehemann begleiten zu können und auch noch in der Konversation teilnehmen zu können, musste sie sich stets auf dem Laufenden halten, was wirtschaftliche und politische Themen anging, und das auf internationaler Ebene, also las sie verschiedene ausländische Zeitungen – in verschiedenen Sprachen. Zudem war es ihr wichtig, gut auszusehen und gut gekleidet zu sein, damit ihr Ehemann stolz auf sie sein konnte. Das war ihr auch alles gelungen und nebenbei erzog sie noch drei Kinder.

Meine Mutter hatte einige Tanten, die um die Jahrhundertwende geboren wurden und als Jugendliche den ersten Weltkrieg miterlebt hatten. Dieser Krieg, den Deutschland begonnen und verloren hatte, forderte viele Opfer an allen Seiten. Viele junge Männer starben im Krieg als Soldaten, sodass nach diesem Krieg Männer knapp waren. Daher war es oft so, dass junge Frauen keinen Ehemann fanden. Diese „männerlosen" Tanten meiner Mutter waren inzwischen in ihren 60ern oder 70ern, hatten nie geheiratet und auch keine Kinder bekommen. Viele lebten den Großteil ihres Erwachsenenlebens allein und waren stets berufstätig. Einige waren inzwischen in Rente. Da sie ohne eigene Familie waren, waren sie umso dankbarer um Besuch von Magda und ihrer Familie. Als wir nach vielen Jahren im Ausland nach Deutschland zurückkamen, mussten wir also auch diese Tanten besuchen.

Deshalb erinnere ich mich an viele Autofahrten in kleine Orte, wo wir nach ein oder zwei oder noch mehreren Stunden ausstiegen und uns direkt in irgendwelche meist kleine, für mich muffig riechende Wohnungen begaben. Carin und ich hatten meistens von unserer Mutter selbstgenähte Kleider an, die in der Regel identisch waren. Vorbereitend auf diese Verwandtschaftsbesuche wurden wir gewaschen, gekämmt und hübsch angezogen, um dann vorgeführt zu werden. Wir hörten immer, wie groß wir geworden seien und wie hübsch und wie brav, weil wir es schafften, wie dressierte Schoßhunde sehr lange einigermaßen ruhig sitzen zu bleiben. Ich kann mich nicht daran erinnern, dass auch nur eine dieser Tanten bei unseren Besuchen irgendwelche Spielsachen für uns gehabt hätte oder dass es irgendwelche anderen Kinder dort waren, wenn wir zu Besuch waren, mit denen wir hätten spielen können. Insgesamt waren diese Pflichtübungen für uns Kinder furchtbar. Wir saßen bei diesen Tanten, immer am Tisch, entweder zum Mittagessen oder zum Kaffee, manchmal sogar ohne Unterbrechung zu Beidem! Manchmal machten wir einen Spaziergang nach dem Essen, etwas, was uns fremd war. Wir fanden auch dies schrecklich und wären sicherlich lieber auf einem Spielplatz irgendwo gewesen. Diese Besuche waren für Carin und mich eine Qual. Als ob es nicht genug wesen wäre, dass wir sie besuchen mussten, diese Tanten kamen auch zu uns zu Besuch. Aber wenn sie zu uns kamen, hatte das wenigstens den Vorteil, dass wir im Haus frei herumlaufen konnten, mit unseren Spielsachen spielen und auch mal in den Garten hinauskonnten. Der Vorrat an Tanten und die damit verbundenen Besuche schienen mir zu reichlich zu sein.

Eine dieser Tanten hieß Tilly. Sie begrüßte uns immer besonders förmlich mit Händedruck, was wir von USA her nicht gewohnt waren und auch überhaupt nicht mochten. Sie stand außergewöhnlich gerade, obwohl oder vielleicht gerade weil sie im Vergleich zu den anderen Erwachsenen etwas kürzer gewachsen schien, hatte graues Haar streng hochgesteckt in einem Knoten, trug weiße Blusen, ganz zugeknöpft und hatte entweder graue, dunkelblaue oder dunkelgrüne Kostüme an. Sie sah eher wie ein General aus und erweckte den Eindruck, immer aus Pflichtbewusstsein zu handeln. Dementsprechend kritisch und mit Unbehagen schaute ich sie an und versuchte dann einen möglichst großen Bogen um sie zu machen. Wenn Carin zu Hause war, suchte ich bei ihr sicherheitshalber Schutz. Diese Frau war mir nicht geheuer und ich wollte sie auch nicht in meiner Nähe haben.

Unsere Eltern sollten im August 1968 für zwei Wochen nach New York reisen. Sie kamen auf die Idee, ausgerechnet diese Tante Tilly zu unserer Betreuung ins Haus zu holen. Tilly hatte einen kommandierenden Wortschatz und pflichtbewusst wie sie war, würde sie es schaffen, uns mit deutscher Disziplin und

Ordnung zu halten. Ich erinnere mich an ihre Befehle zum Essen, Anziehen, Aufräumen, usw. Solch einen Tonfall kannten wir von unserer Mutter nicht. Das Schlimmste aber war ihre Vorstellung, jeden Tag mit uns musizieren zu müssen. Tilly saß am Klavier und spielte und sang ein Kinderlied nach dem anderen. Wir hatten die Aufgabe, diese Lieder zu erlernen und fröhlich und korrekt mitzusingen. Mir war es dabei gar nicht fröhlich zumute. Viele Lieder kannte ich nicht. Manche mochte ich nicht, andere verstand ich nicht. Die Texte konnte ich mit meinen damals vier Jahren meistens kaum über eine Strophe hinaus, wenn überhaupt. Vielleicht war es Tilly nicht bewusst, dass wir drei Jahre in USA gelebt hatten und gut und gerne englische Lieder sangen. Oder es war ihr sehr wohl bewusst und sie plante, uns deutsche Lieder beizubringen. Ich erinnere mich, wie ich weinend am Klavier stand und versuchte zu singen. Tilly schrie mich bei jedem Fehler, den ich machte, an. Es war das erste Mal in meinem Leben, dass ich aufgrund mangelnder sprachlicher Fähigkeiten und Kenntnisse beschimpft und sogar bestraft wurde. Denn sie hatte keine Hemmungen, uns eine Ohrfeige zu verpassen oder sonst irgendwie zu peinigen. Wenn mir das Herum schimpfen am Klavier zu viel wurde, lief ich weg und Tilly mir hinterher, bis sie mich schnappte. Dann folgte eine harte Ohrfeige. Versuchte ich mich zu wehren, führte es dazu, dass sie mich packte und über ihr Knie legte und mir sehr schmerzhaft den Hintern versohlte. Wenn das passierte, schrie ich um Hilfe und Carin kam, um mir zu helfen. Ich schrie vor Wut und Schmerzen nach meiner Mama und das brachte Tilly noch mehr in Rage. Tilly schaffte es, mich regelmäßig zu schlagen und ich erinnere mich daran, sehr viel geheult und geschrien zu haben in dieser Zeit. Es war schlimmer als ein Albtraum, denn es passierte wirklich. Unsere Eltern hatten uns für eine Zeit verlassen, die wir in dem Alter nicht einschätzen konnten und wir waren schutzlos dem Willen dieser sogenannten Tante ausgeliefert. Währenddessen amüsierten sich unsere Eltern in New York, wie mein Vater auf einer Postkarte an die Familie Eugen Holl schrieb: „Wir sind hier gut angekommen. Es ist zwar ziemlich warm, aber wir haben ein sehr schönes Zimmer mit Klimaanlage. Gestern waren wir in einer Broadway Show, heute gehen wir zu Tante Trudel." Ich war so wütend auf meine Eltern, dass sie uns einfach zurück gelassen hatten mit diesem Kinder-Schreck.

Nachdem unser Vater bei seinem neuen Arbeitgeber eingelernt und auf seine erste leitende Position innerhalb der Firma vorbereitet worden war, bekam er seine erste feste Aufgabe innerhalb des Hauses Bosch zugeteilt. Neun Monate nachdem er dort angefangen hatte, sollte er als Verkaufsleiter nach Bremen im Norden Deutschlands gehen. Die Familie hatte sich eben erst in Heubach eingelebt, das Haus war gerade erst fertig eingerichtet worden und schon mussten wir umziehen. Carin wurde gerade nach den Sommerferien in Heubach eingeschult und würde in der ersten Klasse einen Wohnort- und Schulwechsel mitmachen müssen. Ich war gerade in den Kindergarten gekommen und musste natürlich auch den Wechsel hinnehmen. Susanne ging nach den Sommerferien in die 6. Klasse und musste schon wieder die Schule wechseln, in ihre 5. Schule! Sie würde wenige Tage nach dem Umzug ihren 12. Geburtstag schon wieder in völlig fremder Umgebung feiern. Wir Kinder hatten uns gerade an unsere Schulen, bzw. an den Kindergarten und an die neuen Kinder gewöhnt und schon mussten wir uns von ihnen trennen. Das fiel uns allen schwer.

Heubach 1968, Susanne, Claudia und Carin

Obwohl ich meine Großeltern mütterlicherseits und meine Tante Margret liebgewonnen hatte, war ich trotz der sonstigen Trennungsschmerzen doch froh Heubach verlassen zu können. Nach unserem schönen entspannten Leben in Bardonia, hatte ich mich in Heubach nicht so wohl gefühlt. Ich fand, dass man mit Kindern viel strenger umging als wir es gewohnt waren und, dass wir Kinder nicht so willkommen waren wie in den USA. Die offene Nachbarschaft und das Umherlaufen von einem Haus zum anderen hatten uns gefehlt. Möglicherweise hatte es nicht mit Heubach als Ort zu tun, sondern was mich störte waren eher grundsätzlich kulturellere Unterschiede, die ich nicht verstand, aber deutlich spürte.

Bremen, Deutschland, 1968

Zum 1. Oktober 1968 wurde mein Vater versetzt und nach einem Monat Einarbeitung bereits für das Bosch-Verkaufshaus in Bremen zum Verkaufsleiter/ Geschäftsleiter ernannt.

In Norddeutschland angekommen mussten wir Mädchen von unserem breiten schwäbischen Dialekt auf korrektes Hochdeutsch umlernen. Es handelte sich dieses Mal zwar nicht um eine andere Sprache, aber um einen großen Unterschied in der Aussprache und teilweise auch im Wortschatz. So sagten wir in Heubach „Gardedörle" und in Bremen „Gartenpforte". Dieser sprachliche Wechsel wird auch meinen Eltern als echten Schwaben nicht leichtgefallen sein.

Wir wohnten in einem Reihenhaus mit Garten und unser Wohngebiet grenzte an einen Park. Im Erdgeschoss unseres Hauses gab es eine Küche, Esszimmer, Wohnzimmer und eine Gästetoilette. Im Obergeschoss lagen drei große Schlafzimmer und ein Bad. Carin und ich teilten ein großes Zimmer. Susi hatte ihr eigenes Zimmer und Carin und ich taten nichts lieber, als ihre Spiele dort aus dem Schrank raus zu nehmen und damit zu spielen. Susanne ging auf eine Mädchenschule, die etwas weiter entfernt war von unserem Haus und so musste sie mit dem Fahrrad dort hinfahren. Eines Morgens wurde sie auf dem Weg zur Schule von einem Auto angefahren und verletzt. Da ihr ihre Schule sowieso nicht gefiel und der Weg dorthin für sie zu weit war, äußerte sie den Wunsch, auf eine Internatsschule zu gehen. Da unsere Mutter in dieser Zeit oft krank war und sich nicht intensiv mit ihren drei Töchtern beschäftigen konnte, stimmte sie dem Wunsch zu. Die Sache hatte für meine Mutter noch den Haken, das Susi zudem noch möglichst in der Nähe ihrer geliebten Großeltern ins Internat wollte. Zudem machte sie ganz klar, dass sie die Schule nicht mehr wechseln wolle, denn sie hatte genug von Umzügen und Schulwechseln. Sie bekam ihre Wünsche nach Kontinuität erfüllt und ging noch im selben Jahr auf ein Mädcheninternat in Korntal, nahe Stuttgart, wo sie bis zum Ende ihrer Schulzeit bleiben konnte. Hier trat sie ihre 6. Schule an, hatte aber leider das Pech, dass ihr auch diese Schule nicht gefiel. Sie konnte auf ihrem Internat bleiben und die Schule innerhalb Korntals wechseln und besuchte nun ihre 7. Schule.

Nun waren Carin und ich zum zweiten Mal von Susi getrennt. Ich hatte zunächst ein ziemlich schlechtes Gewissen, denn ich dachte damals, sie hätte die Familie verlassen, weil Carin und ich immer wieder ihre Spielsachen wegnahmen und Susi endgültig genug von ihren zwei kleinen Schwestern hatte. Dass sie aber durch den Lebensstil unserer Eltern bzw. die berufsbedingten Umzüge überfordert war, hatte ich damals nicht erahnen können. Ich weiß nur, dass meine Mutter damals sehr traurig war über diese Entwicklung, denn sie fühlte, dass sie ihre Tochter verloren hatte. Sie konnte die Beweggründe ihrer Tochter verstehen, aber in meiner Mutter kehrte mit dem Wegzug ihres ersten Kindes eine spürbare Traurigkeit ein.

Unser Haus lag nahe an einer Wiese und einem Wald. Aus meinem neuen Kindergarten hatte ich einen Freund namens Harald, der dunkle Augen und dunkles Haar hatte und wie ich recht schüchtern war. Wir spielten viel miteinander und verbrachten die meiste Zeit draußen. Das war toll und viel besser als in Heubach, denn endlich konnte ich wieder ungehindert herumrennen. Wir rannten regelmäßig völlig unbekümmert durch die Wiese, bis ich einmal das unglaubliche Pech hatte, in ein kleines Bienennest zu treten. Die Schmerzen der Stiche waren unbeschreiblich und ich rannte den ganzen Weg nach Hause schreiend und weinend, wo mich meine Mutter zunächst versorgte und dann ins Krankenhaus brachte. Mein Fuß war so sehr geschwollen, dass ich danach tagelang nicht gehen konnte. Das Zusammentreffen mit den Bienen hat mein Interesse an dieser Wiese beendet, dafür aber entdeckte ich den Wald und die Bäume. Harald brachte mir bei, auf Bäume zu klettern und so saßen wir fortan regelmäßig so lange weit oben auf dem eroberten Baum, bis es uns richtig langweilig wurde. Carin musste manchmal nach mir suchen und mir sagen, dass es Zeit sei von meinem Baum herunterzukommen und nach Hause zu kommen.

Bei uns war immer etwas los, ein Kommen und Gehen von Besuchern, von Anfang an. Sehr zu meinem Glück kamen „meine" geliebte Tante Trudel und Onkel Alex aus den USA uns im Sommer 1969 in Bremen besuchen. Wie auch bei ihrem Besuch im Vorjahr in Heubach, war dieses für uns Kinder ein besonders freudiges Wiedersehen. Auch dieses Mal war ich der Überzeugung, dass sie den weiten Weg über den Ozean gemacht hatten, um mich zu sehen. Aber nicht über jeden Besucher konnte ich mich freuen. Immer wieder hatten wir Besuch von Männern, die ich nicht kannte und auch nicht mochte, die wir aber mit „Onkel" dies oder das ansprechend mussten. Auch wenn sie Verwandte oder Freunde unserer Eltern waren, konnte ich die Gesichter und die Namen nicht zuordnen. Am schlimmsten war für mich dann, wenn unsere Eltern ausgingen oder sogar für einige Tage wegfuhren und wir dann mit diesen für uns fremden Menschen zurückgelassen wurden, da sie uns betreuen sollten. Ich hatte Angst fremden Menschen ausgeliefert zu sein und wollte sie nicht um mich haben.

Als unsere Eltern im selben Sommer wieder länger ohne uns verreisen wollten, kamen sie auf die Idee, Carin und mich mit unseren damals sieben und fünf Jahren zur Betreuung wegzubringen. Möglicherweise sollte das die bessere Alternative dazu sein, Tante Tilly oder irgendeinen fremden „Onkel" zu uns ins Haus zu holen. Da das mit den Onkeln auch nicht gut verlaufen war, dachte ich, dass alles andere doch besser wäre als nochmals im eigenen Haus tyrannisiert zu werden, und ausgeliefert zu sein. Und mit anderen Kindern zusammen zu sein, klang auch gut. Das ganze „Außer Haus"-Erlebnis klang nach einer lustigen Idee, also stimmten wir zu und wurden in ein Kinderheim im Schwarzwald gebracht. Dort angekommen mussten wir erst mal feststellen, dass wir in einem großen Raum mit vielen anderen Kindern zusammen schlafen sollten. Das gefiel mir überhaupt nicht, denn ich war davon ausgegangen, dass Carin und ich -wie zuhause auch- ein eigenes Zimmer haben würden. Ich wollte nicht mit mehreren fremden Kindern ein Zimmer teilen! Hinzu kam, dass ich auch noch das jüngste der etwa 20 Kinder war. Kein anderes Kind war so jung wie ich. Meine Eltern hatten den Betreuungsplatz für mich dennoch bekommen, da sie der Heimleitung versicherten, dass der Aufenthalt dort für mich überhaupt kein Problem sein würde trotz meines jungen Alters. Sie sagten, dass wir Kinder es zum einen gewohnt waren von unseren Eltern getrennt zu sein, was auch stimmte. Zudem meinten sie, dass ich meine Schwester bei mir hätte, die sich um mich kümmern könnte und somit alles gut gehen würde. Somit waren wir beide drin im Heim. Was sie aber nicht wissen konnten war, dass ich in fremder Umgebung immer schon wie eine Klette an meiner Schwester hing, was meine Schwester überhaupt nicht leiden konnte und genau dann alles tat, um mich abzuschütteln und loszuwerden. Sie kümmerte sich nämlich überhaupt nicht gerne um mich. Und das wusste ich.

Da die Anzahl großer Betten nicht ausreichte für die Anzahl der Kinder, musste ich als Jüngste in einem Bett für Kleinkinder mit Gittern schlafen. Was für eine Blamage! Was für ein Unrecht! Ich war entsetzt und außer mir vor Wut wegen dieser Tatsache, die ich einfach als gegeben hinnehmen musste und fand das Ganze gemein. Ich hatte seit Jahren in einem regulären Bett geschlafen und jetzt sollte ich auf einmal „hinter Gittern" schlafen? Jetzt war ich schon wieder hilflos ausgeliefert. Und noch schlimmer war, dass ich mich an niemanden wenden konnte, um mich zu beschweren. Ich war richtig sauer auf meine Eltern, dass sie mich schon wieder im Stich gelassen hatten. Warum hatten die sich nicht darum gekümmert, dass auch ich ein reguläres Bett bekam? Sie hatten sich einfach wieder in der Annahme, dass alles in Ordnung sei, aus dem Staub gemacht. Das musste ich hinnehmen. Aber wenigstens war ich hier nicht der schlagenden Hand irgendeiner Tante ausgesetzt, oder sonst irgendwelchen Aktionen Fremder.

Es kam wie es kommen musste: Der Anblick eines fünf Jahre alten Kindes in einem Bett für Kleinkindern war für die anderen Kinder sehr komisch und so lachten sie hemmungslos über mich, was mich zutiefst kränkte. Das war der Beginn meines sehr unglücklichen Aufenthaltes dort, wo ich viel weinte. Meine Schwester war der einzige Mensch, der mich tröstete. Tagsüber hing ich ihr tatsächlich an den Fersen, was sie sicherlich nervte und sie gab sich größte Mühe mich abzuschütteln. Nachts aber, wenn ich nach meiner Mama weinte und mich nicht mehr beruhigen konnte, schlich Carin aus ihrem Bett -was eigentlich verboten war- und kam zu mir herüber, um mich zu trösten. Einmal kam eine Betreuungsperson rein und schimpfte mit ihr, weil sie ihr Bett verlassen hatte. Aber anstatt einfach dorthin zurückzukehren, bot Carin mit ihren sieben Jahren dieser Frau die Stirn und sagte ihr, sie werde bei ihrer kleinen Schwester so lange bleiben, bis sie sich beruhigt habe. Ich hatte das Glück, dass meine Schwester so stur sein konnte und war deshalb auch stolz auf sie. Meine Schwester schien vor niemandem Angst zu haben und ich war richtig froh, dass ich sie hatte.

An diesem Aufenthalt habe ich keine guten Erinnerungen. Es ging wieder mit strenger Ordnung und deutscher Disziplin zu, zwar auf einer anderen Ebene, als bei Tante Tilly, und ich kam mit dieser kalten Art mit Kindern umzugehen überhaupt nicht klar. Unsere Mutter war eine warmherzige Frau, die liebevoll mit uns umging, aber hier war nichts von Liebe zu spüren. Ich fühlte mich von meinen Eltern weggeschoben und eingesperrt, fast geradezu bestraft. Unsere Eltern waren für fast einen Monat verreist, was für uns Kinder eine unermesslich lange Zeit war, deren Ende wir nicht absehen konnten. Wie konnte ich die Sicherheit haben, dass meine Eltern uns wieder abholen würden und sich nicht von uns für immer getrennt hatten? Konnte ich wissen, ob sie in ein anderes Land gezogen waren? Wie sollte ich wissen, dass das hier gut ausgeht und wir als Familie wieder vereint werden würden? Diese ganze Situation war für uns furchtbar. Wenn wir als Erwachsene über diese Zeit reden, sprechen Carin und ich über unser „Kindergefängnis" im Schwarzwald.

Unter anderen Grundvoraussetzungen wären dieser Aufenthalt und die Trennung von unseren Eltern möglicherweise nicht so schlimm für uns zu verkraften gewesen. Wenn wir unser Leben lang in einem Ort und in einem Haus gewohnt hätten, hätten wir sicherlich mehr Grundvertrauen in unsere Eltern und andere Personen haben können. Aber das hatten wir nicht. Wir hatten in diesem Alter bereits mehrere Umzüge erlebt, die immer eine endgültige Trennung von allem Vertrauten bedeuteten. Und wir hatten verschiedene fremde Betreuungspersonen gehabt, mit denen wir schlechte Erfahrungen gemacht hatten. Es gab insgesamt zu viel Instabilität und Verunsicherung für uns. Meine älteste

Schwester hatte sich von der Familie getrennt, eben weil sie Stabilität in ihrem Leben brauchte. Sie war in ein Internat gegangen. Und ich war mit meinen 5 Jahren bereits ziemlich verunsichert und destabilisiert.

Irgendwann holten unsere Eltern uns doch wieder ab und es ging zurück nach Bremen, worüber ich natürlich sehr froh war. Aber in mir war einiges an Liebe und Vertrauen meinen Eltern gegenüber kaputt gegangen. Ich war mit der ganzen Situation überfordert.

In Bremen hatte mein Vater das Golf spielen für sich entdeckt und war somit nicht nur an den Wochentagen, sondern auch zunehmend an einem Samstag oder Sonntag weg von zu Hause, um seinem Hobby nachzugehen. Zu allen sonstigen Abwesenheitstagen durch Arbeit und Reisen, kamen nun auch die zunehmenden Abwesenheitszeiten an den Wochenenden. So schlimm war das für mich nicht, denn ich hatte keine besonders enge oder gute Beziehung zu ihm. Ich wurde nie das Gefühl los, von ihm ungewollt zu sein und somit mochte ich ihn nicht sehr. Daher erinnere ich mich besonders an einen Tag, den ich trotzdem mit meinem Vater verbrachte. Meine Mutter sagte: „Papa wird heute den Tag mit dir verbringen." Es war schon ungewohnt, dass er einen freien Tag mit seinen Töchtern verbrachte und dazu noch mit mir alleine. Das gab es bislang nicht. Also fasste ich das als eine besondere Gelegenheit, vielleicht ein Tag der ganz außergewöhnlich werden sollte, indem er sich mal nur mir widmete und mich mit Aufmerksamkeit überschütten würde. Toll, dachte ich, und war sehr gespannt, wie das aussehen würde, wenn der Große sonst meistens Abwesende den Tag alleine mit mir verbringen würde. Vielleicht würden wir zwei zusammen in den Zoo gehen? Oder zum Spielplatz? Aber statt wir meinen Ideen folgten, gingen wir seinen nach und fuhren zum Golfplatz, damit er eine Runde Golf spielen konnte. Ich musste hinter ihm herlaufen und fand das Ganze gar nicht lustig. Mein großer Vater mit seinen langen Beinen lief sehr schnell und ich musste mithalten. Ich weiß nicht, nach wie vielen Löchern ich mich endlich getraute, ihm meinen Missmut und meine Langeweile mitzuteilen. Wie war ich erleichtert, als er mir zustimmte, dass das ganze Hinterherlaufen wahrscheinlich langweilig ist für ein Kind in meinem Alter und ich dachte, die Sache würde abgebrochen werden. Stattdessen gab mir mein Vater einen Golfschläger in die Hand und dazu einen Ball und er meinte, ich dürfte mich damit beschäftigen, während er weiterspielte. Ich war nicht begeistert, versuchte es aber trotzdem und ärgerte mich über diesen langen Schläger und den kleinen Ball. Aus dem Zoobesuch würde wohl nichts werden und ich fand das Ganze ziemlich doof. Er ging einfach seinem Interesse nach und ging dabei nicht auf mich ein. Entweder er konnte oder er wollte sich nicht auf mich als Kind einlassen. Mein Papa und ich schienen nicht dieselben Interessen zu haben!

Meine Schwester Carin und ihre Freundinnen wussten dagegen wohl, was kleine Mädchen mögen, nämlich Rollschuh fahren. Susi hatte es Carin beigebracht und nun wollte Carin es auch mir beibringen. Ich hatte es zwar schon versucht, aber ohne großen Erfolg. Also wollten Carin und ihre Freundinnen mir gemeinsam helfen, das Rollschuhfahren zu lernen und überredeten mich, mich von ihnen ziehen zu lassen: Carin an einer Seite und eine ihrer Freundinnen an der anderen. So, erklärten sie mir, würde ich schön schnell werden und merken, wie viel Spaß das macht. In Ordnung, dachte ich, wir probieren es. Die Mädels nahmen mich an meinen Händen und fingen an mich zu ziehen. Sie wurden immer schneller und schneller und als ich merkte, dass ich direkt auf die Mülltonnen am Ende der Straße hingezogen wurde, schrie ich „Anhalten" in der Hoffnung, dass wir zu einem schnell stoppen. Aber das nützte nichts; die Mädels hörten nicht auf mich, denn sie hatten gar nicht vor, mir beim Abbremsen zu helfen. Sie ließen meine Hände erst kurz vor den Mülltonnen los und ich donnerte mitten in die Tonnen hinein, genau so, wie es ihr Plan gewesen war. Die Mädels kreischten vor Freude um ihr gelungenes Werk. Ich war, wie konnte es sonst sein, unendlich sauer! Aber für diese Aktion bekam Carin von unserer Mutter richtig dicken Ärger, so wie ich es noch nie erlebt hatte. Den Ärger schien sie allerdings mit im Erlebnis eingerechnet gehabt zu haben, denn, im Großem und Ganzen fand sie die Sache trotzdem lustig und verbuchte es als einen Riesenerfolg für sich.

Im darauffolgenden Sommer sollte ich Fahrrad fahren lernen. Es waren aber nicht meine Eltern, die es mir beibrachten, sondern meine Schwestern. Ich hatte keinen Grund, misstrauisch zu sein, schließlich wusste Carin nach ihrer Rüge vom Vorjahr, dass sie mir nicht mit Absicht wehtun durfte. Ich hatte Angst vor dem Fahrrad fahren, aber sie meinten, es wäre an der Zeit, dass auch ich das lerne. Susi war für den Sommer bei uns und machte bei dieser Sache mit. Das Fahrradfahren wurde mir ganz kurz erklärt und einmal vorsichtig geübt, und schon schoben sie mich einmal um die Wendeplatte am Ende der Sackgasse, dann drehten sie mich in die andere Richtung. Das klappte alles auch ganz gut. Nur ließen sie dieses Mal das Fahrrad los, ohne dass es so abgesprochen gewesen war. Sie hatten mir versichert, mich so lange festzuhalten, bis ich es alleine schaffte! Dass ich weder das Treten in die Pedale richtig beherrschte noch verstanden hatte, wo die Bremsen waren bzw. wie diese funktionierten, interessierte meine Schwestern nicht. Sie hatten mich bereits losgelassen und schauten nun einfach zu, wie das Fahrrad immer langsamer wurde und dann mangels Schwungs umkippte.

Leider kippte ich mit dem Fahrrad um, denn ich hatte so kurz nach meinem Entsetzen darüber, dass sie mich gerade ziemlich im Stich gelassen hatten, nicht schnell genug reagieren und abspringen oder mich irgendwie auffangen können. Meine Schwestern lachten sich über die ganze Sache kaputt! Sie fanden ihren kleinen Trick, nämlich mich ohne Vorwarnung loszulassen, echt gut gelungen. Ich war verletzt und entsetzt, wie gemein die Beiden gewesen waren. Mein Vertrauen in meine Schwestern war von diesem Zeitpunkt an eingeschränkt. Allerdings war ich mir ziemlich sicher, dass Susi sich die Sache ausgedacht und Carin einfach mitgemacht hatte. Aber es machte beiden sichtlich Spaß. Beide wurden von unserer Mutter ausgeschimpft und ich stand unter dem Eindruck, dass sie verstanden hatten, dass sie mich in Ruhe lassen sollten. Bei Susi hatte ich wenigstens das beruhigende Wissen, dass sie nach den Sommerferien wieder in ihr Internat abziehen würde und ich sie eine Zeitlang nicht sehen musste.

Einschulung

Noch im August 1970 wurde ich in Bremen eingeschult. Wie es in Deutschland Tradition ist, bekam ich am ersten Schultag eine Schultüte und einen Schulranzen. Ich hatte mir einen gelben Ranzen aus Leder ausgesucht, den ich sehr schick fand und stolz auf ihn war, obwohl er recht schwer war. Für unseren ersten Schultag kleideten sich die Kinder gut. Ich hatte ein von meiner Mutter genähtes Kleidchen an in rot-grün kariertem Muster mit einem Faltenröckchen und weißem Kragen. Dazu hatte ich passende rote Leder-Schühchen mit einer Schnalle und passend zum Kragen weiße Söckchen. Ich fand das Ereignis großartig und auch meine Freunde vom Kindergarten waren an diesem Tag aufgeregt.

Wir waren jetzt Grundschüler und würden die nächsten vier Jahre zusammen in einer Klasse bleiben. Die Einschulung war der erste offizielle Anlass in meinem Leben, an dem ich eine Rolle spielte und das gefiel mir gut. Außer meiner Schwester Carin, die bereits die Horner Heer Schule besuchte, war noch meine Mutter an diesem Tag dabei, die sehr stolz darauf war, meinen großen Tag mit mir zu erleben.

Da ich nun auch Schulkind war, hatte Carin von unserer Mutter die Aufgabe bekommen, mich morgens an der Hand zu nehmen und mich mit zur Schule zu nehmen. Diese Aufgabe gefiel ihr nicht besonders, denn sie wäre lieber alleine oder mit ihren Freundinnen gelaufen. Ihr Missfallen musste ich ertragen, obwohl ich nun wirklich nichts dafürkonnte, dass meine Mutter ihr diese Aufgabe gegeben hatte. Mir wäre es auch lieber gewesen, mit meiner Mutter allein zur Schule zu laufen, aber sie schaffte es morgens meistens nicht aufzustehen. An einem Morgen, an dem wir halbwegs über einer größeren Straße gelaufen waren und die Fußgängerampel von grün auf rot schaltete, blieb ich mitten auf der Straße stehen. Carin versuchte mich dazu zu bringen weiterzugehen, aber ich weigerte mich, da ich Angst hatte, dass wir angefahren werden könnten. Sie schrie mich an, dass ich weiterlaufen sollte, aber da die Fußgängerampel rot war, ging ich davon aus, dass sie mir eine Falle stellte, sowie mit den Mülltonnen oder dem Fahrrad. Vertrauen konnte ich ihr nicht und so widersetzte ich mich ihrer Anweisung und setzte mich sogar auf die Straße. Da die Autos, aber bereits begannen auf uns zu zufahren, zerrte sie mich zurück in die Richtung, aus der wir gekommen waren und wir hatten Glück, dass wir nicht überfahren wurden. Offensichtlich waren wir mit der Aufgabe, ohne unserer Mutter zur Schule zu laufen, noch etwas überfordert. Nach diesem Zwischenfall wollte Carin sich weigern, mich weiterhin morgens mit zur Schule zu nehmen. Aber unsere Mutter wollte nicht, dass ich alleine zur Schule lief und da sie öfters krank war, gab sie die Aufgabe mich zur Schule zu bringen dauerhaft an Carin ab.

Bremen 1970, Einschulung. Magda, Claudia.

Die Schule in Deutschland begann morgens vor 8 Uhr und endete zur Mittagszeit, also etwa bis 12:00 Uhr, und das sechsmal in der Woche. Man könnte sagen, wir waren als Kinder nur halbtags, also vormittags, beschäftigt. Dann gingen alle nach Hause, um mit den Müttern -und in manche Familie auch den Vätern- zusammen Mittag zu essen. Somit waren wir Kinder nachmittags zu Hause, und hatten, nachdem wir unsere Hausaufgaben erledigt hatten, frei. Carin machte nicht nur ihre eigenen Hausaufgaben, meistens ohne jegliche Hilfe, sie betreute auch mich mit meinen, was eine weitere ihrer Aufgaben war. Unsere Mutter half uns nur dann, wenn wir etwas überhaupt nicht verstanden oder es unter uns Streit gab. Ansonsten war sie öfters auch nachmittags aufgrund ihrer Erkrankungen im Bett. Wenn es ihr nicht gut ging, half ich ihr gerne und lernte bereits als Erstklässlerin Tee für sie zu kochen. Mit meinen sechs Jahren kochte das Wasser in einem kleinen Topf, ich kletterte auf die Küchenanrichte, nahm die Teekanne aus dem oberen Schrank und schüttete das kochende Wasser zu den Teebeuteln in der Kanne. Dann brachte ich die Teekanne samt Tasse und Zucker auf einem Tablett zu meiner Mutter die Treppen hinauf ans Bett.

Nachdem ich drei Monate in der ersten Klasse zur Schule gegangen war, gab es einen ersten Bericht von meiner Klassenlehrerin, Frau Brandstätter. Darin stand: „Claudias schnelle Auffassungsgabe macht es ihr leicht, den Anforderungen des Unterrichts voll gerecht zu werden. Das Lesen bereitet ihr keine Schwierigkeiten, ihre Ausdrucksweise ist schon recht gewandt. In der Klassengemeinschaft gibt sie sich unbekümmert und kontaktfreudig." Anscheinend konnte ich inzwischen ausreichend Deutsch und alle waren mit meinen sprachlichen und sonstigen Entwicklungen zufrieden.

In der Zeit in Bremen hatten meine Eltern neue Anschaffungen für unser Heim gemacht und investierten unter anderen einem in neuen Perserteppich für das Wohnzimmer. Die Abende verbrachten sie meistens gemeinsam im Wohnzimmer und in dieser, ihrer „Elternzeit", machten sie dann auch die Tür zwischen Wohnzimmer und Treppenhaus zu. Wir Kinder wussten, dass wir sie dann nicht mehr stören durften. Eines Abends feierten sie etwas unten im Wohnzimmer und stießen mit Champagner an. An diesem Tag war ich krank gewesen und es ging mir auch am Abend noch schlecht. Ich konnte nicht schlafen und es ging mir zunehmend schlechter. Daher rief ich nach meiner Mutter, aber sie kam nicht. Dann stand ich auf, ging an die Treppe und rief nach ihr, aber sie hörte mich nicht. Ich ging die Treppen hinunter und rief immer „Mami mir ist so schlecht". Aber sie reagierte nicht. Also musste ich die Regel brechen und machte die Tür zum Wohnzimmer auf. Ich weinte, schaute meine Mutter an und sagte: „Mami, mir ist so schlecht." Sie stellte ihr Glas hin, schaute mich an und sah, dass es ernst war und kam auf mich zu. Bevor sie es schaffte bei mir zu sein, wurde es mir noch schlechter und ich musste mich übergeben, mitten im Wohnzimmer und fast über meine Mutter, mitten auf dem neuen Perserteppich. Der schöne Abend meiner Eltern nahm ein abruptes Ende. Meine Mutter versuchte mich und das Chaos in den Griff zu bekommen, doch mein Vater war fassungslos über das, was gerade geschehen war. Er schrie mich an -als ob ich das mit Absicht gemacht hätte-, stand auf, kam auf mich zu und verpasste mir eine unglaublich starke Ohrfeige. Jetzt war ich es, die fassungslos war! Ich war krank, hatte mich gerade übergeben müssen und nun wurde ich auch noch angeschrien und geschlagen! Ich verstand die Welt nicht mehr, obwohl ich schon realisiert hatte, dass ich den wertvollen Teppich getroffen hatte. Ich rannte schnell aus dem Wohnzimmer, weg in die Gästetoilette und aus lauter Angst, mein Vater würde mir hinterherkommen, hatte ich die Tür abgeschlossen. Den Schlüssel nahm ich aus dem Türschloss raus und warf ihn in die Ecke. Ich weinte vor Angst und Schmerzen und schrie vor mich hin. Nun wurde das Drama erst recht groß. Meine Mutter wollte zu mir und mir helfen und mich trösten. Sie kniete vor der Tür und redete lange mit mir. Ich glaubte ihr nicht, als sie sagte, dass mein Vater mir nichts tun würde, wenn ich wieder rauskäme. Zwischen ihren warmen und liebevollen Worten für mich, schimpfte sie mit ihm, ging und wischte den Teppich sauber, kam wieder zu mir zurück und im Laufe der Zeit glaubte ich ihr dann doch, dass mir nichts passieren würde, wenn ich raus käme. Nun hatten wir aber das Problem, dass ich so aufgebracht war, dass ich es nicht schaffte, den Schlüssel ins Schloss zu stecken und ihn umzudrehen. Ich war inzwischen unglaublich müde und hatte geschwollene Augen. Ihren Anweisungen folgend, schaffte ich es dann doch irgendwann die Tür wieder aufzuschließen. Wie der Abend zu Ende ging weiß ich nicht mehr. Ich war völlig erschöpft. Aber ich weiß, dass ich von diesem Tag an meinen Vater nicht mehr ausstehen konnte.

Carin und ich hatten die Angewohnheit, beide zur Haustür zu rennen, sobald es an der Tür klingelte. Eines Tages rannten wir wieder im Galopp um die Wette an die Haustür, als wir übereinander stolperten und beide hinfielen. Genauer gesagt fiel ich hin, aber Carin flog in einem hohen Bogen über mich und landete mit dem Kopf direkt an der Heizung. Der Heizkörper war aus schwerem Metall und hatte abstehende Rillen, die dicken stumpfen Messern ähnelten. Genau auf so einer Rille knallte sie mit ihrer Stirn auf, was einen lauten dumpfen Schlag machte und ihre Haut aufschlitzte. Das Blut floss in schierer Unmengen aus der Wunde, sie hielt sich fest und schrie vor sich hin. Es war entsetzlich und ich stand erstarrt daneben. Sehr schnell gab es ein ziemliches Blutbad, ihre Hände waren voller Blut und auch ihr Gesicht und ich dachte, dass nun meine Schwester sterben würde. Unsere Mutter war ausnahmsweise mal sofort zur Stelle und hatte einen Ausdruck des blanken Entsetzens im Gesicht. Sie packte Carin und fuhr mit ihr ins Krankenhaus. Vor lauter Eile und Aufregung ließ sie mich alleine zu Hause zurück. Die Zwei blieben ein paar Stunden im Krankenhaus, was mir wie eine Ewigkeit vorkam und ich wartete in der Ungewissheit, ob ich jemals wieder meine Schwester sehen würde. In diesen sich endlos hinziehenden Minuten und Stunden kam sie mir nun doch nicht so schlecht vor und ein Leben ohne sie -trotz ihrer Streiche- konnte und wollte ich mir nicht vorstellen. Der Gedanke, sie zu verlieren, machte mich sehr traurig, doch dann, sehr zu meiner Freude und Überraschung kamen sie beide noch am selben Tag zurück und ich freute mich riesig, dass meine große Schwester diesen unglücklichen Zwischenfall doch überlebte. Daraus hatten wir gelernt und rannten fortan nicht mehr auf die Haustüre zu.

Einmal im Herbst 1970 öffneten wir -inzwischen gesitteter- die Haustür für unsere ältere Schwester, als sie aus ihrem Internat zu Besuch nach Hause kam. Ich öffnete die Tür, schaute die dort stehende Person an und fragte sie: „Wer bist Du?" Ich hatte sie zuerst nicht erkannt, was allerdings auch an ihrem neuen Mantel gelegen haben konnte und der Tatsache, dass sie die Kapuze ihres Mantels auf dem Kopf trug und somit ihr Gesicht nicht richtig zu sehen war. Carin klärte mich auf und sagte: „Das ist doch unsere Schwester!" Beim zweiten Hinsehen hatte ich sie wiedererkannt. Leider war Susi durch meine Begrüßung entsetzt und verärgert und beschwerte sich weinend bei unserer Mutter. So hatte sie sich die Begrüßung zu Hause nicht vorgestellt! Sie konnte es nicht fassen, dass ihre kleine Schwester Claudia sie nicht mal mehr erkannte. Aber es war so. Wir waren uns zunehmend entfremdet durch die Trennung und ihr Internatsleben, was inzwischen zwei Jahre anhielt. Sie war inzwischen ein Teenager und entwickelte weibliche Züge. Ihr gesamtes Äußeres änderte sich. Aber abgesehen von ihrer Entwicklung und unserer Entfremdung war das grundliegende Problem, dass der Altersunterschied zwischen uns so groß war, dass wir zum einen nie in derselben Entwicklungsphase waren, zum anderen keine gemeinsamen Interessen hatten und somit wenig miteinander zu tun hatten. Davon abgesehen schien sie mich einfach nicht zu mögen. Zunehmend hatte ich das Gefühl, dass ich für sie nervig und belastend war, anstatt dass sie an mir je irgendeine Freude gehabt hätte. Ich kann mich auch nicht daran erinnern, dass sie mich jemals liebevoll in den Arm genommen, geherzt oder getröstet hätte.

Dieser Besuch, der für Susi schlecht begonnen hatte, wurde für sie aber noch schlimmer. Unsere Mutter musste ihr noch mitteilen, dass die Familie kommenden Monat umziehen würde und dass es wieder Übersee, zurück nach Amerika ging, dieses Mal nach Kanada. Susi hatte sich inzwischen gut in ihrem

Internat eingelebt und hatte nicht die geringste Absicht, es zu verlassen. Auch hatte sie nicht das geringste Interesse daran von ihren Großeltern getrennt zu werden, da sie die meisten Wochenenden bei ihnen gerne verbrachte. Sie weigerte sich, nochmals mit der Familie umzuziehen und zudem einen Länderwechsel mitzumachen und bestand darauf, wie geplant in ihrem Internat in Deutschland zu bleiben. Sie wollte nicht mehr mit ihren Eltern umziehen und war entschlossen dort wo sie war, die Schule zu Ende zu bringen.

Es sah wirklich so aus, dass wir wieder über einen Ozean hinweg getrennt werden würden. Unser Aufenthalt in Bremen hatte nur zwei Jahre gedauert und schon zogen wir weiter. Im November 1970, nachdem ich in Deutschland erst wenige Monate lang die erste Klasse besucht hatte, wurden Carin und ich von der Schule in Bremen abgemeldet.

Noch vor dem großen Umzug fuhren wir im Dezember nach Südtirol. Etwas verwirrt hatte mich diese Reise nach Italien, denn ich dachte zuerst, wir wären dort angekommen bereits in unserem neuen Heimatland, Kanada. Immerhin hatten wir eine sehr lange Reise hinter uns und im Kurort Meran angekommen, verstand ich die Menschen nur noch teilweise. Mir wurde erklärt, dass wir dort Weihnachten verbringen würden, zusammen mit Susi, und erst dann nach den Ferien nach Kanada umziehen würden. Der Bruder meines Vaters, Peter, wohnte in Italien, was einer der Gründe für die Reise dorthin war, denn mein Vater wollte auch mal seinen Bruder sehen. Und wir Kinder sollten unseren Onkel kennen lernen. Und Peter war schließlich der Patenonkel von Carin, die eigentlich nach ihm Peter hätte genannt werden sollen, aber daraus wurde ja nichts.

Für uns Kinder war es das erste Mal, dass wir zu einem Winterurlaub in die Alpen fuhren. Für unsere Eltern war das aber nichts Neues, denn in die Berge zu fahren, um Ski zu laufen, hatten sie bereits als Jugendliche gemacht. Aber für uns Kinder waren die Berge neu und das Skifahren eine neue Sportart, die wir erst mal erlernen mussten. Die größte Mühe machte mir das Ein- und Aussteigen in die kleinen Vier-Personen-Kabinen. Die fuhren einfach weiter, ohne anzuhalten und man musste sportlich hinein- und hinausspringen. Meine Beine waren für diese Aktion schlichtweg noch zu kurz und so wurde ich mal sanft, mal unsanft hinein oder hinaus gehoben bzw. geworfen. Aufgrund dieser Schwierigkeit entschied ich mich eher gegen das Skifahren. Stattdessen gingen meine Schwester Carin und ich am nächsten Tag Schlittenfahren. Es war als Erleichterung für uns gedacht, anstatt gegen die Kabinen zu kämpfen, mit einem roten Plastik-Schlitten die Hügel, bzw. den Berg hinunter zu rutschen und Spaß zu haben. Unser Schlitten war aber nicht nur schnell, er war blitzschnell. Wie immer fand ich mich in einer Situation, bei der ich wenig zu melden hatte. Carin fuhr den Schlitten und ich war nur ihre Beifahrerin. Ziemlich bald schon hatte sie nicht mehr ganz die Gewalt über den Schlitten, als wir eine Strecke hinab fuhren und, etwas in Panik geraten, schrien, da unser Schlitten unkontrolliert schnell geworden war. In letzter Minute merkte sie aber, dass unsere Strecke gleich zu Ende war, sollte sie die Kurve nicht schaffen, und es beim gerade weiterfahren einen tiefen Abhang hinabging. In allerletzter Sekunde hielt sie mich ganz fest und zog mich mit ihr vom Schlitten und wir landeten neben der Strecke, direkt vor dem Abhang. Wir sahen dann, wie der Schlitten den Berghang in einem hohen Bogen hinunterflog und sich für immer von uns verabschiedete. Wir waren ziemlich geschockt darüber, dass wir uns fast mit unserem Schlitten möglicherweise auch für immer verabschiedet hätten. Beherrschend wie sie war, befahl sie mir, ohne zu zögern: „Sag' es nicht unseren Eltern!" Ich war sowieso schon vor Schreck fast erstarrt, da konnte ihre Anweisung die Situation nicht noch schlimmer machen, und ich stimmte nickend zu, unseren Eltern nicht die Wahrheit zu sagen. Wir liefen schweigend einen sehr, sehr langen Weg zurück zum Ort. Wir waren physisch ziemlich mit unseren Kräften am Ende, bis wir wieder in unserem Hotel ankamen. Aber dort endlich angekommen waren wir in Sicherheit und in der Wärme. Was den Schlitten anbetraf sagten wir auf Anfragen unserer Eltern, wo der geblieben sei: „Schlitten? Der ist weg." Unsere Eltern konnten nicht fassen, dass wir so blöd gewesen waren, unseren Schlitten einfach irgendwo „vergessen" zu haben und wir ließen sie in dem Glauben, dass wir tatsächlich so „blöd" waren. Diese Version schien uns weniger Ärger einzubringen als die Wahrheit, also blieben wir dabei. Vielleicht hätten wir doch beim Skifahren bleiben sollen? Das schien uns nun im Vergleich zum Schlittenfahren doch nicht ganz so gefährlich zu sein.

Genau genommen war dieser Urlaub unser allererster richtiger Familienurlaub, da die meisten unserer gemeinsamen Reisen immer Heimat Besuche gewesen waren und wir dann bei den Großeltern wohnten. Zudem war dies das erste Mal, dass wir Weihnachten nicht zu Hause oder bei unseren Großeltern verbrachten, sondern als Familie an einem Urlaubsort. Abgesehen von den sportlichen Misserfolgen hatten wir alle eine sehr schöne und sehr entspannte Zeit, auch unsere Schwester Susi. Endlich hatten wir fünf es mal geschafft, ein richtiges Familiengefühl zu entwickeln. Vielleicht war es doch möglich, dass wir wieder zu fünft unten einem Dach leben könnten? So schön der Gedanke vor allem für unsere Mutter war, dass wir uns nun wirklich als Familie vereint fühlten, umso schwieriger war für alle der Abschied von Susi am Ende des Urlaubes. Unsere Mutter hatte noch gehofft, Susi würde nun doch ihre Meinung ändern und bei uns bleiben wollen, aber ihre Hoffnung ging nicht in Erfüllung. Es brach ihr fast das

Herz, ihre älteste Tochter in Europa zurück zu lassen, um mit ihrem Mann und den anderen Kindern nach Nordamerika zu ziehen. Aber Susi blieb stur und ließ ihr auch keine Wahl, als ohne sie weiterzuziehen. Es war ihr fester Wille, zu ihrem Internat zurückzukehren, anstatt mit uns mitzukommen. Ich kann mir nicht vorstellen, dass sie sich in ihrem damaligen Alter bewusst war, wie schwierig diese Entscheidung für ihre Mutter gewesen sein muss. Ebenso wenig konnten sich unsere Eltern -die trotz Krieges in totaler Kontinuität aufgewachsen waren- vorstellen wie schwierig ein weiterer Umzug für ihre Tochter sein würde. Lieber nahm Susi eine zweite Übersee-Trennung von der Familie in Kauf, anstatt in ein weiteres Land zu ziehen, und sich von ihren Freunden, ihrer Schule und dem Internat zu trennen. Das musste unsere Mutter akzeptieren; ihre Tochter konnte oder wollte keine weiteren Veränderungen durchmachen. Lieber war sie ohne ihre Familie auf einem anderen Kontinent. Vielleicht war Susi gerade aus dem Grund so resolut geworden, ihren Willen durch zu setzen, weil sie sich schon so oft von allem hatte trennen müssen. Und Trennungen und Abschiede sind immer Verluste und mit Schmerzen verbunden. Diese Verluste oder Schmerzen war sie offensichtlich nicht mehr bereit oder in der Lage hinzunehmen. Nach diesem Urlaub gingen wir also doch verschiedene Wege, Susi nach Deutschland und der Rest der Familie wanderte als nur 4-köpfige Familie nach Kanada aus. Also war das jetzt das zweite Mal, dass wir ohne sie nach Nordamerika einwandern würden.

Bis zum Ende des Urlaubs hatte ich vergessen, dass uns ein Umzug bevorstand. Ich freute mich darauf, wieder nach Hause, nach Bremen zu fahren, aber meine Mutter musste mich daran erinnern, dass wir Bremen verlassen hatten und dorthin nicht zurückkehren würden. Die Erinnerung daran, dass es kein Zurück mehr gab, stimmte mich sehr traurig, da ich jetzt realisierte, dass ich meine Freunde nie wiedersehen würde.

Von Europa nach Nordamerika

Als Aufgabe hatte mein Vater ab Januar 1971 die Leitung der Firma Bosch in Kanada bekommen. Dort wurden hauptsächlich Zündkerzen, Autolampen und VDO-Instrumente hergestellt. Er sollte nun vor allem den Vertrieb ausbauen. Noch im selben Jahr wurde er im Rahmen seiner beruflichen Funktion auch Mitglied bei der „Canadian German Chamber of Industry and Commerce", die „Deutsch-Kanadische Industrie- und Handelskammer". Diese Organisation bestand aus Mitgliedern deutscher und kanadischer Firmen, Handelsunternehmen und Einzelpersonen und hatte die Aufgabe, die wirtschaftlichen Verbindungen zwischen den beiden Ländern zu fördern.

Nach unseren drei Jahren in Deutschland sprachen Carin und ich inzwischen Deutsch und hatten unser Englisch verlernt, als wir in den englisch sprechenden Teil Kanadas zogen. Zunächst wohnten wir in einem Hotel namens „Valhalla Inn" unweit des Flughafens, in Toronto. Die Stadt selber liegt in der Provinz Ontario, direkt am Ontario See. In unserem Hotel hatten unsere Eltern ein eigenes Zimmer, wir Schwestern, damals sechs und acht Jahre alt, eins direkt nebenan, das mit dem Zimmer der Eltern verbunden war und meistens stand diese Tür offen, so dass das ganze fast wie eine kleine Wohnung war, allerdings ohne Küche.

Wir erinnern uns beide gut an die sehr kalten Außentemperaturen des kanadischen Winters, die uns dazu veranlassten, die meiste Zeit im Hotel bzw. unserem Hotelzimmer zu verbringen. Dort hatten wir wieder das Fernsehen entdeckt, das uns aus USA so vertraut war. Die vielen Programme, die vielen Comics, ach was war das schön! Zudem entdeckten wir einen Getränkeautomaten im Flur des Hotels mit Limonaden, aus dem wir uns simmer wieder Sprite, Ginger Ale und ähnliche Getränke holten. Beim ersten Besuch unserer etwa gleichaltrigen Cousine und unseres Cousins, Esther und Peter, waren diese recht sprachlos über die Freiheiten, die wir genossen: Scheinbar endlos Fernsehen zu schauen und dabei Unmengen Limonade zu trinken!

Wir lernten in dieser Zeit auch den jüngeren Bruder unserer Mutter kennen, Martin Holl, der ja eigentlich mein Patenonkel war, mit seiner Frau Traudel und den Kindern Sandra, die ungefähr zwei Jahre jünger war als ich, und

Michael, der damals noch als Baby auf dem Arm getragen wurde. Zwar hatten wir beide Brüder unserer Mutter, sowohl Martin als auch Gustav Holl mit ihren Frauen schon zu Besuch in den USA bei uns gehabt, aber wir waren damals zu jung, um uns drei oder vier Jahre später auch noch an sie zu erinnern. Sie waren alle sehr nett zu uns und spürbar glücklich darüber, dass wir jetzt auch nach Kanada gezogen waren. Meine Mutter war so glücklich über diesen Umzug aus beruflichen Gründen, die Möglichkeit bekommen zu haben, nach 20 Jahren Trennung im selben Land zu wohnen wie ihre beiden Brüder und dazu sogar noch in derselben Gegend! Sie konnte in dieser Hinsicht ihr Glück kaum fassen, ein Glück, das nur durch die Trennung von ihrer ältesten Tochter getrübt war.

Mississauga/ Ontario Kanada 1971

Nach sechs Wochen hatten unsere Eltern ein Haus in einem Ort namens Mississauga gefunden und wir konnten endlich aus dem Hotel ausziehen. Der Ort grenzt direkt an Toronto und an den Ontario-See. Als wir dort hinzogen, hatte Mississauga etwa 200.000 Einwohner. Da Carin und ich den Großteil des Tages im Hotel ferngesehen hatten, war es uns gelungen, dadurch etwas Englisch zu lernen bzw. unsere alten Kenntnisse aufzufrischen. Meiner Schwester war das wesentlich schneller gelungen als mir, was wohl daran lag, dass sie drei Jahre davor fließend Englisch sprechend USA verlassen hatte. So wurde sie zu meiner Übersetzerin, was durchaus wichtig war, denn sie konnte mir auch die Sachen aus dem Fernsehen erklären.

Unser Haus lag in einer reinen Wohngegend mit Einfamilienhäusern der mittleren bis obere Mittelschicht. Südlich grenzte unsere Wohngegend an einen Fluss, den „Credit River". Die Gegend unten am Fluss wurde „Ravine" genannt, was so viel wie Schlucht bedeutet, und gehörte später mit zu unserem Spielrevier.

Das Haus in der Sir-Richards-Road lag auf einem Eck-Grundstück, das mehr Vorgarten als Garten hinter dem Haus hatte. Es war Ende Februar als wir einzogen, die Bäume und Sträucher vor und hinter unserem Haus faszinierten uns, denn sie waren mit Eiszapfen behangen. Schien die Sonne darauf, glitzerte das Ganze und funkelte märchenhaft. Wir fanden diese Mischung aus Schnee und Eis wunderschön und gingen freiwillig nach draußen, um daran teilzuhaben und zu spielen. Wir hatten die größte Freude, uns gegenseitig Schneebrocken, Eiszapfen und was auch immer wir so entdeckten aus geringster Entfernung an den Kopf zu werfen und wir lachten uns dabei krumm. Dabei fielen wir ein paar „echten" kanadischen Kindern auf, die mit all dem Schnee und Eis aufgewachsen waren und nie auf die Idee gekommen wären, einander Eiszapfen oder ähnliches an den Kopf zu hauen, so wie wir es taten. Sie wussten aufgrund unseres eigenartigen Verhaltens, dass wir Einwanderer waren. Aber irgendwie fanden sie uns komisch und sprachen uns an. So machten wir innerhalb weniger Tage mit den ersten Kindern der Nachbarschaft Bekanntschaft.

Noch im Februar wurden wir in der Hawthorne Elementary Public School, die etwa ein bis zwei Kilometer von unserem Haus entfernt war, in der ersten und dritten Klasse eingeschult. An meinen ersten Schultag erinnere ich mich sehr gut. Obwohl mein Vater uns sonst nicht zur Schule brachte, tat er es an diesem Tag. Das war schon merkwürdig, denn sonst hatte er nicht die Zeit, sich solchen Aufgaben zu widmen. Aber an diesem Tag musste es wohl so sein. Er brachte mich zu meiner Klasse und stellte mich der neuen Lehrerin vor, aber ich brachte keinen Ton heraus, denn ich hatte vor meiner neuen Klasse ziemlich Angst. Obwohl ich meinen Vater nicht sehr mochte, drehte ich mich zu ihm um und wäre am liebsten mit ihm fort gegangen, anstatt in der neuen Klasse bei all den fremden Kindern zu bleiben. Ich schaute hoch zu ihm -meinen großgewachsenen, schlanken Vater in seinem dunkelblauen Kaschmirmantel- in der Hoffnung, dass er mir meine Angst und Verzweiflung aus den Augen lesen und mich wieder mitnehmen würde, aber das tat er nicht. Er ging, ohne zu zögern und ließ mich zurück in einem Raum voller Fremden.

Die Sprache konnte ich dank wochenlangem Dauerfernsehn schon ein bisschen verstehen, aber noch nicht sprechen. Ich war nicht nur neu in der Gegend zugezogen, sondern, für mich aufgrund der sprachlichen Barrieren spürbar, eine Ausländerin mit einem Sprachhindernis. Die Klassenlehrerin bemühte sich, nett zu mir zu sein, aber ich verstand nicht viel von dem, was sie mir sagte. Ihr Wortschatz war anders, als der der Comicfiguren. Sie teilte mir einen Schreibtisch zu und ich setzte mich hin. Unschwer war es, die etwa 20 Augenpaare zu erspüren, die mich von allen Richtungen aus anstarrten. Ich fühlte mich unwohl und konnte nur hoffen, dass dieses Leid möglichst bald ein Ende haben würde. Sehr zu meiner Überraschung durfte ich dann, während die anderen Kinder irgendetwas lernten, hinten in der Klasse an einer Staffelei mit Wasserfarben malen. Das erste Wort, dass ich richtig lernte, war „paint", also malen. Meine Lehrerin fragte mich mehrmals: „Do you want to paint?" (willst Du malen?). Ich begriff zunächst gar nichts. Sie musste mich buchstäblich an die Hand nehmen und mich zur Staffelei führen, bis ich endlich begriff, was sie mich da fragte. Natürlich wurde das anweisen der „Außerirdischen", wie ich mich fühlte, von der gesamten Klasse beobachtet, was mein Unwohlsein verstärkte. Ich stellte mich dann so hinter meine

Staffelei, dass mich die Kinder möglichst nicht mehr sehen konnten, und ich endlich mal aufatmen konnte.

Wie wir es gewohnt waren, würde Carin mit mir zur Schule und wieder nach Hause gehen müssen. Am ersten Tag nach der Schule -ich habe keine Ahnung wo unsere Mutter war- gingen wir und gingen und gingen immer der Hauptstraße entlang, so wie es uns erklärt wurde, kamen aber nirgendwo an. Der Weg schien mir mit meinen kleinen Beinchen sicherlich mehrere Kilometer lang, was er aber nicht war. Das Problem war, dass wir leider beide nicht mehr wussten, in welcher Straße wir wohnten, bzw. wo wir abbiegen sollten. Ich erinnere mich noch, wie wir an Straßenecken stehen geblieben sind und uns gegenseitig fragten: Ist das unsere Straße? Dann las sie die Straßenschilder vor und wir überlegten, ob das der Name unserer Straße war, denn wir wussten selbst das nicht mehr so genau. Zum Glück erkannte Carin schließlich das Haus neben unserem und wir wussten, das Suchen hatte sich gelohnt. Und so verliefen wir uns ein paar Tage lang, bis es endlich klappte und wir auf Anhieb nach Hause fanden.

Da es noch beachtlich kalt war -um einiges kälter als wir es von Deutschland her kannten-, fuhr unsere Mutter uns manchmal auch zur Schule oder holte uns ab, wenn es nachmittags nicht wärmer geworden war. Ihr erging es anfangs nicht viel besser als uns. Zwar wusste sie wenigstens, wo wir wohnten, dafür machte ihr aber das Autofahren auf schneebedeckten Straßen, die oft noch eine Eisschicht unter dem Schnee verbargen, viel Mühe. Die „Queensway", die Straße, an der wir hauptsächlich entlang gingen oder fuhren, hatte einen Straßengraben, auf Englisch „ditch" genannt, auf der rechten Seite etwa einen halben oder ganzen Meter tief und ebenso breit. Später hatten wir Kinder großen Spaß daran, mit unseren Fahrrädern durch diesen Straßengraben längs oder quer zu fahren. Doch an diesem Tag hatten wir unsere erste echte Begegnung mit einem von ihnen. Unsere Mutter fuhr den Mercedes unseres Vaters sicher die Straße entlang, bis sie merkte, dass sie eigentlich abbiegen müsste. Sie bremste sportlich und zog das Lenkrad nach rechts. Das Auto reagierte aber nicht wie geplant und glitt stattdessen entlang der vereisten Fahrbahn einfach weiter geradeaus, bis die Räder wieder greifen konnten. Dann reagierte das Auto prompt wie es sollte und fuhr in die Richtung, in der das Lenkrad eingeschlagen war, also nach rechts. Nur leider waren wir zu diesem Zeitpunkt schon an der Straße vorbei, in die wir eigentlich einbiegen sollten, und wir fuhren direkt in den Straßengraben und landeten halb auf der rechten Seite. Da sind wir aber kurz erschrocken! Unser Wagen war gestrandet. Aber auch der schönste und damals neueste Mercedes nutzte nichts, wenn er in einer Schräglage liegt und so stiegen wir alle mit etwas Mühe auf der anderen Seite aus. Unsere Mutter musste dann mit uns zu Fuß gehen und stellte dabei endlich auch mal fest, dass es doch sehr kalt ist, wenn man zu Fuß unterwegs ist. Kurz nach diesem Zwischenfall bekam sie ihr eigenes Auto, einen gebrauchten Pontiac.

Obwohl wir Kinder den Eindruck machten, auch diesen Umzug in ein anderes Land problemlos zu meistern, schlief ich zunächst schlecht. Ich wachte morgens öfters verkehrt herum in meinem Bett auf und sah mit meinen sechs Jahren ziemlich mitgenommen aus, wie manch junge Erwachsene nach einer durchzechten Nacht. Ich fing auch an im Schlaf zu wandeln. Manchmal hatte ich Albträume und wusste nicht, wo ich war. Meine Mutter versuchte mich ob meiner Unruhe und zeitweiligen Verwirrtheit so gut es ging zu trösten, aber dem eigentlichen Ursprung meiner Unruhe sind wir nie nachgegangen. Es wurde einfach als eine Tatsache hingenommen, dass ich nachts öfters unruhig war und zum Teil Albträume hatte. Vielleicht waren die Veränderungen für mich doch anstrengender als man mir ansehen konnte.

Die Schule in Kanada war in vielerlei Hinsicht anders als die in Deutschland. Sie begann morgens erst kurz vor 9:00 Uhr und ging ganztags, bis um kurz vor 16:00 Uhr. Morgens ertönte, zumindest damals, in jedem Klassenzimmer in Kanada über das Lautsprecher-System die kanadische Nationalhymne „O Canada". Bereits in der ersten Klasse lernten die Kinder den Text hierzu. Sie standen während der Hymne auf und sangen zum Teil lauthals und oftmals leidenschaftlich mit. In der Mittagspause blieben wir in der Regel in der Schule. Man nahm eine kleine Metallschachtel mit einem Griff mit, genannt „Lunch box", mit Broten für die Mittagspause und alles was man sonst noch brauchte, um den Tag ernährungstechnisch zu überstehen: Apfel oder Banane, etwas zu trinken und sonstige Kleinigkeiten wie Rosinen oder Nüsse. Es war üblich, dass die Kinder zusammen im Klassenzimmer aßen. Dabei wurde auch manchmal verglichen, wer was dabeihatte und es wurde auch getauscht. Carin hatte das mit dem Tauschen sehr schnell begriffen und packte so morgens irgendetwas ein, was sie gut zum Tauschen benutzen konnte. Dies waren ihre ersten Erfolge als Geschäftsfrau bzw. -Fräulein! Nach dem Essen ging es auf den Schulhof zum Spielen. Uns gefiel dieser Tages-Rhythmus auf Anhieb und wir hatten kein Problem mit der Umstellung von etwa 4 bis 5 Stunden Anwesenheit in der Schule, zu 7 Stunden täglich. Im Gegenteil. Das neue Schulsystem fanden wir auf Anhieb fantastisch! Schließlich hatten wir viel Spaß an unserer neuen Schule und es war schön, den Tag mit anderen Kindern zu verbringen, anstatt nachmittags zu Hause zu sein. Insgesamt war es in der Schule anders als in Deutschland, denn man durfte mehr lachen und in den Pausen viel mehr draußen spielen. Dadurch, dass wir den ganzen Tag in der Schule waren, hatten wir auch keine Hausaufgaben.

Man lernte während des Unterrichtes den neuen Stoff und alle machten die dazugehörenden Übungen zusammen im Klassenzimmer. Es wurde auch mehr an praktischen Fächern, Sport, Musik und Kunst unterrichtet, als wir es von Deutschland her kannten. In diesem Schulsystem war mehr Bewegung und Abwechslung. Es war sehr ansprechend für uns Kinder und sicherlich auch einfacher für Einwanderkinder hier zu Recht zu kommen. Schon allein in den praktischen Fächern kam man sehr schnell ohne Sprachkenntnisse klar. In den anderen Fächern halfen einem hauptsächlich die Mitschüler, die während des Unterrichts Zeit hatten, einem einiges verständlich zu machen. In der ersten und zweiten Klasse gab es noch keine Noten, sodass auch ein Einwanderkind nicht aufgrund schlechter Leistung von Schulbeginn an restlos demotiviert wird.

Es gab noch wesentliche Unterschiede zu der Schule in Deutschland. In jedem Klassenzimmer hing vorne ein Bild von Queen Elisabeth II. Kanada gehörte dem Commonwealth an, dessen Oberhaupt die Königin von England ist. Und ich fand es schön, dieses ausgesprochen sympathische Gesicht an der Wand hängen zu sehen. Abgesehen von der Krone auf ihrem Kopf wirkte das Foto der Queen fast wie ein Foto eines Familienmitgliedes, das in der Ferne lebte. Das hatte etwas Gemütliches an sich und gefiel mir auch auf Anhieb. Anders war auch, dass auf dem Fahnenmast vor unserer Schule die kanadische Flagge wehte, was eine sehr schöne Begrüßung war. Sie wehte mit ihrem roten Ahornblatt deutlich und leicht erkennbar, selbst für sechsjährige Kinder. Was für ein wunderbares Land und Schulsystem: Spaß in der Schule, die sympathische Queen an der Wand, die stolze Nationalhymne und diese hübsche Flagge. Ich war rundum begeistert!

Zu diesem Zeitpunkt wusste ich nicht wie die deutsche Fahne aussah und ich kann mich auch nicht daran erinnern, sie irgendwann in unseren drei Jahren in Deutschland bewusst wahrgenommen zu haben. Die Nationalhymne hatte ich auch nie gehört. Aber die kanadische Flagge ließ sich unverwechselbar einprägen. Sie war nicht nur vor der Schule, sondern vielerorts auf Fahnenmasten zu sehen, auch an Privathäusern. Man spürte schon als Kind, dass die Menschen, die hier lebten, stolz waren auf ihre Flagge und auf ihr Land. Und es war ein schönes Gefühl, dazu zu gehören.

Obwohl ich in Deutschland stolz auf meinen Schulranzen gewesen war, wurde er dank dem kanadischen Schulsystem überflüssig. Die Kinder hatten ein Klassenzimmer, in das sie jeden Tag gingen und jedes Kind hatte einen festen Sitzplatz. Die Tische waren von oben aufzuklappen und innen gab es eine großzügige Ablagefläche, etwa zehn Zentimeter tief. Der Tisch wirkte etwa wie ein großer Schuhkarton aus Holz. In seinem Schreibtisch ließ man Stifte, Hefte und Bücher liegen und man musste sie nicht ständig mit nach Hause schleppen und am nächsten Tag wieder in die Schule bringen. Das haben wir als eine sehr angenehme Veränderung empfunden.

Einen Monat nach unserer Einschulung in Kanada gab es bereits im März ein Zwischenzeugnis. Aber wir bekamen noch keine Noten. In diesem Zeugnis stand unter anderem: Claudia wird die größte Mühe haben mit dem neuen Vokabular zurechtzukommen. Im Juni, bereits vier Monate nachdem wir in Kanada zur Schule gingen und die englische Sprache lernten, gab es die Abschlusszeugnisse für das Schuljahr. Jetzt würde sich herausstellen, ob wir ausreichend gelernt hatten in der kurzen Zeit, um überhaupt beurteilt zu werden und ob wir in die nächste Klasse versetzt werden würden. Aber wir haben es beide geschafft und wurden versetzt. In meinem Zeugnis stand: „Ich bin sehr zufrieden mit dem Fortschritt von Claudia... sie hat Freunde gefunden und die Kinder mögen sie alle." Sicherlich kam mir und vor allem meiner Schwester zugute, dass wir, bevor wir in Deutschland gelebt hatten, schon drei Jahre in den USA wohnten und dort Englisch sprachen. Sonst weiß ich nicht, ob wir den Anschluss so schnell geschafft hätten.

Zu Ostern besuchten uns unsere kanadischen Verwandten, die Familien der Brüder unserer Mutter. Der Bruder meiner Mutter, Gustav Holl, wanderte im Alter von 22 Jahren 1951 nach Kanada aus, nachdem er in Deutschland eine Lehre als Rundfunkmechaniker absolviert hatte. Sein Bruder Martin folgte ihm ein Jahr später im Alter von 19 Jahren nach seiner Ausbildung zum Industriekaufmann bei Spiesshofer und Braun. Für ihre Eltern war es ein harter Schlag, beide Söhne ins Ausland ziehen zu sehen. Meine Mutter blieb damals als einzige der drei Holl-Kinder in Deutschland. Aber auch sie zog nach ihrer Eheschließung 1954 ins Ausland. Nun aber, 20 Jahren nachdem das erste der drei Geschwister ausgewandert war, waren die Drei in einem und demselben Land wieder vereint.

Das war ein wunderbares Fest, wahrscheinlich vor allem für unsere Mutter. Carin und ich mochten unsere beiden Tanten, denn sie waren beide sehr nett. Unsere Onkel waren beide recht lebhaft und lachten laut, was wir so nicht gewohnt waren. Sie waren anders als die Onkel und Tanten der Bauder-Familie. Diese waren eher etwas zurückhaltender in ihrer feinen Art, geprägt von der klassischen Erziehung ihrer Eltern, und sie waren auch emotional ziemlich distanziert. Aber die Holls, die wir in Kanada erlebten, waren ganz anders. Sie waren herzlicher und es machte mir wesentlich mehr Spaß, Zeit mit ihnen zu verbringen. Auch unsere Cousine Esther und unser Cousin Peter waren sehr nett. Mir gefiel es besonders, mal eine jüngere Cousine zu haben, die Sandra, denn ich hatte weder eine jüngere Schwester noch einen jüngeren Bruder, aber ich hatte mir das immer gewünscht. Ich spielte gerne mit Sandra und auch mit dem Baby, Michael. Dieses Osterfest war der Beginn einer Tradition des Feierns der Oster- und Weihnachtsfeste im Rahmen der Familie meiner Mutter. So gelöst wie hier hatte ich meine Mutter nie zuvor erlebt. Es würde über die Jahre mit jedem Fest schöner werden und wir hatten jedes Mal Unmengen zu essen. Meine Mutter und auch ihr Bruder Gustav kochten beide gerne, was sich gut traf, denn wir alle aßen gerne! Hier in Kanada lernte ich bunte und fröhliche Familienfeiern kennen, die wunderbar waren.

In dem Haus gegenüber von uns wohnte eine chinesische Familie mit Nachnamen Ma. Wir hatten somit zum ersten Mal asiatische Kinder in der Nachbarschaft, die zu unseren Spielkameraden werden konnten. Die Eltern waren beide Ärzte und berufstätig. Wie viele Kinder sie am Anfang hatten, weiß ich nicht mehr. Irgendwann waren es fünf Kinder oder sechs, alle mit schwarzen Haaren und alle sahen sich für uns zumindest ziemlich ähnlich. Das ständige Gewusel dieser kleinen Kinder faszinierte uns, denn irgendeines von ihnen war immer in Bewegung. Überhaupt war in der ganzen Nachbarschaft viel Bewegung. Es wohnte in fast jedem Haus eine Familie mit zwei bis vier Kindern. Wir kleineren Kinder spielten alle zusammen, wechselten -wie wir es von den USA her auch kannten- von einem Haus zum anderen, zum Teil in Horden von fünf bis zehn Kindern. Herkunft, Religion oder Hautfarbe waren nicht relevant, zumindest nicht in unserem Alter.

Unser Haus hatte, wie viele andere auch, hinten im Garten einen Zaun, der das Grundstück gegenüber dem nächsten abgrenzte. Dafür gab es aber vor den Häusern zum einen keinen Zaun und zum anderen waren die Häuser in der Regel nicht abgeschlossen, selbst dann nicht, wenn niemand zu Hause war. So hatten die Kinder freien Bewegungsraum in der ganzen Nachbarschaft. Manche Menschen schlossen ihre Häuser auch nachts nicht ab, was dort durchaus üblich war. Man klingelte und wartete auf Einlass, bevor man ein Haus betrat, aber es war in der Regel nicht abgeschlossen und man hätte auch einfach rein spazieren können, was allerdings keiner tat, außer manchmal wir Kinder. Auch wir hatten unser Haus meistens nicht abgeschlossen, am Anfang auch nachts nicht. Irgendwann fiel es aber unserem Vater auf, dass das Haus fast nie abgeschlossen wurde und er bestand fortan darauf, dass wir es wenigstens nachts abschlossen, damit wir nicht im Schlaf überfallen oder ausgeraubt werden könnten. Aber seine Ängste waren europäischen Ursprungs, und durch Südamerika geprägt. Hier in der Gegend, und in diesem Land, tickten die Uhren anders. Die Menschen überfielen einander nicht und hatten auch keine Angst davor, ausgeraubt zu werden. Damals zumindest nicht. Ich kann mich auch nicht daran erinnern, dass in irgendeinem Haus in unserer Gegend in den drei Jahren, in denen wir dort wohnten, eingebrochen oder etwas entwendet wurde. Auch an Überfälle in unserer Gegend kann ich mich nicht erinnern. Der Menschenschlag hier schien außerordentlich friedlich und zufrieden zu sein, ohne spürbare Aggressionen. Wie wunderbar! Zudem waren alle, die wir kennen lernten, einfach freundlich und sehr nett. Ich spürte einen positiven Unterschied im Menschschlag zu dem, was ich aus Deutschland her kannte. Die ganze Familie fühlte sich hier auf Anhieb wohl und wir Kinder waren überall willkommen, so wie damals in den USA.

Das einzige, was so manche dieser freundlichen und friedliebenden kleinen Kanadier nicht sonderlich zu mögen schienen, waren Amerikaner. Man war in Kanada, egal von woher angereist oder zugezogen, sofort willkommen, aber gegenüber dem eigenen Nachbarland den USA schien eine skeptische Zurückhaltung, oder gar Ablehnung zu herrschen, vielleicht sogar notwendig zu sein. Zumindest haben mir das die anderen Kinder so beigebracht. Wir spielten meistens draußen entweder im Garten hinter den Häusern oder in den Vorgärten. Im Frühjahr und Sommer machte es uns großen Spaß, durch die Sprinkler im Vorgarten zu springen und von einem Haus zum andern zu ziehen, um durch möglichst viele Sprinkler nass zu werden. Ich erinnere mich daran, wie ich das erste Mal miterlebte, dass ein Auto mit einem amerikanischen Nummernschild durch unsere Straße fuhr. Eines der älteren Kinder erkannte es sofort als solches und rief dem Wagen hinterher: „Yankee, go home!" Und die anderen Kinder machten mit. Ich fragte meine Freunde, was sie gegen Amerikaner hätten, denn diese Abneigung war mir fremd. Nicht nur das, wir hatten dort auch gewohnt und es hatte uns dort gefallen, was aber bedeutete, dass wir wenige Jahre davor auch zu „den Amerikanern" gehört hatten. Das wollte ich ihnen aber nicht unbedingt verraten, denn dazu fehlte mir der Mut. Mir wurde nun klar und unmissverständlich erklärt: „Die Amerikaner lassen überall ihren Müll liegen, sie sind dreckig. Die Amerikaner lernen nicht so viel in der Schule wie wir, sie sind dumm. Die Amerikaner klauen, sie sind Diebe." Na ja, wenn das wirklich so ist, wie die Kinder es sagten, habe ich dann doch gedacht, die müssen ja echt schlimm sein, diese Amerikaner. Ich konnte mich zwar nicht an solche Amerikaner erinnern, aber vielleicht hatte ich auch nur Glück gehabt, „solchen" nicht begegnet zu sein. Mir schien es nun so, als habe ich Glück gehabt, jetzt in dem besseren der zwei Länder Nordamerikas zu wohnen. Da ich meine neuen Freunde mochte und ihnen vertraute, rief auch ich fortan, wenn ein Auto mit einem amerikanischen Nummernschild sich in unserer Gegend aufhielt, mit ihnen zusammen: „Yankee, go home!"

Susi kommt nach Kanada

Unser Haus war ein weißer Bungalow mit drei Garagen, die passend zum Verlauf des Grundstücks in einem rechten Winkel zum Haus standen. Unser Garten war voller Birken, die wir bis dahin nicht kannten. Wir hatten vier Schlafzimmer und zwei Bäder im Erdgeschoss. Dazu gab es noch ein Wohnzimmer mit einem offenen Esszimmer und natürlich auch die Küche mit zusätzlich einer Sitzgruppe.

Für die Sommerferien hatte sich unsere Schwester aus Deutschland zum Besuch angemeldet. Nun hatte unsere Mutter die Hoffnung, Susi doch überreden zu können, zu uns nach Kanada zu ziehen, wenn sie erst mal das Land und unser Familienleben dort kennenlernen würde. Das dritte Kinderzimmer, das bislang leer stand und verwaist wirkte, wurde nun für sie mit viel Liebe und Mühe eingerichtet. Alles sollte perfekt sein, wenn Susi zu uns zu Besuch kommt. Denn ursprünglich wollte sie nicht mal in den Ferien zu uns kommen, was für meine Mutter ein tiefer Schlag war. Sie fürchtete nun doch, ihre Tochter ganz zu verlieren. Dann kam sie aber auf die Idee, sie zusammen mit ihrer besten Freundin aus dem Internat, Henny, nach Kanada einzuladen. Es sollte für die Mädchen nur ein Besuch werden und die Rückreise nach Deutschland für beide sicher sein. So gelang es ihr, sie doch nach Kanada zu holen. Meine Mutter bemühte sich den ganzen Sommer lang, den zwei 14 Jahre alten Mädchen das Leben in Kanada so schmackhaft wie möglich zu machen. Sie fuhr mit ihnen zu allen Sehenswürdigkeiten und erfüllte ihnen vermutlich jeden erdenklichen Wunsch. Meine arme Mutter! Aber der Einsatz hatte sich für sie gelohnt und bis zum Ende des Sommers war es ihr tatsächlich gelungen, Susi dazu zu bringen in Kanada zu bleiben und zu uns zu ziehen. Und so wurde die Familie wieder vereint und Henny flog alleine nach Deutschland zurück.

Fortan wohnten wir zu fünft unter einem Dach und es schien Susi in unserer neuen Heimat auch sehr gut zu gefallen. Nach den Sommerferien ging sie in Mississauga in die Kennedy High School in die neunte Klasse. Sie hatte zuerst das dritte Kinderzimmer neben dem von Carin, was ihr aber möglicherweise zu viel Nähe zu uns war. Oder es war ihr zu klein. Sie zog schon bald in ein kleines Apartment im Keller, das unsere Mutter für sie hergerichtet hatte. So hatte Susi ihren eigenen Hauseingang, ein eigenes Badezimmer, ein eigenes Wohnzimmer mit Kochnische und natürlich auch ihr Schlafzimmer. Dieser Bereich war eigentlich für unsere Besucher gedacht, wie Tante Trudel und Onkel Alex. Und eigentlich war es auch so gedacht, dass Susi wieder ein integrierter Teil der Familie werden sollte. Möglicherweise war die Trennung schon zu lange gewesen und eine Nähe zur restlichen Familie einfach nicht mehr möglich. Die Bedürfnisse meiner ältesten Schwester hatten in unserem Haus immer Vorrang und so bekam sie ihren getrennten Bereich.

In meinem zweiten Schuljahr bekam ich eine neue Klassenlehrerin. Sie hieß Mrs. Pillay, hatte eine etwas andere Hautfarbe und kleidete sich auffallend anders. Sie kam aus Indien. Da ich selbst noch als Ausländerin die englische Sprache lernte, fiel mir nicht auf, dass meine Klassenlehrerin einen Akzent in ihrer englischen Aussprache hatte. Mrs. Pillay war freundlich, ruhig, warmherzig und stets souverän. Ich kann mich nicht daran erinnern, dass sie jemals mit mir schimpfte. Und sie hatte für mich und meine sprachlichen Bemühungen sehr viel Verständnis und Geduld, da sie selbst Ausländerin war, die erst wenige Jahre in Kanada lebte. Da sie die englische Sprache beherrschte, wurde sie zu meinem Vorbild und motivierte mich durch ihr Können dazu, selbst immer besser zu werden.

Bald erlebten Carin und ich unseren ersten kanadischen Herbst. Die Blätter an den Bäumen wurden orange und rot und wir fanden die Farbenpracht wunderschön. Es war so, wie wir es einst in New York erlebten, aber durch die Jahre in Deutschland zunächst vergessen hatten. Die Kehrseite des Herbstes lernten wir auch kennen, nämlich, dass die Blätter irgendwann von den Bäumen fielen und im Garten landeten. Wir lernten sehr schnell, wie man Blätter zusammenrechte. Im Grunde genommen machte aber das Rechen Spaß, obwohl es ziemlich anstrengend war. Die Kinder in der Nachbarschaft brachten uns bei, dass man die Blätter zu einem riesengroßen Haufen zusammenbrachte, dann von ein paar Metern Entfernung Anlauf nahm und mit einem großen Satz in den Blätterhaufen hineinsprang. Das machte einen Riesenspaß! Man landete weich, tief im Blätterhaufen und sah die aufwirbelnden Blätter über dem eigenen Kopf herumfliegen. So etwas kannten wir aus Deutschland nicht. Dieses Land schien voller kleiner Überraschungen zu sein und die kanadischen Kinder schienen an allem Spaß zu finden. Auch das war wunderbar, immer und überall Spaß zu haben.

An einem Herbsttag wurde mir allerdings mein Spaß in unserem Garten durch einen heftigen Streit mit meiner Schwester Susi verdorben. Sie hatte mir irgendwann befohlen, diesen Haufen Blätter zur Beseitigung in Müllsäcke zu stecken. Ich weigerte mich, zum einen, weil dieser Haufen Blätter zu meinem neuen Spiel-Inventar gehörte, zum anderen aber auch, weil ich die Arbeit alleine machen sollte. Susi regte sich so sehr darüber auf, dass ich ihr nicht gehorchte, dass sie mich anschrie, ich sei verwöhnt und faul. Sicherlich hatte sie nicht damit gerechnet, dass ich mich wehren würde, zuerst mal verbal. Der verbale Austausch ging direkt in einen Schlagaustausch über. Die Auseinandersetzung endete damit, dass sie siegte, was ihr aber nur gelang, indem sie mich an den Haaren zum Haus zurück zerrte. Das tat unheimlich weh und ich schrie, so laut ich konnte. Unsere Mutter kam zu dieser für sie sicherlich unerträglichen Szene und schimpfte mit uns beiden, als hätten wir den Verstand verloren. Wahrscheinlich zu Recht. Von diesem Tag an war mir meine Schwester Susi nicht mehr willkommen. Ich mochte sie seit ihrer Rückkehr nicht sonderlich. Es schien sich alles nur noch um sie und ihre Sonderwünsche zu drehen. Sie hätte von mir aus wieder nach Deutschland zurück gehen können in ihr Internat, wo sie die letzten zweieinhalb Jahre getrennt von uns gelebt hatte. Mir hatte sie auch nicht gefehlt. Nach diesem Vorfall wollte ich sie auf jeden Fall nicht mehr in der Familie haben und ließ sie das bei jeder Gelegenheit spüren. Ich brauchte sie nicht.

In diesem Jahr war ich oft krank und blieb der Schule fern. Ich hatte plötzlich hohes Fieber, und es wusste keiner, weder der Arzt noch meine Mutter, woran das lag. An diesen Tagen blieb ich einfach zu Hause. Am Ende des Jahres hatte ich in der zweiten Klasse 30 Tage gefehlt. Da es nichts nutzte zum Arzt zu gehen, bekam ich Aspirin, um das Fieber zu senken und durfte im Bett meiner Mutter tagsüber liegen und fernsehen. Ich schaute game shows, wie „Wheel of Fortune" bzw. auf deutsch, „Das Glücksrad" an. Zu Hause bleiben und Fernsehen schauen fand ich klasse und hatte es auch nie eilig, wieder in die Schule zu gehen. Meine Mutter brachte mir ab und zu Tee und mittags eine Suppe. Und ich musste nur abwarten, bis mein Fieber weg war. Hinzu kam, dass meine Schwestern aus dem Haus waren und ich auch noch den ganzen Tag meine Mutter für mich alleine hatte. Ach, fand ich das alles toll! Etwas Besseres konnte ich mir damals nicht vorstellen und freute mich jedes Mal, wenn ich krank wurde.

Leider wurde ich auch in den Weihnachtsferien krank. Wir hatten gerade für unser Wohnzimmer eine neue Ledercouch bekommen, in schwarz mit Rosenholz am Rücken und an den Seiten. Wir hatten die Couch anfertigen lassen und duften sogar mal bei der Herstellung zusehen, was wir alle sehr interessant fanden. Das wertvolle Teil wurde kurz vor Weihnachten geliefert und nun lag ich erkrankt mehrere Tage darauf herum. Für mich war es so schön, denn ich konnte die Weihnachtsdekorationen im Wohnzimmer anschauen und war zudem nicht alleine in meinem Zimmer den ganzen Tag lang. Meinen Vater aber ärgerte die Tatsache, dass ich seine neue Couch belagerte, auf die er auch mal sitzen wollte, und so fragte er meine Mutter immer wieder, ob „dieses kranke Kind" denn wirklich auf seiner Couch liegen müsse. Seine Worte und auch wie er über mich sprach, haben mich ziemlich verletzt.

Unser Vater hatte die Idee, im Winter ein Schneemobilrennen durch Bosch Canada sponsern zu lassen. Er wollte auf diese Weise auf die Leistungsfähigkeit der Bosch-Zündkerzen im kalten kanadischen Winter aufmerksam machen, was ihm dadurch auch gelang. Bei diesem Rennen handelte es sich um die „Canadian Snowmobile Races", eine damals recht frisch ins Leben gerufene Sportart des Rennfahrens mit Schneemobilen. Die Kanadier wussten sich eben auch im Winter dem Wetter angepasst zu amüsieren und dementsprechend toll war die Stimmung bei solchen Rennen! Wir Kinder durften mit zu den Rennen, die im ersten Jahr noch recht beschauliche waren. Als Werbeträger hatte unser Vater gelbe Sportjacken mit dem Bosch-Logo herstellen lassen, auf deren Rücken eine riesige Zündkerze aufgenäht war. Sue bekam solch eine Jacke und Carin und ich dieselben in Kindergrößen. Wir fanden uns unwiderstehlich sportlich darin. Vielleicht wegen der Jacken, aber vielleicht auch als Töchter des Chefs, genossen wir bei diesen Veranstaltungen viel Aufmerksamkeit. Wir durften sogar mit auf einem Schneemobil sitzen und die Strecke abfahren. Das wäre sicherlich sehr lustig gewesen, hätte ich nicht zum einen fast einen Kälteschock bekommen und zum anderen mir vor lauter Angst wegen der Geschwindigkeit fast in die Hose gemacht! Ich war sehr froh, wieder von dieser Maschine absteigen zu dürfen und tat so, als hätte es mir echt Spaß gemacht. In meiner coolen Jacke konnte ich mich nicht „outen" als ein tiefgefrorener Angsthase.

In meinem Zeugnis am Ende des Schuljahres im Juni 1972 stand: „Claudia arbeitet in allen Bereichen des Lehrplans gut. Im Lesen macht sie gute Fortschritte. Sie versteht, was sie liest und zeigt eine gute Beherrschung der englischen Sprache. Ihre mathematischen Leistungen sind ebenfalls gut. Es hapert jedoch am Tempo, denn sie führt ihre Aufgaben nur langsam zu Ende." Sicherlich wäre auch dies ein gutes Zeugnis gewesen, bis auf die Feststellung, dass ich langsam arbeite. Meiner Mutter machte das nichts aus, wohl aber meinem Vater. Er fand die Kritik nicht in Ordnung und drängte mich, schneller zu arbeiten. Meine Schwestern fanden die Kritik ganz witzig und da Sue, wie meine Schwester Susi inzwischen hieß, und ich sowieso einen offenen Kampf gegeneinander führten, ergriff sie jede Gelegenheit, mich fortan damit aufzuhetzen, dass sie mich in allem was ich tat als „slow" (langsam) bezeichnete, und sie stachelte Carin dazu auf, mitzumachen. Ich fand das Ganze überhaupt nicht witzig. Carin schaffte das Schuljahr ohne Mühe. Ihre Zeugnisse enthielten keine Kritik. In ihrem Schatten zu stehen und stets etwas schlechter abzuschneiden als sie, machte mir das Leben schon damals schwer. Sue ließ mich nicht in ihr Zeugnis schauen, tat aber so als wäre es bestens.

Up North

Zu Beginn des Sommers 1972 fuhren wir mit dem Auto „up North". So wurde das Gebiet genannt, das bereits zwei Stunden außerhalb der Stadt anfing, und man war in der puren Natur. Hier, wo auch die zahlreichen Seen waren, fing das Erholungsgebiet der Menschen aus der Stadt und aus den Vorstadtregionen an. An einem dieser Seen, dem Kirkland Lake in der Nähe von Huntsville, hatten entfernte Verwandte von uns, Onkel Harry und Tante Inge, ein sogenanntes „cottage resort", eine Art Hütten-Anlage. Damals handelte es sich nicht um einen luxuriösen „Resort" mit bequemen Wochenendhäusern. Was wir antrafen waren ungefähr ein Dutzend kleine Holzhütten mit einem vorderen Raum, der als gesamter Wohnbereich diente, der mit einer Kochnische und Esstisch ausgerüstet war und wenige Stühle. Dahinter lagen durch eine sehr dünne Wand und durch Vorhangtüren getrennt ein oder zwei Schlafzimmer. Im Grunde genommen waren diese Hütten nicht viel größer als ein bequemer Wohnwagen. Was sie aber nicht hatten, war eine Toilette. So modern ging es dort damals noch nicht zu. Stattdessen gab es am Rande des Waldes, vielleicht 50 Meter von uns entfernt, ein eigenes Plumpsklo pro Hütte. Jedes hatte eine andere Farbe, unseres war rosa, was bei drei Töchtern schon passend war. Da unsere Holzhütte für mehrere Personen ausgerichtet war, hatte unser Plumpsklo sogar zwei Sitze! Diese waren allerdings direkt nebeneinander und nicht durch eine Wand abgetrennt. Im Notfall war es wohl so gedacht, dass man nebeneinandersitzend sein „Geschäft" verrichten könnte. Wir fanden diese Idee unglaublich lustig und sprachen vom „love seat", also dem Zweiersitz für Verliebte, die sich nicht trennen wollten, bevorzugten aber alle die Einzelbenutzung.

Wir mussten unser eigenes Holz hacken, um unseren Ofen zu beheizen, also brachte man uns Mädels damals im Alter von acht, zehn und fünfzehn Jahren das Holzhacken bei. Uns wurde erklärt, dass echte Kanadierinnen auch Holz hacken könnten, also gaben wir unser Bestes, um diese Fähigkeit zu erlernen. Sue hatte einmal daneben geschlagen und die Axt landete auf ihren Fuß. Zum Glück hatte sie Arbeiterstiefel mit einer Metallkappe über den Zehen angehabt, die sogenannten „Grubbs". Sonst hätte sie sich möglicherweise die Zehen abgehackt oder sich anderweitig schwere Verletzungen zugezogen.

Vom ersten Tag an hatte ich einen Freund gefunden, einen Hund namens „Hobo", was soviel wie „Landstreicher" bedeutet. Er war ein großer schwarzer Pudel und gehörte einem jungen Ehepaar aus den USA, die gerade eine Reise durch Kanada machten und für eine Woche in demselben „Resort" wohnte, wie wir. Hobo und ich wurden dicke Freunde und in dieser Zeit kaum zu trennen. Sein Herrchen und sein Frauchen fand ich auch ganz nett, vor allem in Anbetracht der Tatsache, dass sie doch Amerikaner waren. Hatten sich meine Freunde vielleicht getäuscht und waren die Amerikaner eigentlich doch ganz in Ordnung? Diese zwei machten zumindest auf mich nicht den Eindruck dumm, faul oder Diebe zu sein.

1972, Claudia und Hobo

Wir lernten in unserem Abenteuer-Urlaub auch angeln und dazu gehörte es nun mal auch, Würmer oder kleine Fische an den Angelhaken aufzuspießen. Das mit den Würmern fand ich ziemlich ekelhaft, aber da musste ich durch, wenn ich auch angeln lernen wollte. Und da das auch zum „Canadian way of life" zu gehören schien, wollte ich das auch. Wir lernten ebenfalls Kanu fahren und auch selber zu paddeln. Rundum lernten wir echtes kanadisches Freizeitverhalten. Was großen Spaß machte, war, von dem Landesteg mit Anlauf in den See zu springen. Im See zu schwimmen machte mir allerdings nur so lange Spaß, bis eines Tages ein Blutegel an meinem Bein andockte. Das tat nicht nur weh, es war auch super ekelhaft, dieses glitschige Ding an sich kleben zu haben, was sich nicht wegstreichen ließ. Ich rannte zur Hütte mit der Rezeption, um Hilfe zu bekommen. Unsere Tante sah gleich, was das Problem war und reagierte sehr gelassen. Sie nahm den Salzstreuer, der immer neben der Kasse stand und schüttete, sehr zu meiner Überraschung, Salz auf mein Bein und somit über dieses Ding. Und siehe da, nach etwa einer Sekunde fiel es doch tatsächlich von meinem Bein ab! Meine Tante lächelte, zufrieden mit dem Ergebnis und ich musste erst mal akzeptieren, dass ich soeben wie ein Frühstücksei mit Salz bestreut worden war. Aber da das Resultat gut war, akzeptierte ich auch das Mittel und verstand nun auch, warum ein Salzstreuer neben der Kasse gestanden hatte, worüber ich mich schon die ganze Zeit gewundert hatte. Ab diesem Zeitpunkt interessierte mich das Schwimmen im See nicht mehr so sehr und ich wechselte zum Angeln, vom Ufer aus.

In dieser Gegend gab es auch echte Nordamerikanische Schwarzbären. Bei unserer Ankunft riet man uns, nichts Essbares nachts in der Hütte herumliegen zu lassen, weil sonst die Bären möglicherweise versuchen würden, sich das Essen zu holen, was ihnen wahrscheinlich auch gelingen würde. Da wurde mir auch klar, warum wir so viele Dosen dabeihatten. Essbares sollte man abends an einer Vorrichtung in einer Tüte außerhalb der Hütte an einem Seil hoch hängen. Das mit den Bären machte mir nun aber wirklich Angst, aber man versicherte mir: „Noch hat hier kein Bär ein Kind aufgefressen." „Ach, ja?" dachte ich mir, wie beruhigend! Dass die Sache mit den Bären ernst war, merkten wir daran, dass wir kurz darüber unterrichtet wurden, wie man sich korrekt zu verhalten hatte, sollte man doch tatsächlich mal einem Bären begegnen. Falls ein Bär hinter einem her sei, nütze es nichts wegzurennen, wurde uns als erstes gesagt. Der Bär sei immer schneller. Na, klasse. Das waren ja Aussichten! Nicht wegzurennen schien mir gegen jeden Überlebensinstinkt zu gehen. Anstatt wegzurennen, wurde uns erklärt, sollte man sich auf den Boden werfen und sich totstellen. Totstellen, wenn ein Bär einen angreifen will? Wie sollte so etwas funktionieren? Man versicherte mir, dass der Bär möglicherweise kein Interesse mehr an einem habe, wenn man tot sei. Er würde dann zwar an einem schnuppern, aber wahrscheinlich desinteressiert weitergehen. Möglicherweise? Und schnuppern? Das waren ja Aussichten! Es hieß auch, dass eine Bärenmutter mit ihrem Baby zurzeit in der Nähe sein und man sollte sie auf keinen Fall stören oder ihnen zu nahekommen, denn Bärenmütter seien die aggressivsten Bären, wenn sie meinen, ihre Babys seien in Gefahr. Na, toll.

Eines Morgens hatte unser Vater die brillante Idee, früh mit dem Kanu zu starten, um möglicherweise irgendwo die Bären im Wasser zu sehen. Sicherlich war dieses Abenteuer nichts für mich, aber Carin war völlig begeistert von der Idee, echte Bären in der Natur zu erleben. Also zogen die Zwei los, um nach Bären Ausschau zu halten, und dass, trotz der Tatsache, dass meine Mutter dagegen war. Ich beobachtete das Geschehen vom Ufer und war mir sicher, dass die zwei

„Bekloppten" von einem Bären bzw. einer Bärin angefallen werden würden. Sie paddelten mit ihrem motorlosen Boot und tatsächlich konnten wir vom Ufer aus im See zwei schwarze Figuren sehen. Es waren die Köpfe von Mutter und Baby Bär, die gerade im See unterwegs waren, unweit vom Kanu in dem Carin und mein Vater saßen. Ich denke, dass jeder normale Mensch spätestens zu diesem Zeitpunkt wieder in Richtung Ufer gepaddelt wäre, um sich in Sicherheit zu begeben. Aber nicht die beiden. Sie paddelten langsam und vorsichtig den Bären hinterher und fanden, wie sie uns später erzählten, das Ganze auch noch spannend!

Nach zehn Tagen hatten wir die Einführung ins echte kanadische Leben mit Holz hacken, Plumpsklo, Blutegel, Kanu und Schwarzbären hinter uns und fuhren wieder Richtung Zivilisation zurück. Wir waren um einige Erfahrungen reicher und lebten alle noch. Und sicherlich fühlten wir uns alle ein bisschen mehr kanadisch.

Wieder zu Hause angekommen, bedrängte ich meine Eltern mit dem Wunsch, einen eigenen Hund zu haben, und begann Bücher über Hunderassen und Hundepflege aus der Bibliothek zu holen und zu lesen. Durch meine Erfahrungen mit Hobo war ich mir sicher, ausreichend viel von Hunden zu verstehen, um selbst auch für einen sorgen zu können. Es war mein größter Wunsch, einen Hund zu haben, aber mein Vater lehnte es strikt ab. Zur Begründung gab er an, dass Sue mal von einem Hund ins Gesicht gebissen worden sei und er keine Lust darauf habe, so etwas nochmal mitzumachen. Zudem sei es Sue gegenüber unfair, einen Hund anzuschaffen, da sie durch den damaligen Angriff Angst vor Hunden hatte. Irgendwie schien es mir so, als wäre mein Vater fast froh darüber einen Grund zu haben, mir meinen Wunsch auszuschlagen und sich der Geschichte aus praktischen Gründen bedient zu haben. Was konnte ich denn dafür, dass irgendwann mal irgendein kleiner Hund meine Schwester gebissen hatte? Warum musste ich jetzt deshalb auf etwas verzichten? Diese Argumentation fand ich ziemlich unfair, denn ich konnte nicht dagegen ankommen. Die Sache wurde nicht mal diskutiert. Schließlich wäre es doch möglich oder gar wahrscheinlich, dass „unser" Hund Sue nicht beißen würde, wenn er sie von Anfang an kennen würde. Wahrscheinlich war der andere Hund nur erschrocken und biss sie aus Versehen. Oder vielleicht hatte meine Schwester diesen kleinen Hund sogar geärgert, wie sie mich manchmal ärgerte und war möglicherweise selbst schuld? Insgeheim war ich mir sicher, dass dieser kleine Hund sich nur gewehrt hatte und meine Schwester es sicherlich so verdient hatte. Braver Hund, dachte ich mir. Aber alle Argumente nutzten nichts, denn der Fall wurde nicht weiter besprochen. Wäre Sue also nicht hier bei uns in Kanada, sondern nach wie vor in ihrem Internat in Deutschland, hätte ich womöglich doch einen Hund haben können? Allein dieser Gedanke war ein weiterer Grund, mir zu wünschen, meine Schwester würde wieder in ihr Internat verschwinden. Einen Hund zu haben wäre mir damals lieber gewesen als diese Schwester. Vielleicht konnte ich sie doch noch so weit bringen, wieder zu gehen?

Sue und Ed

Nach den Sommerferien ging es für Carin in die fünfte und für mich in die dritte Klasse. Ab dieser Klassenstufe würde es dann erstmals Noten geben. Das interessante an diesem Schulsystem ist noch, dass die Leitungen aller Fächer gleichwertig gezählt werden und nicht nur die „akademischen" Fächer, English und Mathe, wie in Deutschland, zumindest in der Grundschule. Ich hatte es als riesengroßes Glück empfunden, wieder meine geliebten Klassenlehrerin Mrs. Pillay bekommen zu haben.

Sue ging in die 10. Klasse und war 16 Jahre alt, als sie im Herbst 1972 Edward Fujarczuk kennen lernte, einen Jungen aus ihrer Schule, der ein Jahr älter war als sie. Er war in Kanada geboren als Sohn eines aus Polen stammenden Vaters namens Stanley und einer Mutter namens Stella, die zwar in Kanada geboren war, aber italienische und polnische Eltern hatte. Ed ging bald bei uns ein und aus wie umgekehrt Sue bei Familie Fujarczuk, genannt Fay. Die beiden wurden binnen kürzester Zeit unzertrennlich.

Sue machte im Herbst ihren Führerschein, was in Kanada mit 16 Jahren üblich ist. Ed konnte schon Auto fahren und fuhr ein Auto, wie wir es noch nie gesehen hatten. Es handelte sich um ein amerikanisches Auto der Firma Chrysler, Marke Dodge Challenger, einen Zweisitzer mit einer langen Haube. Es war knallorange und hatte ein weißes Dach! Das schien für junge Männer damals das ultimative Auto zu sein. Meine Eltern, die etwas konservativer dachten, waren von diesem Auto nicht angetan. Sie selbst hatten einen weißen Mercedes und dazu einen goldfarbenen amerikanischen Mittelklassewagen. Aber Ed war ein netter Kerl und schien ganz in Ordnung zu sein und durfte, trotz Auto, bleiben.

Im selben Herbst wollten unsere Eltern für drei Wochen nach Europa reisen. In gewohnter Manier planten sie, irgendeinen Verwandten ins Haus holen, um sich um uns zu kümmern. Damit war Susi aber nicht einverstanden. Sie hatte inzwischen den Führerschein und fühlte sich recht erwachsen. Sie schaffte es, meine Eltern davon zu überzeugen, dass wir Mädels damals acht, zehn und sechzehn, bestens auch ohne Aufsicht zurechtkommen würden, während sie in Übersee waren. Unsere Eltern stimmten ihrem Wunsch zu, niemanden ins Haus zu holen und stattdessen ihr die Verantwortung für uns und für das Haus zu übertragen. Unfassbar! Susanne bekam den Wagen und Kreditkarten von unserer Mutter, damit sie uns herumfahren und auch Einkäufe tätigen konnte. Sie sollte eben, wenn sie etwas mit Kreditkarte bezahlen wollte, mit „M." Bauder unterschreiben, anstatt mit „S." Bauder. So schwierig konnte das schon nicht sein und so übte unsere Mutter zusammen mit Susi die perfekte Unterschriftsfälschung am Küchentisch und ich machte begeistert mit. Mir ist die Fälschung zwar nicht gelungen, aber dafür Sue, die fortan bei uns in der Familie den Spitznamen „Musanne" hatte.

Unser Vater, der inzwischen bei uns „Dad" hieß, fragte uns vor der Abreise, was wir gerne essen würden, denn er wollte Vorräte für uns einkaufen. Ich sagte: „Ravioli und Spaghetti." Er machte einen Großeinkauf im Supermarkt, was er sowieso gerne tat. Dieses Mal war er auf einen Vorrat für drei Mädels für drei Wochen fokussiert. Er kaufte Dosen über Dosen, schier unzählige. Der ganze Kofferraum seines Autos war voll mit schweren Einkaufstüten und Kartons. Für mich gab es für jeden Tag eine Dose Ravioli oder Spaghetti in Einteller- Größen und noch das ganze in großen Dosen für zwei Personen, falls noch jemand mitessen wollte. Zum Frühstück hatten wir uns damals „Pop-Tarts" gewünscht, eine Art flach gedrückter trockener Kuchen mit Apfel oder Marmelade in der Mitte, die man im Toaster aufwärmte. Wir hatten schachtelweise Pop-Tarts, Dosen und dazu noch „TV-dinners". Bei den „TV dinners" handelte es sich um ein Abendessen, das damals sehr in Mode war. Es war ein vorgekochtes Essen bestehend aus einem Hauptgericht, z.B. Fleisch oder Huhn in einem Teil des Aluminium-Schälchens, dann Kartoffelpüree oder Reis im zweiten Teil, Gemüse im dritten Teil und manchmal noch ein viertes Schälchen mit Apfelkompott zum Nachtisch. Das „TV-dinner" war tiefgefroren und wir mussten es nur noch im Ofen erwärmen. Meine Eltern schienen alles für ihre Abwesenheit vorbereitet zu haben. Im Keller stand noch stapelweise Coca-Cola, Sprite und Ginger Ale in Kisten, sodass wir genügend zu trinken hatten. Sie hatten anscheinend an alles gedacht. Sue hatte Bargeld, einen Führerschein und das Auto, Essen und Trinken waren gekauft und Kreditkarten hatte sie auch noch für den Fall, dass ihr das Bargeld ausging. Im absoluten Notfall hätten wir bei unseren Onkeln Martin oder Gustav anrufen können, die auch in Mississauga wohnten, und weg waren sie, die Eltern. Ganz wohl war es mir bei dieser Sache nicht und eigentlich wollte ich nicht, dass meine Eltern mich in den Händen von Sue zurückließen. Aber meine Schwestern fanden die Idee -drei Wochen lang ohne Erwachsenen zu sein- ganz toll und machten Druck auf mich, unseren Eltern gegenüber vor ihrer Abreise ja keine Zweifel aufkommen zu lassen, dass die ganze Sache doch nicht so toll war.

Während unsere Eltern verreist waren, gingen wir drei unserem gewohnten Tagesablauf nach. Wenn ich mir morgens ein Brot zum Essen gemacht und mit in die Schule gebracht hatte, blieb ich in der Schule zum Essen. Manchmal reichte mir aber die Zeit nicht, oder ich hatte keine Lust gehabt mir etwas einzupacken und ich ging mittags nach Hause. Ich kletterte dann auf den Küchentresen und suchte mir aus dem Hängeschrank meine Dose zum Mittagessen aus. Die öffnete ich mit unserem elektrischen Dosenöffner und schüttete das leckere Essen in einen kleinen Topf zum Aufwärmen und stellte diesen dann auf dem Herd. Nach dem Essen kam alles in die Geschirrspülmaschine und das war's. Dann ging ich wieder zur Schule.

Ed war ja zu diesem Zeitpunkt schon mit Sue zusammen. Er war mal nett zu mir, mal weniger. Eines Tages machte er Carin und mir eine nette kleine Überraschung. Ed war mit seinem „supercoolen" Auto sowieso ein recht „cooler" Typ, der eine Lederjacke und Plateauschuhe trug. Diese Kombination war damals schlichtweg unübertreffbar. Nicht nur modisch war Ed aktuell. Es gab zu dieser Zeit ein relativ neues Restaurant in Mississauga, von dem wir schon gehört, es aber noch nicht besucht hatten: Es hieß McDonalds. Ed fuhr Carin und mich dorthin zum Essen und lud uns auch noch ein, was uns sehr beeindruckte. Ein Hamburger kostete damals um die 10 Cents. Als Neuheit war McDonalds sehr „in", und wenn man in der Schule sagen konnte, dass man schon dort gewesen sei, konnte man damit prahlen. Nach diesem Tag fand ich Ed ziemlich in Ordnung. Das mit der Selbstversorgung klappte ganz gut und so lange ich so tat als würde ich Sue gehorchen, kam es bei Sue und mir auch zu keinen Zwischenfällen.

Der einzige Zwischenfall, den es gab, war ein Unfall. Ich war im Haus und beobachtete von meinem Fenster aus, wie Carin mit ihren zehn Jahren versuchte, mit dem Fahrrad eines älteren und auch größeren Kindes die Straße herunterzufahren. Sie muss sich ziemlich groß und stark vorgekommen sein bis zu dem Augenblick, als dieses große Fahrrad die Kontrolle übernahm und Carin eine Bruchlandung hinlegte. Sie landete sehr unsanft mit dem Gesicht auf der Straße. Es gab ein riesengroßes Geschrei und viel Blut. Carin hatte einen ihrer Zähne angeschlagen und ihn zur Hälfte abgebrochen und natürlich war die Lippe auch aufgeschlagen. Zum Glück für Carin war Sue gerade zu Hause und konnte sie ins Auto packen und ins Krankenhaus bringen. Ich blieb allein zu Hause zurück, so wie beim letzten Mal, als Carin in Bremen notfallmäßig ins Krankenhaus musste. Auch dieses Mal überlebte meine Schwester den Unfall und war nach kurzer Zeit wieder zu Hause. Unser Onkel Martin kam immer wieder mal vorbei, um zu sehen, ob alles in Ordnung sei. Wir sagten jedes Mal: „Ja, es ist alles in Ordnung." Dieses eine Mal mussten wir sagen, dass sich Carin einen Zahn zur Hälfte abgebrochen hatte. Ich weiß nicht, wie diese Geschichte auf ihn wirkte, aber er fragte besorgt nach, ob wir denn wirklich alleine zurechtkommen würden. In unserem Inneren waren wir möglicherweise froh darüber, dass immer wieder ein Erwachsener vorbeikam, um nach uns zu sehen, aber wir hätten nie zugegeben, dass es für uns beruhigend war. Und wir hätten es vermutlich auch nie zugegeben, wenn wir nicht zurechtgekommen wären. Ich für meinen Teil war überfordert, aber ich durfte nichts sagen.

Es hat nicht lange gedauert, nachdem unsere Eltern weg waren, als abends einige Freunde von Sue zu uns kamen, die etwa 16 bis 18 Jahre alt waren. Sie hielten sich teilweise im Apartment unten auf, teilweise auch in unserem daneben liegenden Spielzimmer, da auch dort eine Stereoanlage war, wo sie Musik hören und ihre eigenen kleine Partys feiern wollten. Die ersten paar Tage war alles recht harmlos, da alle noch zurückhaltend waren. Carin und ich durften auch kurz dabei sein, aber um 21:00 Uhr sollten wir wie gewohnt ins Bett. Zu Beginn hatte Sue oder eine ihre Freundinnen uns noch „gute Nacht" gewünscht. Dann lagen wir oben in unseren Betten und sie feierten direkt unter uns weiter. Die Musik fing gemäßigt an bei Cat Stevens, den wir auch mochten, ging über Pink Floyd, Deep Purple und endete irgendwo bei Alice Cooper. So lagen wir oben in unseren Betten und versuchten zu schlafen, während es unten von „Father and son" über lebhaftere Musik bis schließlich zu „Dead Babys" ging. Ich traute mich nicht, runterzugehen und zu sagen, dass wir so nicht schlafen konnten, während sie schreien: „Dead babys, can't take things off the shelves..." Zwar war ich kein Baby mehr, aber so laut und aggressiv wie die den Text sangen, konnte ich nur hoffen, dass sie auch unten bleiben würden. Was war ich erleichtert, als unsere Eltern wieder da waren! Natürlich musste ich Sue versprechen, nichts von ihren Partys zu erwähnen.

Unsere Nachbarn waren ein Rentner-Ehepaar mit einem süßen kleinen Hund der Rasse Shih Tzu. Da Carin bei ihnen privat Gitarrenunterricht nahm, kam ich manchmal mit und spielte währenddessen mit ihrem Hund. Da mein Wunsch, einen eigenen Hund zu haben, noch nicht in Erfüllung gegangen war, dachte ich mir, ich könnte in der Zwischenzeit lernen, wie man mit Hunden umgeht. Ich hatte noch immer die Hoffnung, eines Tages doch noch einen Hund zu haben und dachte mir, spätestens wenn meine Schwester endlich aus dem Haus ziehen würde, wäre die Ausrede, die mein Vater benutzte, nicht mehr stichhaltig. Bis dahin musste ich zwar noch ein paar Jahre warten, aber das musste ich eben auf mich nehmen. Ich stellte mein Anliegen den Nachbarn vor und durfte mit ihrem kleinen Hund sogar spazieren gehen. Zudem spielte ich mit ihm, lernte auch ihn zu pflegen und zu erziehen. Sie empfanden es als eine Entlastung, nicht mehr so oft mit ihrem Hund rausgehen zu müssen und wollten mich dafür entlohnen, täglich eine Runde mit ihrem Hund spazieren zu gehen. Aus meinem Interesse wurde somit mein erster Job. Als große Schokolade-Liebhaberin hatte ich das seltene Glück, gleich zwei meiner größten Interessen miteinander verbinden zu können. Mein Nachbar war nämlich früher Mitarbeiter bei der Firma Sara Lee gewesen, die auch Schokolade bzw. Pralinen herstellte und er bekam diese nach wie vor als Proben von der Firma schachtelweise. Ich durfte also meine Zeit damit verbringen, mich mit einem Tier zu beschäftigen und wurde dafür sogar noch jedes Mal mit einer Schachtel Schokolade belohnt. Das war damals für mich einfach genial! Einen besseren Job konnte ich mir nicht vorstellen und ich hatte das Gefühl, viel Glück und einen großen Erfolg zu haben. Bei meinen Schwestern spürte ich allerdings Neid über meinen Erfolg. Sie schienen ihn mir nicht zu gönnen. Nett wie ich war, teilte ich aber trotzdem großzügig meine Schokolade, meinen ersten Lohn, mit ihnen.

Carin und ich fühlten uns in unserer Wohngegend sehr wohl. Es gab sehr viele Kinder und meistens zogen wir zu fünft bis zehnt von einem Haus zum anderen zum spielen. Die einen Nachbarn hatten eine Tochter namens Lisa, mit der Carin viel Zeit verbrachte. Als in unserer Schule das Theaterstück Peter Pan aufgeführt wurde, bekam Lisa die Rolle von Peter Pan und Carin die Rolle von Wendy. Sie waren beide sehr begabt, wirkten aber auf mich eher wie Streber. Auf Druck meiner Mutter hin, hatte ich bei den Proben auch mitgemacht, obwohl ich damals schon wusste, dass ich mit Sicherheit keine besonders gute Singstimme hatte. Mein Talent reichte gerade für eine Rolle als einer der „Lost Boys".

Es gab in der Gegend einen Jungen namens Rupert, den ich damals mit seinen blonden Haaren unheimlich süß fand, aber viele andere Mädchen fanden das auch. Eine Familie hatte eine Tochter, die Caroline hieß, aber Missy genannt wurde. Ihr Vater arbeitete für einen kalifornischen Weinhersteller. Da es zu dieser Zeit von dem Unternehmen einen Werbespot im Fernsehen gab über diesen Wein, sangen wir Kinder meistens dieses Lied zur Begrüßung, wenn wir Missy sahen. Das nervte sie ziemlich, was uns aber nicht davon abhielt, es trotzdem zu singen. Ihre Mutter, wie Missy mir zeigte, war mal auf einem Titelbild der amerikanischen Modezeitschrift Vogue gewesen, was ich wirklich beeindruckend fand. Im Haus eines ehemaligen Fotomodels war ich nie zuvor gewesen.

Mit einer österreichischen Familie verstanden sich auch unsere Eltern gut. Auch bei ihnen waren wir sehr oft zum Spielen. Auch Sue hatte schräg gegenüber von uns ein Mädchen aus ihrer Klasse wohnen mit namens Pam, mit der sie sich befreundete. Die ganze Familie fand Anschluss. Wir Kinder spielten auch oft auf den Feldern Baseball. In den Sommermonaten blieben wir draußen und spielten bei irgendjemand im Garten, teilweise bis die Dunkelheit um 22:00 Uhr einbrach. In unserer neuen Heimat schien mir das Leben perfekt zu sein. Diese Zeit war für uns alle sorglos und rundum schön.

Mississauga, Carin und Claudia, Halloween

Mein Zeugnis nach der dritten Klasse fiel erstaunlich gut aus. Ich hatte ausschließlich Noten „G" für good (gut) und „O" für outstanding (sehr gut) bekommen und somit gab es gab nichts zu kritisieren. Es gab auch keinen Schwachpunkt, den meine Schwestern wieder gegen mich hätten verwenden können. Überraschenderweise hatte ich in diesem Schuljahr im Vergleich zum vorigen „nur" 18 Tage gefehlt. Meine Gesundheit schien sich verbessert zu haben.

Trotz guten und sehr guten Zeugnissen der Bauder-Mädchen baten die Lehrer meine Mutter, zu einem Gespräch in die Schule zu kommen. Sie hatten ihr nett geschrieben, dass sie gerne die Eltern von Carin und Claudia zu einem Gespräch zum Kennenlernen einladen wollten, um ein „Anliegen" bezüglich Carin mit ihnen zu besprechen. Unsere Mutter fuhr zum Elterngespräch mit dem Wagen. Inzwischen hatten beide Eltern einen Mercedes, einen blauen und einen weißen, obwohl solche Autos damals noch recht kostspielig und zu dieser Zeit noch selten in unserer Gegend zu sehen waren. Schwungvoll fuhr unsere Mutter den Mercedes auf den Schulhof, parkte und stieg aus. Sie trug eines ihrer europäischen bunten Kleiderkreationen und auffallenden Goldschmuck und stellte sich den staunenden Lehrern auf dem Schulhof mit den Worten vor: „I am Magda Bauder, Carin's mother." Warum die Lehrer aus dem Staunen nicht mehr herauskamen, wurde ihr im Laufe des Gespräches bei der Schulleitung klar. Das besondere „Anliegen", das sie mit ihr besprechen wollten, betraf die äußere Erscheinung ihrer mittleren Tochter. Was unserer Mutter völlig entgangen war, dafür aber den Lehrern nicht, war dass Carin regelmäßig mit dreckiger Kleidung in die Schule kam, abgewetzte Turnschuhe mit Löchern trug, sich unregelmäßig die Haare kämmte und man den Eindruck hatte, dass sie sich auch nicht so oft waschen würde. Der Schulleiter dachte, dass Carin aus einer armen Familie käme, die sich keine neue Kleidung für ihr Kind leisten konnte und auch sonst nicht sehr auf Hygiene bedacht war. Zwar wusste meine Mutter, dass wir uns beide regelmäßig duschten, sie ging aber davon aus, dass die abgewetzte Kleidung Mode war, denn wir hatten nichts Gegenteiliges gesagt. Meiner Mutter war das Ganze sehr peinlich und sie versprach, sich um das äußere Erscheinungsbild von Carin zu kümmern und ging daraufhin erst mal mit uns beiden zum Friseur und dann neue Kleidung einkaufen.

Mit dem Kreuzfahrtschiff nach Deutschland

Im Juli 1973 machten wir wieder eine Reise nach Europa. Dieses Mal sind wir aber anstatt zu fliegen mit einem Kreuzfahrtschiff gereist. Und was für ein Schiff! Unsere Eltern hatten sich für eine Reise mit der SS France entschieden, damals mit ihren 315 Metern das längste Kreuzfahrtschiff der Welt. Wir flogen von Toronto nach New York. Mit dem Taxi fuhren wir durch New York und ich erinnere mich, dass ich fand, die Stadt würde unbeschreiblich stinken. Nach wenigen Tagen Aufenthalt in New York traten wir unsere Schiffsreise an. Am Hafen angekommen, gingen wir an Bord dieses riesengroßen schwarzen Schiffes mit seinen zwei roten Schornsteinen. Wir Kinder wussten nicht, dass das 1960 erbaute Schiff eines der elegantesten Passagierschiffe der Welt war.

Wir hatten zwei nebeneinander liegende Außenkabinen mit Meerblick durch die runden Luken, eine Kabine für die Eltern und eine für uns Mädchen. Zum Frühstück trafen wir uns in einem riesengroßen Speisesaal an dem Tisch, der uns für die Dauer der Reise zugeteilt war. Nach dem Frühstück trennten sich unsere Wege, um sich erst wieder pünktlich zum Mittagessen zu treffen. Ich kann mich an kein explizites Programm für Kinder oder Jugendliche erinnern. Vielleicht gab es das damals schon, aber ich glaube eher nicht. Mangels erkennbarer Aktivitäten folgte ich -wie in fremder Umgebung schon mein Leben lang- meiner Schwester in der Annahme, dass sie schon irgendwo irgendetwas zu unternehmen finden würde. Auf jeder Etage gab es so etwas wie einen Empfang, und dieser wurde für die Zeit der Überfahrt nach Le Havre, Frankreich, also sieben Tage lang, mein ständiger Anlaufpunkt. Da ich mich meistens an Carin hielt, wurde es ihr manchmal zu viel, ständig ihre kleine Schwester im Schlepptau zu haben und deshalb hängte sie mich immer wieder einfach ab. Manchmal auch nur aus Spaß. Aber ohne sie wusste ich in der Regel nicht, wo ich war und lief daher irgendeinen endlos scheinenden Flur entlang, bis ich an solch einem Empfang ankam. Dort musste ich nur meinen Namen sagen und sie wussten schon (obwohl es damals noch keine Computer gab), wie weit ich von meinem Zimmer entfernt war, oder sie zeigten mir den Weg zu einem anderen Ziel.

Zum Abendessen musste man sich auf dem Schiff korrekt kleiden. An manchen Tagen gab es zudem ein richtiges Gala-Dinner, bei dem sich vor allem die Frauen noch eleganter kleideten als sonst. Wie wir es geschafft haben, ausreichend Kleidung für alle möglichen Anlässe mitzunehmen, ist mir im Nachhinein ein Rätsel. Unsere Mutter hatte für die Reise neue Koffer gekauft und jeder bekam nur einen mit. Meiner war der kleinste, was ich ungerecht fand. Meine Mutter sagte aber, jeder müsse seinen Koffer selber tragen können und darum bekam ich nur einen kleinen. Da war schon eine gewisse Logik dahinter, denn mein Vater konnte schlecht für uns alle die Koffer tragen. Zudem sollten wir immer zu fünft in ein Auto passen und alles Gepäck bei uns haben, weshalb es nur einen Koffer pro Person gab. Dass wir mit dieser Einschränkung zurechtkamen, lag sicherlich daran, dass es Sommer war und wir mit Bikinis, T-Shirts, kurzen Hosen und leichten Baumwollkleidern für den Abend auskamen.

An Bord gab es viel zu entdecken und was mir am besten gefiel war ein Raum mit Spielautomaten, und das Flippern wurde sofort meine neue Leidenschaft. Auch gab es die Möglichkeit, an anderen Automaten auf Ziele zu schießen, was mir auch großen Spaß machte. Wir machten dabei die Entdeckung, dass ich mit meinen fast neun Jahren unglaublich gut zielen und treffen konnte, besser als der Rest der Familie. Endlich mal hatte auch ich eine Begabung, auch wenn sie noch so belanglos schien! Was für ein tolles Gefühl!

Um Sport zu machen, gingen wir zunächst in einen Fitness-Raum, aber das Trainieren mit Gewichten schien nicht ganz das Richtige für uns Mädels zu sein und wir entschieden uns für das Schwimmbad. Das erste Mal, als wir dorthin gingen, war auch unser Vater dabei. Wir nahmen Anlauf und sprangen mit Schwung in den tiefen Teil des Beckens, ähnlich wie wir im Vorjahr in den See sprangen. Ich war mir sicher, dass es hier keine Blutegel gab, habe aber nicht damit gerechnet, dass es eine andere Überraschung geben würde. Das Schiff hatte seine natürlichen Bewegungen auf hoher See und wir dachten nicht daran, dass das Wasser im Schwimmbad auch seine eigenen Bewegungen haben könnte, ähnlich wie eine sanfte Welle und ich war dummerweise hinein gehüpft, bevor ich diese Bewegungen bemerkt hatte. Ich sprang am tiefen Ende hinein, gerade als das Wasser begann, sich leicht in die entgegengesetzte Richtung zu bewegen. Somit war das tiefe Ende nicht so tief beim Hineinspringen und ich war schnell unten im Becken angekommen. Das Wasser bewegte sich dann zurück zum tiefen Ende und mir kam es vor, als würde ich von einer Welle überrollt werden. Ich musste viel zu lange die Luft anhalten, bis diese Welle vorbei war. Als ich endlich hochkam und nach Luft schnappte, schluckte ich zu allem Übel auch noch einen kräftigen Schluck Wasser. Dabei stellte ich fest, dass das Wasser in diesem Schwimmbad mit Meerwasser gefüllt war und ich den Geschmack von Salzwasser im Mund hatte. Das fand ich unglaublich ekelhaft! Ich dachte, ich müsste mich übergeben. In dieser Situation war mein Vater die Rettung denn er erkannte, dass ich mit der Situation nicht zurechtkam, sprang rein und fischte mich aus dem Wasser heraus. Möglicherweise hat er mir das Leben gerettet, denn ich war keine sonderlich gute Schwimmerin und ich war in diesem Moment wirklich überfordert gewesen. Nachdem mich mein Vater aus dem Wasser gerettet hatte, war er richtig fürsorglich, so wie ich ihn nicht kannte bis dahin. Da musste ich staunen, zu was mein Vater alles fähig war! Und darüber hinaus war er auch nicht sauer auf mich, womit ich eigentlich gerechnet hatte. Er schimpfte nicht und kümmerte sich stattdessen rührend um mich. Das war eine Seite meines Vaters, die mir bislang fremd war.

Nach meiner Begegnung mit dem Salzwasser und der Welle weigerte ich mich, wieder in diesem Becken zu schwimmen. Mein Vater war außergewöhnlich einsichtig und erkundigte sich nach einer Lösung für dieses Problem. Die gab es auch, allerdings nur in der ersten Klasse des Schiffes, wir aber waren Passagiere der zweiten Klasse. Mein Vater lebte manchmal nach der Devise: „Was nicht schadet, schadet nicht". Er fand, es würde den Erste-Klasse-Passagieren nicht schaden, wenn wir ab und zu mal ihr Schwimmbad benutzten. Und so schlichen unser Vater, Carin und ich unauffällig in die Schwimmhalle der ersten Klasse und verhielten uns möglichst wie Erste-Klasse-Passagiere. Dort konnten wir in normalem Süßwasser schwimmen, was mir schon mal den Brechreiz nahm. Und mit den Wellen lernten wir auch umzugehen.

S.S. France, Carin, Sue, Magda, Claudia.

Auf der S.S. France, Juli 1973, die Familie.

Auf dem Schiff gab es noch einen Raum, in dem abends Bühnen-Vorstellungen stattfanden. Diese wurden zum Teil mit den Passagieren selbst besetzt und unsere Schwester Sue wurde ausgesucht, an einem Tanzstück um das Moulin Rouge mitzumachen. So trainierte sie mit anderen jungen Frauen zusammen den „Can-can", übte, ihre Beine in die Luft zu kicken und am Schluss noch ihren Rock hochzuheben. Am Abend der Vorstellung durften auch wir Kinder zuschauen und wir fanden die ganze Vorstellung einfach klasse! Wir waren auch richtig begeistert davon, unsere Schwester auf der Bühne zu sehen.

Auch die Clique, mit der Sue auf dem Schiff unterwegs war, fand ich klasse. Es waren junge Leute um die 18, die das Nachtleben entdeckten. Sie hatten festgestellt, dass man an einem Ende des Schiffes den Sonnenuntergang sehen konnte und wenige Stunden später am anderen Ende den Sonnenaufgang. So war sie manche Nächte mit ihren Freunden unterwegs, schaute den Sonnenuntergang und wenig später am anderen Ende des Schiffes den Sonnenaufgang an.

Das Schiff hatte auch ein eigenes Kino. Am Nachmittag liefen meistens Kinderprogramme und Carin und ich gingen manchmal dorthin, wenn wir den Nachmittag nicht beim Sonnen auf dem Deck verbrachten. Unsere Eltern waren, die meiste Zeit tagsüber draußen und abends gingen sie gerne, nachdem sie Carin und mich zu Bett oder zumindest in unsere Kabine gebracht hatten, nochmals in eines der Restaurants, in eine Bar oder zu Vorstellungen. An einem Abend meinte Carin, dass wir zwei doch aus unserem Zimmer ausbrechen und ins Kino gehen sollten. Ich war prinzipiell nicht dafür, gegen der Regel -dass wir unser Zimmer abends nicht allein bzw. ohne Erwachsene verlassen durften- zu verstoßen, aber meine Schwester war entschlossen zu gehen und ließ mir nur die Wahl mitzukommen oder alleine in der Kabine zu bleiben. Allein zu bleiben schien keine gute Alternative zu sein und so folgte ich ihr. Am Kino angekommen, sahen wir auf einer kleinen Tafel ein Schild mit der Aufschrift: „Nur für Erwachsene". Das war für mich ein eindeutiger Hinweis, wieder auf unser Zimmer zu gehen, aber Carin versicherte mir, dass das nicht auf uns zutreffen würde. Zudem könnte sie mir alles, was ich nicht verstehen würde, erklären. Ich war nicht begeistert, aber glaubte ihr zumindest, dass sie mir einiges erklären konnte. Wir schlichen uns also doch ins Kino und waren ganz still, um auf keinen Fall aufzufallen. Der Film gefiel mir aber auf Anhieb nicht, denn er war irgendwie gruselig und die Musik schaurig. Es lief der Film „Psycho" von Alfred Hitchcock, der Anfang der 60er als bahnbrechender Schocker galt, aber uns war das nicht bewusst. Schon nach wenigen Minuten hatte ich ziemliche Angst schon allein durch die Musik und wollte einfach wieder gehen, doch meine Schwester sagte immerzu, ich solle bleiben. Sie sagte, wenn wir jetzt aufstehen und rausgehen würden, würden die anderen im Kino merken, dass wir Kinder sind und dann, wenn sie uns erwischt haben, würden wir richtig Ärger bekommen. Das schien mir logisch zu sein, also blieb ich sitzen, um auch ja nicht aufzufallen. Dann kam aber die berühmte Szene mit dem Messer in der Dusche, die mich in Angst und Schrecken versetzte! Ich rannte völlig entsetzt aus dem Kino und meine Schwester hinter mir her. Es gab ein Rennen bis zu unserer Kabine, währenddessen sie immerzu meinte, ich sollte zurückkommen. Aber ich hatte solch einen Schock durch die Dusch- bzw. Messerszene bekommen und konnte mich überhaupt nicht beruhigen und schloss mich im Bad ein, aber auch um meine Schwester zu entkommen. Sie versuchte längere Zeit mich durch die verschlossene Tür zu beruhigen, doch es half nichts. Sie musste schließlich unsere Mutter, die eigentlich dachte, ihre zwei jüngeren Kinder würden schon seit längerem tief schlafen, aus ihrem schönen Abend herausholen. Einerseits versuchte sie, mit mir zu reden, andererseits schimpfte sie mit Carin wegen dem was geschehen war. Sie schimpfte und schimpfte und irgendwann öffnete ich doch noch die Tür. Meine Mutter musste die Nacht bei mir bleiben und Carin hat vermutlich riesengroßen Ärger bekommen.

In Frankreich angekommen, fuhren wir für ein paar Tage nach Paris. Wir wohnten im Grand Hotel (heute Intercontinental) direkt neben der Alten Oper. Besonders beeindruckt hat uns, dass man von der Badewanne aus, die Oper von oben sehen konnte mit ihren verschiedenen Statuen, eine davon, die sogar der Freiheitsstatue in New York glich. Wir Kinder wollten nach einer Woche exquisiten Speisens endlich mal wieder etwas richtig Deftiges zu essen haben und so zog unser Vater mit uns los durch Paris, um Hamburger zu suchen. Nach längerem Suchen fand er sie auch in einem Hotel und sagte danach, das seien die teuersten Hamburger gewesen, die er je in seinem Leben gekauft hätte. Damals war kein McDonalds oder ähnliches zu finden. In Paris bekamen wir Kultur in geballter Form vorgesetzt. Wir schauten uns sämtliche bekannten Museen an. Bereits mit zehn Jahren hatte Carin ein großes Interesse an Leonardo da Vinci, und meine Mutter musste ihr ein Buch über diesen großen Künstler schenken. Jetzt mit elf Jahren sagte sie unseren Eltern, sie müsse die Mona Lisa von da Vinci sehen, also besuchten wir den Louvre und Carin bekam sie zu sehen. Neben dem Eiffelturm besuchten wir noch das Schloss Versailles. Ich erinnere mich noch, wie wir Pantoffeln über unsere Schuhe ziehen mussten, um den wertvollen Boden des Schlosses zu schonen und das beeindruckte mich sehr. Aber ich kam im Schloss Versailles vor lauter Staunen kaum mit: Wie hoch die Decken waren, wie prunkvoll die Zimmer eingerichtet, mit den ganzen Verzierungen, Farben und glitzernden Goldelementen, so etwas hatte ich nie zuvor gesehen. Und dass da tatsächlich mal jemand gewohnt hat, war für mich unfassbar.

Nach Paris verbrachten wir einige für Carin und mich recht langweilige Wochen bei unseren Großeltern in Heubach. Größer hätte der Kontrast kaum sein können, in vielerlei Hinsicht, nicht nur weil wir gerade von einer Weltmetropole gekommen und nun in einem ländlichen kleinen Ort waren. Wir waren damals schon die Großzügigkeit des kanadischen Lebensstils gewohnt. Als Kinder durften wir laut sein und draußen herumrennen, wir bewegten uns viel, und wenn wir mal Pause machen wollten, gab es in Kanada einige Sender im Fernsehen, die auch für Kinder etwas boten, auch wenn es nur Comics waren. Rundum waren die Menschen in unserer neuen Heimat freundlicher als die in Deutschland und man fühlte sich als Kind in Kanada gern gesehen und auch ernst genommen. In Deutschland hatten wir aber weder das Gefühl gern gesehen zu sein noch ernst genommen zu werden. Kinder mussten immer leise sein und durften nicht auffallen oder stören. Der Unterschied war so extrem, dass wir schon wieder Witze darüber machen konnten und uns zum Teil regelrecht durch das Haus schlichen, quasi als Parodie. Geboten wurde den Kindern in der Gegend aber wenig.

Was wir nicht begreifen konnten war, dass in Deutschland etwa 30 Jahren zuvor ein schrecklicher Krieg zu Ende gegangen war. Viele Menschen, auch Zivilisten, hatten Schreckliches erlitten während und nach dem Krieg, und sie mussten damit fertig werden. Die unterschiedlichen Rahmenbedingungen zwischen den drückenden Sorgen hier und unsere aus Nordamerika gelernten Sorglosigkeit konnten kaum größer sein. Wir waren glückliche und zudem in finanzieller Hinsicht privilegierte Kinder, die vor Lebensfreude strotzten. Da eckten wir sicherlich hier und da an und waren froh, Deutschland wieder verlassen und über den Ozean auf unserem „Dampfer" nach Hause fahren zu dürfen.

Oakville/ Ontario, Kanada 1974

Wieder in Kanada angekommen, entwickelte unsere Mutter eine Vorliebe dafür, sonntags in der Gegend herumzufahren und nach schönen Häusern mit „For Sale" Schildern, also zum Verkauf, Ausschau zu halten. Sie hatte das Bedürfnis nach einem größeren und schöneren Haus in einer besseren Wohngegend. Fortan fuhren wir öfter stundenlang mit unseren Eltern nördlich und westlich von Mississauga herum, um die Möglichkeiten zu erkunden. Zum Schluss dieser Fahrten gab es meistens ein Eis für uns zur Belohnung. Wir wohnten bereits drei Jahre lang in unserem Haus in Mississauga, was für unsere Familie eine lange Zeit war. Dann hatte meine Mutter beschlossen, dass sie nach 18 Jahren Ehe und sieben Ländern genug mit ihrem Mann in der Welt herumgezogen sei. Sie erkannte auch, dass das für ihre Töchter genug des Umziehens war und ihr gefiel das Leben in Kanada am besten. Sie hatte beschlossen, hier alt zu werden und, dass dies das Land sein sollte, in dem ihre Kinder endgültig bleiben könnten. Zudem hatte sie genug davon, immer in Häusern zu wohnen, die andere Menschen gebaut und nach ihrem Geschmack gestaltet hatten. Sie beschloss, sich ihr eigenes Haus zu bauen und suchte nach einer geeigneten Gegend, wo sie mit der Familie endlich zur Ruhe kommen konnte.

Wirtschaftlich gesehen war es eine Zeit enormen Wachstums in und um Toronto herum, es boomte geradezu. In Mississauga entstand 1973 ein für die damalige Verhältnisse riesig großes Einkaufszentrum namens Square One (Quadrat Eins). Es brach alle Maßstäbe der Zeit und öffnete zufälligerweise am Geburtstag von Sue. Es war das modernste, schönste und größte Einkaufszentrum von ganz Kanada mit 165 Geschäften und Symbol für das damalige Wirtschaftswachstum.

Weiter nach einem geeigneten Wohnort suchend, entdeckte meine Mutter den an Mississauga westlich angrenzenden Ort Oakville, der ihr auf Anhieb am meisten zusagte. Dort fand sie ein Bauprojekt, das „Paradise Homes" hieß und das sie sehr interessierte. In einer sehr schönen Gegend sollten neue, große Einfamilienhäuser gebaut werden. Sie überzeugte unseren Vater von diesem Projekt und so stiegen sie frühzeitig in der Bauphase ein. Sie konnten ein Modell aussuchen, es innen frei gestalten und die Farbe des Hauses und das Dach in Form und Farbe aussuchen. Meine Mutter verwirklichte mit ihren damals 43 Jahren ihren Wohntraum. Ich durfte sie oft zur Baustelle begleiten. Anfangs kam Carin noch mit, aber das Betreuen eines Bauprojektes artete doch in zeitaufwändige Arbeit aus und machte ihr schon bald keine Freude mehr. Mir aber schon, ich konnte nicht genug von unserer Baustelle kriegen und fuhr immer mit. Ich fand es unbeschreiblich spannend, den Fortschritt des Hausbaus mitzuerleben. Ständig mussten Entscheidungen getroffen werden über Materialien, Farben, Formen. Wir hatten immer irgendwelche Muster bei uns, zuerst für die Außenseite des Hauses, Backstein in verschiedenen Farben, Dachbedeckungen und Paneele.

Noch während des Hausbaus bekamen wir in Mississauga doppelten Besuch. Eine Großtante, Klara Reichle, genannt „Klärle" (schwäbisch für die kleine Klara), war aus Deutschland angereist. Sie war die jüngste Schwester unserer 1964 gestorbenen Großmutter, Emma Bauder und somit auch die Schwester von Trudel Pollanetz, die zur selben Zeit angereist war. Somit hatten wir Mädels doppelten Großtanten-Besuch. Obwohl die Damen inzwischen um die 70 Jahre alt waren, verhielten sie sich noch untereinander wie eben zwei Schwestern, die sich einerseits liebten und andererseits wenig gemeinsam hatten. Klärle hatte ihr Berufsleben lang in Deutschland bei der Post gearbeitet und zudem nie den Wohnort gewechselt. Sie war fast einen Kopf kleiner als Trudel und etwas kräftiger gebaut. Sie war ein sehr gemütlicher Mensch und lachte sehr gerne. Außerdem hatte sie eine erstaunliche Kondition, was das Trinken anging und Sue und Dad versuchten mit ihr mitzuhalten. Trudel dagegen war groß, schlank und stets elegant. Sie war weltgewandt und ärgerte sich über ihre im Vergleich zu ihrer tollpatschig wirkenden Schwester.

Wir drei Schwestern, Sue, Carin und ich, fanden das Ganze sehr interessant und amüsant zu beobachten und konnten uns nicht vorstellen, uns eines Tages im „hohen Alter" mit schwesterlichen Unterschiedlichkeiten auseinander zu setzen. Wir fuhren mit ihnen, so wie mit allen unseren Besuchern zu den üblichen Sehenswürdigkeiten einschließlich der Niagara Fälle. Und sie kamen auch mit uns zur Baustelle. Während Trudel sich mit uns über das Haus freute, war unsere „Klärle" etwas überfordert ob der Größe des Projektes. In Deutschland war damals der Wohnraum um einiges teurer als in Kanada und es stand für einen Bauplatz weniger Grundfläche zur Verfügung. Klärle hatte nie geheiratet und immer alleine in einer kleinen Zwei-Zimmer-Wohnung gelebt. Für sie war es nicht nachvollziehbar, wofür wir so viel Platz brauchten. Gebraucht haben wir ihn möglicherweise nicht, aber in Kanada wurde der Traum, den viele Europäer von großzügigem Wohnen auf einem großen Grundstück haben, für uns wahr.

Später kam der noch spannendere Teil der Innenausstattung. Wir besuchten Einrichtungshäuser und nahmen schwere Mappen mit Mustern von Teppichen, Tapeten, Wandfarben und Böden mit. Wir schauten uns die Auswahl lange und ausgiebig an und mir machten die Vorbereitungen unendlich Spaß. Als das Haus fertig war, verriet mir meine Mutter, dass wir für das Innere des Hauses und den Bau des Schwimmbads zusammen 30% von dem Betrag ausgegeben hatten, was das Grundstück und der Bau des ganzen Hauses gekostet hatten. Das schien mir eine Menge Geld zu sein. Sie stimmte mir zu, erklärte mir aber, dass dieses Haus schließlich für viele Jahre unser Zuhause bleiben sollte und sich daher die höheren Investitionen lohnten.

Oakville, Hausbau, Sue, Tante Klärle, Tante Trudel, Claudia im Kamin.

Oakville 1974, unser Haus in der Albion Avenue.

93

Als im Frühjahr 1974 unser großes Haus in der Albion Avenue bezugsfertig geworden war, konnten wir endlich einziehen. Am Tag des Einzugs haben wir den tragbaren Fernseher aus dem alten Haus, zusammen mit ein paar Decken und Putzmittel in unser Auto eingepackt und sind dem Umzugs-Lkw voraus gefahren ins neue Glück. Auf dem Weg dorthin kauften wir unser allererstes Essen, das wir in unserem neuen Heim genießen würden, bei McDonalds. Als wir mit unserem Fast-Food dort ankamen, waren die Möbel noch nicht da, also saßen wir auf dem Boden im „family room" und aßen unsere Hamburger und Pommes und fühlten uns trotz den fehlenden Möbeln, wie Carin sich erinnert, „wie Gott in Frankreich". Es war für uns alle das Gefühl, als wären wir nach einer sehr langen Reise -und damit meine ich das jahrelange Herum-zigeunern- endlich an unserem Ziel angekommen, wo wir schon immer hinwollten. Wir waren in unserem eigenen Haus, unserem Heim, angekommen. Es war der erste Umzug in unserem Leben, der auf Wunsch unserer Mutter erfolgt war und nicht auf Wunsch unseres Vaters, bzw. bedingt durch seine Arbeit. Daher war dieser Umzug etwas ganz Besonderes. Es war kein „Muss", sondern geschah, weil unsere Mutter es so wollte, sozusagen ein „Will". Sie wollte ihr eigenes Haus bauen lassen und eine schönere Umgebung für sich und uns alle haben. Das war ihr gelungen, denn genau das hatten wir jetzt.

Wir waren jetzt etwa eine Stunde Autofahrt westlich von Toronto entfernt. Zwar hatten wir uns in Mississauga wohl gefühlt, aber in Oakville war alles tatsächlich noch etwas schöner. Der Ort mit damals rund 70.000 Einwohnern hatte sehr viel Natur zu bieten. Es gab mehr Bäume und vor allem alten Baumbestand. Die Straßen waren schöner angelegt und die Häuser standen meist auf größeren Grundstücken. Überhaupt gab es hier vorwiegend Einfamilienhäuser und wenig Bürohäuser oder Industrie. Ich kann mich nicht erinnern, dass in unserer Gegend damals irgendein Apartmenthaus stand, möglicherweise aber im Ortskern, dem sogenannten „downtown", der von uns ein paar Kilometer entfernt war. Am Ortsrand Richtung Norden, lag ein Montagewerk vom Automobilhersteller Ford. Diese war aber weit genug entfernt von den Wohngegenden, sodass man davon nichts mitbekam. Am südlichen Ende des Ortes lag der Ontariosee. Dazwischen war unsere Wohngegend, die sich zwischen der Maple Grove Drive und der Wedgewood Drive befand, ausgesprochen günstig gelegen, denn wir waren nur einen Kilometer vom See entfernt. Praktischerweise lag am Ende unserer Straße die Grundschule, die Maple Grove Public School, die Carin und ich besuchen würden, ein wunderschönes kleines rotes Ziegelsteingebäude wie aus einem Kinderbuch.

In Oakville gab es auch größere ältere Häuser, die man aber nicht mehr als Häuser bezeichnen konnte. Es waren riesige Villen mit meist sehr großen Grundstücken der wirklich reichen Familien, die teilweise in Toronto arbeiteten, aber das großzügige und gemütliche Leben in der Kleinstadt Oakville schätzten. Um diesen Vorteil zu genießen, pendelten sie täglich zwischen Wohn- und Arbeitsort hin und her. Oder aber es handelte sich bei den Eigentümern um sehr reiche etablierte Familien der Industrie oder Politik, die man selten oder fast nie sah, da sie viel reisten oder sie besaßen die Villen in Oakville als Kapitalanlage oder als zweiten Wohnsitz. Eine der großen Villen, die immer leer stand, war angeblich im Besitz der Kennedy-Familie, die nach den Morden an Familienmitgliedern in den 60er Jahren sich sicherheitshalber in Kanada ein weiteres Zuhause angeschafft hatte. Solche und andere Geschichten erzählten die Kinder einander und man fand aber nie heraus, ob sie wirklich wahr waren. Bei den großen Villen und den dazugehörenden Geschichten ist es auch nicht verwunderlich, dass die Stadt Oakville im Laufe ihrer Geschichte immer wieder der Ort Kanadas war mit dem höchsten Pro-Kopf-Einkommen. Oakville selbst wurde Anfang des 19. Jahrhunderts von einem englischen Colonel gekauft und gegründet. Bald entstand daraus der erste private Hafen in Upper Canada und Mitte des 19. Jahrhunderts wurde Oakville dann zur Stadt. Im alten Stadtteil, genannt „Old Oakville" sind mehrere Häuser aus der Gründungszeit zu sehen, was in Nordamerika nicht selbstverständlich ist. Der englische Einfluss dieser frühen Zeit ist auch heute noch überall gut zu erkennen.

Unsere Wohngegend war im Verhältnis zum älteren Teil von Oakville nicht voller Tradition und Geschichte, sondern im Gegenteil modern und voller Leben. Es war eine aufregende Zeit der Veränderung, schließlich wurde eine komplette Wohngegend neu erschlossen! Allerdings sah unsere Gegend landschaftlich ganz zu Beginn noch etwas aus wie eine Wüstenlandschaft, in der Häuser wie aus dem Nichts errichtet worden waren, denn es fehlte noch an Gras, Pflanzen und Bäumen. Auch um unser Haus herum gab es zur Zeit seiner Fertigstellung noch kein Gras. Die Wüstenlandschaft amüsierte unseren Vater besonders. Er kaufte in einem Heimwerker-Geschäft ein Schild, auf dem stand „Please keep off the grass!" (Bitte den Rasen nicht betreten) und befestigte das Schild an einem Pfosten und stellte es tatsächlich vor unserem Haus auf, wo es einige Monate lang blieb, bis der Rasen endlich angelegt werden konnte.

Das Grundstück, das meine Eltern ausgesucht hatten, grenzte an ein Naturschutzgebiet, das zum Teil aus einer Baumschule bestand. Mein Vater hatte sich damals erkundigt, was aus dem Gebiet hinter unserem Haus werden sollte, denn es war ihm wichtig, dass es unbebaut blieb. Es wurde ihm seitens der

Stadtplanung versichert, dass es so bleiben würde, was ausschlaggebend war, sich für dieses Grundstück zu entscheiden.

Das Haus hatte eine zentrale Heizung und im Sommer eine Klimaanlage. Wir mussten uns somit um nichts Weiteres kümmern, um das ganze Jahr über perfekte Temperatur im Haus zu haben. Wir hatten auch eine damals neu erfundene Einrichtung einbauen lassen, einen Central Vacum Cleaner, einem „Zentralstaubsauger", bei dem es sich um eine Absauganlage handelte, bei der Rohre hinter den Wänden durch das ganze Haus liefen. Dazu wurde ein Schlauch mit Saugvorrichtung geliefert und man brauchte zum Saugen nur diesen Schlauch in jedes Zimmer mitzunehmen, ihn dort an einen Stecker anzuschließen und los zu saugen. Der ganze Dreck verschwand in diesem Röhrensystem und landete im Keller in einem Art Riesen-Staubsauger. Die Zeiten des klassischen Staubsaugers waren für uns vorbei.

In unserer Küche hatten wir nicht nur alles neu einbauen lassen, wir hatten auch einen neuen riesengroßen Doppeltür-Kühlschrank und Tiefkühler bekommen, einen Side-by-Side. In der Tiefkühlseite gab es einen eingebauten Wasserspender und auch die Möglichkeit, sich Eiswürfel am Stück oder zerbrochen, „crushed", per Knopfdruck in das Glass fallen zu lassen. Das war damals relativ neu und wir fanden auch diese technische Neuheit großartig. Der Grund, weshalb wir uns für den Wasserspender entschieden hatten, war, dass Carin nur Wasser trank und nichts als Wasser, keine Milch und kein Saft. So konnte sie sich nun ihr Wasser immer perfekt temperiert am Kühlschrank holen. Die Küche war eine Wohnküche mit einem eigenen Essbereich für den täglichen Gebrauch.

Ich war neun Jahre alt und machte nach New York City, New York State, Heubach, Bremen und Mississauga bereits meinen sechsten Umzug mit. Meine Mutter hatte ihren Traum verwirklicht, ihr eigenes Haus zu bauen. Sie hatte sich ein schönes Haus gebaut und dazu noch ein richtiges Schwimmbad im Garten einbauen lassen. Meine Eltern schwammen beide gerne Bahnen und ließen daher das Schwimmbad anstatt den üblichen 20 auf 40 Fuß etwas schlanker und länger bauen mit 18 auf 44 Fuß.

Meine Mutter versicherte mir, dies würde unser letzter Umzug sein. Sie hatte mir ausführlich erklärt, dass sie mit unserem Vater besprochen hatte, dass sie nun endlich genug vom Umziehen hätte und sesshaft werden und bleiben wollte. Manchmal waren sie für nur ein Jahr in einem Land gewesen, das längste jemals war für vier Jahre am Stück. Vor allem in den frühen Jahren, in denen mein Vater in Europa und in Südamerika Vertriebsnetze aufgebaut hatte und dadurch viel geschäftlich auf Reisen war, war sie sehr oft und teilweise auch über Wochen alleine gelassen worden. Meistens beherrschte sie die Landessprache nicht und musste sich diese mühsam aneignen. In den frühen Jahren musste sie alleine und in der Fremde mit ihrem ersten Kind zurechtkommen und später mit drei Kindern. Sie hatte nirgends länger dauernde Freundschaften aufbauen können. Arbeiten konnte sie auch nicht, als wir Kinder klein waren, da sie sich zum einen um uns kümmern musste und zum andern öfters krank war. Aber sie hätte auch keine Arbeitserlaubnis in den fremden Ländern bekommen. Sie war immer als abhängiges Familienmitglied, ein sogenannter „dependant" ihres Mannes in die jeweiligen Länder gekommen. Er alleine bekam die Arbeitserlaubnis und sie nicht. Sie genoss zusammen mit meinem Vater die Möglichkeit, Länder und Kulturen kennen zu lernen und dazu noch viele interessante Reisen zu unternehmen. Nun war aber ihr Sättigungsgrad an Abwechslung und an Abenteuer erreicht. In Kanada hatte sie endlich das Gefühl, in dem Land angekommen zu sein, wo sie bleiben wollte. Sie hatte auch ihre zwei Brüder mit ihren Familien in der Nähe wohnen und entwickelte zum ersten Mal in ihrem Eheleben ein Gefühl der Beständigkeit. Nun war ihr Traum von Haus fertig und sie hatte nicht die Absicht, es jemals wieder zu verlassen, wie sie mir auch sagte. Und sie hatte zudem die Absicht, wie sie mir erklärte, uns Kindern endlich mal ein Zuhause zu geben, das unser Heim bleiben sollte, solange wir darin wohnen wollten. Es war auch für mich ein wunderbares Gefühl zu wissen, dass das Umziehen nun ein Ende hatte. Sie wollte uns die Möglichkeit geben, nach so vielen Umzügen und so vielen Veränderungen endlich mal in Ruhe leben und heranwachsen zu können. Das war ihr Plan und ich fand ihn großartig und fühlte mich zum ersten Mal in meinem Leben angekommen und nicht mehr wie auf der Durchreise.

Ursprünglich hatte das Haus sechs Schlafzimmer im Obergeschoss und zwei Badezimmer. Meine Eltern hatten aber eine Wand herausnehmen lassen, sodass ihr Schlafzimmer doppelte Größe hatte und Platz bot für eine gesamte Couch-Garnitur. Zudem hatten sie einen kleinen Balkon mit Blick über den Garten. Ihr Schlafzimmer hatte einen begehbaren Kleiderschrank, einen sogenannten „walk-in-closet" und ein großes Badezimmer mit extra großer Dusche für unseren Vater und einer Badewanne für unsere Mutter. Das war alles ungewöhnlich großzügig für diese Zeit.

Jedes von uns Mädchen hatte ein eigenes Zimmer und wir teilten ein Badezimmer zu dritt. Sue hatte majestätisch ein Waschbecken als „ihres" deklariert und Carin und ich mussten das zweite teilen. Schließlich gab es im OG noch ein Gästezimmer, was aber zugleich als Nähzimmer für unsere Mutter diente.

Unser Haus war eines der wenigen in der Nachbarschaft mit einer doppelt-flügeligen Haustür, einer „double door entrance" als Hauseingang. So beeindruckend diese Türen auch waren, sie hatten den Nachteil, dass unser Treppenhaus recht dunkel war. Die Türen nahmen so viel Platz ein, dass kein Fenster zusätzlich im Eingangsbereich eingebaut werden konnte. So hatten wir in unserem Eingangsbereich in der Regel den ganzen Tag das Licht an.

Wir hatten einen halbrunden Treppenaufgang, einen „circular stair case" ins Obergeschoss. Unser Vater hatte sein eigenes Arbeitszimmer im Erdgeschoss, dessen Betreten uns Kindern untersagt war. Es gab im Erdgeschoss ein großes Wohnzimmer für unsere Eltern und deren Besucher, mit offenem Durchgang zum Esszimmer, das wir für offizielle Anlässe benutzten. Meine Mutter hatte damals ihre Liebe zu Rosenholz entdeckt und kaufte für Wohnzimmer und Esszimmer Rosenholz-Möbel. Sie hatte einen sehr großen rechteckigen Esstisch ausgesucht und dazu acht Stühle bestellt. Warum sie acht Stühle bestellt hatte begründete sie: „Die sind für meine Familie. Sue hat doch bereits einen festen Partner, und ihr zwei Kleinen (damit waren Carin und ich gemeint) werdet auch irgendwann feste Freunde und später Ehemänner haben. Damit wir alle zusammen an einem Tisch sitzen können, brauchen wir die acht Stühle." Der Gedanke gefiel mir.

Der „family room" war für uns Kinder und unsere Freunde, er war der Fernsehraum und er war mit einem Kamin ausgestattet worden. Wir kauften einen für die damalige Zeit sehr großen nagelneuen weißen Fernseher der Marke Zenith, der sich auf einem weißen Ständer befand und der gänzlich modern mit einer Fernbedienung ausgestattet war. Modisch gesehen war dieser Fernseher der absolute Renner der 70er Jahre. Die Fernbedienung hatte damals lediglich vier Bedienungsknöpfe und die Lautstärke konnte nur in vier verschiedenen Stufen reguliert werden. Man musste noch ziemlich fest auf die großen silbernen abstehenden Knöpfe drücken und die Bedienung gab bei jedem Drücker noch einen lauten Klick von sich. Aber es war das modernste Gerät und würde in den kommenden Jahren von den Besuchern unseres Hauses viel bewundert werden. Im Erdgeschoss befand sich noch eine Waschküche mit Waschmaschine und Trockner und dieser Raum hatte einen eigenen Eingang von der Gartenseite her. So konnten wir Kinder, wenn wir verschmutzt oder nass waren, was vor allem im Herbst und im langen Winter der Fall war, diesen Eingang nehmen und dort direkt die dreckige oder nasse Kleidung ablegen, anstatt den Dreck und die Nässe durch das Haus zu tragen. Es schien an alles gedacht worden zu sein in diesem Haus. Den Keller hatten unsere Eltern nicht ausbauen lassen, sondern nur als Nutzfläche für die Heizung belassen und als Vorratsplatz benutzt. Alles was wir brauchten, war bereits oben vorhanden. Dafür konnten wir den Keller später gelegentlich für unsere Teeny-Partys benutzen.

Durch den „family room" gingen wir durch die Schiebeglastüren über eine kleine Terrasse hinaus in den Garten. In den Sommermonaten wurde dies der Weg zu dem am Ende des Gartens liegenden Schwimmbad. Als wir einzogen, war das Schwimmbad allerdings noch nicht fertig gebaut. Ich erinnere mich an den überraschenden Blick auf einen Betonmischer in unserem Garten, der den Beton in die Grube des Schwimmbads einließ. Zudem standen zu Beginn noch Paletten mit Ziegelsteinen im Garten. Diese waren vom eigentlichen Hausbau übriggeblieben und es wurde noch überlegt, wie wir sie verwenden könnten, ob wir sie überhaupt brauchten, sie im Keller lagern sollten, oder was damit geschehen sollte. Für mich boten sie vorrübergehend ein zusätzliches Spielzeug. Im wahrsten Sinne des Wortes hatte ich Bausteine, mit denen ich im Garten Objekte bauen konnte, was ich echt gut fand. Wir hatten sowohl direkt am Haus eine kleine Terrasse, auf der wir in den Sommermonaten draußen öfters zum Essen saßen, als auch eine Terrasse am Schwimmbad, die sich ebenfalls zum Essen eignete. Also hatten wir zwei Esstische samt Stühlen im Garten stehen. Das Haus hatte eine Doppelgarage und eine für die ganze Gegend einmalige runde Auffahrt, einen „circular driveway" zum Haus. In dessen Mitte ließ meine Mutter einen kleinen Hügel errichten. Sue und Ed zauberten von irgendwo her einen enormen Stein, der in die Mitte des kleinen Hügels kam und es wurde noch ein Baum dort eingepflanzt.

Unsere Schulen

Sue besuchte die ersten Monate noch ihre Schule in Mississauga und wechselte nach den Sommerferien in die Perdue High School nach Oakville. Da es ihr aber dort nicht gefiel, wechselte sie zur Oakville Trafalgar High School, kurz O.T. genannt. Mit 17 Jahren ging sie in die 12. Klasse und machte ihren letzten Schulwechsel in die elfte Schule!

Carin und ich waren an der Maple Grove Public School, direkt am Ende unserer Straße, angemeldet. Es war eine Grundschule, die vom Kindergarten ab bis zur sechsten Klasse ging. Wir wechselten wieder mitten im Schuljahr. Ich war mitten in der 4. Klasse und Carin mitten in der 6. Klasse, als wir umzogen. Meine Angst vor einer neuen Klasse war zum Glück unnötig gewesen, denn ich wurde dort herzlich begrüßt sowohl von der Lehrerin als auch von den Kindern, die mir auf Anhieb sympathisch waren. Irgendwie schienen die Menschen dieser Gegend noch freundlicher zu sein als die in Mississauga. Vielleicht fiel mir der Wechsel aber auch dieses Mal leichter, da ich zum einen die Sprache nicht wechseln musste und zum anderen sagen konnte, dass wir aus Mississauga kommen. Wir waren vom

Ort nebenan und nicht aus dem Ausland und ich fühlte mich somit auch nicht als Ausländerin! Es war insgesamt sehr einfach, als Zugezogener dort Kontakt zu finden, da die echten Einheimischen sehr nett waren und die vielen neuen Zugezogenen willkommen waren. Einige der neuen Familien kamen aus den USA und manche sogar aus Europa.

Das erste Mädchen, mit dem ich in meiner neuen Klasse sprach, war eines, das wie ich einen halben Kopf größer war als die meisten anderen Kinder. Sie hieß Kirsten und war Amerikanerin. Ihre Familie war erst kürzlich aus den USA nach Kanada gezogen und sie wohnten nicht direkt in unserer Wohngegend, sondern in einem sehr schönen großen Haus an der Lakeshore Road, die direkt am Ontariosee entlangführte. Ihr Vater war Norweger, was ich sympathisch fand, denn so hatte auch sie einen europäischen Vater und nicht nur ich. Interessanterweise war ihre Mutter berufstätig, was die meisten anderen Mütter nicht waren. Sie war Juristin und das beeindruckte mich sehr. Bis dahin hatte ich nicht viele Frauen kennen gelernt, die studiert hatten, ausgenommen den Lehrerinnen, die ich hatte. Aber dass eine Frau sogar Juristin sein konnte, war für mich geradezu bahnbrechend. Meine Freundin Kirsten hatte zwei Schwestern. Die ältere Schwester, die unglaublich hübsch war, ging mit Carin in dieselbe Klasse und so ergaben sich rundum sehr schnell Kontakte und Freundschaften.

Zu meinen neuen Freundinnen kamen noch zwei Mädchen, die tatsächlich aus Oakville stammten, Janet und Jacquie. Janet wohnte in einer bescheidenen Gegend in der Duncan Road, am nördlichen Rande von Oakville. Sie hatte eine Schwester und zwei Brüder. Einer von ihnen ging ebenfalls mit Carin in eine Klasse. Ihr Vater arbeitete in Toronto und pendelte jeden Tag hin und her. Jacquie wohnte mit ihrer Mutter und drei Geschwistern auf der anderen Seite der Maple Grove Drive, nicht weit weg in Pinehurst Drive. Der Vater war irgendwann wohl ausgezogen und ihre Mutter musste allein mit vier Kindern zurechtkommen. Sie war die erste alleinerziehende Mutter, die ich kennen lernte und ich fragte mich, wie es denn möglich ist, ohne einen Mann in der Familie, der das Geld verdient, überhaupt auskommen zu können? So wenig ich meinen Vater zeitweise mochte, so verdiente er wenigstens immer das Geld, um für die Familie zu sorgen und das reichlich. Aber anscheinend war das Leben auch ohne Familienvater möglich. Lauter neue Eindrücke! Wie das funktionierte, würde ich mir noch anschauen müssen, dachte ich mir damals. Wir vier Mädchen wurden sehr schnell zu einem festen Stamm von Freundinnen. Es war das erste Mal in meinem Leben, dass ich zu einer Clique gehörte und das gefiel mir sehr gut. Es gab aber auch Jungs in der Klasse, mit denen ich mich anfreundete. Matt und Chris waren auch aus Oakville und beide sehr nett.

In dieser Zeit fingen Carin und ich an unserer Schule mit dem Turnen an. Wir hatten im Rahmen des Schulunterrichts bereits vier Mal in der Woche Sportunterricht. Dazu gab es Treffen für Turninteressierte nach der Schule. Dort waren viele nette und einige sehr sportliche Mädchen, wie ich es nie zuvor erlebt hatte. Ich war völlig beeindruckt von alledem, was vor allem Kirsten und Janet bereits konnten. Sie waren beide unglaublich gelenkig und hatten viel Kraft. Ich begann gerade mal mit dem Turnen und fühlte mich etwas deplatziert, denn die Mädchen dort konnten schon so viel. Es war Janet, die mich ermutigte, weiterzumachen und nicht aufzugeben. Ihre positive Art war ansteckend und ihre Freundlichkeit aufrichtig, so wie ich es davor nicht kannte. Sie war ein vom Herzen her guter Mensch, über dessen Freundschaft man sich glücklich schätzen konnte. Dafür, dass sie etwa einen Kopf kleiner war als wir großen Mädels, konnte sie ja nichts. Sie war so klein und zierlich, dass ihre Familie ihr der Spitzname „Bean", die Bohne, verpasste, was von uns allen übernommen wurde. Selbst das schien sie liebevoll zu akzeptieren, was mich zusätzlich beeindruckte.

Ein anderes Mädchen in meiner neuen Klasse hieß Suzanne und ich mochte sie auf Anhieb gerne. Sie war sehr hübsch und das älteste von drei Kindern. Ihre Mutter kam aus Deutschland und ihr Vater aus Holland. Die Familie wohnte auch in unserer neuen Wohngegend auf der anderen Seite des Naturschutzgebietes hinter unserem Haus, in der Durham Street.

Eines Tages im Juni war ich mit meiner Mutter gerade vom Einkaufen zurückgekommen. Wir luden die Sachen aus dem Auto, als wir ein Mädchen dastehen sahen, das so aussah, als wäre es so alt wie ich. Meine Mutter sagte, ich solle hingehen und mich mit ihr unterhalten. Ich war aber zu schüchtern, um einfach jemanden anzusprechen. Meine Mutter sprach das Mädchen also für mich an und fragte sie, wie sie hieße und wie alt sie sei. Sie hieß Shelli, war auch neun Jahre alt und wohnte in einem der neuen Häuser zwei Straßen weiter. Shelli kam auf Einladung meiner Mutter einfach mit in unser Haus zum Spielen und so bekam ich noch eine Freundin in der neuen Wohngegend. Die Familie waren Amerikaner und wohnten in der Dolphin Court. Ihr Vater war in der Forschung tätig. Shelli hatte drei Brüder, einer von ihnen ging auch mit Carin in dieselbe Klasse. Bis zu den Sommerferien, nur einige Monate nach unserem Umzug, hatte ich bereits fünf neue Freundinnen. Wir sechs Mädchen trafen uns oft und unternahmen viel miteinander. Zum ersten Mal hatte ich einen eigenen Freundeskreis, was mir sehr gut gefiel. Und zwei von ihnen waren sehr nette Amerikanerinnen, also konnte ich meine Vorurteile gegen dieses Volk endlich ablegen.

Mein erstes Zeugnis von der neuen Schule in Oakville war aber nicht sehr gut. In fast allen Fächern hatte ich es lediglich geschafft, mit „satisfactory", also zufriedenstellend, was einem deutschen Dreier entspricht, bewertet zu werden und es wurde bemerkt, dass ich einiges vom Unterricht verpasst hätte und vor allem im Fach „reading", Lesen, langsam wäre. Mir schien hier das schulische Niveau höher zu sein als ich es gewohnt war. Carin war wie gewohnt in allen Fächern auf Eins, wie konnte es auch anders sein!

In diesem Sommer 1974 wurde ich zehn Jahre alt, worauf ich mich besonders freute, denn es bedeutete für mich, endlich auch ein zweistelliges Alter zu haben anstatt nur ein einstelliges. So bildete ich mir zumindest ein, würde ich meinen Schwestern immer ein Stückchen näher kommen und immer weniger „die Kleine" sein. Meine liebe Tante Trudel war im Juli zu Besuch bei uns und, wie sie mir heimlich anvertraute, extra zu meinem 10. Geburtstag aus New Jersey gekommen. In der Nacht zu meinem Geburtstag war ich so aufgeregt, dass ich kaum schlafen konnte. Am Morgen war Trudel schon bei mir in meinem Zimmer, um mir zu gratulieren und mir ein Geschenk zu geben. Ich freute mich riesig.

Von meinem Zimmer aus hatte ich ein unruhiges Hin und Her meiner Schwestern mitbekommen. Sie machten irgendetwas ganz Geheimnisvolles im Flur und ich dachte mir, dass sie vielleicht eine Überraschung vorbereiteten. Aber dann kam auch schon meine Mutter zu mir ins Zimmer, um mir zu gratulieren. Was Besseres hätte ich mir nicht wünschen können, als mit den zwei Personen zusammen zu sein, die ich in der ganzen Welt am meisten liebte: Meine Mutter und meine Großtante Trudel! Ich machte mich dann fertig und ging nach unten zum Frühstück. Da ich meinen Schwestern oben noch nicht begegnet war, dachte ich, sie warteten möglicherweise unten auf mich mit ihrer Überraschung. So war es dann auch. Die Überraschung war die, dass sie beide gar nicht da waren. Auf meine Frage hin, wo sie denn wären, antwortete meine Mutter: „Ich habe sie kurz zum Einkaufen geschickt." Sie kamen nach einer Weile zurück, beide mit einem Geburtstagsgeschenk in der Hand. In diesem Augenblick wurde mir klar, dass sie beide meinen Geburtstag vergessen hatten, was mich ziemlich enttäuschte.

Nach den Sommerferien kam ich in die 5. Klasse, Carin in die siebte. Da die Grundschule in Kanada nach der 6. Klasse endete, musste sie auf eine weiterführende Schule wechseln, in die Junior High School. Die Schüler wurden nicht wie in Deutschland nach der Grundschule getrennt, sondern gingen weiterhin auf die Gesamtschule. Die Junior High, also die 7. und 8. Klasse, bereitete auf die High School vor, die von der neunten bis zur dreizehnten Klasse ging. Carin ging in die E. J. James Junior High School wenige Straßen weiter in der Cairncroft Road. Ich blieb ohne meine Schwester zurück in Maple Grove. Mir gefiel es ganz gut, sie nicht dabeizuhaben, als ich in die 5. Klasse kam. Sie hatte immer bessere Noten als ich und mein Vater bekam somit eine Vergleichsmöglichkeit zwischen uns. Mit meinem Ergebnis war er in der Regel nicht zufrieden. Nie war ich so erfolgreich wie sie in der Schule und das führte immer zu Diskussionen zu Hause. Sehr zu meiner Freude war ich sie erst einmal los und hoffte somit mangels direkter Vergleichsmöglichkeiten meinen Vater dann erzählen zu können, dass die Lehrerin zu streng oder der Unterrichtsstoff schwieriger geworden war.

Mit ihren ganzen Begabungen hätte Carin kaum in einer besseren Schule landen können. Im regulären Schulprogramm wurde von allem sehr viel angeboten. Zu den klassischen Fächern wie Englisch, Französisch, Mathematik, Physik und Geographie gab es noch Kunst, Musik, Sport und Hauswirtschaft, was später mein Lieblingsfach werden würde. Zusätzlich zu diesem Angebot gab es einige Arbeitsgemeinschaften in Sport und Musik nach dem Unterricht. Carin entwickelte innerhalb weniger Monaten ein ausgeprägtes Interesse an Musik und begann Querflöte zu spielen. Nach kurzer Zeit war sie bereits im Schulorchester. Ihren raschen Erfolg mit dem neuen Instrument hatte sie zum einen der Unterstützung ihres Musiklehrers, Mr. Mugford, der von seinen Musterschülern liebevoll „Muggy" genannt wurde, zu verdanken. Er gab ihr sowohl Unterricht in einer kleinen Gruppe als auch im Rahmen des Schulorchesters. Sie war zwei bis dreimal die Woche nach dem Schulunterricht noch in der Schule zum Üben und zu Proben. Sie verdankte ihr schnelles Vorankommen aber auch der Tatsache, dass sie zu Hause jeden Tag übte. Obwohl unser Haus sehr groß war, war man vor ihrem neuen Hobby nirgendwo sicher. Man hörte die schönen und die schiefen Töne ihrer Querflöte durch das ganze Haus. Aber Carin war so begeistert von diesem Instrument, dass sie übte und übte und übte. Unsere Mutter als leidenschaftliche Freizeit-Pianistin teilte die Musikbegeisterung mit Carin, so dass sie es auch schaffte, Carin gegenüber den Kommentaren und Beschwerden des Rests der Familie zu verteidigen. Wir anderen, weniger musisch begabten, mussten einfach hinnehmen, dass wir unter einem Dach wohnten mit jemandem, der von der Musik auf einmal wie besessen war.

Möglicherweise haben sich meine Schwester und meine Mutter gegenseitig ermutigt, ihre musikalischen Fähigkeiten zu trainieren. Wir waren es seit dem Kauf des Klaviers in New York gewohnt, dass unsere Mutter regelmäßig Klavier spielte. Es kam bei uns manchmal vor, dass sie mit voller Kraft und Leidenschaft sehr dramatische Stücke der Komponisten Beethoven, Bach, Chopin, Schumann oder Schubert durch ihr Klavier so richtig zum Leben brachte. Man könnte auch sagen, in ihr Klavier hämmerte, aber das richtig gut. Unser Haus war das einzige in meinem Freundeskreis, in dem man manchmal schon in der Auffahrt hören konnte, wie jemand gerade Klavier spielte. Gegen diese Lautstärke konnte nur eine wirklich gute Stereoanlage mithalten.

Wir gewöhnten uns zu Hause auch so langsam daran, dass Carin meistens zum Essen da war, manchmal aber auch nicht, da sie mit ihren zwölf Jahren ihrer musikalischen Leidenschaft nachging. Zudem war sie noch dreimal in der Woche nach der Schule beim Turnen. Eines Tages aber beobachteten wir, wie sie von einem anderen Musikus nach Hause begleitet wurde, und als er ihr ein zärtliches Abschiedsbussi auf die Wange drückte, begannen wir so langsam zu verstehen, woher möglicherweise ihr starkes musikalisches Interesse kam. Ihr Interesse hieß Doug, war ein Jahr älter als sie, groß und blond und spielte Trompete. Jetzt hatten wir etwas, womit wir sie aufhetzen konnten und das taten wir auch.

Eine Zeitlang hatten meine beiden Schwestern, unsere Mutter und ich einmal in der Woche zu Hause Klavierunterricht. Außer unserer Mutter übte aber keiner regelmäßig und so gab es ein Gerangel immer um das Klavier kurz vor Unterrichtsbeginn. Unsere Mutter musste sich irgendwann eingestehen, dass ihre drei Töchter kein sonderliches Interesse daran hatten, ihr Lieblingsinstrument zu erlernen bzw., dass sie inzwischen andere Prioritäten hatten und sie sagte unseren Klavierunterricht zu Hause ab. Sie bat mich aber darum, es doch noch weiter zu versuchen, und so stimmte ich zu, nach downtown Oakville zu einer sehr guten Musikschule weiter zum Unterricht zu gehen. Nachdem ich bereits erfolglos in Mississauga ein Jahr lang Klavierunterricht gehabt hatte, war ich mir sicher, meine Mutter verstand, dass ich keine Begabung hatte für dieses Instrument. Aber sie ließ sich von ihrem Vorhaben, uns rundum zu bilden, was auch das Beherrschen von mindestens einem Musikinstrument mit einbezog, nicht abbringen. So fuhr ich mit dem Bus Woche um Woche in die Stadt hinein mit meinem Klavierheft unter dem Arm in der Hoffnung, mein Musiklehrer wäre erkrankt. Dies war meistens nicht der Fall und wir mussten uns gemeinsam durch eine Unterrichtsstunde quälen. Wen der Unterricht mehr schmerzte, den Lehrer oder mich, kann ich nicht sagen. Jedes Mal waren wir aber beide froh, wenn die Stunde vorbei war. Aber auch die Bemerkung seitens der Musikschule meiner Mutter gegenüber, dass ihre Tochter nicht so begabt sei, ließ sie von ihrem Vorhaben, mich musikalisch ausbilden zu lassen, nicht abbringen. Der Unterricht ging weiter. Die zwei Jahre, in denen ich dort ein und aus ging, waren mit ziemlicher Sicherheit die größte Fehlinvestition meiner Mutter.

Unsere Nachbarn

Eines Tages stand in der Einfahrt unseres Nachbarhauses ein weißer VW-Bus. Da er so gar nicht in unsere Gegend passte, dachten wir dass es sich sicherlich um den Wagen von Handwerkern handele, die dort noch tätig waren. Ein junger Mann war dann auch gelegentlich zu sehen, sehr schlank und groß mit längeren wuscheligen schwarzen Haaren. Er sah eben so aus, wie ein junger Handwerker so aussieht, dachten wir. Eine unserer anderen Nachbarinnen in der Albion Avenue, Frau Francis, erzählte uns, dass das Haus inzwischen verkauft sei. Wir warteten schon mit Spannung darauf, wann die neue Familie dort einziehen würde. Sie sagte uns aber, der neue Eigentümer sei schon eingezogen, ob wir ihn noch nicht gesehen hätten? Nein, bislang hatten wir nur einen Handwerker gesehen, meinten wir. Aber nicht doch, erklärte sie uns: Der junge Mann, den wir gelegentlich sahen, war kein Handwerker, er war Student. Na gut. Wir dachten, dieser Student wird wohl Eltern haben und wir würden sie bald kennen lernen. Eltern hatte er in der Tat, allerdings in Italien. Wie sich herausstellte, war Mario also ohne seine Eltern mit dem Auftrag nach Kanada gekommen, dort ein Haus zu kaufen. Er war sehr nett und wenn er nicht gerade nachts ausprobierte, wie laut er seine Stereoanlage aufdrehen konnte, fiel er auch nicht weiter auf. Ich erinnere mich, dass seine Eltern nach kurzer Zeit auf Besuch da waren. Vermutlich wollten sie nicht nur ihren Sohn sehen, sondern auch das Haus, das er gekauft hatte. Meine Mutter lud sie ein, bei uns vorbeizukommen. Am Ende des Besuchs sagte Marios Mutter zu meiner, wie sehr beruhigt sie nun doch sei, da sie wüsste, Mario hätte so eine nette europäische Familie als Nachbarn. Und sie würde sich jetzt weniger Sorgen machen, da so eine nette Mama nebenan wohne. Meine Mutter kannte die Sorgen um ein Kind in der Ferne. Aber Mario schien inzwischen alt genug zu sein, um seine eigenen Wege zu gehen. Eine Zeitlang war er immer wieder bei uns. Wir hatten ihn alle gern, obwohl man ihn zu Beginn kaum verstehen konnte, da seine englische Aussprache noch sehr italienisch war. Sue und Ed kümmerten sich auch um ihn und wurden Freunde. Ich persönlich fand Mario recht attraktiv und charmant und freute mich daher besonders, wenn er bei uns vorbeischaute.

Unsere Nachbarn auf der anderen Seite des Hauses waren die Morrisons, die ich auch mochte. Die Eltern waren unglaublich gelassen, ähnlich wie die Eltern meiner Freundin Janet. Das gefiel mir auf Anhieb, denn sie schienen mir so stressfrei. Sie rauchten sogar in ihrem Haus, was ich so noch nie erlebt hatte, aber ziemlich lässig fand. Sie hatten einen Sohn in meinem Alter namens Cam. Eigentlich hatten er und ich wenig gemeinsam, aber wir waren nun mal Nachbarn und so besuchten wir einander immer wieder. Cam hatte eine beachtliche Schallplattensammlung und einen eigenen Schallplattenspieler, was ich nicht hatte. So hörten wir in der Regel eine Platte nach der anderen von Donny und Marie Osmond, den Beatles oder Elvis Presley. Wir hatten auch keine Hemmungen ziemlich laut mitzusingen, auch wenn es sich sicherlich nicht so gut anhörte. Cam liebte Musik und es dauerte auch nicht lange, bis er ein eigenes Schlagzeug hatte. Nachdem er ein paar Jahre später sein Interesse daran verlor, kaufte ich es ihm für 50 Can-$ ab und es landete in unserem Keller.

Die Morrisons hatten einen Hund und einen Kater, worum ich sie wirklich beneidete, denn ich durfte ja keine Haustiere haben. Der Kater George und ich verstanden uns auf Anhieb gut. George begrüßte mich schon, wenn ich von der Schule die Straße hoch lief. Mit der Zeit wartete er aber nicht mehr vor seiner Haustür auf mich, sondern zunächst bei uns vor dem Haus und nicht viel später saß er, wenn ich von der Schule kam, direkt vor unserer Haustür. Mir gefiel das sehr gut, denn es war für mich fast so, als hätte ich ein eigenes Haustier. Meinem Vater aber passte es nicht, dass sich der Kater vor unserer Haustür aufhielt und er verbot mir fortan, ihn weiterhin auf unser Grundstück zu lassen. Über dieses Verbot war ich ziemlich fassungslos und ich konnte nicht verstehen, wie mein Vater so gemein mir gegenüber sein konnte. Aber er war es und ich musste George von unserem Grundstück jagen.

In den Osterferien 1975 fuhren die Eltern mit Carin und mir „rüber" nach USA, unserem ehemaligen Heimatland. Die Grenze von Kanada nach USA war nur eine Stunde von unserem Wohnort entfernt. Es handelte sich nicht um irgendeine Grenze, sondern um die an den Niagarafällen, was ich ganz besonders fand. Wir hatten vor, Trudel und Alex in New Jersey zu besuchen und danach nach Washington zu fahren. Carin hatte sich diese Reise ausgesucht und gewünscht. Aus ihrer Sicht war es für unsere Allgemeinbildung sehr wichtig, die Hauptstadt der USA einmal besucht zu haben, was natürlich richtig war, also taten wir das. Sie hatte damals in ihrem Zimmer die Jugendausgabe der Encyclopedia Britanica, einem Lexikon mit Informationen verteilt auf etwa zwanzig dicke schwere Bücher. Es war eben genau das, was so eine Einser-Schülerin in ihrem Zimmer stehen haben musste, damit sie sich auch ja nicht langweilt. Daraus hatte sie mit ihren zwölf Jahren die Idee zu dieser Reise bekommen und uns auch noch freundlicherweise darüber informiert, was wir dort alles sehen müssten.

Das Kapitol, Claudia

Das Weiße Haus, Claudia,
Magda, Carin.

Wir fuhren zum Teil längere Strecken, was für uns als bewegungsgewohnte Kinder nicht einfach war. Mein Vater bekam also von uns die Anweisung, immer dort zu parken, wo es eine Wiese gab oder sonst eine Möglichkeit, damit wir uns nach längerem Sitzen austoben konnten. Dies tat er auch, als wir in Washington D.C. ankamen. Er parkte und wir stiegen aus, gingen über den Rasen und machten Handstand und schlugen Räder und vergnügten uns bestens. Unsere Eltern waren auch sehr amüsiert und unser Vater fotografierte uns, was uns auch Spaß machte. Dann sagte er: „Mädels, ihr turnt gerade auf der Rasenfläche vor dem Kapitol." Es war uns nicht einmal aufgefallen, dass wir dort angekommen waren! Wir hatten nur Augen für die Wiese. Wir fragten, ob wir das, was wir gerade machten, überhaupt dürften. Unser Vater war recht gelassen und meinte, dass, wenn unser Turnen irgendjemanden stören würde, sie schon herkommen würden, um es uns zu sagen. Aber es kam niemand und so machten wir weiter.

Religion und Freizeitbeschäftigungen

Im Frühjahr 1975 teilte mir meine Freundin Shelli mit, dass sie mit dem Reiten angefangen habe. Ihre Mutter hatte sie zu einem Bauernhof gefahren und dort konnte man sich auf ein ziemlich altes Pferd setzen und einfach losreiten. Gut, dachte ich, das möchte ich auch probieren. Wir waren zehn Jahre alt, als wir es bereits schafften, abwechselnd unsere Mütter immer wieder zu überreden, uns zu den Pferden zu fahren. Das erste Mal musste ich mir noch in einem abgezäunten Bereich das Reiten erklären lassen. Danach wollte ich aber mit Shelli raus ins Feld. Ich konnte zwar noch nicht richtig reiten, aber das war mir egal. Wir wurden meistens zu Beginn des Ausreitens von jemand angeführt und sollten ihm dann auf dem Reitweg folgen. Das klappte dann auch schon ohne weiteren Unterricht. Für das Ausreiten bezahlten wir für etwa eine Stunde einen Dollar.

Unser Haus hatte mit dem relativ großen Garten und dem Schwimmbad nicht nur Freude und Entspannung mit sich gebracht, sondern auch Arbeit, denn es musste alles gepflegt werden. Also wurde kurzerhand beschlossen, dass Carin und ich mit unseren zehn und zwölf Jahren für Garten und Schwimmbad zuständig seien. Unserer Mutter war es wichtig, dass wir nicht den Komfort zu Füßen gelegt bekamen, sondern auch unseren Beitrag dazu leisteten, um so die Sachen besser schätzen zu können. Sie wollte nicht, dass wir zu sehr verwöhnt wurden, denn sie konnte verwöhnte Kinder nicht sonderlich leiden. Zudem war sie der Meinung, dass das Tragen von Verantwortung die Kinder reifer und vernünftiger macht. Ich fand, sie hatte Recht in ihrer ganzen Argumentation. Einerseits war es gut, eine richtige Aufgabe und somit auch eine Verantwortung zu bekommen, denn so fühlte ich mich tatsächlich reifer und auch ein bisschen ernster genommen. Andererseits waren unsere Aufgaben ziemlich anstrengend, denn sie waren mit richtiger körperlicher Arbeit verbunden, was uns im ersten Jahr noch schwer fiel. Wir haben uns aber gegenseitig geholfen und selbst beigebracht, wie man Rasen mäht und wie man ein Schwimmbad sauber macht. Alles ging ohne Anweisung und die Vorgehensweise wurde durch Versuch und Irrtum entwickelt. Die Außenpflege wurde zu unserer Samstagsaufgabe. Nach wenigen Wochen beschlossen wir, dass unsere Arbeit auch entlohnt werden müsste und traten mit Forderungen an unseren Vater heran. Er hörte sich unser Anliegen an und stimmte unseren Forderungen zu. Carin und ich teilten die Arbeit so auf, dass jeder eine feste Aufgabe hatte und es sofort erkennbar war, wer seine Aufgabe erledigt hatte und sich somit seinen Lohn holen konnte und wer nicht. Meine Schwester hatte für sich beschlossen, dass sie sich um den Pool kümmern würde. Ich durfte mich um den Rasen kümmern, mähen und den Garten pflegen. Somit hatte ich nach meinem Hundeausführjob in

Mississauga schon meinen nächsten Job. Nach erledigter Arbeit bekamen wir im ersten Jahr in unserem neuen Haus jedes Mal 50 Cents. Nach zwei Wochen konnte ich mir schon meine Reitstunde leisten.

Unser Vater nutzte das Schwimmbad fast jeden Morgen für seinen Frühsport. Er stand auf, ging schwimmen, machte sich dann fertig und ging zur Arbeit. Das machte er nicht nur den ganzen Sommer und Herbst, sondern sehr zu unserem Staunen auch im Frühjahr, obwohl es morgens noch so bitter kalt war, dass es über dem Schwimmbad dampfte. Er lief im Bademantel durch den Garten, sobald die Winterplane weg und das Bad einigermaßen aufgewärmt war und sprang ohne irgendwelches Zögern ins Wasser. Im Sommer kam er nach der Arbeit nach Hause, zog seine Badehose an und ging erst einmal eine Runde Schwimmen, bevor er sich zum Abendessen fertig machte. Ganz schön praktisch, so ein eigenes Schwimmbad!

Carin hatte ein bereits entwickeltes Interesse an der Bibel und wünschte sich mit etwa 11 Jahren sogar eine eigene als Weihnachtsgeschenk, die sie dann auch bekam. So hatte sie in der Beziehung zu Doug ein weiteres gemeinsames Interesse. Seine Familie waren gläubige Christen und gingen meistens sonntags in eine baptistische Kirche in Oakville. Doug ging zusätzlich in eine Kirche nach Mississauga, die sich „Re-Organised Church of Jesus Christ and Latter Day Saints", kurz „RLDS" nannte. RLDS hatte ein aktives Programm für Jugendliche zu bieten, was die Kirche damals wahrscheinlich anziehend für viele junge Leute machte. Und es funktionierte. Zum Bibelunterricht, den es ja in Kanada nicht in der Schule gibt wie in Deutschland, ging Doug in Oakville in einer baptistischen Kirche. Carin fing an, ihn sowohl zu RLDS als auch dorthin zu begleiten und irgendwann schloss auch ich mich gelegentlich an. Die Menschen dort waren alle sehr nett und der Unterricht interessant. Meine Mutter begrüßte den Bibelunterricht und unterstützte uns in unserem Interesse. Inzwischen las Carin jeden Abend in ihrer Bibel. Es dauerte nicht lange, bis sie anfing Diskussionen über das frisch gelernte Wort aus der Bibel zu führen. Stark beeinflusst durch beide Kirchen, aber etwas radikaler durch RLDS, begann sie in dieser Zeit eine eigene Vorstellung davon zu entwickeln, was gut und was schlecht sei. Sie machte sich relativ schnell ein Bild darüber, was die Menschen tun und lassen sollten. Für sie wurde Alkohol zu etwas Schrecklichem und sie kritisierte selbst unsere Eltern, wenn sie Alkohol tranken. Sie fing sogar an, bei einigen Situationen aus der Bibel zu zitieren. Sie wurde zunehmend geradlinig und streng in ihren Ansichten. Man musste sie immer wieder von ihrer Idealwelt zurückholen in die reale Welt, heraus aus ihrem etwas zum Fanatismus werdenden Glauben. Sie war in dieser Zeit ziemlich anstrengend für die anderen Familienmitglieder. Ich dagegen hatte für mich die Zehn Gebote entdeckt und war davon begeistert. Diese fand ich gut und logisch und versuchte im Alltag danach zu leben, was allerdings nicht so leicht war, wie ich es mir vorstellte. Ansonsten war ich nicht so sehr beeinflusst oder radikalisiert wie sie.

Meine Schwester war aber nicht nur anstrengend, sie hatte auch gute Ideen. In dieser Zeit begann sie, unsere Eltern zu bearbeiten, dass wir Segelunterricht bräuchten. Schließlich wohnten wir nur wenige Minuten vom Ontariosee entfernt und so lag eine gewisse Logik in ihrer Argumentation, dass man da schon segeln lernen könnte. So machten wir uns mal auf dem Weg zum Oakville Club. Mein Vater erkundigte sich nach Möglichkeiten für uns als Familie, dort Mitglied zu werden. Nach längerer Abwägung kamen unsere Eltern zu dem Schluss, dass wir gar keine Zeit hätten zum Segeln und auch nicht für einen Klub. Unser Vater arbeitete und reiste des Öfteren, spielte nebenbei Golf und war bereits Mitglied in einem Golfklub. Wenn er mal nicht bei der Arbeit oder beim Golf war, war er gerne zu Hause. So blieb unserer Mutter nur die Wahl, ohne ihren Ehemann mit uns Mädchen Mitglied im Oakville Club zu werden und sie entschloss sich dagegen. Ihre Argumentation war, dass wir uns als Familie dann überhaupt nicht mehr sehen würden. Sue war meistens mit Ed zusammen, ich war meistens zum Reiten und unser Vater meistens zum Golfspielen in seiner Freizeit. Carin hatte eine Menge Interessen, die Musik, das Turnen und ihre Kirchen. Wozu, fragte sie, hatten wir denn überhaupt ein schönes Zuhause, wenn da kaum jemand drin sei? Irgendwie hatte sie recht, da war wirklich nicht viel Zeit übrig für noch irgendetwas wie Segeln und es wäre auch tatsächlich schade um das schöne Haus gewesen, wenn wir noch weniger Zeit dort verbracht hätten.

Nach der 5. Klasse hatte ich ein rundum gutes Zeugnis und es gab keinen Anlass zur Beschwerde. Ich hatte eine sehr nette Lehrerin gehabt, Miss Pattison, und sie hatte es geschafft, mich in allen Fächern auf Vordermann zu bringen. Miss Pattison war ziemlich souverän. Sie hatte sogar bei uns Yoga mit in das Unterrichtsprogramm eingebaut. Sie war auch die erste Lehrerin, die feststellte, dass ich gar nicht richtig lesen konnte, sondern mehr schummelte als las. Die Texte hatte ich bis zu diesem Zeitpunkt auswendig gelernt und wiederholte, aus meiner Erinnerung und mit Hilfe der Abbildungen, was auf den jeweiligen Seiten stand, anstatt richtig zu lesen. Sie schob meinem Schummeln einen Riegel vor, indem sie mir eigene Texte ohne Bilder gab. Die Geschichten musste ich lesen und ihr darüber berichten. Das tat sie aber auf einer so netten Art und Weise, dass ich mich weder bestraft noch ausgegrenzt fühlte. Ich verstand, dass sie mir helfen wollte, meine Schwäche zu meistern. Das ist uns auch recht gut gelungen. So konnte ich entspannt in die Sommerferien gehen.

Zu Beginn der Sommerferien fuhr ich mit meiner Freundin Shelli und ihrer Familie „up north". Sie hatten ein kleines Wochenendhaus, ein sogenanntes „cottage" an einem See etwa 2 Stunden nördlich von Toronto in einem Ort namens Katrine, nahe Huntsville, wo sie regelmäßig hinfuhren. Shelli fragte mich, ob ich nicht auch mal mitfahren wolle. Sie hatte drei Brüder und wollte auch mal eine Freundin mitnehmen, damit sie nicht immer nur Jungs um sich herum ertragen musste. Das „Cottage-Programm" mit Wasserski fahren, Schwimmen im See, Angeln und Lagerfeuer machen, hörte sich sehr spannend an und da Shelli meine beste Freundin war, fuhr ich für zehn Tage mit. Die einzigen Bedenken, die ich hatte, waren, dass ich meine Mutter vermissen würde. Nach wie vor war ich gerne in ihrer Nähe und hatte auch öfter Verlustängste, wenn ich nicht bei ihr sein konnte, was mit ziemlicher Sicherheit mit den vielen längeren Trennungen in meiner Kindheit zu tun hatte. Meine Mutter sagte mir, dass ich nun 10 Jahre alt sei und es schon schaffen würde, 10 Tage ohne sie auszukommen. Das musste ich einsehen, also fuhr ich mit.

Das Wochenendhaus hatte zwar ein Telefon, aber es war eine sogenannte „party-line", was bedeutet, dass mehrere Häuser sich dieselbe Leitung teilen. Man wusste also nicht, ob jemand anderes auch in der Leitung war und möglicherweise zuhörte. Ich wollte aber immer wieder ungestört mit meiner Mutter sprechen und so rief ich sie aus einer Telefonzelle im Ort an, wenn wir zum Einkaufen fuhren. Anfangs weinte ich noch beim Telefonieren, weil ich sie so sehr vermisste. Meine Mutter und ich waren beide überrascht, wie schwer es mir fiel, von ihr getrennt zu sein. Die Mutter von Shelli hatte aber Verständnis und große Geduld mit mir, auch als ich dann plötzlich mit Magenschmerzen erkrankte. Nach wenigen Tagen war ich wieder auf den Beinen. Ausgerechnet an diesem Tag war ich in der Küche, als der Vater von Shelli nach dem Angeln einen Fisch präparierte. Er war ganz in seine Aufgabe vertieft, fragte mich, ob es wieder ginge und holte einen der geangelten Fische hervor. Diesen wunderschönen Fisch schaute ich mir an, die Farben auf seiner Hautoberfläche, ich schaute die Augen des Fisches an und beobachtete, wie er nach Luft schnappte. Er war sehr schön und ich dachte, dass wir ihn doch lieber zurück ins Wasser werfen sollten. Gerade fing ich an, mit dem Vater von Shelli darüber zu reden, als er in derselben Sekunde den Arm hochhob und dem Fisch mit einem Holzhammer kräftig auf den Kopf schlug, um ihn zu betäuben. Dann fragte er: „Was wolltest Du sagen?" Der ganze Fisch zuckte und wackelte. Es war schrecklich. Ich war so erschrocken, denn ich wollte doch gerade vorschlagen, diesen Fisch wieder ins Wasser zu werfen, aber jetzt war es zu spät, also antwortete ich einfach: „Nichts". Danach wollte ich keinen Fisch mehr essen. Sicherlich war es der Sinn des Angelns, einen Fisch zu fangen, den man auch essen sollte. Aber da ich diesen Fisch ins Herz geschlossen hatte, wollte ich weder ihn noch seine Freunde essen. Von diesem Zwischenfall abgesehen, hatte ich aber viel Spaß in der Natur und dachte mir, dass es toll wäre, wenn wir auch so ein Cottage hätten. Aber meine Eltern waren nicht für das raue Leben, sondern eher für das Feine, also brauchte ich ihnen meine Idee -auch ein Cottage zu kaufen- erst gar nicht zu unterbreiten.

Besuch in Deutschland, Urlaub in Österreich

Im Sommer 1975 flogen wir wieder einmal nach Deutschland. Wir sollten einen weiteren Verwandtschaftsbesuch in der Heimat unserer Eltern machen. Wir Kinder hatten durch die vielen und schönen Jahre in Kanada gänzlich das Interesse an Deutschland verloren und nichts zog uns mehr dorthin. Carin und ich hätten gerne auf die Reise verzichtet, denn im Herzen waren wir schon lange Kanadierinnen und gehörten inzwischen zu Oakville. Mit Deutschland hatten wir fast gar nichts mehr zu tun und uns fehlte es nicht. Wir wollten wie die meisten unserer Freunde den Sommer zu Hause verbringen und sahen keinen Grund, warum wir immer wieder zu unseren Verwandten fliegen sollten. Warum sie nicht zu uns kommen konnten, wenn es ihnen doch so wichtig war, uns zu sehen, konnten wir nicht verstehen. Wenn die sich auf den Weg zu uns machen würden, müssten wir nicht den ganzen Sommer lang auf unsere Freunde und unsere Interessen verzichten. Aber unsere Eltern hatten das Bedürfnis, in ihre Heimat zu reisen, was ich nachvollziehen konnte. Sie wollten „nach Hause" und auch ihre Eltern sehen. Meine Mutter war nicht zu überzeugen, ohne uns zu gehen. So legte unser Vater seine Geschäftsreise zur Bosch-Zentrale in Stuttgart in die Sommerferien, damit unsere Mutter und wir Kinder den „Heimatbesuch" gemeinsam machen konnten und wir geschlossen als Familie bei der Verwandtschaft antreten konnten. Vom Arbeitgeber meines Vaters wurde jedes zweite Jahr eine „Heimatreise" für die ganze Familie bezahlt. Dadurch hatten wir kein wirklich gutes Argument meiner Mutter gegenüber, auf uns zu verzichten. Wir mussten mit.

Wir hatten zu Hause wirklich alles, was man sich wünschen konnte, wir wollten nicht mal wegfahren. Vor allem wollten wir nicht irgendwo hinfahren, wo uns wesentlich weniger geboten wurde als zu Hause. Gegen unser frohes und abwechslungsreiches Leben in Oakville war das einfache Leben, wie es vor allem unsere Großeltern führten, in einem kleinen Ort wie Heubach mit wenige tausend Einwohner und in einer ländlichen Gegend für uns völlig uninteressant. Dort hatten wir keine Schulfreunde, kein eigenes Schwimmbad, keinen See, kein abwechslungsreiches Freizeit-Programm, wir hatten dort nichts als unsere Verwandtschaft. Und die sprachen zudem alle noch Deutsch! Und wir verstanden sie fast gar nicht. Gemeinsamkeiten waren für uns auch nicht zu erkennen. Aber genau das war das Argument unserer Mutter, weshalb wir mitfahren mussten: Um die Verbindung zu unseren Wurzeln zu pflegen. Unsere Wurzeln? Ihre Wurzeln! Ihr Problem, fand ich. Dieses für uns grau erscheinende Leben in einem für unsere Begriffe eintönigem und kleinen Ort empfanden Carin und ich als kein gewinnbringendes Erlebnis. „Verwandtschaften kucken" nannten wir das ständige Kaffeetrinken reihum bei allen Tanten und sonstigen Personen, mit denen wir verwandt waren oder auch nicht, was wir schon als kleine Kinder gehasst hatten! Wir hatten weder das Alter noch die Reife und das Einfühlungsvermögen, die emotionalen Bindungen unserer Eltern zu diesen Personen und zu diesem auf uns altmodisch wirkenden Ort zu verstehen. Abgesehen davon wäre es doch mal eine gute Idee gewesen in irgendein für uns fremdes Land zu fliegen, um uns eine Abwechslung zu ermöglichen, unsere Allgemeinbildung zu fördern oder unsere Horizonte zu erweitern! Oder es wäre auch schön gewesen einfach nur mal als Familie einen schönen, faulen Sonne- und Strandurlaub zu machen, gemeinsame Erholung und Spaß! Es wäre doch naheliegend gewesen, mal nach Mexiko in den Urlaub zu fliegen. Aber das taten wir nicht.

Für Sue waren diese Reisen in den Heimatort unserer Eltern teilweise auch eine Reise in ihre Heimat. Sie hatte in ihrem Leben immer wieder dort Station gemacht und war mit unseren Großeltern und mit dem Ort verbunden. Möglicherweise gab es Orte oder Gegenden in Deutschland, wie zum Beispiel die Nordsee, die Berge oder Berlin, die uns ein interessanteres Bild von Deutschland gezeigt hätten, aber diese Orte besuchten wir nicht. Wir reisten immer an dasselbe Ziel, an einen Ort, an dem wir wenig emotionale Bindung hatten und zudem nicht viel erlebten. Der streng protestantisch-puritanische Tagesablauf bei den Großeltern mit Tischgebet, Bescheidenheit und Dankbarkeit wirkte auf uns eher bedrückend und wir konnten diese ganze Demutshaltung ganz und gar nicht nachempfinden. Wir kannten keine schlechten Zeiten, keinen Krieg und keine Not. Wie sollten wir die Dankbarkeit für tägliches Brot fühlen, wenn wir immerzu aus dem Vollen geschöpft hatten? Wir kannten die Hungersnot nicht und hatten kein wirkliches Einfühlungsvermögen für das überstandene Leid unserer Großeltern.

Um unserer Langeweile bei den Großeltern entgegenzuwirken, hörten wir dort stundenlang Platten der Beatles, die damals in Deutschland der Renner waren. Die englischen Texte bedeuteten für uns ein Stück Heimat und die Musik war für uns zwar nicht mehr so modern, aber besser als das, was sonst damals dort gehört wurde. Die Musikmode in Deutschland und die deutschen Texte fanden wir schlichtweg furchtbar! Aber selbst das Hören von moderner Musik schien etwas Anstößiges für unsere Oma zu sein. Es war nicht einfach für uns, soviel Frömmigkeit zu ertragen, weil wir doch gelernt hatten, das Leben zu genießen.

Die Monotonie in Heubach wurde in diesem Sommer durch zehn Tage Urlaub in Österreich unterbrochen. Wir fuhren mit einem Leihwagen an den Wörthersee in Kärnten im Süden Österreichs. Ich erinnere mich an die lange, lange Fahrt im Auto, denn es war Sommer und heiß und ich musste wie immer hinten zwischen meinen Schwestern sitzen und zudem hatte das Auto keine Klimaanlage. Also war die Fahrt für mich eng, heiß und unbequem. Zu meinem Glück reisten wir auch ein Stückweit mit dem Autozug, was ich viel bequemer fand als nur auf der Autobahn zu fahren. Wenn man nicht gerade durch einen kilometerlangen Tunnel durch einen Berg fuhr, hatte man eine fantastische Sicht auf die Berge. Kurz vor unserem Ziel hatte ich keine Lust mehr auf diese lange Autofahrt und fragte meinen Vater, warum er nicht einfach schneller fahren würde? Er erklärte mir, dass man Geduld haben müsse, gerade bei einer langen Fahrt. Er meinte, dass man unvorsichtig wird, wenn man bereits länger gefahren ist und es so leichter zu einem Unfall kommen könnte. Er schloss seine Erklärung mit den Worten: „Lieber spät als tot" ab. Als ich gerade überlegte, ob er nicht etwas dramatisierte, kamen wir in einen langen Stau. Und tatsächlich hatte es einen entsetzlichen Unfall gegeben. Als wir die Stelle passierten, sahen wir, wie ein Familienwagen und der anhängende Wohnwagen kopfüber in einer Wiese lagen. Ich begriff nun, was mein Vater mir soeben erklärt hatte und habe seinen Spruch „Lieber spät als tot" zu einem meiner Leitsprüche gemacht.

In unserem Zielort Velden am Wörthersee angekommen, sahen wir unser Hotel und waren erst mal sprachlos. Es handelte sich um kein gewöhnliches Hotel, sondern um das etwa um 1600 gebaute „Schloss Velden am Wörthersee". Das wunderschöne Schloss in seinem warmen und freundlichen Gelb und mit dunkelgrünen Fensterläden, war trotz seiner beeindruckenden Größe sehr einladend. Im Innenhof gab es üppig angelegte Blumenbete. Das Schloss lag direkt am Wörthersee, nur durch eine Straße vom See getrennt. Ich konnte es kaum fassen, dass wir in einem echten Schloss wohnen würden. Dementsprechend groß war die Begeisterung nicht nur bei mir, sondern auch bei meinen Schwestern. Da hatten sich unsere Eltern wirklich etwas sehr Besonderes ausgedacht.

Wir Mädchen bekamen ein großes Doppelzimmer und mal wieder ging die Diskussion los, wer in welchem der festen Betten schlafen würde und wer auf dem Beistellbett schlafen musste. Sue verteidigte wie immer ihre Position als Älteste nahezu majestätisch. Es stand natürlich außer Frage, dass sie in einem Beistellbett schlafen würde. Carin übernahm ihre Argumentation für sich selbst; dem Alter entsprechend Vorrang zu haben. Nach dem Motto, ich könne froh sein, überhaupt geboren zu sein, durfte ich, wie immer auf Reisen, auf dem Beistellbett schlafen. Unsere Eltern hatten sich den Luxus und den Spaß gegönnt, in einem der sechseckigen Turmzimmer zu wohnen. So etwas hatten wir nie zuvor gesehen! Ein sechseckiges Zimmer, das von innen rund wirkte. Wir waren alle restlos begeistert und mein Vater sehr glücklich darüber, dass er sich seinen Wunsch erfüllte, in einem Turmzimmer zu übernachten.

Der Urlaub war fantastisch. Wir badeten jeden Tag im See, der sehr zu unserer Überraschung warm war und nahmen dort auch Wasserskiunterricht. Der Ort Velden selber war bilderbuchschön und wir schlenderten nach dem Mittagessen und vor dem Kaffee gerne durch die kleinen Geschäfte und suchten nach Sachen, die wir meinten, unbedingt zu brauchen. Die Österreicher empfand ich im Unterschied zu den Deutschen als sehr freundlich und herzenswarme Menschen, die auch Kinder mochten. Was für eine angenehme Abwechslung das war!

Nach dem Abendessen saßen wir auf der Terrasse direkt am See zusammen mit den anderen Hotelgästen und ließen den Abend ausklingen. An einem dieser Abende sprach uns ein junger Mann an, der am Nebentisch saß. Unverkennbar an seiner englischen Aussprache wussten wir, dass er auch aus Nordamerika kam. Der junge Mann, etwa im selben Alter wie Sue, erzählte, dass er aus New York komme und mit seinem Rucksack eine Reise durch Europa mache. Er fragte, ob er sich ein bisschen an unsere Familie anschließen dürfe, da er sonst niemanden habe, mit dem er Englisch sprechen könne. Da Joshua sich zu benehmen wusste und zudem sympathisch war, schlossen meine Eltern ihn in unsere Familie mit ein. Sue war besonders froh darüber, sich mit einem etwa Gleichaltrigen auf Englisch unterhalten zu können, anstatt sich weiterhin mit uns „Kleinen" abgeben zu müssen.

Es war eine wunderschön entspannte und für die Erwachsenen wahrscheinlich romantische Stimmung abends am See. Zur Unterhaltung spielte eine kleine Band, der es auch tatsächlich gelang, uns zum Singen und zum Tanzen zu animieren. Der Hit des Sommers war in diesem Jahr „La Paloma Blanca".

Dieses Lied wurde mehrmals am Abend gespielt und unser Vater sang gerne lauthals mit. Es wurde zu seinem Lieblingslied und er sang fortan, sehr zu meinem Leidwesen, immer und überall, wenn es ihm danach war, dieses Lied, das alle anderen Mitbringsel aus diesem Urlaub überdauern würde. Aber das Lied gefiel nicht nur unserem Vater, sondern auch Carin. Wieder zu Hause angekommen würde sie lernen, es auf der Querflöte zu spielten. Noch ein Mitbringsel aus dem Urlaub war unsere Freundschaft zu Joshua, dem netten jungen Mann mit den guten Manieren. Im selben Sommer noch bekamen wir von ihm und seiner Mutter, die eine Reise durch Ontario machten, Besuch.

Nach den Sommerferien kam ich im Herbst 1975 mit elf Jahren in die 6. Klasse. Das war für mich ein tolles Gefühl, denn unsere Schule ging bis zur sechsten Klasse und somit waren wir, die Kinder der 6. Klasse, nun die Großen in der Schule. Wir bekamen eine neue Klassenlehrerin, mit der ich von Anfang an leider nicht zurechtkam, und somit wurde meine Hochstimmung wieder gedrückt. Dieser Lehrerin waren Dinge wichtig, die mir nicht wichtig waren. Sie gab uns meiner Meinung nach zu viele Hausaufgaben und ich erledigte sie meistens auch nicht. In diesem Jahr hatten wir Französisch Unterricht bekommen, was mir sehr gut gefiel zum einen, weil ich die Sprache gerne lernen wollte. Zum anderen aber darum, weil wir diesen Unterricht bei einer andere Lehrerin hatten, als unserer Klassenlehrerin, worum ich sehr dankbar war. In Kanada besann man sich zu dieser Zeit darauf, dass man doch zwei offizielle Sprachen hatte. So wurde beschlossen, dass die Kinder fortan bereits ab der ersten Klasse die jeweils andere Sprache lernen sollten, anstatt diese erst ab der 9. Klasse als Wahlfach anzubieten.

An der Maple Grove School fand einmal im Monat freitags von 18 bis 21 Uhr ein Tanzabend statt für Schüler der 6. bis 8. Klasse, also auch für die der naheliegenden Junior High School. Für uns jüngere Kinder war es eine aufregende und gleichzeitig zum Teil peinliche Angelegenheit, dort hin zu gehen. Viele Schüler der 6. bis 8. Klasse waren dabei und somit füllte sich die Turnhalle. Man machte seine ersten Tanzversuche, also vor seinen ganzen Klassenkameraden. Natürlich riskierte man dabei auch mal zum Objekt des Spotts zu werden. Dann hätte man sich wahrscheinlich nicht mehr so schnell getraut sich auf die Tanzfläche zu bewegen. Nicht nur die Jungs trauten sich, die Mädchen zu einem gemeinsamen Tanz aufzufordern. Wir Mädchen fragten auch die Jungs, ob sie mit uns tanzen wollten. So bestand bei der Gleichberechtigung immer noch die Möglichkeit, dass man unaufgefordert zurückblieb. Es war Matt, der erkannte, dass wir Mädels alle Angst davor hatten, als einzige nicht zum Tanzen aufgefordert zu werden. Matt war einen Kopf größer als die meisten von uns und hatte kräftiges blondes Haar, das er etwas länger trug und dadurch ziemlich lässig wirkte. Er hatte ein schönes einladendes Lächeln, dem man kaum widerstehen konnte. Er war ein klassisches Alpha-Männchen, etwas größer, stärker und intelligenter als die anderen Jungs und trotzdem zurückhaltend und freundlich. Alle Mädchen schienen ihn zu mögen oder gar in ihn verknallt zu sein, und die Jungs schauten zu ihm hoch. Und er schien ein natürliches Führungstalent zu haben. Er schlug an unserem ersten Tanzabend vor, dass wir folgendes machen sollten: Jeder Junge von unserer Clique musste jedes Mädchen mindestens ein Mal zum Tanzen auffordern. Die Idee war sehr gut, und alle Jungs folgten seinem Vorschlag. Kein Mädchen wurde ausgelassen und der Abend war für uns alle gerettet, denn wir wurden alle zum Tanzen aufgefordert. Für die Jungs war es auch die ideale Lösung, denn so konnten sie unter diesem Vorwand uns alle auffordern und so konnte ihr kleines Geheimnis bewahrt bleiben, welches der Mädchen sie nun am meisten mochten.

Wenn der Abend vorbei war, getraute sich mancher Junge schon, ein Mädchen zu fragen, ob er sie nach Hause begleiten dürfe. Das war schon recht mutig, vor allem da alle Anderen darüber tuschelten, ob er versuchen würde, sie auf dem Nachhauseweg zu küssen. Mich fragte keiner, da alle wussten, dass ich mit Cam nach Hause lief, denn er wohnte schließlich im Nebenhaus und war auf Wunsch meiner Mutter sozusagen meine sichere Begleitung nach Hause. Aber normalerweise gingen wir, zu Fuß oder auf unseren Fahrrädern, jeder für sich alleine nach Hause, obwohl es meistens bereits dunkel war. Es wurde damals nicht als gefährlich gesehen, wenn wir alleine im Dunkeln unterwegs waren, obwohl wir erst zwischen elf und dreizehn Jahre alt waren. Die Gegend war sicher.

Ab diesem Jahr hatte ich noch das Problem, dass meine Mutter meinte, ich müsste Deutsch lernen. In den Sommerferien wurde ihr bewusst, dass ich kaum noch Deutsch sprechen konnte und zudem wenig verstand. Sie wollte auf keinen Fall, dass ich ihre Sprache nicht beherrschte. Ihrer Ansicht nach, würde ich sonst völlig den Zugang zu ihrer Herkunft verlieren. Sie beklagte sich, dass wir Kinder „nur" noch das kanadische Leben führten und uns sonst für gar nichts mehr interessierten. Das stimmte ja auch! Was interessierte uns, die „alte" Welt, die wir als starr, freudlos und monoton erlebten, wenn wir doch in der „neuen" Welt, im Hier und Jetzt glücklich und zufrieden waren? Aber das war unserer Mutter nicht gut genug und sie betonte fortan: „Wir sind Europäer" und meinte damit wohl, dass uns das dazu verpflichte, unsere Herkunft zu pflegen. Und sie würde es durchsetzten.

Da Deutschunterricht an der Schule nicht angeboten wurde, musste sie eine alternative Lösung für unseren Unterricht suchen, und fand diesen leider auch.

Sie hatte in Toronto eine Schule gefunden, an der samstags Deutsch unterrichtet wurde, wie sie uns siegessicher berichtete. Samstags? Wie bitte? An unserem schulfreien Tag? Wir gingen wie alle Kinder in Kanada montags bis freitags den ganzen Tag in die Schule. Wir hatten sieben Unterrichtsstunden an fünf Tagen, also ein Wochenpensum von 35 Stunden. Das musste doch reichen. Das Wochenende war da, um sich zu erholen und um Spaß zu haben. Wie konnte sie auf die Idee kommen, uns noch zusätzlich zur Schule schicken zu wollen? Aber, obwohl wir es überhaupt nicht einsehen konnten, auch den Samstagvormittag zur Schule zu gehen und das auch noch für eine Sache, die uns nicht interessierte, konnten wir nichts gegen ihren Entschluss, diese Sache durchzuziehen, machen. Sie war von der Richtigkeit und der Notwendigkeit überzeugt, uns ihre Sprache lernen zu lassen.

Wir hatten nicht nur weder Lust auf einen versauten Samstagvormittag noch auf Deutschunterricht, wir hatten auch schlichtweg kein Interesse an Deutschland. Aber das konnten wir unserer Mutter so direkt nun auch nicht sagen, denn sie hing nun mal an ihrem Heimatland. Ein kleines bisschen Interesse mussten wir zumindest vortäuschen. Das Ganze war schwierig für uns Kinder. Und es war das erste Mal, dass ich in einen Interessenskonflikt mit meiner Mutter geriet, was mir sehr unangenehm war. Ich versuchte ihr klar zu machen, dass ihre Herkunft kein Platz in meinem Leben hatte, ohne ihre Gefühle zu sehr zu verletzen. Aber das war mir nicht wirklich gelungen. Und obwohl wir versuchten logische Argumentation anzubringen, weshalb ihre Idee zum Scheitern verurteilt war, siegte sie, und wir mussten uns ihrem Willen beugen. Trotz unserem demonstrierten Widerwillen blieb sie stur und fuhr fast jeden Samstag mit uns in die Stadt. So musste ich im Gegensatz zu meinen Mitschülern nicht nur zwei Fremdsprachen lernen anstatt einer, sondern auch noch am Samstagvormittag in die Schule. Beides fand ich ausgesprochen ungerecht und mein Missmut gegen die Herkunft meiner Eltern wuchs entsprechend. Sicherlich teilten wir das Schicksal vieler Kinder von Zuwanderfamilien, die zwar hier in der neuen Heimat wohnten, deren Eltern sich aber von ihren Herkunftsländern nicht trennen konnten oder wollten und dasselbe von ihren Kindern erwarteten.

Erst hatten wir diesen für uns langweiligen Urlaub im Heimatland unserer Eltern überstanden, nun sollten wir Zusatzunterricht nehmen, um die Sprache dieser Menschen zu lernen. Was waren wir genervt! Damit wir samstags mit ihr nach Toronto zum Unterricht fuhren, musste unsere Mutter uns schon sehr bald bestechen. Sie bot uns öfter an, nach dem Unterricht entweder mit ihr zum Einkaufen nach Mississauga in das Einkaufszentrum „Sherway Gardens" zu fahren oder zum Mittagessen in ein Restaurant zu gehen. Manchmal war unsere Motivation so schlecht, dass beides notwendig war, Mittagessen und shoppen.

Schwimmen, Reiten und Segeln

Unser im Freien stehendes Schwimmbad musste im Spätherbst auf den Winter vorbereitet werden. Hierzu wurde das Wasser zunächst teilweise abgelassen und anschließend das Becken mit einer dicken Plastikplane abgedeckt. Die Plane wurde abschließend ringsum mit großen Steinen beschwert, damit diese auch nicht wegfliegen konnte. Für uns Mädchen waren aber sowohl die Plane als auch die schweren Steine zu schwer zum heben. Das Schwimmbad gehörte zum Bereich Haushalt in der Arbeitsaufteilung meiner Eltern und lag somit im Zuständigkeitsbereich unserer Mutter. Konkret hieß das, dass sie dafür zu sorgen hatte, dass hier alles funktionierte und dabei konnte sie machen, was sie sie für richtig hielt: Selber erledigen, Töchter mobilisieren, Fachpersonal holen und bezahlen oder sonstiges. Unser Vater hatte seine Aufgabe im Geld verdienen, er spielte in der Freizeit Golf und war für solche manuellen Arbeiten in und um das Haus nicht zu haben. Diese wurden öfters von Heinz, einem Angestellten meines Vaters bei Bosch, erledigt. Oder es kamen Handwerker oder Fachkräfte ins Haus. Für diese Aufgabe musste schlichtweg Muskelkraft her. Im ersten Jahr war es Ed, der mit seinen Freunden Jeff, Stefan und Andy diese Arbeit freundlicherweise für uns erledigte. Im Jahr darauf studierten oder arbeiteten sie aber alle und hatten keine Zeit mehr für solche Aufgaben. Unsere Mutter kam auf die Idee Carin zu fragen, ob nicht manche ihrer vielen männlichen Freunde, die sie aus dem Schulorchester, von der Kirche und vom Turnen her hatte, vorbeikommen könnten, um mit anzupacken. Das war eine Idee, die mir sehr gut gefiel! Carin fragte ihre Freunde und es kamen einige, um uns zu helfen. Aus meiner Sicht waren sie die nettesten und schönsten Jungs, die Oakville in dieser Altersklasse zu bieten hatte. Außer Doug und seinem Bruder Brad kamen noch Steve, John, Scott und Richard. Für mich war es eine Parade der schönen Jungs und darum freute ich mich umso mehr, dass sie ihre Hilfe nicht nur einmal anboten, sondern so gerne bei uns waren, dass sie sich bereit erklärten, diese Arbeit auch im Frühjahr, natürlich in umgekehrter Reihenfolge, zu machen. Und so wurde mit der Zeit aus dem Schwimmbad abdecken bzw. wieder aufdecken ein Ritual das mich besonders erfreute. Einer nach dem anderen kamen sie bei uns an um zu helfen, so gut erzogen waren die jungen Männer, und ich konnte sie mir alle aus direkter Nähe in unserem Haus ansehen. Besonders beeindruckte mich dann, wenn sie diese schweren Steine anhoben und man die angespannten Muskeln an ihren Armen sehen konnte, die besonders bei den Jungs, die Geräteturnen machten, gut ausgeprägt waren. Leider aber durfte ich mich nicht draußen bei den Jungs aufhalten, denn ich musste meiner Mutter in der Küche dabei helfen, etwas für unsere Helfer zum Essen und Trinken vorzubereiten. Also starrte ich von der Ferne durch das Küchenfenster die wunderschönen jungen Männer an!

In einem Jahr dachten sich die Jungs, dass sie doch noch zum Saisonabschluss Ende Oktober, nochmals ins Wasser springen müssten. Das taten sie dann auch, allerdings bekleidet. Ein Turner unter unseren Helfern, Scott, nahm elegant Anlauf und sprang per Salto ins Wasser. Die Anderen machten es ihm so gut es ging nach. Das ganzen war zum Brüllen komisch und die Jungs hatten mächtig Spaß. Die Stimmung war so gut und ansteckend, dass unsere Mutter, die sonst so förmlich und zudem nicht sehr sportlich war, sich mitreißen ließ und ebenso voll gekleidet ins Wasser sprang! Da waren die Jungs sprachlos. Es war rundum eine Riesengaudi und alle Jungs waren im Frühjahr wieder dabei, als es darum ging, das Schwimmbad wieder abzudecken und die Badesaison zu eröffnen. Nur wollten sie dort anfangen, wo sie aufgehört hatten. Einer sprang voll angezogen in das kurz davor aufgetaute Wasser und initiierte damit eine echte kanadische Mutprobe. Mir war klar, dass ich bei dieser Mutprobe nicht mitmachen wollte. Als hätten sie meine Gedanken gelesen, packten sie mich schon an allen Vieren und warfen mich ins Wasser. Ich bekam einen richtigen Schock und konnte mich in dem eiskalten Wasser kaum bewegen. Meine Mutter schimpfte ordentlich mit den Jungs und befahl ihnen, mich sofort herauszufischen, was sie auch taten. Trotz diesem Zwischenfall wurde das Ereignis zur Tradition. Am Schluss fuhr meine Mutter die durchnässten Jungs auch noch nach Hause! Deren Eltern werden wohl gedacht haben, dass sie alle einen Knall hätten! Und das hatten sie wohl auch.

In meinem Zeugnis stand bezüglich meiner Fähigkeit, die französische Sprache zu lernen, „Excellent", also „Ausgezeichnet" und es wurde mir am Ende der 6. Klasse eine „Above average ability", einer überdurchschnittliche Fähigkeit attestiert. Darauf war ich sehr stolz. Und ich konnte mit erhobenem Haupt meinem Vater diese Bewertung nach Hause bringen.

Im Frühjahr 1976 ging es für Shelli und mich wieder zum Reiten. Wir waren bereits eine gesamte Saison lang geritten und suchten uns nun einen Hof, auf dem man uns alleine ausreiten lassen würde, und wir wurden auch fündig. So ritten wir mit unseren 11 Jahren, ohne jemals richtigen Reitunterricht gehabt zu haben, ohne Helm oder sonstigen Schutz und in der Zeit, als es noch kein Mobiltelefon gab, einfach ins Gelände hinaus. Erstaunlicherweise passierte nie etwas, obwohl wir gerne mit unseren Pferden über offene Felder galoppierten. Das Reiten liebte ich so sehr, dass ich damals einen eigenen Hof mit Pferden haben wollte. Ich ritt leidenschaftlich gerne und war mir sicher, dass dies auch immer so bleiben würde. Bis dahin hatte ich nichts in meinem Leben gehabt, das mir so viel Spaß machte und, dass ich auf Anhieb beherrschte, wie das Reiten. Endlich hatte auch ich eine Begabung.

Meine Freundin Suzanne hatte in der Zwischenzeit auch mit dem Reiten angefangen und, wie meine Mutter mir erzählte, nahm Reitunterricht. Meine Mutter war der Ansicht, dass meine Freundin im Gegensatz zu mir „richtig" reiten lernen würde, nämlich im sogenannten englischen Stil, während ich „nur" im Western-Stil ritt. Damit konnte ich leben, denn mir gefiel es ganz gut, „nur" Western zu reiten, und somit war dieser kleine Versuch meiner Mutter, meinen kanadischen Reit-Stil auch in meinen Augen schlechter zu machen als er war, nutzlos. Und ich blieb beim Western-reiten.

Dann erzählte mir Suzanne, dass sie im Sommer für zwei Wochen zu einer Reitfreizeit gehen würde. Davon war ich sofort begeistert und bekniete meine Mutter, auch dorthin mit zu dürfen. Sie verstand meine Begeisterung fürs Reiten, denn auch sie hatte in Uruguay das Reiten gelernt. Also hatten wir grundsätzlich kein Problem. Es stand aber dennoch wieder ein Thema an. Wir als Europäer, so meine Mutter, sollten eigentlich „richtig" reiten. Ich ahnte schon, wohin diese Diskussion führen würde. Das hieß, anstatt wie ein stolzer Kanadier Western zu reiten, sollte ich doch lieber auf „Englisch", im wahrsten Sinne des Wortes, umsatteln. Sie war gerne bereit, mich zum Reitunterricht bei einem „richtigen" Reitlehrer anzumelden. Da war es schon wieder, das „Europäer-Sein" und wir führten dann doch eine längere Diskussion. Ich konnte an meinem Reit-Stil nichts Abwegiges erkennen und zudem machte es mir richtig Spaß, so zu reiten, wie ich es konnte. Das war ihr aber einfach nicht gut genug. Also beugte ich mich ihrem Willen, und versprach, umzulernen. Ich hatte auch keine Wahl, wenn ich zur Reitfreizeit fahren wollte. Also stimmte ich zu, in Zukunft die feine englische Art des Reitens zu lernen. Dafür durfte ich an der Reitfreizeit teilnehmen, solange ich dort ein auf den englischen Reit-Stil dressiertes Pferd nehmen würde. Abgemacht. Also begann ich noch im Frühjahr mit meinen Reitunterricht im englischen Stil. Das wiederum war für mich aber gar nicht so einfach, wie ich mir das vorstellte. Jetzt musste ich immer gerade sitzen, was ich als absolut unnatürlich empfand. Dieses Reiten und die dazu gehörenden Übungen fand ich schrecklich steif. Am schlimmsten war es aber, als meine Reitlehrerin mir nach wenigen Wochen erklärte, dass es auch einen Damensattel gibt und ich lernen solle, seitwärts auf einem Pferd zu sitzen. Oh Mann, war das ein Härtetest meiner Geduld! Was interessierte mich das Reiten im Damensattel? Beides brauchten echte Cowboys nicht und ich tendierte eher zum Cowboy als zur Dame. Aber gut, meiner Mutter zu Liebe, machte ich das seitwärts sitzen auch mal mit. Und prompt fiel ich hintenüber vom Pferd runter und landete mit dem Kopf oder auch mal mit dem Gesicht im Sandboden, und das nicht nur einmal. Was für ein Glück für mich, dass ich zu diesem Zeitpunkt durch das Geräteturnen ziemlich gelenkig war, was sicherlich dazu beitrug, dass ich mich nicht ernsthaft verletzte.

Das Grundstück auf dem ich trainierte grenzte an das gleiche Naturschutzgebiet wie unser Haus. Das Haus, in dem meine Reitlehrerin wohnte und der dazugehörende Garten, der eher ein Hof war, war fast wie eine kleine Farm. Sie hatten dort Pferde, Hunde, Katzen, Hasen und andere Tiere. Anita ritt ihr Pferd früher auch dort, wo heute unser Wohngebiet war und war über das Neubaugebiet nicht sonderlich begeistert, denn es schränkte ihre Reit-Möglichkeiten ein. Einerseits repräsentierte ich als Bewohnerin eines der neuen Häuser den Niedergang eines Stücks Natur. Andererseits brachte ich ihr als Kundin auch Umsatz. Das hatte ich sofort erkannt und somit war mein schlechtes Gewissen ihr und der Natur gegenüber gemäßigt. Bauprojekte nehmen nicht nur Land weg, sie bringen im Idealfall auch Einkommen für die Umgebung. Und manchmal auch nette Menschen! Auf jeden Fall war es nicht erlaubt, direkt hinter unserem Haus zu reiten, da dort Bäume angepflanzt wurden. Aber einmal tat ich es doch, denn ich wollte meiner Mutter von oben auf dem Pferd über den Gartenzaun schauend zuwinken.

Recht zügig erreichte ich mein Ziel und beherrschte nun auch das Reiten im englischen Stil, was bedeutete, dass ich also doch noch zur Reitfreizeit durfte. Ich war stolz auf mich und sehr glücklich über meinen Erfolg. Am Abreisetag war ich vor Freude so richtig aufgeregt. Ich würde mich in diesem sogenannten „Riding Camp" den ganzen Tag dem Reiten und den stinkenden Pferden widmen können, wie paradiesisch für einen Reit-Narr. Morgens packte ich in großer Eile meine letzten Sachen zusammen und meine Mutter rief schon hoch, dass ich endlich kommen solle, denn wir müssten fahren. Ich schnappte meine Tasche und machte einen sportlichen Sprung Richtung Tür, als ich mit meinem Fuß am Fußpfosten des Betts hängen blieb. Ich spürte einen Knacks in meinem kleinen Zeh und jaulte vor Schmerzen vor mich hin. Die Lage war ernst. Wie unsere Mutter es gewohnt war, packte sie mich ohne Zögern ins Auto und fuhr mich direkt ins Krankenhaus. Die Röntgenaufnahmen zeigten, dass mein Zeh angebrochen war und der Arzt meinte, dass ich wohl besser meine Reitfreizeit absagen sollte. Man machte mir einen Verband, der so groß war, dass ich nicht mehr in meinen Turnschuh hineinpasste.

Wieder zu Hause angekommen, versuchte ich meine Mutter davon zu überzeugen, dass die Verletzung nicht so schlimm sei, wie es aussah, und wir problemlos jetzt losfahren könnten zu meiner Reitfreizeit. Ganz so blind wie sie manchmal auch tat, war meine Mutter aber doch nicht. Sie hatte die Verletzung gesehen und dazu mein schmerzverzerrtes Gesicht, und schon ging meine Reitfreizeit wieder in Verhandlung, bis wir einen Kompromiss schlossen. Ich sollte mich den restlichen Tag ausruhen und im Bett bleiben, und wenn ich am nächsten Tag aufstehen und problemlos herumlaufen könnte, würde sie mich dort hinbringen. Was die Schuhe anbetraf sagte sie: „Schau doch mal bei Deinen Schwestern nach einem größeren Paar Schuhe nach." Das tat ich gerne, denn ich durfte mit ihrer Erlaubnis die Kleiderschränke meiner Schwestern durchstöbern, was sonst verboten war. Im Schrank von Sue wurde ich auch fündig und entschloss mich für die Arbeiterstiefel mit Stahlkappe. Nur anziehen wollte ich sie nicht wirklich, denn schon der Gedanke daran mein Fuß in irgendetwas hineinzudrücken war mir unangenehm. Aber vorerst musste ich es auch nicht, denn ich konnte zuhause bleiben. Im Grunde genommen war ich sehr froh über die verordnete Bettruhe, denn ich hatte wirklich Schmerzen. Aber um nichts in der Welt wollte ich mir meinen Reiturlaub entgehen lassen, das war mir auch sicher. Am selben Abend musste ich ein Fußbad machen, nahm dann meine Medikamente und ging mit der Enttäuschung zu Bett, dass ich noch hier war und nicht in meiner Reitfreizeit.

Am nächsten Morgen spürte ich noch im Bett liegend wie entsetzlich die Schmerzen waren. Ich stand aber auf, ging stracks auf meine Mutter zu und sagte, dass wir jetzt losfahren könnten. Die Schmerzen beim Gehen waren enorm, was ich zu verbergen versuchte. Meine Mutter tat so, als würde sie nicht merken, wie sehr ich litt. Sie wusste, dass ich zum Reiten wollte und so brachte sie mich auch hin, ohne weitere Fragen zu stellen. Ich spielte alles herunter und endlich an meinem Zielort angekommen, war meine Freude so groß, dass die Schmerzen tatsächlich nachließen.

Bedauerlicherweise hatte ich gleich am zweiten Tag einen weiteren Unfall. Dadurch, dass ich morgens meinen Fuß bandagieren musste und auch nicht gut laufen konnte, kam ich überall zu spät an. Auch zum Ausritt. Ich klopfte meinem Pferd einmal sportlich auf den Bauch, damit es die aufgestaute Luft raus ließ, schwang ihm den Sattel drauf, machte ihn fest und ritt den anderen im Galopp hinterher. Dummerweise hatte der Klaps auf den Bauch mein Pferd überhaupt nicht beeindruckt und gänzlich seine Wirkung verfehlt, und es entblähte sich erst im Galopp. Das führte dazu, dass der Sattel locker wurde und ehe ich anhalten konnte rutschte ich schon samt Sattel zur Seite und flog vom Pferd im hohen Bogen runter. Noch ungeschickter als das Runterfallen selbst war die Landung, denn ich schlug meinen Kopf auf irgendetwas Hartes auf und war ziemlich benommen. So lag ich zunächst auf dem Boden. Aber es kamen gleich andere Mädchen an, die mir aufhalfen und mich dazu zwangen, wieder auf mein Pferd zu steigen, obwohl ich in dem Moment an alles andere dachte, aber nicht daran. Sie meinten, ein Reiter muss nach einem Unfall wieder direkt auf sein Pferd steigen, da er es sonst möglicherweise aus lauter Angst vor dem nächsten Unfall nicht mehr schaffen könnte. Sie machten einen kurzen Prozess und schon saß ich auf dem Pferd und wurde zurück begleitet. Eine kurze ärztliche Untersuchung stelle fest, dass ich eine leichte Gehirnerschütterung hatte und mindestens einen Tag im Bett bleiben sollte. Na, klasse dachte ich; noch einen Tag verloren. Wirklich schlimm fand ich das Aufstehen am nächsten Tag, denn ich war in den Schultern und im Nacken ziemlich steif. Eigentlich waren diese zusätzlichen Schmerzen grauenhaft. Ich nahm die Medikamente, die ich zusätzlich bekommen hatte, und machte trotz allem weiter. Aber ich kam mir ziemlich blöd vor, da ich verletzt ankam und mich dann noch mal verletzte. Ich fühlte mich wie ein Wrack. Aber manchmal passieren Unfälle, wenn man einer gefährlichen Sportart nachgeht. Trotz meinem Sturz und den Unannehmlichkeiten mit meinem Fuß hatte ich schließlich doch noch viel Spaß in meiner Reitfreizeit, obwohl ich die erste Hälfte davon mehr verpasst als mitgemacht hatte, und zudem in Arbeiterstiefeln reiten musste.

Claudia 1976, Ferienlager

Am liebsten hätte ich nach dieser Reitfreizeit mein eigenes Pferd gehabt, und so versuchte ich, wieder zu Hause angekommen, meine Eltern davon zu überzeugen. Meine Bemühungen waren aber vergebens. Zu kostspielig, hieß es zuerst, das sei nicht mehr drin. Dann, eine zu große Verantwortung, ich sei noch zu jung. Zuletzt, argumentierte meine Mutter, würde ich nur noch beim Pferd sein und weniger zu Hause. Aha, dachte ich mir, sie will nicht, dass ich noch weniger zu Hause bin und darum ging es. An allen Argumenten war tatsächlich etwas dran, aber das Hauptanliegen war, dass meine Mutter mich nicht gehen lassen wollte, so sehr sie sonst unsere Interessen unterstützte. Ich hatte das starke Gefühl, dass es ihr überhaupt nicht gut tat, dass ihre drei Töchter älter wurden und sie zunehmend weniger brauchten. Zumindest hatte sie den Eindruck, dass wir sie weniger brauchten, da wir immer weniger zu Hause waren. Sie war oft alleine in ihrem großen Traumhaus. Aber wer will das schon, alleine einen Traum genießen? Was mein Pferd anbetraf, musste ich das Vorhaben aufgeben. Also versuchte ich, meine Eltern mit einem kleineren Tier zu einem „Ja" zu bewegen. Schließlich wollte ich schon seit Jahren einen Hund haben und den konnte ich auch zu Hause halten. Zudem wäre ein Hund nicht teuer und auch bedeutend nicht so eine große Verantwortung wie ein Pferd. Aber mein Vater sagte mir, kein Hund und auch keine Katze sollten in unser Haus! Für mich war es sehr frustrierend, immer mit einem „Nein" abgespeist zu werden, was mein Wunsch nach einem eigenen Tier anging. Im Haus keine Tiere, woanders keine Tiere, ja, gab es denn überhaupt irgendeine Möglichkeit? Ich verstand das nicht. Bei Shelli zu Hause schien alles erlaubt zu sein. Sie hatten einen Hund, der uns Kindern allen ans Herz gewachsen war. Ihr Bruder Scott hatte mehrere Tiere in seinem Zimmer, sodass wir von seinem Zoo sprachen. Ich beneidete sie um die Gelassenheit ihrer Eltern in dieser Sache. Nach einem Besuch in einer Tierhandlung, kam ich auf die Idee, mir Hasen anzuschaffen und sie draußen im Garten zu halten. Es war ein gewaltiger Absturz von einem Pferd zum Hund, zur Katze, um nun letztendlich zu einem Hasen. Aber ich wollte mein eigenes Tier und hatte nicht vor, mir von meinem Vater alle Wünsche abschlagen zu lassen. Irgendwann musste er doch mal „Ja" sagen können, oder? Nach zähen Verhandlungen musste er schließlich doch zustimmen und ich sollte wenigstens Hasen halten dürfen. Mein Vater hatte sich dazu den Kommentar nicht verkneifen können: „Die kann man wenigstens essen." Na, toll!

Heinz baute in seiner Freizeit für mich einen ziemlich großen Hasenkäfig. Er war so etwas wie der Hausmeister und die gute Seele bei Bosch und brachte jede Woche auch den Wagen meines Vaters zur Waschanlage. Er war einer von vielen Einwanderern in Kanada, die auch aus Deutschland gekommen waren. Da er aber keine eigene Familie hatte, war er immer sehr dankbar, wenn meine Mutter ihn fragte, ob er etwas für uns erledigen konnte. So konnte er zu uns nach Hause kommen, anstatt alleine bei sich zu sein. Er war einfach froh darüber, Anbindung an eine Familie aus seiner Heimat zu haben. Er schien so unglaublich einsam zu sein und zudem tief im Inneren verletzt. Er sprach nie darüber, was ihn so traurig wirken ließ. Ich kann nur im Nachhinein vermuten, dass es mit Erlebnissen im Krieg zu tun haben könnte. Bei uns war er einfach gerne. Mich beeindruckte, wie einfühlsam meine Mutter ihm und auch anderen Menschen gegenüber war. Sie hatte da keine Hemmungen, sondern nahm die Menschen so, wie sie waren, hörte ihnen zu und versuchte ihnen auch zu helfen. Heinz sagte mir, meine Mutter sei ein ganz besonderer Mensch. Das dachte ich auch. Und Heinz half mir einmal sogar bei meinen Physikhausaufgaben. Es beeindruckte mich sehr, dass er das verstand, was ich lernen sollte. Zudem wurde mir dadurch bewusst, dass mein Vater noch nie mit mir Hausaufgaben gemacht hatte. Als mein maßgeschneiderter Hasenstall fertig war, ging ich zu Anita und holte mir dort zwei Hasen. Endlich hatte auch ich Haustiere, auch wenn sie im Garten wohnten. Es war ein langer Weg und ein bescheidener Sieg, aber ich hatte gesiegt.

Im Juni 1976 wurde in der Stadt Toronto der „Canadian National Tower", kurz, C.N. Tower fertiggebaut. Er war mit seinen 553 Metern damals der höchste freistehende Turm der Welt. Die ganze Gegend war stolz auf die Leistungen der kanadischen Ingenieure und Bauunternehmen, die dieses sagenhafte Werk geschaffen hatten. Man fühlte sich, als sei man ein Teil von diesem Riesenerfolg, und war froh, in dieser wunderbaren Gegend und in diesem Land leben zu können. Die gesamte Stimmung im Land war positiv und ansteckend und man war stolz, Kanadier zu sein, auch wenn man keinen kanadischen Pass hatte. Ein wirtschaftlicher Aufschwung war überall spürbar und dieser Turm war das Symbol dafür. Etwa zur selben Zeit gab es eine Werbekampagne, die, soweit ich mich erinnere, den Minderwertigkeitskomplex dem großen Nachbarn der USA gegenüber helfen sollte, der schlichtweg hieß: „Proud to be Canadian", stolz Kanadier zu sein. Übrigens hört man diesen Slogan heute, etwa 30 Jahre später, dort immer noch, allerdings nicht mehr als Werbekampagne, sondern von den Kanadiern. Im selben Sommer besuchten Carin und ich die Segelschule an der Oakville Yacht Squadron, kurz OYS, um unseren ersten Segelschein zu machen. Unser Vater hatte zugestimmt, dass wir Segeln lernen könnten und sollten, solange er weder ein Boot kaufen noch Mitglied im Yachtklub werden müsse. Da dieser Kurs wesentlich weniger kostete als wir dachten, durften wir mitmachen. Der Kurs ging über vier Wochen, montags bis freitags von 9 Uhr morgens bis 16 Uhr am

Nachmittag. Somit waren wir den ganzen Tag weg von zu Hause, wie auch zur Schulzeit. Eine bessere Beschäftigung für Jugendliche in unserem Alter hätte es kaum geben können. Wir hatten theoretischen Unterricht meistens im Clubhaus, aber manchmal auch draußen. Es gab unendlich viel zu lernen, was zum Segeln dazugehört. Wir mussten die Regeln des Segelns lernen, alles über das Boot, den Wind, das Wasser. Dann musste man alles kombinieren und versuchen, dieses Ding, das sich Segelboot nennt, zu bewegen. Es gehörte aber auch die Pflege von Boot und Segeln dazu, und so lernten wir auch ein Boot zu putzen, die Segel abzuwaschen und ordnungsgemäß zusammenzufalten. Aber wir mussten auch üben, ein Boot zu kentern, damit wir wussten, wie man mit der Situation umgeht, wenn es hieß: „Watch the boom", „pass' auf den Baum auf", was bedeutete, dass dieser Metallstab auf Kopfhöhe mit einer ziemlichen Geschwindigkeit von einer Seite des Boots zur anderen Seite schwang und wenn man sich nicht blitzschnell duckte, man einen ordentlichen Schlag gegen den Kopf bekommen konnte. Wurde man erst mal vom Baum erwischt, so hatte man Glück, wenn es nur fürchterlich schmerzte. Aber eigentlich hatte so ein Schlag gegen den Kopf die Kraft, einen bewusstlos zu schlagen und dazu noch aus den Boot zu werfen, weshalb die ganze Geschichte so gefährlich war! Darüber hinaus mussten wir auch lernen, wie man so ein gekentertes Boot wieder umdreht, was schwierig war, wenn man vorher nicht den ansonsten herausnehmbaren Kiel festgemacht hatte, damit es nicht während der Übung aus seiner Halterung herausfällt. Denn ohne Kiel kann man ein gekentertes Boot nicht wieder umdrehen. Am schlimmsten für mich war aber der Unterricht im Knotenbinden. Das war von Anfang an eine schlechte Sache, in der ich sofort eine weitere Nichtbegabung meinerseits erkannte. Ich und Knoten binden, das klappte nicht.

Wir mussten auch lernen, in lange Jeans gekleidet ziemlich weit in die See hinauszuschwimmen und auch Überlebensübungen auf dem Wasser zu machen. Doug war einer unserer Lehrer, und wenn ich manchmal im Ontariosee vor mich hin schwamm oder Überlebensübungen machte, war ich mir sicher, er würde mir als guter Freund der Familie eine lange Qual ersparen und mich vorzeitig aus dem kalten Wasser holen und wieder in das Boot steigen lassen. Dem war aber nicht so, er blieb total streng und meinte, er könne es nicht verantworten, mich nicht zu den Übungen zu zwingen. Was würde denn passieren, wenn der Ernstfall eintreten würde und ich tatsächlich mal ziemlich lange im Wasser aushalten müsste, um mein eigenes Leben zu retten? Ich musste einsehen, dass er Recht hatte, denn es ging tatsächlich um eine Überlebensübung. Auch ich musste die erforderlichen Zeiten einhalten, was mich enorme psychische und physische Kraft kostete. Da war ich dann doch stolz auf mich, als ich das schaffte. Trotz allem Spaß kann

Segeln eine anstrengende und auch gefährliche Sportart sein. Das hatte ich vorher nicht gedacht.

An manchen Tagen gab es keinen Wind zum Segeln und es war zudem zu heiß zum Lernen. Da wurde manchmal aus Langeweile irgendjemand vom Bootssteg aus ins Wasser geworfen mit der Begründung: „Notfall-Simulation, Mann über Bord!" Man konnte nur froh sein, wenn man nicht zu oft diese Übung mitmachen musste. Denn die anderen bemühten sich nicht sonderlich, einem zu helfen, wieder aus dem Wasser zu kommen, sondern sahen gelassen zu, wie man versuchte, sich am „dock", dem Steg, hochzuziehen.

Ich bevorzugte eine andere Übung, die man sicherlich auch beim Segeln gebrauchen konnte, nämlich die des Sonnenbadens. Nicht selten fand man mich mit Sonnencreme im Bikini- Oberteil und mit kurzer Hose am Kai liegend und meiner Lieblingsbeschäftigung nachgehend. Am Ende des Kurses gab es eine Abschiedsfeier, bei der wir alle unsere Segelscheine und sonstige hart erarbeiteten Preise überreicht bekamen. Wir waren alle stolz auf unseren Erfolg und besonders ich, da mich die „Knoterei" fast um meinen Schein gebracht hätte. Aber es gab jedes Jahr auch einen sogenannten „Dummy"-Preis. Hierbei handelte es sich um die Anerkennung einer Leistung, die hervorragend ausgeführt wurde, aber eigentlich nichts mit Segeln zu tun hatte. Ich gewann diesen Preis für den, wie es hieß, treuesten Sonnenanbeter des Jahres, den „Sunbather of the Year Award", netterweise überreicht von Doug.

Nachdem unser Vater im Jahre 1973 bei der deutsch-kanadischen Industrie- und Handelskammer in den Vorstand gewählt worden war, wurde er im Jahre 1976 zum Vizepräsidenten der Kammer. Für ihn handelte es sich um eine Ehrung, auch einer Anerkennung, aber um eine, die wir Kinder wirklich nicht verstanden. Aber er selbst und meine Mutter waren stolz auf seine Ernennung und freuten sich sehr darüber.

Junior High School

Im Herbst kam ich in die Junior High School. Es war ein Schritt in der schulischen Entwicklung, auf den ich mit meinen 12 Jahren sehr froh war. Allerdings begrüßten mich die Lehrer in meiner neuen Schule in der Regel mit Begeisterung in ihren Stimmen mit den Worten: „Die kleine Schwester von Carin!", was ich gar nicht gerne hörte. Manchmal folgten auch Kommentare wie: „Du wirst doch sicherlich auch in das Schulorchester eintreten, oder?" Ich winkte immer ab und versuchte, diesen erfolgsgewohnten Lehrern beizubringen, dass ich sehr wohl die kleine Schwester von Carin war, aber leider eben nur eine „B-" oder Zweier-Schülerin und nicht wie sie eine „A-" oder Einser-Schülerin. Ich lebte im Schatten ihres Erfolges, was mir ziemlich auf die Nerven ging. Auch konnte ich nicht verstehen, warum man mich nicht einfach akzeptierte, so wie ich war, eben als B-Schülerin. Eigentlich konnten doch sowohl meine Familie als auch die Lehrer damit durchaus zufrieden sein. Aber sie gaben mir stattdessen stets das Gefühl, nicht gut genug zu sein und waren eben nicht zufrieden.

Carin ging an die High School, die damals von der 9. bis zur 13. Klasse ging, nach Oakville Trafalgar, genannt „O.T.". Mir war das sehr recht, weil wir dann nicht wieder zur selben Zeit an derselben Schule waren. Dort konnte sie sich von mir aus mit ihren ganzen Begabungen, weit weg von mir, in aller Ruhe austoben.

Sue fing im selben Herbst an, an der University of Toronto, Mississauga Campus, zu studieren, wo Ed auch bereits war. So war sie wieder in Mississauga und auch wieder bei ihrem Ed. Ich war richtig stolz auf Sue, dass sie studierte und nahm mir vor, ihrem Beispiel zu folgen und später auch an der University of Toronto zu studieren.

Eines Tages kam sie nach Hause mit einem ihrer schweren Bücher unter dem Arm und wie so oft, mit Ed im Schlepptau. Der Umfang dieser dicken und schweren Uni-Bücher beeindruckte mich sehr. Schon allein durch das Tragen dieser Bücher sahen die Studenten schlau aus! Meine Schwester hielt mir eines dieser mächtigen Bücher vor die Nase und forderte mich auf, den Titel laut vorzulesen. Ich gab mir Mühe; ps, nein psi, nein pssi, nein, pssik, nein, pssikko. Aber ich gab auf, denn ich konnte das Wort nicht lesen. Sue lachte sich kaputt und sagte zu Ed: „Ich wusste, dass sie das Wort „Psychology" nicht lesen könnte! Die kann ja kaum lesen." Das tat weh. Aber ich versuchte, mich leicht amüsiert zu geben, obwohl sie mich mal wieder tief getroffen hatte. Das offene Geheimnis in der Familie, dass ich ein schlechter Leser war, sprach sie nicht nur aus, sie machte sich über mich lustig wegen meiner mangelnden Fähigkeit, und das auch noch vor ihrem Freund. Dass ich an einer leichten Legasthenie litt, hatte man damals nicht bedacht. Mein Vater und meine Schwestern hielten mich schlichtweg für blöd und brachten es auch ständig zum Ausdruck. Es tat jedes Mal weh, denn was konnte ich schon gegen meine Leseschwäche tun? Sie waren alle so gemein.

Obwohl ich sie oft nicht mochte und sie ausgesprochen gemein zu mir sein konnte, fand ich meine Schwester Sue bis auf diesen einen Punkt dennoch vorbildlich. Sie hatte seit Jahren einen festen Freund und war jetzt nach erfolgreichem Abschluss der Schule auch Studentin geworden. Sie und Ed lebten mir den Weg vor, den ich auch gehen wollte. Sie waren beide gradlinig, zielstrebig und ohne Skandale. Jetzt war ich erst mal in der Junior High School, dann würde die High School kommen und dann die Uni. Sollte ich Glück haben, würde ich vielleicht auch in wenigen Jahren einen festen Freund haben und möglicherweise auch mit ihm zu selben Uni gehen. Ich fand, dass das wirklich spannende Aussichten waren und freute mich darauf.

Jetzt war ich aber erst in die 7. Klasse gekommen und hatte noch einen langen Weg vor mir bis zum Studium. Unsere Klassenlehrerin stellte sich uns vor als „Ms." White. Wir fragten sie, warum sie nicht „Miss White" oder „Mrs. White" hieß und was das mit dem „Ms." auf sich hatte? Sie erklärte uns, dass durch die Frauenbewegung diese Anrede aufgekommen sei, um den Frauen denselben neutralen Stand zu geben wie den Männern, die das Kürzel „Mr." benutzen, was keinerlei Hinweise auf den Ehestand gab. Man sollte bei Frauen wie bei Männern nicht durch die Anrede erkennen können, ob jemand verheiratete sei oder nicht. Schließlich würden die Männer auch nicht differenziert nach verheiratet oder nicht verheiratet. Das war sinnvoll. Dennoch lachten wir Kinder über diese angebliche Form der Befreiung von männlicher Unterdrückung erst mal herzhaft. Es klang doch ungewohnt und eben deshalb etwas absurd. Wir Mädels sprachen aber dann doch die Sache durch, und nach etwa einer Woche der Albernheiten hatten wir den tieferen Sinn verstanden und auch akzeptiert, und uns dann bei Ms. White für unsere Albernheiten entschuldigt. Zudem waren wir ihr dankbar, denn sie hatte in uns Mädchen einen Grundstein für das Interesse an Fragen der Gleichberechtigung der Geschlechter gelegt. Sie war eine Vorreiterin für uns und das fanden wir eigentlich ziemlich mutig und toll.

In der siebten Klasse gab es vier Parallelklassen. Das bedeutete für uns von der Maple Grove kommend, viele neue Klassenkameraden. Meine Freundinnen Shelli, Janet, Jacquie, Suzanne, Kirsten und ich waren zu Beginn der siebten Klasse mit unseren 12 Jahren stark am Pubertieren. Es kamen neue Worte in unseren Wortschatz wie Lipgloss, Wimperntusche, Make-up, höhere Absätze an den Schuhen, engere Jeans, tiefere Ausschnitte an unseren T-Shirts und vor allem auch Jungs. Wie sehr gelegen kam es uns da, dass wir plötzlich einen großen Zuwachs an uns bis dahin unbekannten Jungs erleben konnten. Wie praktisch war es doch, dass die meisten von uns in den Kellerräumen zu Hause eine Geburtstagsparty veranstalten durften. Da konnte man natürlich nicht nur die Jungs und Mädels einladen, die wir noch aus der 6. Klasse kannten, sondern auch die neuen Freunde dazu. Die ganze Sache wurde richtig spannend, da wir in dem Alter waren, im dem sich die ersten Paare bildeten und dazu noch die ersten Paare sich trauten einander zu küssen. Wir spielten auf unseren Partys viel Musik und immer wieder auch ein langsames Stück, zu dem man eng umschlungen tanzen konnte. Am besten eignete sich für diesen Zweck „Hey Jude" von den Beatles.

In dieser Zeit war ich rundum glücklich, bis auf eines. Mich nervten so allmählich die hohen Ansprüche meiner Mutter an unsere Erziehung, die immer mit dem europäischen Standard begründet wurden. Mit Shelli sprach ich darüber, dass ich so sein wollte wie alle anderen und nicht anders. Ich wollte schlichtweg ein in Oakville heranwachsender Teenager sein, nicht mehr und nicht weniger. Shelli erklärte mir, dass unsere Familie schon anders sei; meine Eltern hätten beide einen starken deutschen Akzent in ihrem Englisch, sie würden beide Mercedes fahren, was für die damalige Zeit recht außergewöhnlich war, denn diese Autos waren nicht nur Deutsch, sondern auch sehr teuer, meine Mutter trug öfter bedruckte Kleider und ich erinnere mich an ihre Vorliebe für die Marke Lanvin, ein französisches Modehaus, und sie trugen beide mit Vorliebe Schuhe des Schweizer Lederwarenherstellers „Bally". Die meisten Eltern aber trugen dagegen Jeans, Polo-Hemden und Turnschuhe. Ich begann zu begreifen, dass wir doch anders waren und wünschte mir, meine Eltern wären eher so wie die Eltern meiner Freunde, leger und entspannt und eben kanadisch.

Auch unsere Inneneinrichtung, also Möbel und Dekorationsgegenstände, waren völlig anders als bei allen meinen Freunden und glichen als Gesamtkunstwerk zum Teil einem Völkerkundemuseum. In unserem Esszimmer auf der Anrichte aus Brasilien standen antike Vasen aus China, darüber hing ein Gemälde einer einheimischen Frau aus Uruguay in traditioneller Kleidung mit ihrem auf den Rücken gebundenen Baby. Die Vitrine gegenüber war aus Dänemark und voller Andenken an diverse bereiste Länder, einschließlich eines Buddhas von einer Asien-Reise. Im Wohnzimmer hing ein Bild von den Oster-Inseln, ein Gemälde einer Hafenszene irgendwo in Südamerika, daneben ein Gemälde des Montmartre in Paris. Überall standen Vasen oder Teller aus der Rosenthal-Sammlung meiner Mutter. Auf ihrem amerikanischen Klavier stand eine aus Holz geschnitzte Madonnen-Figur aus Deutschland. Alles waren Objekte, die meine Eltern von irgendeiner ihrer gemeinsamen Reisen mitgebracht hatten. Seitdem wir in Kanada wohnten, sammelte mein Vater zudem noch Eskimo-Kunst, meistens Figuren aus Speckstein, die hier und da standen und nicht weiter in unserer multi-kulturellen Einrichtung auffielen. Tatsächlich waren meine Eltern schon anders als die anderen Eltern. Sie hatten einen internationalen Lebensstil, wogegen vieler der Eltern meiner kanadischen Freunde entweder noch nie das Land verlassen hatten, oder den nordamerikanischen Kontinent nicht. Und ich musste lernen, die Vor- und Nachteile dieses Anderssein einfach zu akzeptieren.

Kirche, Kultur und Heimatland

Es war auch in diesem Herbst, als Carin eines Tages nach Hause kam und mit ihren 14 Jahren den Eltern gegenüber erklärte, dass sie Mitglied bei der „Re-Organised Church of Jesus Christ and Latter Day Saints" (RLDS) werden wollte. Sie hatte sich in der dortigen Kirche und Gemeinde wohlgefühlt und wollte nun ein vollwertiges Mitglied werden. Meine Eltern sagten ihr, dass das nicht ginge, denn sie sei bereits Mitglied der evangelischen Kirche und, dass man seine Kirche nicht einfach verlässt. Unsere Eltern schienen nicht begriffen zu haben, was in den letzten Jahren mit Carin geschehen war. Sie hatte ein starkes Interesse für Religion entwickelt, das ihr von einer anderen Kirche als unserer nahegelegt wurde. Konkret bedeutete das, dass die Kirche unserer Eltern und das „Evangelisch sein" uns praktisch nichts bedeuteten. Es mag sein, dass unsere Mutter uns nach ihrem christlichen Glauben und ihrer christlichen Überzeugung erzogen hatte. Dennoch hatten wir keinen Bezug zu ihrer Kirche, sie war einfach nicht vor Ort vorhanden und hatte uns als Jugendliche nicht in ihren Bann gezogen. In Toronto gab es eine evangelische Kirche und wir fuhren als Familie dort jedes Jahr zu Weihnachten hin und manchmal auch zu Ostern. Wir fanden den Kirchgang als solchen fürchterlich langweilig und geradezu bedrückend. Das Ganze fand auch noch in deutscher Sprache statt, jener Sprache, die wir seit Jahren ablehnten, mit der wir aber immer wieder konfrontiert wurden. Somit war der Kirchgang für uns quasi zu einer doppelten Bestrafung geworden und einer ultimativen Geduldsprobe. Aber wir mussten mit, und unsere Anwesenheit dort machte unsere Mutter sichtbar glücklich. Was unsere Eltern dabei empfanden, wenn sie in „ihre" evangelische Kirche gingen, um einen Gottesdienst in „ihrer" deutschen Sprache zu hören, konnten wir aber nicht wirklich nachempfinden. Unsere Welten waren auch in dieser Hinsicht damals schon zu weit auseinander. Carin hatte eine religiöse Gemeinde gefunden, die ihr damals zusagte und bei der sie sich gut aufgehoben fühlte und ich konnte nicht erkennen, was daran so schlimm sein sollte. Sie bot uns Jugendlichen einiges an und wir waren einmal sogar gemeinsam bei einer Billy-Graham-Predigt in Toronto gewesen, die mir wesentlich mehr zusagte als das, was ich hier in der evangelischen Kirche zu hören bekam. Was Billy Graham sagte, war so einfach zu verstehen, so logisch und voller positiver Energie. Das hatte uns richtig mitgerissen. Aber auch die Gottesdienste bei RLDS waren lebhaft und voller Positivität, ebenso wie die der baptistischen Kirche. Ich fühlte mich bei RLDS auch wohl, hatte aber noch nicht das Verlangen, dort auch Mitglied zu werden wie meine Schwester. Eher tendierte ich zu den Baptisten. Aber meine Zeit für Entscheidungen in dieser Richtung war noch nicht gekommen. Ich konnte noch gut damit leben, einfach mitzulaufen.

Carins Wunsch die Kirche zu wechseln, führte zu einer Diskussion in unserem Hause, die es in dieser Dimension noch nicht gegeben hatte. Mein Vater, dessen Lieblingskind offensichtlich seine Einser-Tochter war, und eben dieses Lieblingskind als Hauptfiguren, stritten sich so heftig, wie ich es nie für möglich gehalten hätte. Es war das erste Mal, dass ich erlebte, dass mein Vater gegenüber Carin laut wurde, und zwar richtig. Sie war die Musterschülerin, die ihn bis zu diesem Tag nie enttäuscht oder geärgert hatte. Meine Mutter und ich waren die Nebenfiguren in dieser Diskussion, die jeweils versuchten, den anderen zu unterstützen. Meine Mutter wollte meinem Vater helfen und ich wollte meiner Schwester helfen. Es war eine Diskussion, die viel weiter ging als „nur" um die Kirche. Es ging hier wieder einmal um das Thema „alte Welt und neue Welt". Es ging um die Werte unserer Eltern, die sie aus ihrem Heimatland mitgebracht hatten und die sie nun versuchten, uns Kindern als Maß aller Dinge zu vermitteln, oder gar aufzuzwingen. Es war ihnen nicht gelungen, uns „ihre" Kirche nahe zu bringen. Nun konnten sie nicht akzeptieren, dass wir in eine andere Richtung abdrifteten, was wir auch gar nicht verstehen konnten, denn schließlich waren wir doch bei der Religion, dem Christentum, geblieben. Wo lag denn jetzt das eigentliche Problem?

Mein Vater machte meiner Mutter schreckliche Vorwürfe, sie hätte zugelassen, dass wir uns mit einer „Sekte" herumtrieben. Es war furchtbar mitzuerleben, wie er sie mit diesen Vorwürfen energisch angriff. Er wurde laut und schrie sie an, warf ihr Versagen in der Erziehung vor und Vernachlässigung ihrer Pflichten in der Kindererziehung. Sie wies die Vorwürfe entschieden zurück und sagte, dass sie sich erkundigt hätte und dass es sich bei dieser Kirche nicht um eine Sekte handle. Sie erklärte ihm noch, dass sie die Leute dort kennen gelernt hätte und nett fand. Zudem begrüßte sie den Bibelunterricht, da in den kanadischen Schulen kein Religionsunterricht stattfand. Sie sagte noch, er könne nicht von ihr verlangen, dass sie uns alles selber beibringe und schon gar nicht Bibelunterricht. Ich stand unter dem Eindruck, dass mein Vater keinerlei Ahnung hatte, was unsere Mutter bereits für uns tat und wo die tatsächlichen Grenzen ihrer Unterstützung lagen.

Möglicherweise waren sie wirklich von ihrer Kirche überzeugt und wollten diese Überzeugung mit uns teilen, aber es war ihnen nicht gelungen. Unsere Bedürfnisse wurden mit der Kirche aus dem alten Heimatland unserer Eltern und dem Gottesdienst in deutscher Sprache nicht gedeckt. Und vor Ort war sie auch nicht. Was konnte denn meine Mutter dafür, dass nicht in jedem Ort eine evangelische Kirche stand, so wie er sich das vielleicht gewünscht hätte? Die Diskussion über den Kirchenwechsel endete mit einem strikten „Nein" unseres Vaters Carin gegenüber, der ihr untersagte, jemals wieder auf solch eine Idee zu kommen. Sie wiederum war so zutiefst enttäuscht und verletzt, dass sie heulend das Wohnzimmer verließ. Meine Mutter war auch zutiefst verletzt durch das Verhalten meines Vaters und ich stand unter dem Eindruck, dass in ihren Gefühlen ihm gegenüber ein Riss entstanden war. Ja, ich konnte es regelrecht spüren. Und tatsächlich war sie nach diesem Zwischenfall ihm gegenüber reserviert, zurückhaltender, kühler.

An diesem Abend aber mussten meine Eltern gemeinsam die Kritik einstecken, dass sie uns nicht von ihrer Kirche überzeugt hatten und wir damit eigentlich nichts anfangen konnten. So machte es unsere Mutter fortan aktiver zu ihrer Aufgabe, uns Kirche und Religion nahe zu bringen. Wir „durften" mit ihr nun öfters in die deutsche evangelische Kirche nach Toronto fahren. Zudem hatte sie vor, Carin ab dem kommenden Frühjahr zum Konfirmationsunterricht zu schicken und mich im darauffolgenden Jahr ebenfalls. Im Konfirmationsunterricht sollten wir mehr über unsere Kirche lernen und für Carin war es wohl, so entschlossen sich unsere Eltern, allerhöchste Zeit.

Zur selben Zeit erklärte meine Mutter mir, dass ich alt genug sei, um mich kulturell weiterzubilden. Sie war bis dahin mit unserem Vater, Sue und auch Carin manchmal zu klassischen Konzerten oder ins Ballet nach Toronto gegangen. Nun durfte ich mit meinen 12 Jahren auch einmal im Monat mitkommen. Das mit der Kultur klang interessant. Wir sahen Nurejew und auch Barischnikov im Ballett tanzen, hörten kurz vor Weihnachten die Wiener Sängerknaben Weihnachtslieder singen, sahen Tschaikowskis Schwanensee und zu Weihnachten den Nussknacker. Zum ersten Mal war ich doch froh um das kulturelle Wissen und Interesse meiner Eltern und begann die Kunst der Musik und des Tanzens zu schätzen. Unser kulturelles Programm wurde auch durch Museumsbesuche abgerundet, in denen meine Mutter versuchte, mir das Verständnis für Malerei nahe zu bringen. Es war alles in allem sehr schön und interessant, den Horizont um kulturelles Wissen erweitert zu bekommen. Ich schätzte mich glücklich, eine so sehr gebildete und kulturell interessierte Mutter zu haben. Von meinen gleichaltrigen Freundinnen hörte ich dagegen nichts von kultureller Weiterbildung.

Lustig waren die Fahrten von Oakville nach Toronto auf der Autobahn namens „Queen Elisabeth Way", kurz QEW genannt. Leider saß ich wie immer im Auto hinten in der Mitte zwischen meinen Schwestern. Kurz vor der Stadt gab es aber ein kleines Ereignis, was dieses Sitzen zwischen meinen Schwestern jedes

Mal wieder gut machte. Es war eine Art Welle in der Straße, die unser Vater zur Schanze deklarierte, über die er sein Auto meinte, flitzen lassen zu müssen. An einer bestimmten Stelle begann er zuerst das Tempo etwas zu reduzieren, um Abstand zwischen unserem Wagen und unserem Vordermann zu schaffen. Dann begann er seinen Mercedes zu beschleunigen und wir spürten deutlich, dass unser Wagen Kraft hatte. Wir schossen auf die „Rampe" zu und flogen drüber. Jedes Mal lachten wir vor Vergnügen und debattierten, ob die Räder vom Boden weg waren oder nicht und wenn ja, für wie viele Sekunden oder Sekundenbruchteile. Mein Vater liebte diese kleine Herausforderung und uns allen machte es Spaß, wenn er den Wagen zum Fliegen brachte.

Zusätzlich zu unseren kulturellen Ausflügen begannen wir im Winter manchmal sonntags nach der Kirche zum Brunch zu fahren. Für uns als Familie war es eine Zeit, in der viel Neues zu sehen und zu erleben war. Sehr zu unserem Vorteil gab es in dieser Zeit enorme bauliche Entwicklungen in der Stadt. Die Stimmung in und um Toronto war geprägt von einem wirtschaftlichen Aufschwung. Es wurde überall gebaut und obwohl ich in meinem Alter wenig davon verstand, hatte ich das gute Gefühl, dass die Zukunft noch viel Gutes mit sich bringen würde. Wir entdeckten in Toronto ein Restaurant, das sich drehte, oben auf dem Hotel namens „Harbour Castle". Von dort hatte man während des Essens eine fantastische Aussicht auf Toronto und dem Ontariosee. Es war jedes Mal wunderschön dort hoch oben zu sitzen, ein richtiges Privileg. Ich weiß nicht, ob sich meine Eltern nach der Auseinandersetzung wegen der „Sekte" wirklich wieder versöhnt hatten, ob meine Mutter meinem Vater verziehen hatte, oder ob mein Vater sich bei ihr entschuldigt hatte. Aber unser gesamtes Familienleben schien sich zum Guten entwickelt zu haben. Unsere ganzen Ausflüge waren aber auch, wie mein Vater uns nicht verschwieg, ziemlich kostspielig.

Zur selben Zeit fing ich mit meinem nächsten Job an. In der Nachbarschaft hatte ich den Markt für Babysitter entdeckt, denn überall waren junge Familien. Wir gehörten schon zu den Familien mit „älteren" Kindern. Also erstellte ich Zettel mit einer Kurzbeschreibung von mir, meiner Telefonnummer und Adresse und dem Angebot, freitags und samstags abends auf die Kleinen aufzupassen, während die Eltern ausgingen. Erfahrung hatte ich keine auf diesem Gebiet, außer bei den gelegentlichen Besuchen meines kleineren Cousins. Aber ich mochte kleine Kinder und war mir sicher, dass ich das schon schaffen würde. Zu Not konnte ich meine Mutter anrufen und um Rat fragen. Meine neu gewonnenen Kunden hatten mit meinen mangelnden Kenntnissen kein Problem und erklärten mir, was zu tun war. So einfach war es. Meine kleine Nebenbeschäftigung florierte innerhalb weniger Monate und es ging so weit, dass ich fast jeden Freitag- und

Samstagabend arbeitete. Ich glaube, ich verdiente damals einen Dollar die Stunde, und es kam für meine damaligen Verhältnisse recht schnell einiges zusammen. Mir machte das Ganze Spaß, aber meiner Mutter wurde es schon bald zu viel. An unseren Kulturabenden durfte ich sowieso nicht fehlen, aber ich war ihr durch meinen Job insgesamt zu wenig zu Hause. Wir kamen zu der Vereinbarung, dass ich maximal einmal in der Woche abends Babysitten durfte. Auch Shelli hatte mit Babysitten angefangen. Wenn ich einen Job nicht annehmen konnte, habe ich Shelli empfohlen und auch umgekehrt. So kam es, dass wir zwei so ziemlich in jedem Haus in der ganzen Gegend abwechselnd dieselben Kinder hüteten und bei den meisten Familien bekannt waren. Mit unserem selbstverdienten Geld kauften wir uns die ersten Karten zu einem Rockkonzert und gingen zu einem Konzert der Bay City Rollers, die erfolgreichste Boygroup der siebziger Jahre nach den Beatles.

Die schöne Weihnachtszeit

Weihnachten war bei uns wie jedes Jahr ein großes Ereignis. Außer dem Gottesdienstbesuch in der deutschen evangelischen Kirche in Toronto hatten wir unsere eigenen zusätzlichen Bräuche, die vor dem ersten Advent anfingen, wenn unsere Mutter einen Adventskranz aufstellte. Sehr zu unserer Überraschung legte sie ihn jedes Jahr in eine große Silberschale, die sonst bei uns dekorativ im Wohnzimmer stand. Als ich sie einmal fragte, ob das denn so eine gute Idee sei, den Kranz mit den Kerzen obendrauf in eine Silberschale zu legen, die auf mich sehr wertvoll wirkte, sagte sie doch einfach: „Ich darf das, die Schale gehört mir." Klar, dachte ich mir: Wer wird denn mit ihr schimpfen, wenn sie ihre eigene Schale schmutzig macht? Niemand. Recht hatte sie. Dieser Adventskranz wurde in der Regel von ihr selbst gebunden, und wer von uns Mädels wollte, konnte mitmachen. Ich stellte fest, dass meine Mutter -im starken Gegensatz zu den meisten anderen Müttern- in handwerklichen Arbeiten sehr versiert war. Sie konnte wunderbare Dekorationen selbst gestalten, sie hatte Vasen gemacht, Bilder gemalt und Nähen konnte sie sowieso, sie bereitete fantastische Festessen vor, backte eigene Plätzchen und konnte sogar Kerzen selber herstellen! Sie war ein echtes Multitalent, und ich stellte fest, dass die meisten anderen Mütter diese Sachen nicht beherrschten. Es war auf jeden Fall schöner und persönlicher, wenn die Kerzen von der eigenen Mutter gemacht wurden und die Plätzchen nicht nach Fertigteig schmeckten. Die Arbeit, die sie sich für uns und unseren Haushalt machte, machte unser Zuhause einfach etwas schöner, persönlicher und gemütlicher.

An jedem der vier Sonntage vor Weihnachten wurde eine Kerze an unserem Adventskranz angezündet und wir sangen dann deutsche Weihnachtslieder. Dies war ausnahmsweise etwas aus ihrer Heimat, was mir sehr gut gefiel. In Kanada waren der Advent und der Adventskranz kein üblicher Brauch. Ich fand ihn sehr schön, denn durch die Kerzen auf dem Adventskranz wurden die Wintertage etwas wärmer und heller. Es wurde Licht in die Dunkelheit gebracht. Zudem gefiel mir, dass man sich so Woche um Woche auf das Weihnachtsfest innerlich vorbereitete. Meine kanadischen Freundinnen fanden das alles auch sehr schön und beneideten uns um den Brauch.

Jedes Jahr zum ersten Advent kam bei uns ein Paket vom Arbeitgeber meines Vaters, der Firma Bosch, aus Deutschland an. Diese Pakete waren unverwechselbar daran zu erkennen, dass sie aus einem extrem robusten, ungekennzeichneten grauen Karton waren, so als würden sonst Schrauben oder Autoteile darin sein, der in seiner Nüchternheit und Hässlichkeit nicht zu übertreffen war. Öffnete man aber diesen Karton, so bot sich uns die gesamte Vielfalt von Sachen, die für eine deutsche Familie traditionell zur Adventszeit gehören. Es waren Kerzen und Weihnachtsstollen drin, Weihnachtsgebäck, kleine Geschenke, Weihnachtsdekoration und jedes Mal war auch ein kleiner Tannenzweig dabei. Das ganze roch schon nach Weihnachten. Dazu war noch eine Grußkarte dabei zum Advent und zur Weihnachtszeit mit frohen Wünschen und lieben Grüßen an die ganze Familie. Jedes Jahr war ich ein bisschen überwältigt von dieser Aufmerksamkeit der Firma Bosch aus Stuttgart. Es war fast wie Grüße von nahen Verwandten zu bekommen und man fühlte sich dadurch tatsächlich ein bisschen als Teil der großen Bosch-Familie.

Zu unseren Ritualen gehörte auch, dass wir so ziemlich alles, was jeder in der Familie brauchte oder sich wünschte, nach und nach einkauften, verpackten und dann Stück für Stück, Tag für Tag, unter den Weihnachtsbaum legten. Das fing schon gut zwei Wochen vor Weihnachten an, wenn wir unseren Baum holten und ihn dann alle zusammen dekorierten, was ich jedes Jahr sehr schön fand. Im Gegensatz zu vielen Familien in den USA und in Kanada war es bei uns nicht üblich, den Weihnachtsbaum möglichst bunt zu schmücken. Stattdessen hielten wir uns protestantisch bescheiden zurück und beschränkten uns auf die Grundfarben Rot und Gold. Viel mehr als Kugeln und holzgeschnitzte Figuren wurden von unserer Mutter nicht geduldet. Kein Kitsch, nichts Modernes, nichts Buntes. Das Ergebnis fand ich dann wiederum gut, denn so wirkte unser Baum trotz der Größe und der enormen Anhäufung von Geschenken darunter doch besinnlich und gemütlich. Er lud jedes Jahr neu dazu ein, sich hinzusetzen und ihn zu bewundern.

Meine kanadischen Freundinnen fanden unsere Weihnachtsbäume auch wunderschön.

Wir feierten nach deutschem Brauch den Heiligabend am 24. Dezember. Nach der Kirche und vor dem Essen, das jedes Jahr aus Linsen, Würstchen und Spätzle bestand, las mein Vater andächtig die Weihnachtsgeschichte aus der Bibel vor. Er wirkte stets souverän in seinem dunkelblauen Jackett und beigefarbenen Rollkragen-Pullover und schien es, mit seiner tiefen Stimme, mit der Weihnachtsgeschichte ernst zu meinen. Man musste einfach jedes Jahr aufs Neue gespannt zuhören. Anschließend sangen wir noch ein paar Weihnachtslieder und dann ging es über zu den Geschenken. Meine Mutter bekam als erstes immer eine Flasche Champagner ihrer Lieblingsmarke Mumm Cordon Rouge, die mein Vater öffnete und die beide über den Abend verteilt genossen. Unsere Mutter trug jedes Jahr ein neues elegantes Abendkleid, das sie sich in der Regel selbst geschneidert hatte und wir Mädels hatten unsere besten Kleider an. Natürlich hatte ich nie ein Neues an, sondern die ausgemusterten von meinen Schwestern. Aber das war ich ja gewohnt. Das Fest war fantastisch und alle Streitigkeiten, die wir innerhalb der Familie über das Jahr hinweg gehabt hatten, schienen an diesem Abend jedes Jahr magisch und endgültig verflogen zu sein. So wurde es immer ein wunderschönes Fest.

Die kanadischen und auch amerikanischen Familien feierten am Morgen des 25. Dezember ihr Weihnachtsfest bei dem es eigentlich darum ging, die Geschenke morgens in aller Früh zu öffnen. Sicherlich hatte das auch einen Reiz und wenn man das als Tradition gewohnt war, war dies wohl auch der richtige Weg der Feierlichkeit. Aber ich stellte es mir lange nicht so schön vor wie unsere Variante zu feiern, am Abend, wenn es draußen dunkel ist und im Wohnzimmer die Kerzen leuchten. Das hatte etwas fast Himmlisches an sich. Der Abend war aber erst unser Auftakt und so feierten wir am 25. Dezember noch ein ausgiebiges Weihnachtsfest mit einem aufwändigen Festessen. Passend zum üppigen Menü wurden das beste Rosenthal-Porzellan und die schweren Kristallgläser auf getafelt. Das Essen wurde auf Silberplatten und in Kristallschalen serviert. Wir Kinder durften sogar zum Anlass einen Schluck echten Wein aus den schweren bunten Kristallgläsern, die unsere Eltern zu ihrer Hochzeit bekommen hatten, trinken, um die Festlichkeit zu unterstreichen. An diesem Festessen sagte ich zu meinem Vater, dass ich dachte, Alkohol sei für Kinder verboten. Daraufhin meinte er: „Keine Regierung der Welt wird mir vorschreiben, was ich in meinem eigenen Haus mache. Wir feiern Weihnachten und dazu dürft ihr ein Glas Wein trinken." Einerseits beeindruckte mich diese unabhängige Haltung meines Vaters, zu dem zu stehen, was er für richtig hielt. Andererseits dachte ich mir: Diese Gesetze haben doch auch ihren Sinn, oder? Vielleicht sollten die uns Kinder auch schützen? So ganz wohl war es mir beim Trinken des Weins dann doch nicht und ich nippte nur ein bisschen und stellte dann gleich wieder ab in der Hoffnung, niemand würde bemerken, dass ich nicht wirklich mittrank. Aber meinem Vater gegenüber traute ich mir nicht, irgendetwas zu sagen. Er war kritischen Fragen ihm und seinen Ansichten gegenüber nicht sehr offen und ich wollte auf keinen Fall an diesem wunderschönen Abend, in dem meine Mutter so viel Liebe und Arbeit reingesteckt hatte, eine Grundsatzdiskussion aufkommen lassen.

Das weihnachtliche Feiern ging weiter mit einem Familienfest am darauffolgenden Tag, jährlich abwechselnd bei einem meiner Onkeln oder bei uns zu Hause. Das war auch schön, mit der ganzen Familie, mit Tanten, Onkeln, Cousinen und Cousins zu feiern. Nach den ganzen Festivitäten -drei Tage lang feiern und viel zu viel Essen- hatten wir Kinder noch gut zehn Tage Zeit, bis die Schule wieder anfing. Unsere Familie verreiste nie während der Weihnachtsferien, mit der einen Ausnahme nach Meran, denn unsere Urlaubszeit war immer im Sommer. Das gefiel mir aber auch so, denn so konnte man richtig gemütlich und faul die Tage um das Neue Jahr zu Hause verbringen. Da fast alle meine Freunde nicht verreisten, konnten wir einander besuchen, die neuen Spiele ausprobieren, oder uns mit dem was wir sonst noch zu Weihnachten bekommen hatten, beschäftigen. Es war wunderbar zu Hause bleiben zu dürfen, im eiskalten Winter Kanadas. Abends war immer der Kamin an und da draußen im Garten Schnee lag, war es bei uns unglaublich gemütlich. Ein schöneres Zu Hause musste ich mir weder in meinen Träumer vorstellen, noch wünschen. Für mich war unseres perfekt.

Im Frühjahr 1977 erkrankte unsere Mutter immer häufiger und blieb noch öfter als sonst zu Hause. Sie hatte zunehmend mehr Schmerzen und ging häufiger zu Arztterminen. Sie schien, nur noch wenig bewältigen zu können. Ihr Vorhaben, Carin zum Konfirmationsunterricht zu bringen, konnte sie jetzt aus gesundheitlichen Gründen auch nicht realisieren. Gleichzeitig begann ihre Sehschärfe nachzulassen und sie bekam mit ihren 46 Jahren eine Brille, mit der sie allerdings nicht wirklich zurechtkam. Das alles führte dazu, dass sie öfter frustriert, verärgert und deprimiert war. Es schien für sie gar nichts mehr zu funktionieren. Mein Vater machte bezüglich der Brille den Scherz, dass meine Mutter eben anfing älter zu werden, er sie aber immer noch liebe, auch mit Verschleiß-Erscheinungen. Es konnte ihr kein Arzt so richtig helfen und sie wurde in ihrer körperlichen Verfassung zunehmend schwächer und seelisch unzufriedener. Zur selben Zeit stand eine geschäftliche Reise meines Vaters nach Deutschland an. Unsere Eltern dachten, es würde ihr vielleicht gut tun, ihn zu begleiten, um so auf andere Gedanken zu kommen, als sich immer nur mit dem Thema Gesundheit oder Krankheit zu beschäftigen. Also flog sie mit ihm.

Wieder von der Reise zurückgekehrt machte meine Mutter einen sehr müden und ziemlich traurigen Eindruck. Ich hatte das Gegenteil erwartet und fragte sie, ob etwas passiert sei, das sie so traurig werden ließ. Sie erklärte mir, dass zum einen die Reise sehr anstrengend für sie gewesen war, da sie sich recht schwach fühlte. Zum anderen sagte sie, dass sie mit meinem Vater Auseinandersetzungen gehabt hätte und sie sich ernsthaft überlegen würde, sich von ihm zu trennen. Das fand ich zum Teil überraschend, zum Teil auch nicht. Nach den Auseinandersetzungen im letzten Jahr war mir schon aufgefallen, wie sie sich von ihm so sehr verletzt fühlte, dass sie sich emotional etwas von ihm distanziert hatte. Auch das perfekte Weihnachtsfest hatte wohl ihre Narben nicht heilen lassen. Meine arme Mutter! Nun war ich aber sehr wegen meines Vaters verärgert, dass er sie offensichtlich schon wieder verletzt hatte, und das auch noch, obwohl es ihr schon so schlecht ging. Und ich wollte unbedingt wissen, worum genau die Auseinandersetzung dieses mal ging. Genaues wollte sie mir nicht sagen, und Alles auch nicht. Hauptsächlich aber war es darum gegangen, dass er mit einer anderen Frau herum flirtete und, dass meine Mutter nicht mehr bereit war, das mitzumachen. Da war ich doch überrascht. Zum Einen habe ich erfahren, dass er herum flirtete, zum anderen aber, dass das wohl schon des Öfteren vorgekommen ist. Meine Mutter war so verletzt und auch so wütend. Nun war ich es die wütend wurde auf diesen Mann! Warum tat er ihr das an? Was mich am meisten erstaunte - abgesehen davon, dass sie überhaupt mit mir darüber sprach- war, dass sie dieses Mal sogar über eine Trennung sprach. Das war bislang nie der Fall gewesen. Eine Trennung war für eine Frau wie sie keine Lösung. Sie hatte die Überzeugung, dass eine Ehe für das ganze Leben gedacht ist, wie bei ihren Eltern. Aber innerlich schien sie eine Entscheidung getroffen zu haben und ihre Traurigkeit darüber war deutlich zu spüren. Ich sagte ihr, dass wir das schon schaffen würden, falls sie sich dazu entschließen sollte.

Als drittes erzählte sie mir, dass sie fürchterlich weinen musste, als sie sich von ihren Eltern verabschiedete. Sie wüsste, dass sie ihre Eltern nie wiedersehen würde. Von allen drei Sachen machte ihr das letzte am meisten zu schaffen. Wir sprachen darüber, dass ihre Eltern inzwischen Ende 70 waren und es daher durchaus möglich sei, dass einer von beiden in den nächsten Jahren sterben würde. Das war ihr alles bewusst, aber sie sagte, dass sie es beim Abschied deutlich gespürt habe, dass es das letzte Mal sein würde, dass sie ihre Eltern sehen würde! Meine arme Mutter war rundum traurig und tat mir so leid. Ich sah auch nicht, wie ich ihr helfen oder was ich für sie tun konnte, außer bei ihr zu sein.

Für unseren Vater ging das Leben normal weiter und er schien unberührt von den Ereignissen der Reise. Er arbeitete abends an einem regelmäßigen Arbeitstag zwar nicht zu lange, aber er hatte zusätzlich viele Beschäftigungen, auch durch die Industrie- und Handelskammer. Das führte dazu, dass er immer wieder abends verschiedene Veranstaltungen oder Termine hatte. Sue war an der Universität und sonst viel mit Ed zusammen. Carin war wie gewohnt wenig zu Hause und ging ihre eigenen Wege. Sie war nach der Auseinandersetzung wegen der Kirche richtig sauer auf unsere Eltern und blieb zunehmend mehr weg von zu Hause als früher. Auch hier hatte das perfekte Weihnachtsfest nur vorübergehend geholfen. Ihre Enttäuschung darüber, dass unsere Eltern ihr nicht die komplette freie Handhabung in allem, was sie tat, gelassen hatten, teilte ich nicht mit ihr. Auch nicht ihre Wut auf unsere Eltern darüber, dass sie ihr mal konkret etwas abgelehnt hatten. So waren in dieser Zeit oft nur meine Mutter und ich zu Hause, auch an den Wochenenden. Ich war gerne mit ihr alleine zu Hause, ohne meinen Vater und ohne meine Schwestern, die ich schon immer alle anstrengend fand.

Inzwischen erledigte ich in der Regel nicht nur das Rasenmähen, sondern putzte meistens auch noch das Schwimmbad für Carin. Zudem half ich noch mehr als sonst im Haus, da meine Mutter immer weniger machen konnte. Zwar hatten wir eine Putzfrau, die einmal die Woche kam und das Haus von oben bis unten säuberte. Aber es musste dazwischen auch einiges gemacht werden, damit alles immer in sauberem und aufgeräumtem Zustand war. Also übernahm ich das meiste von diesen Arbeiten, wie die Küche fertig zu machen oder die Wäsche. Alles in allem hatte ich bereits viel Arbeit mit unserem Garten und nun auch noch mit dem Haus dazu. Einerseits machte er mir sogar Freude, meine Mutter zu unterstützen und sie zumindest ein stückweit glücklicher zu machen. Andererseits war es auch anstrengend und ich wusste, dass keine meiner Freundinnen so viel zu Hause erledigten wie ich.

Ab und zu hatte ich aber das Glück, dass im Haus gegenüber unserem der Sohn des Hauses, der etwa vier Jahre älter war als ich, zur selben Zeit den Rasen mähte wie ich. Er war sehr sportlich und hatte einen sehr guten Körperbau. Im Sommer wurde es ihm beim Rasenmähen zu heiß und er arbeitete daher außer in seinen Arbeiterstiefeln nur noch mit einer kurzen abgerissenen Jeans-Hose bekleidet. Obwohl ich erst 12 Jahre alt war, erfreute ich mich sehr am Anblick dieses auf mich sehr männlich wirkenden Körpers und schien mir fast eine Entlohnung für meine eigene Arbeit zu sein. Eines Tages, als ich am Rasenmähen war und gleichzeitig aus dem Winkel meiner Augen meinen Nachbarn beobachtete, gab mein Rasenmäher plötzlich einfach den Geist auf. Nun stand ich da und musste versuchen, ihn wieder in Gang zu bringen. Da kam mir doch tatsächlich dieser Traumkörper von gegenüber zu Hilfe! Er begutachtete meinen Rasenmäher und meinte nach wenigen Kontrollgriffen an meinem Rasenmäher dann ganz fachmännisch und gelassen: „Probier' es mal mit Sprit." Was, Sprit? Wie konnte mir nur so etwas passieren?! Ich hatte vor lauter Gaffen doch tatsächlich vergessen, nach dem Sprit zu sehen. Wie konnte ich das nur vergessen haben? Oh Mann, war mir das peinlich! Sicherlich bin ich vor Scham rot angelaufen. Und er wird sich womöglich gedacht haben: „Ist die blöd!" Dabei hatte ich doch heimlich gehofft, dass er mich vielleicht süß oder attraktiv finden könnte. Nun hatte ich mich so sehr blamiert, dass ich am liebsten im Erdboden versunken wäre, musste aber meinen blöden Rasenmäher auftanken und meine Arbeit -direkt vor seinen Augen- erledigen.

Ein anderes Mal, als ich wieder den Rasen vor dem Haus mähte, kam ein Mädchen aus meiner Schule auf ihrem Fahrrad vorbeigefahren. Sie erkannte mich, hielt kurz an und sagte: „Mann, ist das ein großes Haus." Und ich antwortete mit „Ja". Sie fuhr direkt fort: „Der Typ muss ja echt reich sein, bezahlt er gut?", und ich antwortete, „Ich bekomme einen Dollar." Dann verabschiedete sie sich und fuhr weiter. Ich kam gar nicht dazu ihr zu sagen, dass „der Typ" mein Vater war und ich in dem großen Haus wohnte.

Mit ihrem Gärtner zusammen hatte meine Mutter angefangen, wie jedes Jahr, die Blumen im Garten einzupflanzen. Dabei half ich immer gerne mit, denn die Gartenarbeit machte mir, wie auch meiner Mutter, Spaß. In diesem Jahr konnte sie sich aber kaum noch bücken und auch das Sitzen auf ihrem Hocker machte ihr Probleme bzw. bereitete ihr Schmerzen. So machte ich auch ihren Teil dieser Arbeit. Mir machte die Arbeit draußen nie etwas aus. Aber als ich eines Tages an einem Samstag nach erledigter Arbeit wirklich genug hatte, wollte ich meine Freundin Shelli besuchen und war eigentlich schon am Gehen. Meine Mutter regte sich wahnsinnig darüber auf und schnauzte mich an „Geh doch, lass' Du mich auch ganz alleine zurück!" Um ihrem Ärger Nachdruck zu verleihen, trat sie mich noch in den Hintern. Sie hatte aber so optimal getroffen, dass es mich nach vorne auf den Boden warf. Ich war völlig perplex und wusste nicht, worum es hier eigentlich ging, als ich sie anfuhr: „Spinnst du? Bist du verrückt geworden, mich zu treten?" In diesem Augenblick waren wir beide verdutzt. Meine Mutter war nie zuvor mir gegenüber physisch gewalttätig gewesen und ich hatte noch nie meine Mutter angeschrien oder beschimpft. Für uns beide war dies eine komplett neue Situation. Dadurch wiederum war etwas in meiner Mutter ausgelöst worden und sie fing schrecklich an zu weinen. Instinktiv tröstete ich sie, obwohl ich gleichzeitig noch stinksauer auf sie war, weil sie mich in den Hintern getreten hatte. Nicht nur fand ich ihre Aktion unverschämt, sondern sie hatte mir auch noch weh getan. Ich hatte meine Mutter aber auch wirklich lieb. Sie war für mich der Ruhepol in meinem Leben, sie verstand mich so gut. Sie hielt mich auch nicht für blöd, sondern im Gegenteil, für sehr intelligent. Sie verteidigte mich gegen meinen Vater und meine Schwestern, mit ihren Beleidigungen und Attacken. Aber an diesem Tag hatte ich irgendwie unwissentlich einen wunden Punkt bei ihr getroffen, und wir fingen an, nachdem wir gemeinsam geweint hatten, darüber zu reden. Sie gab mir zu verstehen, dass sie sich allmählich überflüssig vorkomme. Alle schienen sie überhaupt nicht mehr zu brauchen und widmeten sich ihren eigenen Interessen, keiner in der Familie außer mir hätte mehr Zeit für sie. Dabei hatte sie uns doch über 20 Jahre ihres Lebens gegeben! Sie hatte nicht Unrecht und eigentlich war ich von den Anderen schon länger enttäuscht, dass sie unsere Mutter so im Stich ließen. Nach ihrer Aussage entschied ich mich dafür, an diesem Tag bei ihr zu bleiben, denn sie wirkte so verletzt. Ich versicherte ihr, dass ich sie noch brauchte und sie liebte.

In dieser Zeit fing eine neue Phase der Auseinandersetzungen und Diskussionen zwischen meinen Eltern an. Sie schienen abends über Sachen zu reden, die beide ziemlich aufwühlten. Wir Kinder durften aber nicht erfahren, worum es ging. Meine Mutter schien nicht gegen meinen Vater anzukommen und war tagsüber dann traurig. Eines Tages, nachdem sie sich am Vorabend gestritten hatten, weinte sie so sehr, dass ich sie darum bat, mit mir zu reden und mir zu sagen, was passiert war. Aber das wollte oder konnte sie nicht. Ich sagte: „Mom, Du musst mit irgendjemand sprechen, so kann es nicht weitergehen." So beschloss sie, ihre Schwägerin Traude Holl anzurufen. Die zwei unterhielten sich auf Deutsch und ich verstand nichts, außer wenn der Name „Hans" fiel. Aber unverkennbar war meine Mutter ziemlich aufgelöst. Sie beschloss, zu ihrer Schwägerin zu fahren, um dort weiterzureden. Wir mussten mit dem Auto etwa eine halbe Stunde fahren, bis wir dort hinkamen, wo Tante Traude und Onkel Gustav ihren Donuts-Laden, einen „Tim Hortons", hatten. Auf dem Weg dorthin bekam meine Mutter während des Fahrens ziemlich plötzlich einen starken Weinanfall. Sie verkrampfte an den Armen und lenkte das Auto nicht mehr richtig, sodass es anfing, auf der Autobahn in die nächste Spur abzudriften. Zwar wurden wir angehupt, aber meine Mutter reagierte nicht richtig. Ich schrie sie an: „Mom, fahr' rechts ran und halt an!" In dieser Sekunde realisierte sie die Situation und schaffte es, tatsächlich ohne einen Unfall zu bauen, den Wagen rechts an den

Seitenstreifen zu fahren und anzuhalten. Da standen wir erst mal eine Zeitlang. Sie weinte und weinte und zwischendurch sagte sie immerzu: „Es tut mir leid." Aber ich wusste nicht, was genau ihr leid tat. Es war alles furchtbar. Nachdem sie sich beruhigen konnte, fuhren wir langsam weiter. Endlich bei meiner Tante angekommen hatte ich das große Glück, mir lauter Mini-Donuts aussuchen zu dürfen. Die beiden wollten sich ungestört unterhalten und so saß ich alleine da und vertilgte Unmengen von Donuts. Nach dem Besuch bei meiner Tante tat meine Mutter etwas, was ihr wohl half, sich wieder etwas besser zu fühlen. Sie fuhr zu „Holt Renfrew" einem sehr exklusiven Kleidungsgeschäft in Toronto, parkte direkt davor im absoluten Halteverbot und sagte zu mir: „Falls ein Polizist kommt, sag' ihm, Deine Mami ist kurz zur Toilette gegangen." Ich nicke einfach und blieb im Auto sitzen. An diesem Tag wollte ich ihr keine weiteren Fragen stellen. Nach einiger Zeit kam sie mit einem Lächeln im Gesicht und einer schicken Einkaufstüte in der Hand zum Wagen zurück. Wie sie mir stolz berichtete, hatte sie sich für eine horrend teure Seidenbluse entschieden und fügte hinzu: „Ich hab sie mit der Kreditkarte bezahlt, damit Dein Vater das Datum und den Preis auf der Abrechnung sieht." Sie freute sich sehr über ihren Erfolg. Wichtiger noch war, dass sie sich vorerst mal beruhigt hatte und so fuhren wir nach einem langen Tag wieder nach Hause. Von dieser Zeit an war meine Mutter anders. Ich wusste immer noch nicht, worum es ging, aber sie schien sich endgültig von meinem Vater emotional distanziert zu haben und innerlich zufrieden mit dem zu sein, was auch immer sie für sich entschieden hatte.

Kurz nach diesem Zwischenfall hatte meine Mutter wieder ein emotionales Tief und es war wieder nur ich mit ihr zu Hause. Sie fragte sich und fragte mich, was denn aus unseren europäischen Wurzeln werden solle. Sie ärgerte sich darüber, dass sie uns immer Deutsch beibringen wollte, ihre Sprache, aber zumindest an Carin und mir völlig abprallte. Sie stand unter dem Eindruck, dass wir uns überhaupt nicht für ihr Herkunftsland interessierten und für ihre Kirche auch nicht. Die Situation war dieses Mal verzwickter. Ich konnte ihr nichts vormachen. In der Tat war mein Interesse für das Deutschland, das wir bis dahin kennen gelernt hatten, wirklich nicht sonderlich groß. Unseren aufgezwungenen Deutschunterricht hatten wir nach einem halben Jahr Gemeckere aufgeben dürfen. Freiwillig kriegten die Eltern uns nicht mehr nach Europa zurück, außer vielleicht wieder auf eine interessante Städtetour, wie damals nach Paris. Sicherlich gab es in Europa wunderschöne Berge, wie wir sie in Österreich gesehen hatten, und endlos viel Kultur. Wir mochten aber die Menschen in vielerlei Hinsicht nicht, gerade in Deutschland. Sie waren uns oft zu unfreundlich und unnahbar. Wir fanden sie teilweise kalt und hatten als Kinder und Jugendliche meistens das Gefühl zu stören.

144

Wozu also sollten wir dorthin wollen? Meine Mutter versicherte mir, dass es in Deutschland, in ihrem Heimatland, auch wunderschön sein könne und dass Kinder und Jugendliche mancherorts auch wirklich willkommen waren. Sie fordert mich auf, mein Wissen und meinen Horizont zu erweitern und fragte, ob ich nicht für ein Jahr auf ein schönes Internat nach Deutschland wolle, um mir selbst ein Bild zu machen. Ich sollte „ihre" Heimat ein Jahr lang selbst erleben und auch gleichaltrige Kinder bzw. Jugendliche kennen lernen. Ich war aber so zufrieden mit meinem Leben in Oakville, dass ich nichts daran ändern wollte. Die Gegenwart konnte für mich kaum besser sein und eine Zukunft hatte ich dort auch schon geplant. Warum dann also zurück ins „alte" Europa? Sie machte auf mich einen fast verzweifelten Eindruck, was dieses Thema anging. Aber ich konnte und wollte ihr nicht entgegenkommen.

Bei einer der vielen Geburtstagspartys, die ich bei und mit meinen Freunden feiern durfte, hatte ich mein Interesse für einen Jungen entdeckt, der Tom hieß. Er hatte mich in der Schule schon des öfter nett angelächelt und gehörte zum größeren Kreis unserer Clique. Ob es an meinem freundlichen Wesen lag oder an meiner bereits beginnenden Brustentwicklung, weiß ich nicht, aber sein Interesse an mir war groß genug, dass er mich zum Tanzen aufforderte. Er gefiel mir sehr gut und so küssten wir uns an diesem Abend. Es war richtig schön und ich war ein kleines bisschen verknallt.

Im Juni 1977 wurde mein Vater zum neuen Präsidenten der „Canadian German Chamber of Industry and Commerce", der Deutsch-Kanadischen Industrie- und Handelskammer, gewählt. Dies war eine ehrenamtliche Aufgabe, die er neben seiner Position als Präsident der Firma Robert Bosch (Canada) auszuführen hatte. Meine Eltern waren sehr stolz auf diese Ernennung und meine Mutter schien, an ihrem Mann wieder etwas Gefallen zu finden. Im Vorfeld wusste ich von alledem nichts. Zu Hause hatten wir als Tageszeitung die „Globe and Mail" abonniert, die morgens früh ankam. Mein Vater und ich hatten schon länger morgens denselben Rhythmus, auch am Wochenende. Wir standen zur selben Zeit auf, jeder machte sich fertig und wir gingen meistens auch zur selben Zeit zum Frühstück nach unten. Er holte die Zeitung und es wurde zur Routine, dass er mir die Comics hinlegte, die ich mir zuerst anschaute und anschießend den Regionalteil. Gesprochen wurde dabei so gut wie nichts. Er war in seine Zeitung vertieft und ich lachte über meine Comics und danach las ich noch weiter. Manchmal teilten wir unsere „Nachrichten" miteinander. An diesem bestimmten Morgen legte mein Vater mir den Wirtschaftsteil hin und behielt die Comics für sich. Ich war etwas irritiert, aber mein Vater war immer wieder für eine

Überraschung gut. Also dachte ich mir, dies sei seine Art mir mitzuteilen, dass ich inzwischen alt genug sei, um den Wirtschaftsteil zu lesen. Möglicherweise hatte er Recht und so nahm ich diese neue Herausforderung an, ohne zu zögern. Da schaute ich mir also zum ersten Mal in meinem Leben den Wirtschaftsteil der Zeitung an und was sah ich da? Meinen eigenen Vater! Er hatte es durch seine Ernennung zum Präsidenten der Deutsch-Kanadischen Industrie- und Handelskammer in die Zeitung geschafft, sogar mit Foto! Mein eigener Vater lächelte mich aus der Zeitung an. Ich war wirklich beeindruckt und musste ihm das auch so sagen. Und er war sichtlich zufrieden mit sich und ich glaube auch erfreut, auch mal eine Anerkennung von seiner jüngsten Tochter zu bekommen. Das hatte er sich wirklich auch verdient.

Endlich Teenager

Mein dreizehnter Geburtstag stand vor der Tür und ich konnte es kaum erwarten endlich ein Teenager zu sein! Was war ich aufgeregt! Sue war bereits 20 und sowieso erwachsen und Carin machte auf mich auch einen ziemlich reifen Eindruck, und ich wollte aber meinen Schwestern nacheifern. Im Vergleich zu ihnen kam ich mir noch recht kindlich vor, auch durch meine noch etwas knabenhafte Figur. Nur in zwei Dingen wollte ich nicht so werden wie sie. Beide hatten Probleme mit ihrer Haut, sie hatten Akne. Da wir ein Badezimmer teilten, erlebte ich regelmäßig morgens die Dramen, die sie durchlebten, wenn sie einen neuen Pickel in ihren Gesichtern entdeckten. Die Gefühlsausbrüche reichten dann von blankem Entsetzen („Oh, my God!"), zu Traurigkeit (ob der entstellten Schönheit), zu Wut („Ausgerechnet heute"), zu Ekel („Mein Gesicht ist entstellt"). Teilweise konnte ich kaum fassen, wie schmerzhaft diese Entstellungen auf Gesicht und Seele sein mussten. Allerdings war ich schon etwas schadensfroh, wenn eine von ihnen mir gegenüber wieder mal unfair gewesen war und dann am nächsten Morgen -als wäre es von der Hand Gottes höchstpersönlich dorthin gepflanzt worden- ein riesiger Pickel unübersehbar das Gesicht der bösen Schwester entstellte. Über die ausgleichende Gerechtigkeit konnte ich mich tatsächlich freuen. Allerdings war es mir schon bang davor, wie meine Schwestern mir gegenüber reagieren würden, wenn ich erst mal als frisch-pubertierender Teenie dran war mit der morgendliche Gruselminute der Wahrheit. Deren Gemeinheiten mir gegenüber wollte ich nicht erleben und ebenso auch nicht selbst die Pickel-Plage bekommen und so bat ich Gott darum, in wirklich ernstgemeinten Gebeten, mich vor Akne zu verschonen. Meine Schwestern mit ihren boshaften

Zügen sagten mir immerzu: „Du bist auch bald dran mit Akne und wirst auch ein Pickel-Gesicht haben." Die konnten ziemlich furchteinflößend sein, aber ich hatte mich in diesem Fall mit Gott verbunden und fühlte mich so gut wie möglich geschützt gegenüber dem, was möglicherweise auf mich zukommen könnte.

Das Andere, was ich nicht wollte, war eine so ausgeprägt kurvenreiche Figur zu bekommen wie meine Schwester Sue. Vor den heutigen Zeiten, in der sich Frauen mit Silikon ihre Kurven ermöglichten gab es ausgesprochen selten, aber manchmal eben doch, Frauen die so etwas wie ein biologisches Natur-Phänomen darstellten, ganz ohne Silikon. Meine Schwester Sue war so ein Phänomen. Jahrelang hatte ich miterlebt, wie ihre Oberweite von Jahr zu Jahr größer wurde und mir wurde ganz bange davor, dass mir das auch noch bevorstehen würde. Bei Carin beobachtete ich eine ähnliche Entwicklung, die jedoch nicht ganz so stark ausgeprägt war. Und so machte ich mir ganz leise die Hoffnung, dass sich das Busenwachstum bei mir in Grenzen halten würde, also noch geringer ausfallen würde als bei Carin. Aber Sue hatte ja noch zu ihrer unglaublich stark ausgeprägten Oberweite eine wirklich schmale Taille, wodurch die Oberweite noch mehr betonte wurde. Also hoffte ich zusätzlich auf eine weniger ausgeprägte Taille. Die kurvenreiche Figur meiner Schwester wurde gekrönt durch breite Hüften. Mein Vater sang auf die Hüften meiner Schwester Sue bezogen gerne einen Text aus einem Lied: „She's got a pair of hipps, just like a battleship", was übersetzt heißt, dass sie Hüften hat wie ein Schlachtschiff. Und auf ihre Figur insgesamt sagte er noch: „Dazu bräuchte sie eigentlich einen Waffenschein", worüber nur er und unsere Mutter lachen konnten. Sue war darüber jedes Mal verärgert und mir wurde ganz bang bei dem Gedanken, dass ich eines Tages auch so aussehen könnte wie sie. Meine knabenhafte Figur wollte ich behalten, war aber bereit, leichte weibliche Kurven zu akzeptieren.

Als ich an meinem 13. Geburtstag aufwachte, hätte ich kaum glücklicher sein können. Endlich war ich ein Teenager und ich dankte Gott für alles was ich hatte, denn ich erkannte, wie gut es mir ging. Ich war gesund und glücklich, hatte eine wunderbare Mutter, die sogar wieder an meinem Vater gefallen zu gewinnen schien, meine Schwestern und meinen Vater konnte ich teilweise ertragen, ich war glücklich mit meiner Schule und hatte tolle Freunde, ich machte Sport, der mir Spaß machte. Wir wohnten in einem fantastischen Haus und hatten sogar ein eigenes Schwimmbad. Ich musste mir nichts wünschen -außer von der Pickel-Plage und dem Busenwunder verschont zu werden- denn mein Leben war paradiesisch. Ich musste mir kein schöneres zu Hause erträumen oder wünschen, denn ich wohnte bereits im Paradies.

Meine Mutter hatte zugesagt, dass ich nach langem Bitten und Betteln zur Feier des Tages, endlich mit meinen Freunden in den Film „Star Wars" gehen durfte. Der Film war damals bahnbrechend in seiner Art und man musste ihn einfach gesehen haben. Wir, die hin durften, waren somit ziemlich am Puls der Zeit. Da der Film aber im kleinen Kino in Oakville noch nicht lief, mussten wir nach Mississauga, um ihn zu sehen. Mit unseren Fahrrädern wäre es zu weit gewesen, also mussten wir mit dem Auto gefahren werden. Meine Mutter fuhr uns, Kirsten, Janet, Matt, Scott und mich, hin und einer der Väter sollte uns wieder abholen. Der Film ging von 19:00 Uhr bis 21:00 Uhr und es war ausgemacht, dass wir anschließend eine halbe Stunde im Einkaufzentrum bummeln durften, und um 21:30 am Ausgang warten sollten, auf das Auto, das uns nach Hause bringen sollte. Normalerweise musste ich um 21:00 Uhr zu Hause sein, aber da es mein Geburtstag, ich mit zuverlässigen Freunden unterwegs war, und direkt nach Hause gebracht werden würde, machten meine Eltern eine Ausnahme und ich durfte bis 22:00 Uhr fort bleiben. Super! Wir freuten uns alle riesig. Den Film fanden wir alle tatsächlich fantastisch und danach warteten wir ab 21:30 auf unsere Abholung, die aber nicht kam. Um 22:00 Uhr riefen wir den Abhol-Vater an, der in seinem Sportklub war und erinnerten ihn daran, uns abzuholen. Wir warteten also wieder, aber er kam nicht. Inzwischen hatten wir alle Eltern angerufen und erklärt, was passiert war. Alle Eltern hatten Verständnis für die Situation, denn es war denkbar, dass ein Elternteil tatsächlich mal vergessen könnte, die Kinder abzuholen. Meine Mutter aber gab mir zu verstehen, dass mein Vater schon sauer sei, dass ich noch nicht zu Hause war. Da war ich wiederum enttäuscht, denn die anderen Eltern waren nicht sauer. Sie wussten, dass wir nichts für die Situation konnten und waren erleichtert, dass uns nichts passiert sei. Wir warteten weiter bis 23:00 Uhr auf unsere Abholung, die aber dann immer noch nicht kam. Also riefen wir die anderen Eltern wieder an, und zu unserer Erleichterung erklärte sich dann die Mutter von Scott bereit, uns abzuholen. Bis sie ankam und dann alle nach Hause gefahren hatte, kam ich als Letzte um etwa 24:00 Uhr zu Hause an. Es war Mitternacht! Ich trat ins Haus ein, wo es ganz still war. Dann ging ich nach oben, um meiner Mutter zu sagen, dass ich endlich zu Hause sei. Ich war erleichtert, endlich da zu sein, denn stundenlang vor einem Einkaufzentrum herumzusitzen macht nicht wirklich Spaß. Und so dachte ich, wären meine Eltern nun auch erleichtert mich wieder zu Hause und in Sicherheit zu wissen. Aber anstatt eine mitfühlenden warmherzigen oder gar erleichterten Begrüßung zu bekommen, musste ich leider feststellen, dass mein Vater außer sich vor Wut war. Er schrie mich nur an, es sei Mitternacht und was mir einfiele, so spät nach Hause zu kommen!? Ich würde mir wohl einbilden, führte er fort, dass ich nun, da ich ein

Teenager sei, tun und lassen könne, was ich wolle. Von seinen Beschuldigungen war ich völlig überrumpelt, vor allem auch durch die Heftigkeit, mit der er mich verbal anging. Ich hatte doch nichts falsch gemacht! Was wir bereits telefonisch besprochen hatten, wiederholte ich. Mehrfach erklärte ich, was passiert war, aber er hörte nicht auf meine Worte. Es schien ihn gar nicht zu interessieren, was ich ihm sagte. Er gehörte einer anderen Generation an. Er war das, was man als „Alte Schule" der Erziehung bezeichnen würde: Kinder hatten seiner Ansicht nach zu folgen und sonst nichts. Sie hatten nichts zu sagen. Und dementsprechend ließ er seine Rage über das, was er für Ungezogenheit hielt, freien Lauf. Er holte aus und schlug mich. Er schlug mich so hart ins Gesicht, dass ich zu Boden fiel. Inzwischen war er geradezu hysterisch und brüllte mich an, aber ich verstand ihn nicht, da er auf Deutsch brüllte. Ich konnte gar nicht begreifen, was hier gerade passierte. Ich war fassungslos! Dann, als ich bereits am Boden lag, wollte er nachsetzen und mir noch einen Schlag verpassen. Da stürmte meine Mutter dazwischen, um ihn aufzuhalten und bekam den Schlag für mich ab. Oh nein, nicht noch das! Ich war entsetzt. Auf diesen zweiten Schlag hin gab es einen kurzen aber sehr heftigen Streit zwischen meinen Eltern, wie ich es noch nie erlebt hatte. Meine Mutter packte mich und brachte mich aus der Gefahrenzone und in mein Zimmer. Auf dem Weg dorthin schrie sie meinen Vater weiter an. Aber da sie ihn auf Deutsch anschrie, verstand ich nicht, was für Worte sie ihm an den Kopf warf und was sie ihm konkret sagte, aber ich konnte es mir schon denken. Ihr Ton und ihre Körpersprache waren deutlich genug. Sie war außer sich vor Wut und kurz vor dem Platzen! Meine Mutter blieb in dieser Nacht bei mir in meinem Zimmer. Mein fantastischer Tag endete in einer Katastrophe. Was vorher eine zeitweise emotionale Distanzierung meiner Mutter gegenüber meinem Vater gewesen war, was gerade wieder am Annähern war, wurde mit dieser Aktion zu einem Riss in ihrer Beziehung.

Die folgenden Tage waren grauenhaft. Mit den Worten: „Du hast Hausarrest für den ganzen Sommer", stürmte mein Vater morgens aus dem Haus. Wie bitte, dachte ich mir. Ich hatte doch gar nichts getan und dafür sollte ich die nächsten acht Wochen im Haus verweilen? Meine Mutter informierte sich über die ganze Geschichte bei den anderen Eltern und wusste, wie sie schon bereits vermutet hatte, dass ich nicht gelogen hatte. Sie war wegen der ganzen Sache so wütend auf meinen Vater, dass sie nicht mit ihm sprechen wollte. Noch einige Nächte blieb sie bei mir im Zimmer und schlief danach einige Nächte im Gästezimmer. Das hatte es davor noch nie gegeben. Der Zwischenfall war für sie inakzeptabel und sie war nicht bereit so zu tun, als sei nichts passiert. Ich für meinen Teil hasste meinen Vater für das, was er getan hatte. Er hatte mir zum einen keinen Glauben geschenkt und zum anderen sowohl mich als auch meine Mutter geschlagen. Von diesem Zeitpunkt an konnte ich ihn nicht mehr ausstehen und wünschte, meine Eltern würden sich scheiden lassen. Auf jeden Fall wollte ich mit meiner Mutter in einem anderen Haus wohnen als mein Vater, mit oder ohne meine Schwestern.

Es war ein Segen, dass Carin und ich noch im selben Monat für zwei Wochen zu einem Freizeitlager, dem Camp Mini-Yo-We, angemeldet waren. Da es schon bezahlt war durfte auch ich dorthin, trotz meinem Hausarrest. Ich war froh wegfahren zu können, machte mir aber Sorgen um meine Mutter. Sie hatte sich so sehr über meinen Vater aufgeregt, wie ich es noch nie erlebt hatte und ich sollte zwei Wochen nicht bei ihr sein, um ihr Beistand zu leisten. Sie war davor monatelang unglücklich gewesen und nun dieser Zwischenfall. Unser ganzer Haussegen hing schief. Mit meiner Mutter nahm ich wieder das Thema „Internat" in Deutschland auf. In Anbetracht meiner Gefühle meinem Vater gegenüber wäre ich zu diesem Zeitpunkt möglicherweise bereit gewesen, bis nach China zu reisen, um ihm aus dem Weg zu gehen. Mit ihm unter einem Dach zusammenwohnen, das wollte ich nicht mehr.

Camp Mini-Yo-We war ein christliches Freizeit-Camp, etwa 200 Kilometer nördlich von Toronto, an einem See namens Lake Mary gelegen. Zu unserem Tagesablauf gehörte außer dem Bibelunterricht auch Unterricht in verschiedenen Disziplinen wie Kanu fahren, Schwimmen, Fotografieren, Naturkunde, wozu auch gehörte, ein Lagerfeuer zu machen. Wir schliefen dort in festen Zelten, und es gab dort zusätzlich „Tipis". Obwohl der Ort und die Möglichkeiten wunderbar waren, machte mir das Ganze nur bedingt Spaß. Um meine Mutter machte ich mir Sorgen und ich vermisste sie sehr, also rief ich sie möglichst oft von einem Fernsprechautomaten aus an. Leider weinte sie immer wieder während unseren Telefonaten, und ich auch. Also beschlossen wir, dass sie mich am Wochenende besuchen würden, obwohl das nicht gerne gesehen wurde. Carin regte sich ziemlich über unser Vorhaben auf, da sie meinte, ich sei zu alt dafür, um einen Mutter-Besuch zu brauchen. Aber in Anbetracht der letzten Monate und der seelischen Verfassung unserer Mutter brauchte ich ihren Besuch, und meine Mutter brauchte ihn auch. Es war schön, sie zu sehen und es tat uns beiden gut.

Wieder zu Hause angekommen, vergingen nur wenige Tage, bis Carin und ich im August 1977 wieder für einen Monat die Segelschule besuchten. Auch dahin durfte ich, trotz Hausarrest, da dies immerhin in die Rubrik „Unterricht" fiel. Es war im großen und ganzen wie im Vorjahr und wieder brillant. Wir machten unseren zweiten Segelschein. Zudem gewann ich zum zweiten Mal den Preis für den treuesten Sonnenanbeter des Jahres, den „Sunbather of the Year Award".

Meine Mutter und ich hatten uns inzwischen über die Deutsche Botschaft Informationen über Internate in Deutschland zukommen lassen. In Anbetracht der Spannungen zwischen meinem Vater und mir schien es eine gute Idee, jetzt dem Plan nachzugehen, dass ich für ein Jahr auf ein deutsches Internat gehen sollte. Der Sommer war gerade vorbei und Carin und ich waren im Segelfieber. Da interessierte mich am meisten ein Internat am Bodensee, an dem man auch zum Segeln konnte. Man konnte dort aber auch Reiten und auch sonst noch einiges unternehmen. Das Internat schien geradezu paradiesisch zu sein und ich war sofort davon begeistert. Bei meinem ausgewählten Internat handelte es sich um Schloss Salem am Bodensee. So schön das Schloss war, so hoch war auch der Preis, um das Internat dort als Schülerin aus dem Ausland zu besuchen. Tatsächlich hatte ich mir mit Abstand das teuerste Internat Deutschlands ausgesucht. Aber weder meiner Mutter noch mich interessierte das wirklich. Als wir meinem Vater unser Ergebnis präsentierten, war er nicht sonderlich begeistert, als er das mit dem Preis feststellte. Aber meine Mutter gab ihm zu verstehen, dass es ihr Wille sei, dass ich für ein Jahr nach Deutschland ginge, und das mit dem Preis würde sie zur Not selbst übernehmen. Allerdings machte sie ihm auch klar, dass er mir nach dieser Aktion an meinem Geburtstag etwas schuldete. Er nickte mit seinem Kopf, was als Reue hätte gedeutet werden können. Somit war die Sache beschlossen und ich würde nach Salem gehen. Allerdings wollte ich noch die achte Klasse in der Junior High School verbringen und stimmte zu, das erste Jahr der High School, also die 9. Klasse, in O.T. auszusetzen und das Jahr in Deutschland zu verbringen. Mein Vater schien mir zu dieser Zeit, bei meiner Mutter überhaupt nichts mehr zu sagen zu haben und so konnte er nur noch zustimmend nicken. Wenigstens war das beschlossene Sache und nun mussten wir nur noch das Jahr bis dorthin miteinander auskommen. Die Spannungen zwischen meinen Eltern waren noch enorm und daher freuten wir uns, dass mein Vater Ende August wieder für einige Wochen geschäftlich nach Deutschland musste! Von mir aus hätte er dort bleiben können.

Im September kam ich in die achte Klasse nach E. J. James. Ich war froh, meine Freunde wieder zu sehen und freute mich auch auf Tom. Leider hatte er aber im Sommer sein Interesse auf ein anderes Mädchen gelenkt und das schien für uns bereits das Ende zu sein, bevor überhaupt etwas begonnen hatte. Mein Vater war wieder aus Deutschland zurück und machte den Eindruck, möglicherweise in der Ferne über sein Verhalten und seine Familie nachgedacht zu haben. Er war ziemlich betroffen, als er spüren musste, dass weder meine Mutter noch ich sonderlich begeistert waren, dass er wieder da war, und er bemühte sich fortan, netter zu uns zu sein.

Wunderschöne blaue Augen

Kaum dass unser Vater von seiner Überseereise zurück war, musste unsere Mutter noch im selben Monat stationär ins Krankenhaus nach Toronto. Es hieß, man habe Krebs hinter ihrem Auge entdeckt und müsse das Auge entfernen, um ihn los zu werden. Was für eine schreckliche Nachricht! Wir waren alle fassungslos. Es war furchtbar. Die Antwort auf die zunehmend schlechte Sicht war also keine altersbedingte Weitsichtigkeit gewesen, sondern ein Tumor. Nach dem Entfernen des Auges sollte sie ein Glasauge bekommen. So schlimm würde das aber nicht sein, hieß es. Andere Menschen würden auch mit einem Glasauge leben, so z.b. Sammy Davis-Junior, der trotzdem ein erfolgreicher Entertainer war. Über diese Nachricht war ich völlig schockiert und machte mir große Sorgen um meine Mutter. Zudem konnte ich mir nicht vorstellen, wie sie es verkraften würde, zukünftig ein Glasauge tragen zu müssen. Leider war meine Mutter mit den Jahren etwas übergewichtig geworden, was für ihr Aussehen nicht vorteilhaft war, aber sie hatte immer noch strahlende wunderschöne blaue Augen, die ihr so viel Ausdruckskraft gaben. Ausgerechnet das sollte ihr jetzt genommen werden. Wir hatten keine Zeit uns an diese Entwicklung zu gewöhnen, denn es hieß, sie müsste schnellstens nach Toronto ins Krankenhaus, man könne mit der Operation nicht warten. Und weg war sie. Es herrschte fortan eine grauenhafte Ungewissheit in unserem Haus, eine traurige Leere füllte die Räume. Dass man diesen Eingriff nicht in Oakville durchführen konnte, ärgerte mich zudem besonders, denn ich war somit auf die Mitfahrgelegenheit bei anderen angewiesen, um meine Mutter besuchen zu können. Am liebsten wäre ich jeden Tag den ganzen Tag lang bei ihr gewesen, aber da das nicht ging, fühlte ich mich rundum ohnmächtig der Situation gegenüber.

Durch die schwere Erkrankung meiner Mutter änderte sich die Stellung meines Vaters vom Feind im eigenen Haus, zum Mitleidenden, denn wir waren beide sehr besorgt um sie und litten emotional sehr mit ihr. Obwohl ich mir seine Rückkehr aus Europa nicht gewünscht hatte, war ich nun doch froh, dass er wieder zu Hause war, denn so war doch noch ein Elternteil in dieser schwierigen Zeit zumindest abends für uns da. Den Gedanken, dass meine Mutter alleine in der großen anonymen Stadt in einem Krankenhaus lag, und mit Schmerzen und mit einer Entstellung ihres Aussehens alleine zu Recht kommen musste, konnte ich kaum ertragen. Meinen Vater schienen dieselben Gedanken auch sehr zu belasten. In dieser Situation waren mein Vater und ich auf einmal solidarisch verbunden. Er versprach mir, mich immer wieder mit in die Stadt zu nehmen, um meine Mutter zu sehen. Erst einen Tag nach der Operation durften wir meine Mutter besuchen. Also fuhren wir gemeinsam zu ihr, auch wenn wir unterwegs fast nichts miteinander redeten. Ich hatte kein Bedürfnis mich mit ihm, über irgendetwas, was über den Grund unserer gemeinsamen Fahrt hinaus ging, zu unterhalten. Zu frisch waren bei mir noch die Erinnerungen an seinen Wutanfall im Sommer. Auch die Sorge um den Zustand meiner Mutter und das Ergebnis der Operation lag in der Luft. Die Spannung war fast unerträglich. Aber da teilte mir mein Vater mit, er habe ein Geschenk für sie dabei. Ach, dachte ich, wie schön. Sie wird sich sicherlich freuen. Mein Vater war wegen der Überraschung aufgeregt, fast wie ein Teenager vor einer Verabredung und so kannte ich ihn bislang überhaupt nicht. Er freute sich, sie endlich sehen zu dürfen, wusste aber auch nicht, was ihn oder uns dort erwarten würde. Wir teilten eine Stimmung, die eine Mischung aus Freude, Angst und Sorge war. Aber er hatte sich vorbereitet und zeigte mir, worum es bei der Überraschung ging. Das kleine blaue Schächtelchen, das er während der Fahrt aus seiner Manteltasche zog und mir zum Ansehen gab, öffnete ich und sah darin einen Ring. Zwar verstand ich nur wenig von Schmuck, aber als ich diesen funkelnden Ring mit seinen großen und wunderschönen geschliffenen Saphiren in der Mitte, umringt von kleineren Diamanten sah, ahnte ich schon, dass es sich hierbei um ein außergewöhnlich schönes und auch wertvolles Geschenk handelte. Erst dann begann ich zu begreifen, dass mein Vater meine Mutter auf seine Art sehr liebte, sie ihm doch sehr wertvoll war und ihm ihre Erkrankung unheimlich nahe ging. Er fragte mich, ob ich meinte, der Ring würde meiner Mutter gefallen und ich sagte ihm, dass er ihr bestimmt gefallen würde! Er enthielt ihre Lieblingsfarben, blau, weiß und Gold, und davon abgesehen, glaubte ich, dass es jeder Frau erst mal die Sprache verschlagen würde, überhaupt einmal so beschenkt zu werden. Meine Eltern kannten sich schon ihr ganzes Leben lang. Und auch wenn sie im letzten Jahr Differenzen hatten, schien er alles unternehmen zu wollen, damit es ihr wieder besser ging. War es doch erst zwei Monate her, seit ich ihn zutiefst verabscheute, so hatte ich jetzt so viel Mitgefühl für ihn, denn er schien mir jetzt geradezu zerbrechlich und fast sogar schutzbedürftig. Ausgerechnet er, mein großer und teilweise übergroßer Vater wirkte in dieser Situation ähnlich ohnmächtig und ratlos wie ich. Ich begann zu begreifen, dass möglicherweise nicht ich, sondern das Wissen um ihren gesundheitlichen Zustand ihn in den letzten zwei Monaten zu dem gemacht hatte, was er mir gegenüber geworden war. Leider wurde ich wohl zum Blitzableiter seiner Hilflosigkeit, und als ich das begriff, begann er mir sogar leid zu tun.

Mein Vater erzählte mir, dass meine Mutter sich schon immer solch einen Ring gewünscht habe. In Deutschland gab es den Brauch des Verlobungsringes nicht, doch sie hatten in Ländern gelebt in denen es Brauch war, seiner Verlobten einen wertvollen Ring mit Edelsteinen zu kaufen. Meine Mutter wurde immer wieder darauf angesprochen, ob sie denn keinen Verlobungsring hätte. Und so hatte sie sich manchmal eben doch so einen Ring gewünscht. Aber mein Vater meinte, sie hätten mittellos angefangen, dann viel Geld für Reisen ausgegeben und nun ein großes Haus gebaut. Dafür wurde Geld investiert, und auch seine finanziellen Mittel hätten ihre Grenzen, meinte er. Nach diesem schlecht gelaufenen Jahr wollte er ihr diesen Ring eigentlich zu ihrem Geburtstag im November schenken, aber nun fand er, dass sie nach ihrer Operation dringend eine Aufheiterung brauchte, also brachte er den Ring an diesem Tag mit ins Krankenhaus. Ich freute mich sehr für meine Mutter, dass sie nun ihren „Verlobungsring" bekommen würde und teilte nun auch die Vorfreude mit meinem Vater, denn ich wusste, dass meine Mutter sich riesig freuen würde.

Als wir sie zuerst sahen, erschraken wir beide etwas, versuchten aber instinktiv, uns nichts anmerken zu lassen. Sie hatte eine riesige Bandage über ihrem Auge und darüber hinaus und sie machte insgesamt einen sehr schrecklichen Eindruck. Sie wirkte körperlich und seelisch erschöpft. Aber sie war sehr froh, dass wir gekommen waren. Und streckte ihre Hand zu uns aus. Ich hatte immer das Gefühl gehabt, ihr Lieblingskind zu sein, ihr kleiner Sonnenschein, und so strahlte ich sie an, so gut ich konnte. Da es ihr so schlecht ging, sie so schwach war, und die Situation schmerzhaft war, freuten wir uns beide umso mehr, dass mein Vater den Ring dabei hatte. Diese schöne Überraschung war tatsächlich genau das, was sie jetzt zu brauchen schien. Als er ihr den Ring schenkte, freute sie sich so sehr darüber, dass sie vor Freude weinen musste! Das war aber nicht gut, denn das Weinen bereitete ihr Schmerzen und brachte sie von ihrem Freudehoch über das Geschenk mit einem Schlag zurück in die düstere Gegenwart. Die Stimmung schwenkte so schnell um, dass weder mein Vater noch ich so schnell reagieren konnten. Erinnert daran, dass ihr ein Auge entfernt worden war, war sie auf einmal außer sich vor Wut. Sie schrie, wie hässlich sie jetzt sei und dass man sie nicht mehr ansehen könne, und dass sie den Ring nicht mehr bräuchte und nicht mehr wollte. Sie befahl meinem Vater, den Ring zurückzunehmen, der aber weigerte sich. Der Abend verlief auf einmal grauenhaft und wir mussten alle Drei weinen. Nachdem wir sie beruhigt hatten, auch mit Hilfe eines Arztes, und ihr versicherten, dass wir sie noch liebten und bräuchten, mussten wir gehen, da die Besuchszeit zu

Ende war. Meine Mutter wollte den Ring nicht behalten, mein Vater ihn nicht zurücknehmen. Keiner wollte den Ring, also nahm ich ihn und steckte ihn in meine Hosentasche und wir fuhren nach Hause. Mein Vater war am Boden zerstört und mir ging es auch nicht viel besser, nachdem ich meine Mutter in diesem Zustand erlebt hatte. Er sprach die ganze Fahrt über kein Wort und ich auch nicht. Zu Hause angekommen, legte ich den Ring meiner Mutter in ihren Nachttisch in der Hoffnung, sie würde sich wieder fangen und sich irgendwann doch noch darüber freuen, ihn dort zu finden.

Nach etwa zehn Tagen kam meine Mutter aus dem Krankenhaus nach Hause. Aber es ging ihr psychisch und physisch sehr schlecht. Sie war sehr schwach und nach wie vor traurig. In ihrem Zustand wollte sie nicht alleine sein. Sie weinte am Anfang immer wieder, was ihr Schmerzen bereitete. So blieb ich einfach von der Schule weg so oft es ging und blieb die meiste Zeit bei ihr zu Hause. Ich war 13 Jahre alt und versuchte mein Bestes, sie zu versorgen, zu beschäftigen und aufzuheitern. Heute weiß ich nicht, warum sonst niemand da war, um sich um sie zu kümmern. Hatte sie keine Freundinnen? Oder hatten die keine Zeit? Wollte meine Mutter vielleicht niemanden außer ihrer Familie um sich haben? Ich weiß es nicht. Was war mit ihrer eigenen Mutter, war sie zu alt, um ihre Tochter zu besuchen oder sich um sie zu kümmern? Wieso ist sie nicht von Deutschland rüber geflogen? Mir schien es so, als würde kein Mensch bei uns vorbei kommen, um nach ihr zu sehen. Und das machte mich traurig. Konnte es sein, dass sie keine echten Freundinnen hatte? Wenn dem so war, lag das wohlmöglich daran, dass sie zu oft umgezogen war? Fragen über Fragen für die ich keine Antworten kannte, beschäftigten mich.

Meine Mutter und ich mussten die Zeit irgendwie totschlagen, während ihre Genesung nur sehr langsam voranschritt. Also spielten wir immer wieder Karten. Das Problem dabei war aber, dass es ihr schwer fiel, mit nur einem Auge zu sehen. Aber sie musste es lernen. Sie hatte es noch nicht gemeistert, mit einem Auge kleine Sachen wie Buchstaben und Zahlen zu fokussieren. Als ich ihr anbot, auch nur mit einem Auge zu schauen, damit wir dieselbe Ausgangsposition beim Spielen hätten, konnte sie schon wieder lachen. So tasteten wir uns mühsam voran von Situation zu Situation. Tag für Tag. Aber ich war davon überzeugt, dass wir zwei das Ganze irgendwie schaffen würden.

Bald sollte meine Mutter schon ihr Glasauge bekommen, worauf sie sich im Vorfeld sehr freute. Als es ihr aber eingesetzt wurde, gefiel es ihr überhaupt nicht. Sie sagte immerzu, dass ihr das Auge fremd sei, das sie so nicht aussehen möchte. Sie regte sich so sehr darüber auf, wie schlecht das Glasauge war, dass sie im gesamten Heilungsprozess einen enormen Rückschlag erlitt. Die Hoffnung, die sie gehabt hatte, mit einem Glasauge einigermaßen normal auszusehen, wurde ihr durch dieses erste Ersatzauge genommen. Wir ließen ihr ein zweites Auge anfertigen und zum Glück gefiel es ihr besser. Nun musste sie aber noch lernen, mit diesem Glasobjekt zurechtzukommen. Auch dies würde sich als ein mühsamer Prozess herausstellen. Ich erinnere mich, wie sie einmal etwas nähen wollte. Sie war eine sehr gute und geübte Näherin. Sie versuchte lediglich den Faden durch die Nadel zu ziehen, aber es gelang ihr nicht. Sie versuchte es mehrmals, aber es gelang ihr auch nach mehreren Versuchen nicht. Ich saß zufällig neben ihr und hielt schier die Luft an bei jedem neuen Versuch, den sie startete. Sie war nach mehreren Fehlschlägen wütend und entmutigt, weil es ihr nicht gelang, diesen Faden durch das Nadelöhr zu ziehen. Sie fühlte sich inzwischen völlig nutzlos und raste vor Wut und Frustration, weinte und schrie gleichzeitig. Wie meistens waren wir beide alleine zu Hause und ich konnte sie nur in den Arm nehmen und trösten. Wie es ihr wirklich körperlich oder emotional ging, konnte ich nicht nachempfinden, aber es war unübersehbar, dass sie fürchterlich litt. Sie sagte mir, es wären anhaltende Schmerzen im Kopf, die sie fast verrückt machten und hinzu kämen die Nebenwirkungen der Schmerzmittel. Sie war aggressiver als sonst und hatte auch noch einiges an Gewicht zugenommen, was sie zusätzlich ärgerte. Was meine Mutter noch trauriger machte, war, dass sie sich vorkam, als sähe sie aus wie ein Monster, wie sie mir sagte. Aber ich versicherte ihr, dass sie nicht aussehe wie ein Monster und dass es mir zudem egal sei, wie sie aussehe. Ich war einfach froh, dass sie lebte. Die Zeit mit ihr nahm mich ziemlich mit. Ich tat mein Bestes, um für sie da zu sein und litt mit ihr in ihrer Hilflosigkeit.

Das Leben ging weiter und so entschloss sich meine Mutter, ihr Bestes zu versuchen, um am Leben auch wieder Anteil zu nehmen. Sie brauchte eine Veränderung und wollte meinen Vater auf einer Geschäftsreise begleiten. Eigentlich ging es ihr ziemlich schlecht zu dieser Zeit, aber die beiden hatten sich gedacht, dass meiner Mutter eine Reise und eine Abwechslung vielleicht gut tun würden. Sie sollte wieder Selbstvertrauen gewinnen und zudem auf andere Gedanken kommen. Im November 1977 reisten sie zusammen nach Edmonton, Alberta.

In seiner Funktion als Präsident der deutsch-kanadischen Industrie- und Handelskammer sollte mein Vater die Eröffnung der dortigen Zweigstelle offiziell begleiten. Es waren zur Feier der Alberta-Premier und der Botschafter der Bundesrepublik Deutschland aus Ottawa gekommen. Auch andere Persönlichkeiten aus Wirtschaft und Politik waren dabei, so auch der damalige Chef der Fluggesellschaft Lufthansa in Kanada. Dabei war auch ein deutschstämmiger Alberta-Minister namens Horst Schmid. Mein Vater erzählte, wieder zu Hause angekommen, dass Herr Schmid ihn darum gebeten habe, ihn für seine Rede als Horst T. Schmid vorzustellen. Mein Vater habe geantwortet, dass das überhaupt kein Problem sei, fragte aber noch, warum mit „T". Herr Schmid habe geantwortet: „Manchmal, wenn ich meinen Namen „Horst Schmid" ausspreche, denken die Leute ich hätte gesagt „Horse shit", also Pferdeäpfel. Um dieses Missverständnis zu vermeiden, stelle er sich daher immer mit Horst T. Schmid vor. Wir lachten alle lauthals über diese Geschichte und ich fand sie so komisch, dass ich meinen Vater danach jahrelang immer wieder darum bat, sie mir zu erzählen. Die Reise war für meinen Vater ein Erfolg gewesen, leider aber nicht für meine Mutter. Sie kam zurück und war am Boden zerstört. Sie erzählte mir, sie habe sich noch nie in ihrem Leben so unwohl gefühlt. Mit ihrem Glasauge kam sie sich so hässlich vor und mit ihren zusätzlichen Kilos so fett, dass es ihr nur noch peinlich war. Sie sagte, unter diesen Umständen wolle sie nie wieder verreisen.

Für mich ging das Leben in der Schule weiter. Ich war nicht immer dort, und wenn ich in der Schule war, war ich nicht sonderlich konzentriert. Der Lehrstoff ging nur noch bedingt in meinen Kopf. Die Lehrer beschwerten sich bei mir, weil ich die Hausaufgaben nicht machte. Mit der Begründung, meine Mutter sei krank, waren sie nicht zufrieden. Ich fühlte mich rundum ausgelaugt und missverstanden. Was mir aber in dieser Zeit nicht entging, war, dass ein sehr netter Junge Interesse an mir zeigte. Sein Interesse an mir passte zeitlich ziemlich schlecht zu den Geschehnissen zu Hause, aber er war sehr nett zu mir und ich konnte und wollte ihn nicht ignorieren. Es tat mir gut, dass jemand auch mich mal fragte, wie es mir ginge und auch wirklich Interesse an mir hatte. Aber ich wollte nach der Schule immer direkt nach Hause, um bei meiner Mutter zu sein, sodass mir nicht die Zeit blieb, mich auf dem Schulhof noch lange mit ihm zu unterhalten. Es begann so eine Zeit, in der wir gemeinsam nach der Schule ein Stück weit zusammen nach Hause gingen und uns unterhielten. Diese gemeinsamen Wege wurden zu meinem Höhepunkt am Tag. Da der Weg aber zu kurz war und wir uns länger unterhalten wollten, begann für Brent und mich eine Zeit, in der wir abends noch lange telefonierten. Wir verstanden uns gut und unterhielten uns einfach gerne.

Im Herbst 1977 verfolgte mein Vater immer wieder mit einem besonderen Interesse die internationalen Nachrichten und wartete auf eine bestimmte Berichterstattung. So gespannt hatte ich ihn noch nie am Fernsehen erlebt wie in dieser Zeit. Besonders viel wurde damals nicht über den Rest der Welt berichtet.

Aber eines Abends wurde berichtet, dass in Deutschland der Arbeitgeberpräsident von der deutschen terroristischen Gruppe Rote Armee Fraktion, kurz RAF, entführt worden war, um einige ihrer Mitglieder aus dem Gefängnis frei zu bekommen. Mein Vater hatte diese Entwicklung in den Nachrichten über Wochen verfolgt und erklärte uns, dass er diesen Mann bei seiner letzten Reise nach Deutschland kennen gelernt hätte, ihn schätze und mochte, und er sagte mir auch: „Dieser Mann ist Familienvater." Über die Terrorristen sagte er immer nur: „Diese Schweine", Worte, die ich so auch nicht von ihn kannte. Mein Vater war von dieser ganzen Geschichte sichtlich bewegt. Als dann von der Ermordung von Hanns-Martin Schleyer durch die RAF berichtet wurde, war mein Vater erschüttert. Er saß auf dem Boden um möglichst dicht am Fernseher zu sein und nach der Berichterstattung fing er an bitterlich zu weinen. Auch das war neu für mich. Diese ganze Geschichte mit den Terroristen in Deutschland hatte ihn sehr mitgenommen und mich beunruhigte sie. Nun hatte ich einen weiteren negativen Eindruck von Deutschland bekommen, nämlich, dass es dort Terroristen gab. Dieses ganze Konzept, welches mein Vater mir zu erklären versuchte, ging mir überhaupt nicht in meinen Kopf. Das Prinzip der Entführung, Erpressung und der Ermordung für politische Zwecke konnte ich nicht verstehen. Auf einmal schien mir Deutschland zu allem anderen, was ich bisher über das Land dachte, auch noch gefährlich und irgendwie verrückt zu sein. Ich lebte seit Jahren in einer funktionierenden Demokratie in einem Land, in dem die Menschen nett zu einander waren und die höchste demonstrierte politische Form des Protestes war, wenn die Briefträger mal streikten. Es gab zwar immer wieder den Wunsch mancher Québécois, den Einwohnern der Provinz Quebec, sich unabhängig vom Rest Kanadas zu machen, aber diese Diskussionen wurden durch Volksabstimmungen gewaltfrei geklärt. Ich kannte nur Frieden und hatte kein Interesse daran, irgendwo hinzuziehen, wo es solche gefährlichen Spinner gab. Mein Interesse an meinem Jahr in Deutschland wurde geschwächt.

Weihnachten 1977

Im Dezember musste meine Mutter wieder ins Krankenhaus nach Toronto. So wie ich es verstanden hatte, ging es bei dieser Einweisung „nur" um einen Aufenthalt von ein paar Wochen. Sie hatte Probleme mit den Medikamenten und wurde zudem immer schwächer. Im Grunde genommen ging es darum, die richtigen Medikamente für sie zu finden. Zu Weihnachten sollte sie wieder zu Hause sein, hieß es, aber das war dann doch nicht möglich. Wir sollten das erste

Mal Heiligabend, das Fest der Feste, ohne unsere Mutter verbringen. Ohne sie konnten wir das nicht und so entschlossen wir uns, das Weihnachtsfest zu ihr zu bringen und mit ihr im Krankenhaus zu feiern. Wir packten einige Geschenke ein, Kerzen und Gebäck und fuhren am 24. Dezember zu ihr. Als wir dort ankamen, stellen wir sehr zu unserer Überraschung fest, dass es ihr erstaunlich gut ging! Es schien mir ein Weihnachtwunder zu sein. Und für uns alle, das schönste Geschenk überhaupt. Wir sangen deutsche Weihnachtslieder mit ihr, die sie all die Jahre davor mit uns am Klavier sitzend und spielend gesungen hatte. Mehr als eine Strophe pro Lied kannten wir Kinder in der Regel nicht, dafür aber unsere Mutter, die uns die restlichen Strophen vorsang. Auf mich wirkte sie so sehr gestärkt und zudem fröhlich, dass ich mir sicher war, sie hätte das Schlimmste überstanden und wäre in wenigen Tagen wieder zu Hause. Was für eine enorme Erleichterung, nach Wochen der Ungewissheit. Wir verabschiedeten uns alle mit einem Kuss von ihr und ich sagte ihr wie immer, dass ich sie liebte. Als wir an diesem Abend wegfuhren, war ich mir sicher, dass alles gut werden würde. Dieser Gedanke erleichterte mich, denn ich war innerlich erschöpft und brauchte dringend eine gute Nachricht. Viel länger hätte ich noch weitere schlechte Zeiten nicht ertragen.

Mein Zwischenzeugnis in der 8. Klasse war ziemlich schlecht, obwohl ich immer noch einen Dreier-Durchschnitt hatte. Ausgerechnet mein Musiklehrer, mit dem sich meine Mutter so gut verstand, hatte mir eine ziemlich schlechte aber doch zutreffende Beurteilung geschrieben: dass ich ständig fehlen würde und unkonzentriert wäre. Im Gegensatz zu allen vorhergehenden Zeugnissen war es dieses Mal aber zu Hause völlig egal, was für ein Zeugnis ich mitbrachte. Mein Vater regte sich zum ersten Mal nicht auf, denn er wusste, warum meine schulischen Leistungen schlechter waren als sonst.

Den nächsten Tag, den 25. Dezember, verbrachten wir mit den Brüdern meiner Mutter und ihren Familien. So hatten wir doch wenigstens unser traditionelles Groß-Familien-Fest, was uns allen sehr gut tat. Am nächsten Tag würden meine Onkel zu ihrer Schwester ins Krankenhaus fahren, sodass sie wieder Besuch hatte. Wir konnten daher am 2. Weihnachtstag bei der Familie von Ed feiern, wo wir das erste Mal zu Weihnachten eingeladen waren. Stella, die Mutter von Ed, wusste, dass unsere Mutter im Krankenhaus war, und so wollte sie uns Mädchen einladen, bei ihr zu feiern. Sie war eine warmherzige Frau und litt mit uns Mädchen, als es unserer Mutter so schlecht ging. Sie war stets besorgt um uns und fragte nach, wie es uns und unserer Mutter ginge. Sie wusste auch, dass Sue mit ihren gerade 21 Jahren sehr viel zusätzliche Verantwortung tragen musste, oft ihre Schwestern herumfuhr und zudem für den Einkauf der Lebensmittel zuständig war. Und das alles neben ihrem Studium! Wir Mädchen waren alle auf unsere eigene Weise ziemlich mitgenommen und überfordert und freuten uns über die Einladungen von Verwandten und Freunden. Es gab uns Halt und war eine große Hilfe in dieser schwierigen Zeit.

Wir legten alle eine Pause von zwei Tagen ein, an denen wir nichts unternahmen. Das tat uns allen gut, denn schließlich ging es unserer Mutter schon das ganze Jahr lang schlecht und wir waren alle davon betroffen. Mein Vater musste allerdings tagsüber ins Büro und fuhr nach der Arbeit zu ihr. Am 29. Dezember wollte ich nun doch endlich wieder meine Mutter besuchen. Unser Vater war bei der Arbeit und wollte danach aber wieder alleine zu ihr ins Krankenhaus fahren. Mich ärgerte das so sehr, dass ich nicht mitgehen sollte, dass ich mittags zu Hause einen Wutanfall bekam. Meine Schwestern waren an diesem Tag auch zu Hause und hatten meinen Wutanfall miterlebt. Sie wussten mir nicht zu helfen und sagten, ich solle ins Bett gehen und einen Mittagsschlaf machen, denn ich schien erschöpft zu sein, mental ausgelaugt. Das war ich auch, aber ich war zusätzlich verärgert und frustriert darüber, dass ich nicht zu meiner Mutter kam! Keiner schien mich zu verstehen. Obwohl ich ungern auf meine Schwestern hörte, tat ich es aber dieses Mal, denn ich merkte, wie wenig Kraft ich selbst noch hatte.

An diesem Abend kam unser Vater nach Hause und sah schrecklich aus. Ich sagte ihm, er solle sich erst mal hinlegen und obwohl er noch nie auf irgendetwas gehört hatte, was ich ihm sagte, tat er es. Carin war inzwischen wieder unterwegs bei irgendwelchen Proben. Ich sagte zu Sue, dass sie Carin holen und nach Hause bringen solle, was sie erstaunlicherweise auch tat. Mein Vater und ich waren alleine zu Hause, als das Telefon klingelte. Normalerweise wäre ich hingegangen, aber in diesem Moment konnte ich es einfach nicht. Es klingelte und klingelte, bis mein Vater endlich zum Telefon ging. Ich war schon auf dem Weg nach oben, um ihn zu fragen, wer angerufen hätte, als mein Vater anfing zu schreien. Er schrie laut und voller Schmerzen und brüllte: „Nein, nein, nein!" In diesem Moment wusste ich, dass meine Mutter gestorben war. Mitten auf der Treppe blieb ich stehen. Erst wusste ich nicht, was ich tun sollte, ging aber dann zu ihm. Er saß auf seinem Bett und war ein Haufen Elend. Er bekam kaum Luft. Er weinte und schrie und schnappte gleichzeitig nach Luft. Er war völlig außer sich. Als er mich sah, versuchte er etwas zu sagen, aber zuerst kam nichts aus ihm raus. Dann sagte er immerzu „Deine Mutter, Deine Mutter…" aber weiter kam er nicht. Ich nahm meinen Vater in den Arm und sagte: „Ich weiß."

Als ich an diesem Tag meinen Mittagsschlaf machte träumte ich, dass meine Mutter gestorben sei, beziehungsweise im Himmel war. In meinem Traum sprach sie zu mir und sagte mir, dass sie jetzt gehen müsse. Aber sie sagte mir auch, dass sie nicht weit weg sein würde und ich jederzeit mit ihr reden könnte. Noch nie hatte ich so etwas geträumt. Als ich am Nachmittag aufwachte hatte ich Angst, dass sie wirklich sterben würde. Nun war es bereits so gekommen.

Kurz nach dem Anruf aus dem Krankenhaus kamen Sue und Carin nach Hause. Ich ging zu ihnen runter, schaute sie lange an und sagte: „Mom ist gestorben." Wir nahmen uns alle in den Arm und weinten miteinander. Irgendwann gingen wir zu unserem Vater und wir heulten zu viert. Dann packte mein Vater uns alle ins Auto und fuhr mit uns, obwohl es bereits sehr spät war, nochmals nach Toronto ins Krankenhaus zurück. Er war der Ansicht, dass wir uns von unserer verstorbenen Mutter verabschieden sollten und das taten wir auch. Im Nachhinein denke ich, dass es die richtige Entscheidung unseres Vaters war, mit uns dorthin zu fahren, nicht nur um Abschied zu nehmen, sondern auch um den leblosen Körper unserer Mutter zu sehen. Hätte ich nicht mit meinen eigenen Augen gesehen, wie der tote Körper meiner Mutter völlig reglos dalag, und selbst beobachtet, dass sie aufgehört hatte zu atmen, hätte ich möglicherweise immer daran gezweifelt, dass sie tatsächlich gestorben und nicht nur spurlos verschwunden war. Hätte ich nicht mit meinen eigenen Händen ihre kalte leblose Hand gespürt, so hätte ich nicht jahrelang die Erinnerung daran gehabt, wie es war, als sie auf mein Drücken ihrer Hand nicht mehr reagierte.

Als ich realisierte, dass meine Mutter tatsächlich tot war, rannte ich aus dem Zimmer. Ich war in irgendeinen Raum gegangen und weiß nicht, wie lange ich dort war, bis ein Pfarrer zu mir kam. Es muss mindestens 22 Uhr gewesen sein. Er kam auf mich zu, mit der guten Absicht mich zu trösten. Er erzählte mir, mein Vater hätte ihm gesagt, dass wir evangelisch seien. Auf mein „Na und?" antwortete er mir, dass das gut sei, denn als Christen würden wir an das ewige Leben, das Leben nach dem Tod, glauben. Wenn dem so sei, fuhr er fort, dann wüsste ich doch, dass meine Mutter jetzt im Himmel sei, bei Gott. Ich sollte wissen, dass ihre Zeit hier auf der Erde zu Ende sei und Gott beschlossen habe, sie zu sich zu holen. Er meinte, dass ich als gläubige Christin doch Trost darin finden sollte, dass meine Mutter im Himmel weiterlebte. Theoretisch hatte er Recht. Ich aber sagte ihm, dass es mir ziemlich scheißegal sei, wo meine Mutter herum schwebte, solange sie nicht hier bei mir auf der Erde war. Er sagte aber, dass es Gottes Wille gewesen sei, sie zu sich zu holen. Daraufhin war für mich diese ganze Geschichte mit Gott, Kirche und Religion abrupt zu Ende. Ich sagte ihm, dass ich mit einem Gott, der den

Kindern oder Jugendlichen ihre Mütter wegnimmt, nichts zu tun haben wolle. Ich forderte den Pfarrer auf, mich in Ruhe und alleine zu lassen und er ging.

Diese Nacht schien nicht zu enden. Wieder zu Hause angekommen konnte keiner von uns schlafen. Ich ging zu Carin und wir gingen gemeinsam zu Sue. Wir Schwestern schliefen irgendwann in den frühen Morgenstunden zu dritt in Sues Bett ein.

Es folgten Tage des Durcheinanders. Zunächst aber mussten wir darüber sprechen, wie es kam, dass unsere Mutter so plötzlich sterben konnte. Ich konnte es nicht begreifen, denn sie war doch ins Krankenhaus gegangen, um ihre Medikamente einstellen zu lassen und als ich sie wenige Tage vor ihrem Tod sah, machte sie einen guten Eindruck. Dann erst rückte meine Vater mit der ganzen Geschichte heraus. Unsere Mutter hatte Krebs. Sie und mein Vater wollten uns Weihnachten nicht verderben und da die Ärzte meinten, sie hätte noch zwei oder drei Monate zu leben, würde es reichen, uns die Wahrheit erst später zu sagen. Doch dann, leider, starb sie unerwartet früher. Natürlich war ich schockiert und wütend. Man hat mir die Chance geraubt, mich von meiner Mutter zu verabschieden! Und Carin und ich -denn Sue wusste bereits Bescheid- hatten keinerlei Ahnungen gehabt, dass unsere Mutter in den letzen Monaten nicht an den Folgen der Augenoperation litt, sondern im Endstadion gegen den Krebs kämpfte! Welche Worte passen zu meinen Gefühlen; Wut, Entsetzen, Frust, Mistrauen, einfach Alles. Ich fühlte mich belogen und betrogen, auch wenn mein Vater beteuerte, das Verheimlichen der Wahrheit wäre eine gemeinsame Entscheidung unserer Eltern gewesen.

In unserem sonst eher strengen und sehr ordentlichen Haus gab es auf einmal keine Regeln mehr außer, dass jeder bis um 23:00 Uhr im Bett sein sollte. Das wich sowieso nicht von meinem gewohnten Tagesrhythmus ab. In der Regel ging ich kurz vor 23:00 Uhr ins Bett und stand kurz vor 8:00 Uhr wieder auf. Da jeder von uns seinen Tag selbständig begann und jeder wie immer für sich frühstückte, fehlte uns vor allem das gemeinsame Abendessen mit unserer Mutter. Erst dann kam die wirklich große Leere auf, mit der wir alle nicht wirklich zu Recht kamen.

Zunächst rief ich rundherum meine Freunde an, um ihnen zu sagen, dass meine Mutter gestorben war. Als ich bei Suzanne anrief, war sie nicht da und ich sprach mit ihrer Mutter. Ich muss ziemlich verloren geklungen haben, denn sie sagte mir, ich sollte vorbeikommen, war ich auch tat. Obwohl es dunkel war, lief ich alleine durch das Naturschutzgebiet hinter unserem Haus, was uns generell untersagt war, aber es war mir an jenem Abend gleich, ob mich jemand überfallen würde oder nicht. Suzannes Mutter, die ich eigentlich als eine sehr disziplinierte kühle Norddeutsche kannte, die stets korrekt war und wenig Emotionen zeigte, machte die Haustür auf und nahm mich in die Arme. Sie sprach mir nicht nur ihr Beileid aus, sie schien mit mir zu fühlen und dadurch, erst in diesem Augenblick, begann ich zu begreifen, dass etwas wirklich Schreckliches passiert war.

Carin und ich hatten keine richtige Rolle in diesen Tagen zu Hause. Sue und unser Vater mussten die Beerdigung vorbereiten, was wegen der Feiertage um Silvester herum nicht einfach war. Mein Vater erwartete von uns, dass wir alle schwarze Kleidung trugen, um nach der Tradition unsere Trauer nach außen hin zu zeigen. Nur war Schwarz damals keine Modefarbe, und als wir drei Mädels zum Einkaufen unserer Trauerkleidung loszogen, gestaltete sich diese Aufgabe schwieriger als wir geahnt hätten. Wir wurden auf unsere Fragen nach schwarzen Röcken, Blusen oder Pullovern von einer Verkäuferin verständnislos angeschaut und sie kommentierte, dass Schwarz doch wirklich keine Farbe wäre für so junge und hübsche Mädchen und Frauen wie uns. Da platzte Sue der Kragen, und sie sagte: „Schwarz ist genau die Farbe die wir brauchen, denn wir wollen Trauerkleidung tragen, da unsere Mutter gestorben ist.“ Der entsetzte Gesichtsausdruck dieser armen Verkäuferin gab mir wieder das Gefühl, dass etwas Schlimmes passiert war.

Das Beerdigungsinstitut, „Ward Funeral Home“, war recht groß und ziemlich elegant. Mein Vater hatte mit Sue dort alles vorbereitet. Sie hatten einen sehr schönen Sarg ausgesucht und ihn mit einem riesigen Strauß von meinem Vater aus 100 roten Rosen geschmückt. Von uns Töchtern war jeweils ein Strauß mit 50 gelben Rosen vor dem Sarg. Zudem kamen noch Blumen und Kränze von Freunden, Verwandten, Bekannten und Geschäftspartnern meines Vaters.

Wir besuchten einen Gottesdienst in der evangelischen Kirche. Wahrscheinlich wirkten wir wie begossene Pudel. Nun brauchten wir auf einmal die Hilfe des Pfarrers und seiner Kirche, um unsere Mutter nach ihrem Glauben beisetzen zu lassen. Für mich war ein merkwürdiges Gefühl zu wissen, dass der Pfarrer mit seiner Anwesenheit bei der Beerdigung eine Rolle einnehmen würde, die meinen Vater tief bewegte und meiner Mutter sehr viel bedeutet hätte. Da mir aber immer noch die Kirche meiner Eltern verschlossen war, fühlte ich mich wie eine Beobachterin bei seinem religiösen Ritual.

In diesem Beerdigungsinstitut fühlte ich mich sowieso als Beobachterin, anstatt Teilnehmerin an irgendetwas. Die Menschen kamen auf mich zu und sprachen mir ihr Beileid aus. Ich bedankte mich, begriff aber noch nicht endgültig, was um mich herum geschah. Auf einmal stand meine Klassenlehrerin, Mrs. Harcourt, vor mir und ich dachte mir: „Was macht die denn hier?“. Ich mochte sie sehr, sie war eine bezaubernde Person und eine starke Persönlichkeit. Sie und ihr Mann fuhren beide Corvettes, was wir Schüler ziemlich cool fanden. Alle in der Klasse hatten sie gerne und sie mochte uns auch. An diesem Tag hatte sie aber nicht ihr einnehmendes Lächeln und ihre positive Ausstrahlung wie sonst. Sie war ganz dunkel gekleidet und schaute sehr traurig. Mit einem riesigen Blumenstrauß in der Hand kam sie auf mich zu und sagte: „Die sind von Deinen Klassenkameraden." Das traf mich unvorbereitet und ich war sprachlos. Ich konnte nicht fassen, dass die an mich dachten und auf diese Art und Weise ihre Teilnahme an meinem traurigen Ereignis zum Ausdruck brachten. Dann umarmte sie mich und sprach mir ihr ganz persönliches Mitgefühl aus. Auf diesen herzlichen Ausdruck ihres Mitgefühls war ich erst recht nicht vorbereitet und fing an, bitterlich zu weinen. Sie hielt mich weiter in ihren Armen fest und ich weinte und weinte und weinte.

Zum Beerdigungsinstitut waren viele Freunde von Carin gekommen, auch einige von der Kirche, deren Mitglied sie nicht werden durfte. Meinem Vater passte das überhaupt nicht und er hätte sie am liebsten alle rausgeworfen. Wir waren alle emotional aufgewühlt, aber Carin und ich machten ihm klar, dass diese Menschen von der „Sekte", wie er immer sagte, seit Jahren unsere Freunde waren und es uns gut tat, sie in dieser Zeit bei uns zu haben. Dann wurde vereinbart, dass sie während der Trauerfeier in einem Nebenraum sitzen sollten, damit mein Vater sie nicht sehen musste und damit Verwandte und Freunde der Familie im Hauptraum Platz hatten. Auch der deutsche Botschafter war zur Beerdigung meiner Mutter gekommen. Es waren am Ende so viele Personen, dass sie kaum in das Beerdigungsinstitut hineinpassten und bei eisiger Kälte lange vor der Tür anstehen mussten, ehe sie hinein konnten.

In den darauffolgenden Tagen kamen viele Anrufe von Freunden, Verwandten und Nachbarn bei uns an. Es rief auch jede Familie an, bei der ich jemals Babysitter gewesen war. Die meisten Anrufe waren eigentlich für Carin und mich, doch die Anrufer wollten oftmals auch unserem Vater ihr Beileid aussprechen. Da reichten wir ihm den Hörer mit den Worten „Herr Soundso" oder „Frau Soundso". Er schaute uns immer an mit diesem „Wer-ist-das-Blick" und so erklärten wir ihm noch kurz, um wen es sich handelte. Er hatte so viel Anteilnahme von Menschen bekommen, die er nicht einmal kannte, die aber alle wussten, wer er war. Diese Menschen waren teilweise seit fast vier Jahren mit uns Kindern und unserer Familie verbunden und befreundet. Es war an meinem Vater völlig vorbeigegangen, dass wir Kinder Teil der Gemeinde geworden waren und dass sich diese Menschen auch für unsere Familie interessierten. Zum ersten Mal in unserem

Leben waren Carin und ich ein integrierter Teil einer Nachbarschaft und einer Gemeinde geworden und das kam in diesen Tagen sehr stark zum Ausdruck.

Wir waren sehr gerührt ob der Anteilnahme der Nachbarschaft und unserer Freunde und ihrer Familien. Alle schienen mitzufühlen und wollten uns irgendwie helfen. Als ich mich einmal am Telefon für die Anteilnahme bedankte und sagte, dass wir nichts bräuchten, sagte Sue im Hintergrund scherzhaft vor sich hin: „Wir brauchen jemanden, der uns mal ein Abendessen macht." Ich plapperte ihr nach, schneller, als sie mir sagen konnte, dass das nicht ernst gemeint war, und schon hatten wir eine Einladung zum Abendessen. Ich fand das richtig gut! Wäre das mir nicht sozusagen herausgerutscht, hätten wir wahrscheinlich keine bekommen. Die Abwechslung und die Fürsorge an dem Abend, an dem eine andere Frau für uns kochte, taten uns allen sehr gut. Und so getraute ich mich immer wieder auf die Frage hin: „Gibt es irgendetwas, was wir für Euch tun können?" zu antworten: „Ja, wir brauchen jemanden, der uns Abendessen macht." Und so wurden wir immer wieder von unseren Nachbarn und Freunden zum Abendessen eingeladen. Mein Vater war ziemlich fassungslos, wie viele Nachbarfamilien ich kannte und auch darüber, dass sie mich kannten. Er hatte gar nicht mitbekommen, wie sehr ich mich in der Nachbarschaft eingelebt hatte und wie verwurzelt ich war. Dass die Menschen mich aufgrund meiner Natur oder meines Charakters zum Teil sehr mochten, schien ihn auch zu überraschen. Es wirkte auf mich fast so, als könnte er kaum glauben, dass mich überhaupt jemand mochte. Aber dem war so.

Wir bekamen auch Beileidsbekundungen vom Arbeitgeber meines Vaters, der Robert Bosch GmbH in Stuttgart. In einem Brief schrieb die Firma an unsere Familie, dass sie eine Spende von 50.000 kanadischen Dollar an die „Canadian Cancer Research Foundation", die kanadische Krebsforschung, machen würden zu Ehren unserer Mutter. Da waren wir aber sprachlos! Der Betrag von 50.000 Can-$ war damals sehr hoch. Wer zu dieser Zeit ein Jahresgehalt in dieser Höhe hatte, galt schon als sehr gut verdienend und so beeindruckte mich die Höhe dieser Spende enorm. Mir war gar nicht bewusst gewesen, dass auch meine Mutter ein hohes Ansehen hatte und nicht nur mein Vater. Ihr war das sicherlich auch nicht bewusst gewesen. Schade nur, dass sie das nicht vorher erfahren hatte. Wenigstens hatte der Tod meiner Mutter außer seiner Sinnlosigkeit für mich und unsere Familie durch dieses Geld für Forschungszwecke einen positiven Beitrag für einen guten Zweck zur Folge.

Am dritten Januar brachten wir die Asche unserer Mutter in einer Urne zum Friedhof. Es war unbeschreiblich kalt an diesem Januartag. Das Wetter hätte nicht passender sein können. Der kalte Wind blies vom Ontariosee herüber und machte alles noch frostiger. Er war grau, kalt und windig. Außer meinem Vater und meinen Schwestern war noch Ed mit uns auf dem Friedhof, denn er gehörte zu diesem Zeitpunkt schon zur Familie. Die Brüder meiner Mutter, Gustav und Martin, waren auch dabei. Mein Vater wollte sonst niemanden dabeihaben.

Wenige Tage nach der Urnenbeisetzung bat mein Vater uns drei Schwestern zu einem Gespräch. Es war ihm ein Bedürfnis mit uns zu besprechen, wie die finanzielle Lage für uns wäre, wenn auch er jetzt sterben sollte. Wir waren noch in Trauer und wollten uns ganz und gar nicht mit dem Gedanken befassen, dass möglicherweise auch er sterben würde und wir ganz ohne Eltern dastünden. Aber er bestand darauf, die Sache hier und jetzt zu besprechen. Wir saßen am Esszimmertisch, wo wir nie zuvor zu einem Gespräch saßen. Mein Vater hatte Unterlagen auf dem Tisch liegen. Er erklärte uns, dass durch den Tod unserer Mutter das Haus zur Hälfte uns gehöre, allerdings noch eine Hypothek auf dem Haus laste. Dazu käme noch das Guthaben auf einem Sparkonto, das er durch drei teilen und jedem von uns im Alter von 18 Jahren ausbezahlen würde. Somit wurde uns mitgeteilt, dass wir geerbt hatten. Er sagte weiter, dass keine Lebensversicherung auf unsere Mutter bestehe. Unsere Eltern hatten immer wieder ihre finanziellen Entscheidungen miteinander getroffen. Mein Vater hatte es kategorisch abgelehnt, eine Lebensversicherung auf seine Frau abzuschließen, denn er habe ihr immer gesagt, dass er an ihrem Tod nicht Geld verdienen wolle. Das fand ich sehr rührend und anständig. Aber anscheinend hatte er nicht bedacht, dass unsere Mutter dadurch, dass sie Hausfrau und Mutter war, auch Arbeit leistete im Haushalt und in der Erziehung und dass diese Arbeit fortgeführt werden müsste. Möglicherweise haben sie beide einfach nicht in Erwägung gezogen, dass sie mit 47 Jahren sterben könnte anstatt erst im hohen Alter.

In mehrerlei Hinsicht war ich überrascht über dieses Gespräch, denn wir hatten in unserer Familie fast nie über Geld oder Besitz gesprochen. Die Idee war mir auch nie gekommen, dass das Haus in dem wir wohnten zur Hälfte meiner Mutter gehören könnte. Und selbst wenn, wäre ich schon gar nicht auf die Idee gekommen, dass ihr Anteil nun an uns Töchter ging. Mit Sicherheit habe ich angenommen, dass alles meinem Vater gehört, da er schließlich das Geld verdiente. In meinem Alter befasste ich mich nicht mit juristischen Themen und Fragen von Eigentum. Unser Vater erklärte uns weiter, dass, falls er nun auch ableben sollte, die zweite Hälfte des Hauses auch an uns ginge und wir somit zu dritt das Haus besitzen würden. Des weiterem erklärte er, dass er verschiedene

Lebensversicherungen auf sein Leben abgeschlossen hätte. Ursprünglich hatte er gewollt, dass unsere Mutter und wir Kinder versorgt wären, falls ihm als Familienoberhaupt etwas zustoßen sollte. Nun sei sie nicht mehr da und er sagte, wir könnten mit dem Geld auskommen was auf uns zukommen würde, müssten aber in ein kleineres Haus ziehen, um die laufenden Ausgaben zu reduzieren. Er war sich sicher, dass wir alle drei versorgt wären und in Ruhe unsere Schulen und danach die Universitäten absolvieren und später für uns selber sorgen könnten. Was er uns da erklärte, klang vernünftig und ich machte mir tatsächlich danach keine Sorgen über unsere finanzielle Versorgung, falls unser Vater sterben sollte. Es war ein beruhigendes Gefühl.

Unsere Familienkonstellation hatte sich geändert. Ein halbes Jahr zuvor hatte ich mir gewünscht, meine Eltern würden sich trennen. Ich hatte gehofft, dass meine Mutter meinen Vater verlassen würde. Nun war eine Trennung da; sie hatte ihn verlassen. Mein Wunsch war es allerdings gewesen mit meiner Mutter zu leben, und nicht mit meinem Vater. Nun war sie aber gestorben und ich lebte mit ihm! Anstatt ihn möglichst weit weg aus meinem Leben zu haben, war sie so weit aus meinem Leben verschwunden, wie es nur möglich ist. Eine Scheidung hatte ich mir gewünscht, keinen Todesfall. Die Familie war nun endgültig zu Viert.

Mein Vater saß nun Abend für Abend im Wohnzimmer mit einem Ausdruck von Leere in seinem Gesicht und sprach fast nichts mehr. Er war ein verlassener Mann. Seine Ausdruckslosigkeit ging so weit, dass ich mir Sorgen darüber machte, wie er den Verlust seiner lebenslangen Partnerin verkraften würde. Mit dem Tod seiner Ehefrau hatte er sich schlagartig geändert. Von dem unruhig herum tigernden Mann, der für mein Empfinden zu streng mit mir gewesen war und gelegentlich einen Wutausbruch hatte, war nichts mehr übrig. Er wirkte schwach und manchmal sogar zerbrechlich. Dieser Neue, mir in dieser Form noch fremder Mann, litt. In seinem Leiden tat er mir sehr leid. Ausgerechnet in seiner Trauer traf ihn auch noch die Botschaft, dass es seinem Vater gesundheitlich sehr schlecht ginge. Die Nachricht über den Tod unserer Mutter hatte unseren Großvater Paul Bauder, der schon gesundheitlich angeschlagen war, wohl sehr mitgenommen und zusätzlich geschwächt. So entschloss sich unser Vater kurzerhand, nach Deutschland zu fliegen, denn er wollte unbedingt seinen Vater noch einmal sehen, sollte er jetzt auch noch sterben. Zudem wollte mein Vater seine Schwiegereltern besuchen, um ihnen von der Beerdigung ihrer Tochter zu berichten und ihnen Fotos davon zu zeigen. Sie hatten explizit um einen Besuch von ihm gebeten, um gemeinsam zu trauern, da sie die Strapazen eines Überseeflugs nicht auf sich nehmen konnten, denn auch sie waren vom Tod unserer Mutter schwer mitgenommen. Er wollte sowieso zu ihnen fliegen, später einmal, aber nun war Dringlichkeit aufgekommen und er musste umgehend aufbrechen.

Nach seiner Rückkehr von dieser Reise sprach er noch weniger als vorher. Aber er erzählte, er habe sich von seinem Vater verabschiedet, was ihm allerdings sehr, sehr schwer gefallen sei. Nach wie vor war ich sehr in Trauer um meine Mutter und dieser Schmerz war für mich schwer zu ertragen. Aber auch mein Vater war in Trauer und musste nun davon ausgehen, dass sein Vater auch nicht mehr lange leben würde. Was für ein zusätzlicher Schicksalsschlag! War es vor wenigen Monaten die gemeinsame Sorge um meine Mutter, die uns verband, so war es nun die Gemeinsamkeit der Trauer, die uns noch stärker verbündete. Mein Vater verlor seine Frau nach 22 Jahren Ehe. Nicht nur das, sie hatten sich ihr ganzes Leben lang gekannt. Sie hatten sich aus dem Nichts ein sehr schönes Leben aufgebaut, drei gelungene Töchter, und in mehreren verschiedenen Ländern gelebt. Sie hatten sich ein außergewöhnlich interessantes und erfolgreiches Leben gemeinsam erarbeitet. Es war sehr viel, das diese zwei Menschen zusammenschweißte. Deutlich spürte ich jetzt, dass mein Vater seine andere Hälfte verloren hatte. Und ich hatte meinen ruhenden Pol verloren. Nun saß mein Vater weiterhin Abend für Abend da, sprach fast nichts und starrte teilweise stumm vor sich hin. Da er so leer wirkte, machte ich mir inzwischen sogar Gedanken darüber, ob er möglicherweise sein Leben selbst beenden würde.

Meine Schwestern litten keinesfalls so wie mein Vater und ich, zumindest konnte ich bei ihnen keinen tiefen Schmerz erkennen, auch wenn einer vielleicht da gewesen sein mag. Sie schienen eher zurechtzukommen und sich wie immer mit ihre eigene Leben und ihren Interessen zu beschäftigten, denen sie auch schon gleich wieder nachgingen. Sue musste zur Uni, hatte ihren Freund und auch seine Familie, die ihr sicherlich Halt gaben. Carin hatte ihre ganzen Hobbies, zumindest nach außen war sie ein starker Kopf-Mensch und weniger emotional gesteuert. Sie schien, den Tod unserer Mutter als eine Tatsache akzeptiert und mehr oder weniger abgehakt zu haben. Allerdings muss ich dazu sagen, dass die beiden sich nie sonderlich nahe standen. Bei mir war es komplett anders und die Abwesenheit meiner Mutter hinterließ ein enormes Vakuum. Ich fühlte mich leer und verlassen. Ich war ohne Halt, Schutz oder Unterstützung. Obwohl vor allem mein Vater, aber auch meine Schwestern durch den Tod meiner Mutter mild geworden waren und mich nicht mehr ärgerten, wusste ich nicht, wie lange dieser Zustand anhalten würde. Sie schienen alle zu sehr mit sich selbst beschäftigt zu sein, um mich noch wie früher ärgern zu wollen. Aber ihre Attacken und Bosheiten der Vergangenheit waren mir dennoch in Erinnerung geblieben und ich wusste nicht, ob oder wann sie wieder damit anfangen würden. Wer sollte mich dann beschützen? Aber im Moment schienen sie mich kaum noch zu bemerken.

Einen Monat nach der Beerdigung unserer Mutter starb Anfang Februar der Vater meines Vaters. Mein Vater war jetzt endgültig am Boden zerstört. Innerhalb von wenigen Wochen waren die zwei Menschen gestorben, die er am meisten liebte, zuerst seine Ehefrau und nun sein Vater. Für meinen Vater hätte zu diesem Zeitpunkt nichts Unpassenderes passieren können. Gerade erst von Deutschland zurück gekommen, flog er nun zur Beerdigung seines Vaters und blieb wieder eine Woche lang dort. Wir drei Mädels blieben schon wieder alleine zu Hause und Sue hatte wie immer die Verantwortung für uns. Arme Sue!

Auf dem Rückflug von Deutschland nach Kanada lernte mein Vater im Flugzeug eine Frau kennen. Es war Februar, manchmal der kälteste Monat in Kanada. Diese Frau erzählte, sie sei auf ihrer ersten Reise nach Kanada, um Land und Leute kennen zu lernen. Ihr Flugticket sei so günstig gewesen, dass sie es einfach kaufen musste. Die Tatsache, dass überhaupt irgendjemand auf die Idee kommen konnte, als Tourist in den tief gefrorenen kanadischen Winter zu fliegen, amüsierte meinen Vater bestens. Er erklärte ihr, warum ihr Ticket so günstig gewesen sei, nämlich weil man in Februar ziemlich wenig unternehmen konnte und riet ihr, im Sommer wieder nach Kanada zu kommen. Diese Geschichte fand er zum Brüllen komisch und erzählte sie uns bei seiner Rückkehr. Sonst aber hatte er wenig zu lachen und sah auch furchtbar mitgenommen aus. Er wirkte ziemlich erschöpft und hatte nun noch die Eindrücke der Beerdigung seines Vaters zu verarbeiten. Er meinte, seine Geschwister wären sehr nett zu ihm gewesen. Sie hätten Mitgefühl mit ihm, weil seine Ehefrau gerade erst gestorben war. Aus diesem Grund durfte er sich auch als Erster der sieben Geschwister dazu äußern, welche Gegenstände er sich zur Erinnerung an seine Eltern wünschte. Er habe die Familienbibel haben wollen, aus der sein Vater immer vorgelesen hatte. Zudem wollte er noch das Silberbesteck seiner Mutter und eine Kobaltvase haben, die ein Geschenk von meinen Eltern gewesen war. Als letztes wollte er noch eine Kristallvase und einen Kristallteller mit einer Widmung, auf die sein Vater stolz gewesen war. Seine Geschwister waren mit allem einverstanden und ließen ihm den Vorrang. Was aber meinen Vater beschäftigte, war, wie seine Geschwister ansonsten um den Nachlass diskutierten. Er sagte mir, es habe ihn teilweise richtig angewidert. Denn, der Vater war kaum gestorben und seine Geschwister diskutierten heftig über den Nachlass, zum Teil „wie die Geier", wie mein Vater meinte. Ich fragte ihn, ob er außer den genannten Gegenständen sonst noch etwas von seinem Vater geerbt hätte? Er antwortete ja, Geld. Der Betrag schien mir eine

Menge zu sein, vor allem in Anbetracht der Tatsache, dass sein Vater 80 Jahre alt wurde und der Gesamtbetrag durch sieben Kinder geteilt wurde. Ich fragte meinen Vater noch, ob er das Geld beim Flug bei sich hatte? Er lachte und meinte, dass zum einen erst noch das Haus bzw. die Villa seines Vaters verkauft und der gesamte Nachlass abgewickelt werden müsste. Zum anderen meinte er, er würde dann das Geld in Deutschland lassen. Ich fragte ihn, wozu er Geld in Deutschland brauchte, denn schließlich lebten wir in Kanada. Darauf antwortete er: „Man kann nie wissen." Und er fügte noch hinzu, dass es immer besser sei, sein Geld zu verteilen bzw. nicht alles in einem Land zu haben. Er meinte, das sei so bei Menschen, die schon mal Kriegszeiten durchlebt hätten. Sein Vater hätte das genauso gemacht und hätte Geld in der Schweiz gehabt als Reserve. Das fand ich alles interessant, denn es waren Themen, über die ich mir noch nie Gedanken gemacht hatte.

Es war Ende Februar und unser Vater erst wenige Tage wieder zu Hause. Nach einer Woche im Büro beschloss er, eine Woche Urlaub zu machen, um sich von den Strapazen der zwei Todesfälle etwas zu erholen. Er buchte spontan eine Reise nach Acapulco, Mexiko. Dort war er zuletzt mit seiner Frau alleine ein Jahr vor ihrem Tod im Urlaub gewesen und es hatte ihnen dort sehr gut gefallen. Von Mexiko aus schrieb er an seine Schwiegereltern, wie von fast jeder Reise, in gewohnter Manier eine Postkarte. Auf dieser stand: „Nun habe ich es doch geschafft, eine Woche Ferien zu machen, allerdings ohne Kinder. Ich habe mich sehr gut erholt, das Wetter ist herrlich." Beim Baden sah unser Vater im Urlaub eine Frau in einem Badeanzug der Marke Triumph und sprach sie an mit den Worten: „Triumph krönt die Figur", dem einstigen Werbespruch der Firma. So begannen diese zwei deutschen Touristen eine Bekanntschaft im fernen Mexiko.

In der Zwischenzeit waren wir drei Mädels schon wieder alleine zu Hause. Schließlich mussten wir auch zur Schule und zur Uni gehen. Allerdings engagierte sich in dieser Zeit Ed, der inzwischen auch vorbei kam, um nach uns zu schauen, wenn Sue noch an der Uni bleiben musste, quasi als großer Bruder. Zuerst war ich darüber etwas verdutzt, dann fand ich es aber schon gut, einen zumindest halbwegs Erwachsenen im Haus zu haben. Er erwies sich als guter Ernährer und ging wieder wie früher mit uns zu McDonalds. Er war richtig besorgt um uns und half wo er konnte. Auch er trauerte, schließlich kannte er unsere Mutter fünf Jahre lang und die beide hatten sich gut verstanden. Ed entwickelte eine Art Beschützer-Instinkt, was vor allem mich anbetraf. Ein bisschen war er wie ein großer Bruder und manchmal fürsorglich wie eine Mutter. Als Auszeichnung seiner Einsätze in dieser Zeit schenkte ich ihm als meinem neuen Ersatz-Elternteil zum Muttertag eine Muttertags-Karte!

Mein Freund Brent war für mich in dieser Zeit auch eine große Unterstützung. Wir telefonierten wie gewohnt fast jeden Abend. Als er seiner Mutter erzählte, dass unser Vater wieder, nun zum dritten Mal, verreist war und wir drei Mädels auf uns alleine gestellt waren, lud sie mich ein, jederzeit zu ihr nach Hause kommen zu können zum Essen oder was auch immer. Sie war so lieb und meinte, ob mit oder ohne Brent, sie sei jederzeit für mich da. Da ich auch zum Essen kommen durfte, tat ich das auch mal. Als mein Vater von seinem Urlaub zurück war, verstand Brent, dass ich abends bei meinem Vater bleiben wollte und so telefonierten wir wieder fast jeden Abend, ziemlich lange. Er hatte unglaublich viel Verständnis für mich und meine Situation, obwohl er selbst noch keinen solchen Verlust erlebt hatte. Er schaffte es immer, mich aufzumuntern und mir das Gefühl zu geben, gemocht und gebraucht zu werden. Einen besseren Freund hätte ich nicht haben können. Seine Mutter war auch sehr nett und fragte mich immerzu, wie es mir ginge. Es war merkwürdig. Gerade noch im Sommer wurde ich von meinem eigenen Vater bestraft dafür, dass ich nicht wie ausgemacht um 22:00 Uhr zu Hause war. Nun war keiner mehr da, um mich zu kontrollieren und die Sache war auch nicht mehr so wichtig. Brents Mutter hatte es schon als außergewöhnlich empfunden, dass wir Drei ohne einen zusätzlichen Erwachsenen zu Hause waren, während unser Vater verreiste. Als sie dann aber erfuhr, dass er ohne uns in Urlaub geflogen war, fand sie das Ganze doch etwas merkwürdig und, dass er uns zu viel alleine gelassen und zu viel zugemutet hätte. Das meinte ich eigentlich auch. Schließlich hätte er doch bis zu den nächsten Schulferien warten und uns mit nach Mexiko nehmen können, denn auch uns hätte ein Urlaub gut getan! Aber wir bekamen keinen.

Meine Freundinnen waren aber in dieser Zeit auch eine große Unterstützung, vor allem Janet, Kirsten und Shelli. Ich durfte bei allen jederzeit anrufen und einfach zum Ausdruck bringen, dass ich mich manchmal richtig mies fühlte. Sie waren immer für mich da. Sie kamen auch öfter als sonst vorbei und luden mich auch zu sich nach Hause ein. Von diesen Freundinnen und auch Suzanne und Jacquie fühlte ich mich sicher und gut verstanden. Wir sechs Mädchen hatten in den vier Jahren, die wir uns kannten, so viele Dinge miteinander unternommen und erlebt. Wir waren alle schon oft abwechselnd bei einander zum Übernachten gewesen, manchmal auch alle zusammen. Wir hatten diese vorpubertäre Phase miteinander durchlebt, die ersten BHs besprochen, uns über Jungs unterhalten, hatten unsere ersten Partys erlebt. Als Kirstens jüngere Schwester schwierig wurde, haben wir uns gemeinsam mehr um sie gekümmert, sie mit in unsere Clique aufgenommen. Manchmal lernten wir zusammen für die Schule, wir machten viel Sport miteinander, in den Sommermonaten waren wir oft entweder bei Kirsten oder bei mir zum Schwimmen. Wir kannten alle Familienmitglieder, die Geschwister und die Eltern und wie bei Shelli zu Hause, nicht nur den Hund „Ruffy", sondern auch den gesamten „Zoo", den ihr Bruder in seinem Zimmer hatte. Kurzum, wir hatten alle Entwicklungen, Herausforderungen und Krisen, die Mädchen zwischen 10 und 13 Jahren so haben können, miteinander durchgestanden. Bessere Freundinnen konnte ich nicht haben.

Konfirmationsunterricht

Mein Vater hatte nun die Aufgabe dafür zu sorgen, dass Carin und ich zum Konfirmationsunterricht gingen, da dies einer der letzten Wünsche unserer Mutter gewesen war. Wir waren weniger begeistert davon, dass wir von März bis Mai jeden Samstag nach Toronto zum Unterricht gehen sollten. Sue war auch nicht begeistert, denn sie musste uns meistens fahren. Aber wir konnten weder etwas dafür, dass wir zu diesem Unterricht verpflichtet wurden noch dafür, dass Sue nun endgültig die meisten Aufgaben unserer Mutter übernommen hatte, einschließlich Lebensmittel einzukaufen und uns zu unseren Terminen zu fahren. Der Konfirmandenunterricht hätte zu diesem Zeitpunkt kaum unpassender kommen können. Carin wurde im Vorjahr ihr Wunsch verwehrt, in eine andere Kirche einzutreten. Dementsprechend wenig Interesse zeigte sie an der evangelischen Kirche. Es führte für uns aber kein Weg an dieser Sache. Unser Desinteresse hielten wir nicht verborgen, im Gegenteil. Wir sagten dem Pfarrer weshalb wir dort seien und er meinte, unter diesen Umständen würde es für ihn nicht leicht werden, uns den Unterricht zu erteilen. Sehr zum Erstaunen unseres Pfarrers war Carin recht bibelfest. Ihr Fachwissen kombiniert mit ihrer inneren Ablehnung der Situation führte binnen Kürze zu einer Art fachlichem Schlagabtausch zwischen den beiden. Immer wenn Pfarrer Knaack uns nach dem evangelischen Glauben etwas erklärte, zitierte Carin irgendeine Stelle aus der Bibel, die etwas anderes zu dem Thema sagte. Es war unglaublich, wie sehr sie ihn herausforderte und ich stimmte ihr ohne nähere Kenntnisse der Sachlage einfach zu, egal worum es ging. Was mich betraf, wusste ich, dass Gott mir meine Mutter genommen hatte und somit wollte ich mit ihm nichts mehr zu tun haben. Aus diesem Grund stand ich meiner Schwester solidarisch bei, als sie versuchte, den armen Pfarrer Knaack im Rahmen seiner Funktion als Vertreter der evangelischen Kirche fertig zu machen. Ihr ging es ja um die Kirche, die sie ablehnte. Meine Bibelkenntnisse waren lange nicht so gut wie die meiner Schwester, aber ich stimmte ihr meistens schon in ihrer Argumentation zu, nur um gegen diese Kirche zu sein. Dies war meine Art, meine

Ablehnung gegen einen so gemeinen Gott, der Kindern ihre Mütter nimmt, zum Ausdruck zu bringen. Vielleicht aber wurde der Konfirmationsunterricht von uns beiden missbraucht, um zu rebellieren, was Jugendliche in unserem Alter manchmal eben taten. Sicherlich wurde der Unterricht aber auch als Blitzableiter für unsere verstauten Wut und Enttäuschungen genutzt. Pfarrer Knaack hatte eine wirklich schwere Aufgabe vor sich, uns binnen drei Monaten zu unterrichten und dazu noch umzustimmen.

Nach mehreren Versuchen, uns etwas beizubringen, sagte Pfarrer Knaack eines Tages zu uns, dass wir wie eine Beißzange wären. Egal was er sage, eine von uns drücke auf der einen und die andere auf der andern Seite wie bei einer Zange. Er sagte, dass es keinen Sinn hätte mit uns weiterzumachen, da wir offensichtlich nicht mitmachen wollten. Er würde unseren Vater anrufen und ihm das mitteilen. Über diese Mitteilung freuten wir uns riesig und Carin und ich konnten kaum glücklicher über unseren Sieg sein. Der Konfirmandenunterricht war aus unserer Sicht erfolgreich gekippt! Mit einer strengen Unterredung seitens unseres Vaters über diese für ihn unerfreuliche Entwicklung hatten wir allerdings nicht gerechnet. Wir dachten, wir sagen ihm einfach, dass Pfarrer Knaack irgendwie kein Interesse mehr habe, uns Unterricht zu geben. Ganz so blind hatte unser Vater unsere Version aber nicht akzeptiert. Was er uns konkret auf die Beschwerde von Pfarrer Knaack hin sagte, weiß ich im Einzelnen nicht mehr. Möglicherweise erinnerte er uns daran, dass es der Wunsch unserer Mutter gewesen war, dass wir an diesem Unterricht teilnahmen. Es hatte aber die Wirkung, dass wir reumütig bei Pfarrer Knaack anriefen, um uns für unser Fehlverhalten zu entschuldigen, und auch dafür, schwierige Konfirmanden gewesen zu sein. Darüber hinaus baten wir ihn sogar darum, wieder Unterricht zu bekommen.

Toronto 1978, Carin, Pfarrer Knaack, Claudia, Konfirmation.

173

Nur unter der Bedingung, dass wir nicht mehr mit ihm diskutierten, durften wir zum Unterricht zurückkommen. Das ließen wir fortan auch. Ende Mai war für uns drei alles überstanden und so konnten Carin und ich in der ersten Juni-Woche in der evangelisch-lutherischen St. Georgs-Kirche in Toronto konfirmiert werden. Nach anfänglichen Schwierigkeiten war Pfarrer Knaack doch von meinem guten inneren Kern überzeugt und gab mir den Konfirmandenspruch: „Selig sind, die reinen Herzens sind, denn sie werden Gott schauen" (Matthäus 5;8).

Mit unseren 13 Jahren waren Brent und ich mächtig ineinander verliebt. Ich war davon überzeugt, dass ich in ihm meinen Partner fürs Leben gefunden hatte. Er baute mich nach diesem traurigen Winter wieder auf und brachte mich zum Lachen und alleine dafür hatte ich ihn schon lieb. Er schien mich damals besser zu verstehen als alle andere Menschen, die ich kannte. Wir wollten, ohne Frage, zusammenbleiben. Er war charmant und witzig, rücksichtsvoll und zudem auch noch sehr sportlich. Er spielte sehr gerne Eishockey, und so begleiteten seine Mutter und ich ihn manchmal zu seinen Spielen. Ab Frühjahr spielte er Baseball anstatt Eishockey und es wurde zu meiner Lieblingsbeschäftigung, ihm nach der Schule beim Baseballspielen zuzusehen. Beim Training an der Schule sah ich ihm zu und begleitete ihn manchmal auch zu seinen Spielen auswärts. Beim Zuschauen saßen oder lagen die Mädels manchmal am Rande des Spielfeldes und schauten, manchmal auf dem Bauch liegend, den Jungs zu. Die Jungs hatten öfters was zu kichern, aber worum es dabei ging, blieb ein Geheimnis unter ihnen, das wir Mädels nicht erfahren sollten. Irgendwann nervte ich Brent so sehr damit, wissen zu wollen, was so komisch war, dass er mir das Geheimnis verraten musste. Er sagte, die Jungs hätten eine neue Definition für das Wort „unmöglich" gefunden. Die Definition hieß: „Für Claudia flach auf dem Boden zu liegen." Es war den Jungs nicht entgangen, dass ich den Winter über nicht nur am Trauern, sondern auch am Wachsen war und zwar besonders auffallend am Brustumfang. Mir selbst war das gar nicht so sehr aufgefallen. Aber als er mir das mit der Definition von „unmöglich" erzählte, musste ich auch lachen. Da muss ich heute noch drüber lachen! Was mir jedoch auffiel war, dass ich bislang von der Akne-Plage verschont blieb. Meine Schwestern kommentierten das immer mit: „Warte ab, Dich wird es auch noch treffen." Ich stellte mich innerlich darauf ein, dass mich die Plage treffen würde, aber sie blieb aus. Zudem erwartete ich, dass ich mich ebenso voluminös in der Oberweite entwickeln würde wie meine Schwestern, aber das hielt sich zumindest zunächst noch in Grenzen.

Es gab nichts, was zu dieser Zeit zwischen Brent und mich hätte kommen können. Wir hatten gemeinsam eine so schwierige Situation durchgestanden, wie es manche Paare vielleicht in einigen Jahren nicht durchmachen und das in unserem Alter! Aber es gab auch noch ein Versprechen, das ich meiner Mutter gegeben hatte und auch einhalten wollte. Schließlich hatte ich ihr versprochen, die 9. Klasse in Deutschland zu verbringen. Der Sommer kam näher und Brent und ich diskutierten darüber, ob es nun noch notwendig wäre, dieses Versprechen einzuhalten. Ich kam zu dem Schluss, dass ich es unbedingt einhalten müsse. Irgendwie ließ es mich nicht los, dass es ihr Wunsch war, dass ich ihrem Heimatland noch mal eine Chance geben sollte. Mir war zu diesem Zeitpunkt in meinem Leben, kurz vor meinem 14. Geburtstag, ganz klar, was ich im Leben wollte: Dieses eine Jahr in Deutschland verbringen, um wenigstens zu versuchen, ein etwas positiveres Bild davon zu bekommen. Dann wäre auch das Thema mit dem Heimatland meiner Eltern für mich abgehakt gewesen und ich könnte mich auf meine Zukunft in meinem Heimatland Kanada vorbereiten. Nach einem Jahr würde ich nach Oakville zurückkehren und an der O.T. die 10. bis 13. Klasse besuchen und, hoffentlich wieder bei Brent sein. Für mich klang das gut! Nach der High School plante ich zu studieren, dem Vorbild meiner Schwester Sue folgend, und mich an der University of Toronto anzumelden. Ich hatte keinerlei Zweifel daran, dass ich das Alles schaffen würde und freute mich auf wunderbare Jahre, die vor mir lagen. Nur noch ein Jahr sollte mich von meiner Zukunft trennen und so erklärte ich das auch Brent. Er wollte nicht, dass ich gehe, aber er war dann doch einsichtig. Zum einen verstand er, dass ich mein Versprechen halten wollte. Zum anderen überzeugte ich ihn, dass wenn wir zwei wirklich zusammen bleiben wollten, wir dieses eine Jahr Trennung schon schaffen würden. Für mich war die Sache entschieden. Nach der 8. Klasse würde ich nach Deutschland gehen.

Eigentlich hatte ich vor, noch den ganzen Sommer zu Hause zu bleiben. Ich wollte und brauchte meine Ruhe und wollte auch meine Freunde um mich haben, die mir solch eine große Unterstützung im letzten halben Jahr gewesen waren. Aber unser Vater sagte uns, dass wir den Sommer über nach Deutschland müssten, um unsere Großeltern zu besuchen. Da die Eltern unserer Mutter anscheinend endlos traurig waren über den Tod ihrer Tochter, sollten wir Mädels zu ihnen fahren, damit sie in ihrer Trauer nicht so alleine wären. Das schien auch einleuchtend, obwohl ich gleichzeitig empfand, dass es etwas viel von uns verlangt war. Da ich allerdings wusste, wie sehr meine Mutter ihre Eltern geliebt hatte, willigte ich ein, meine Sommerferien bei ihnen zu verbringen.

Zuerst wollte ich aber unbedingt zu meiner Tante Trudel und meinem Onkel Alex nach New Jersey fliegen. Ich hatte das Gefühl, dass ich dringend von

Trudel in den Arm genommen werden wollte, war es doch sie, die ich nach meiner Mutter am meisten auf der ganzen Welt lieb hatte. Davon abgesehen war es für mich immer lustig bei Trudel und Alex, wo ich mich schon als Kleinkind geborgen und geliebt gefühlt hatte. Mein Vater stimmte meinem Wunsch zu, und ich flog Ende Juni für ein paar Tage zu ihnen. Nur Brent war von alledem nicht begeistert. Zuerst billigte er mir nur ungern zu, mein „Pflichtjahr" in Deutschland abzustatten. Dann musste er noch den Sommer über auf mich verzichten, damit ich meine Großeltern besuchen konnte und nun wollte ich noch für eine Woche zu meiner Großtante und meinem Großonkel nach New Jersey. Er war aufgrund meiner familiären Verpflichtungen etwas verärgert und das zu Recht. Aber was sollte ich denn machen? Wir waren nun mal keine normale Familie, bei der alle Familienmitglieder in derselben Gegend wohnten. So interessant die internationale Dimension uns für manche machte, so hatte sie auch eine Kehrseite: man muss reisen, um einander zu sehen und das ist Zeit und Kostenintensiv. Die Zeit, die Brent und ich noch miteinander hatten, wurde weniger und weniger und er konnte überhaupt nichts dagegen unternehmen.

So flog ich zu meiner geliebten Großtante und ihrem lustigen Mann. Es war das erste Mal, dass ich alleine flog und ich war ziemlich nervös deshalb. Aber der Flug von Toronto nach New York war recht kurz und somit auch schnell vorbei. Dennoch reiste ich von Kanada in den USA und hatte ziemlich Angst, alleine, ohne meine Eltern, die Grenze zu überqueren. Jeder Eintritt in ein anderes Land war mir unangenehm; die strengen Blicke der Grenzpolizisten, wenn sie die Pässe anschauten, die vielen Fragen, die sie Menschen wie uns, die viele Stationen in ihren Pässen stehen hatten, gestellt wurden, die bewaffneten Polizisten, die herumliefen. Wenn man dann seinen Koffer hatte und endlich in die Freiheit wollte, musste man noch die Zollabfertigung passieren, wieder strengen Blicken ausgesetzt, diesmal der Zollbeamten, und wieder den bewaffneten Polizisten. Das alles hasste ich und ich fühlte mich jedes Mal unwohl, so als könnte ich dankbar sein, wenn sie mir nichts antaten. Notgedrungen meisterte ich die Situation dennoch alleine.

Endlich angekommen, war es ein sehr freudiges Wiedersehen für uns drei. Die Tage mit Trudel und Alex waren wie immer lustig und schön. Wir waren nach wie vor ein eingeschworenes Team, wie von Anfang an. Am witzigsten fand ich immer, wie Alex Auto fuhr: beim Abbiegen schaute er nach links und Trudel nach rechts, und bevor er losfuhr, fragte er seine Frau: „Alles frei bei Dir?" Wenn sie mit einem „Ja" antwortete, fuhr er los, ohne überhaupt nachzusehen, ob das so stimmte, was Trudel sagte. Die Zwei waren einmalig! Und diese Abbiege-Manöver war film-reif. Im Laufe des Besuches kam Trudel irgendwann auf mich zu und steckte mir 20 US-$ mit den Worten zu: „Erzähle Alex nichts davon." Witzig war aber, dass Alex wenig später auch auf mich zukam, mir auch 20 US-$ zusteckte und sagte: „Aber erzähle Trudel nichts davon." Es war zum Brüllen komisch und ich bewahrte Stillschweigen.

Wir fuhren in alter Gewohnheit ans Meer und spazierten den Boardwalk entlang. Da ich ihnen vertrauen konnte erzählte ich ihnen, dass ich zum ersten Mal verliebt sei und einen sehr netten Freund hätte. Sie freuten sich riesig für mich. Wir sprachen auch darüber, dass ich Pferde und Reiten sehr mochte und ich beabsichtigte, eines Tages einen eigenen Hof mit Pferden zu haben. In diesen Tagen sagte mir Alex, der stark betroffen war vom Tod meiner Mutter, dass er aus der gesamten Verwandtschaft meine Mutter am meisten geliebt und geschätzt habe. Alex sagte mir, dass er seine Lieblingsstanduhr, eine von mehreren, die er mit eigenen Händen gefertigt hatte, an Magda vererben wollte. Das war genau jene Standuhr, die Carin und mir als kleine Kinder den Schlaf raubte, wenn wir bei ihnen übernachteten. Da nun meine Mutter nicht mehr lebte, sollte ich seine diese bekommen. Zumindest über diese Nachricht war ich sehr froh. Es war schön zu wissen, dass ich eines Tages seine Lieblingsstanduhr bei mir haben würde und somit auch ein bisschen von diesem lustigen kleinen Mann.

Er war aber zu dieser Zeit weniger lustig. Er konnte seine Trauer über den Tod meiner Mutter nicht verbergen und er sagte mir auch, dass er sich große Sorgen mache um uns Kinder, aber auch um Hans. Er sagte, dass meine Eltern einander brauchten und er nicht wisse, wie Hans ohne Magda zurechtkommen würde. Sie war immer seine Stütze gewesen, die starke Frau hinter dem erfolgreichen Mann. Es war ihm Ernst mit seinen Sorgen, genau so wie die, die er sich um mich machte. Er fand, dass ich viel zu jung sei, um ohne Mutter zurechtzukommen. Ich sagte ihm, dass ich doch jetzt erst mal für ein Jahr nach Deutschland auf ein Internat gehen würde und somit versorgt wäre. Diese Idee fand er ganz und gar nicht gut. Er meinte, dass wir unbedingt alle zusammenbleiben sollten und müssten und so würden wir es vielleicht schaffen, ohne Magda zurechtzukommen. Anders aber nicht, sagte er. Starke Worte, fand ich und konnte nicht erkennen, ob das denn so richtig sei.

Die Tatsache, dass ich sogar nach Europa wollte, brachte meinen lieben Onkel Alex völlig aus dem Konzept. Er redete tagelang auf mich ein, dass ich auf keinen Fall dort hingehen solle. Er sagte: „Gehe nicht nach Europa. Dort ist alles so eng, die Menschen haben so wenig Platz, was sie so unfreundlich und aggressiv macht." Ich antwortete ihm: „Aber Alex, es ist doch nur für ein Jahr!" Er flehte mich regelrecht an, nicht zu gehen. Wie Brent war auch er der Meinung, dass ich mein Versprechen nach dem Tod meiner Mutter nicht mehr einhalten müsse. Ich konnte nicht verstehen, warum er so leidenschaftlich an mich appellierte, nicht zu gehen, aber ich spürte, dass es ihm dabei sehr ernst war. Mein Großonkel hatte mich noch nie um etwas gebeten oder mir irgendwelche Vorschriften gemacht. Ich wusste, dass er mich liebte und nur das Beste für mich wollte. Er fing aber an, mir Angst zu machen mit seinem Appell an mich, nicht nach Europa zu gehen. Er hörte erst auf, als Trudel zu ihm sagte: „Alex, hör' doch auf, Du machst ihr doch Angst." In der Tat war ihm das gelungen. Ich entschloss mich, meine Absicht, dort ein Jahr lang zu bleiben, noch mal zu überdenken. Nun hatte ich zwei gute Gründe, nicht zu gehen und freute mich auf meine Rückkehr nach Oakville. Schließlich hatte ich bereits nach dieser kurzen Abwesenheit alles und alle dort schrecklich vermisst. Ein ganzes Jahr fern zu bleiben, das würde ich jetzt doch nicht mehr schaffen.

Wieder zu Hause angekommen wollte ich noch in Ruhe die Notwendigkeit meines Deutschlandjahres überdenken. Aber die Ereignisse überschlugen sich bereits. Kurz nach meiner Rückkehr aus New Jersey fand bereits der Abschiedsball der 8. Klasse statt. Es war ein Abschied vom „Kind sein" und von der Junior High, bevor das Leben an der High School beginnen würde. Meine Freundinnen und ich waren alle fürchterlich aufgeregt über den bevorstehenden Abend. Die Kleidungsvorschrift schrieb uns vor, „formell", in Abendgarderobe zu erscheinen. Die Mädels sprachen von nichts anderem als davon, welche Farbe ihr Kleid haben würde und wo sie es kaufen würden. Der Abend stand kurz bevor und ich hatte mir noch nicht richtig Gedanken darüber gemacht, wie ich das mit dem Kleid angehen sollte. Also fragte ich zuerst mal meinen Vater, wie viel Geld ich für ein Abendkleid ausgeben dürfte. Ohne sich überhaupt einen einzigen Gedanken über dieses Thema machen zu müssen antwortete er, „Nichts. Deine Schwester Carin hatte vor zwei Jahren dieselbe Graduation Party und ich habe damals für ihr Kleid, das sie nur einmal angehabt hat, 50 $ bezahlt". Da fand er, dass ich es jetzt tragen sollte. Was? Ich hätte auf der Stelle umfallen können. Wie konnte mein Vater von mir verlangen, ein Kleid zu tragen, das meine eigene Schwester zwei Jahre zuvor an derselben Schule zur selben Feier getragen hatte?! Er meinte, ich würde es überleben und außerdem hätte er mir gerade einen Flug nach New York bezahlt und das sei schließlich auch eine Ausgabe gewesen. Ich spürte, dass ich keine Wahl hatte und zog das Kleid probeweise an. Carin war etwa drei Zentimeter kleiner als ich, und zusätzlich eine halbe Konfektionsgröße schmaler. So konnte ich zwar ihr Kleid anziehen, aber es war ein bisschen zu kurz und ein bisschen zu eng, was meiner Meinung nach nicht gut aussah. Sue verstand, dass mir das etwas peinlich war und versuchte, mit unserem Vater zu reden, um ihn umzustimmen. Es war das erste Mal, dass sie sich für mich einsetzte und ich war ihr sehr dankbar für ihre Hilfe. Leider aber blieb mein Vater in dieser Angelegenheit absolut stur und ich musste mit diesem Kleid zur Graduation. Die Schuhe, die ich anhatte, waren von Sue geliehen. Meine 40 US $ von Alex und Trudel musste ich auf ein Sparbuch einzahlen und durfte sie nicht für ein neues Kleid ausgeben. Was habe ich mich über meinen Vater geärgert!

Meinen Versuchen, die inzwischen aufgekommene Zweifel an meinem Übersee-Vorhaben Gehör finden zu lassen, scheiterten. Alle waren mit sich und ihre Welten beschäftigt. Carin hatte sich dazu entschlossen den Sommer in Deutschland mit einem 10 tägigen Aufenthalt in die Schweiz zu beginnen, um dort im Wallis mit einer Gruppe Jugendlicher der evangelischen Kirche wandern zu gehen. Unsere Großmutter hatte diese Freizeit für sie ausgesucht und organisiert, also flog Carin noch vor Sue und mir ab nach Europa. Definitiv klar war, dass ich für den Sommer rüber sollte.

Mein Vater arbeitete, Sue war beschäftigt. So hatte ich die Befürchtung, dass aus meiner Familie niemand zu meiner Graduation kommen würde. Schließlich kam Sue und ich war ihr so dankbar dafür, dass ich nicht allein gelassen wurde. Wie ich sie so ansah, war ich stolz auf sie. Sie war eine sehr attraktive junge Frau und ich hoffte, eines Tages auch so gut auszusehen wie sie. Und sie war dabei sich zu einer guten Ersatzmutter zu entwickelt. Sie hatte sogar bei den Vorbereitungen für diesen Abend mitgeholfen. Mr. Mugford hatte ihr gegenüber geäußert, dass sich zu wenige Eltern gemeldet hätten, um das Fest vorzubereiten. So beschloss sie kurzerhand auszuhelfen. Sie war in ihrer neuen Mutterrolle vorbildlicher als manche echte Mütter! Sue und ich hatten endlich damit aufgehört, einander Feindseelig gegenüber zu sein. Unsere Mutter wäre sehr glücklich darüber gewesen, wenn sie das noch hätte erleben können. Aber so traurig es auch war, erst die Not hatte uns endlich mal zusammengebracht.

Nach dem offiziellen Teil der Veranstaltung ging meine Schwester nach Hause, erlaubte mir aber noch an unserem Abschiedsball teilnehmen. Es wurde ein wunderschöner Abend, an dem Brent und ich fast unzertrennlich tanzten. Traurig fand ich das Lied „Sealed with a kiss", etwa „Mit einem Kuß versiegelt" in dem davon gesungen wird, dass sich ein Paar für den Sommer trennt und es ein kalter, einsamer Sommer wird. Der Text passte perfekt auf unsere Situation, allerdings würde es für uns ein kaltes und einsames Jahr werden, wenn ich meinen Vater nicht davon überzeugen konnte, dass ich nach dem Sommer einfach wieder nach Oakville wollte, anstatt in Deutschland zu bleiben.

Am nächsten Tag fing ich an, meine Koffer zu packen. Mir blieben nur noch wenige Tage, bevor ich mit Sue dann in die Ferien zu den Großeltern fliegen sollte. Da der Flug bereits gebucht war und ich noch vor meinem 14. Geburtstag weg sein würde, durfte ich wenigstens noch zum Abschied alle meine Freunde zu einer Poolparty einladen. Alle waren da: Janet, Jacquie, Shelli, Suzanne, Kirsten, Brent, Matt, Manuel, Kirk, Scott, Chris und Chris. Es war ein schöner Abschied und ich war mir sicher, dass nichts diese Freundschaften auseinanderbringen würde. Ich hatte die besten Freunde der Welt. Mit einem Liebesbrief von Brent in der Tasche flog ich mit Sue einen Tag nach der Party nach Deutschland.

Oakville, Juli 1978, Poolparty.

Happy Birthday

Es war mein 14. Geburtstag, der 10. Juli 1978, und das Telefon klingelte im Hause meiner Großeltern. Oma rief, ich solle ran gehen und meine Geburtstagsgrüße entgegennehmen. Tatsächlich war es mein Vater und ich dachte, er wolle mir gratulieren. Er fragte, wie es uns ginge und ohne weitere Einleitung fuhr er fort: „Ich werde das Haus in Oakville verkaufen und bald wieder in Deutschland arbeiten." Diese Nachricht war für mich wie ein Schlag ins Gesicht und so konnte ich, unter Schock stehend, zunächst gar nichts sagen. Mir hatte es die Sprache verschlagen. Er fuhr fort, er habe mit einer Nachbarin gesprochen, die als Immobilienmaklerin arbeite und sie habe ihm einen guten Preis für das Haus zugesagt. Er fragte, was ich dazu meine und ich antwortete: „Daddy, es ist mein Geburtstag." Er antwortete: „Ach stimmt, ich wusste doch, dass es einen Grund gab, weshalb ich heute anrufen wollte. Ja dann, alles Gute zum Geburtstag!", sagte er in einer freudige Stimme, die zu einem normalen Geburtstag gepasst hätte, aber in Anbetracht der neuen Nachrichten völlig daneben war. Er wünschte mir alles Gute, indem er mir gerade sagte, er wolle mein Zuhause verkaufen? War das ein Witz? Ich begriff nicht, was los war, sagte ihm aber, er könne das Haus nicht verkaufen, es sei unser Zuhause. So etwas kann man doch nicht einfach verkaufen, dachte ich mir. Zudem hatte ich nur zugestimmt höchstens für ein Jahr nach Deutschland zu kommen, und ich wollte nächstes Jahr wieder nach Hause und zur High School gehen. Es war nie die Rede davon gewesen, länger in Deutschland zu bleiben oder möglicherweise für immer. Sollte ich etwa nie wieder nach Hause zurück können? Er antwortete daraufhin tatsächlich, dass das nicht mehr ging, denn die Sache sei beschlossen und alles sei bereits in die Wege geleitet. Jetzt blieb mir auch noch fast die Luft weg! Alles beschlossen? Aber wir haben doch gar nichts besprochen. Wie konnten da Beschlüsse getroffen worden sein? Davon abgesehen; konnte er überhaupt unsere Hälfte des Hauses verkaufen? Ich erinnerte ihn daran, dass uns Kindern die Hälfte des Hauses gehörte und er es sicherlich nicht verkaufen könnte, wenn wir dagegen waren. Aber er meinte, dass das sehr wohl ginge, und fuhr ohne Übergang damit fort mir mitzuteilen, dass Carin und ich beide auf ein Internat gehen müssten. Was?! Das war wohl auch schon beschlossene Sache. Mir verschlug es wieder die Sprache. Ich konnte wieder nichts sagen. Das hatte er möglicherweise als ein zustimmendes Zur Kenntnis nehmen gedeutet und ging dazu über das Gespräch zu ändern. Zum Schluss sagte er noch: „Übrigens, sag' Susi, sie soll für Euch beide ein Internat aussuchen." Mir wurde schwindlig, ich konnte ihm kaum noch folgen. Vor einem halben Jahr hatten wir unsere Mutter verloren. Nun sagte mir mein Vater binnen weniger Minuten, dass wir in Kürze unser Haus aufgeben müssten. Wir sollten unser Zuhause verlieren und zudem noch unsere Heimat? Unsere Heimat, das Land das wir liebten, Kanada? Wir sollten es für immer verlassen? Was war mit unseren Freunden, die wir in den letzten Jahren gewonnen hatten und die uns in schwerer Not zur Seite gestanden und uns so sehr unterstützt hatten? Sollten wir die einfach zurücklassen und uns womöglich nicht mal von ihnen verabschieden können? Was war mit unseren Schulen? Wir liebten unsere Schulen und hatten vor, diese weiter zu besuchen. Sollte Carin nie wieder zu ihrer Schule dürfen und ich in einem Jahr auch nicht dorthin dürfen? Und Sue, sollte sie nicht mehr zu ihrer Uni gehen und ihr Studium zu Ende bringen? Was war hier los?

Mein Vater würde nach Deutschland zurückziehen und er habe beschlossen, dass wir Drei alles aufgeben sollten, damit er hier arbeiten könne? Wie?! Gab es denn keine Arbeit für ihn in Kanada? Gab es dort keine Firma, die ihn gerne einstellen würde? Und was war bitte mit unseren Plänen für die Zukunft?

Gab es unsere Pläne nicht mehr? Gab es für Sue keine Zukunft mehr mit Ed? Hatten wir drei Töchtern nicht bereits unsere Zukunft geplant? Anscheinend war das alles auf einmal irrelevant.

Zu den Neuigkeiten, dass es für uns Schwestern auf einmal in Kanada keine Gegenwart und auch keine Zukunft mehr geben sollte, erteilte mir mein Vater den Auftrag, das alles meiner Schwester Sue mitzuteilen. Was sollte ich? Ich sollte ihr das mitteilen? Warum ich? Das verstand ich noch weniger. Es ging hier um sein Vorhaben, da könnte er ihr doch selber mitteilen, dass auch ihre Zukunftspläne nichtig waren. Aber er meinte, dafür habe er jetzt keine Zeit und er müsse gehen. Meine älteste Schwester sollte ein Internat in Deutschland für uns suchen. Wie stellte er sich das vor? Es waren doch Sommerferien und die Schulen hatten alle geschlossen. Wohin sollte sie sich denn wenden, um Informationen zu bekommen? Außerdem saßen wir hier auf dem Land in einer Kleinstadt. Wir waren ja nicht in einer Großstadt wie Stuttgart, wo eventuell eher Informationen zu finden gewesen wären.

Wenigstens schaffte ich es noch, meinem Vater zu erwidern, dass Carin niemals zustimmen würde, nach Deutschland zu ziehen und hier ein Internat zu besuchen. Er sagte, es wäre alles endgültig und er habe möglicherweise sogar schon einen Käufer für das Haus. Weiter sagte er, er habe Carin einen Brief zu ihrem Geburtstag am 6. Juli geschrieben, also vier Tage vor meinem. Diesen Brief hätte er ihr zu ihrer Wanderfreizeit in die Schweiz geschickt, indem er sie über die Neuigkeiten informierte. Er hatte Carin in ihrem Geburtstagsbrief mitgeteilt, dass es aus sei mit Kanada? Das konnte ich nicht fassen. Sie war doch alleine in den Bergen mit fremden Leuten. Wie konnte er so herzlos sein, ihr solche lebenseinschneidenden Mitteilungen in einem Geburtstagsbrief zu schreiben und von ihr erwarten, dass sie ganz alleine damit fertig werden sollte? Wie sollte sie sich da jetzt Trost holen? Meine arme Schwester, dachte ich mir. Keiner aus der Familie ist bei ihr, wenn sie die schlimmen Neuigkeiten erfährt. Sie muss ganz alleine mit dieser Nachricht fertig werden und das an ihrem 16. Geburtstag! Was war mein Vater für ein Mensch? Ich war entsetzt. Hatte er geplant, uns zum Geburtstag jeweils einen Schock zu verpassen? Mir kam es so vor, und es war ihm gelungen. Meine Fassungslosigkeit nahm kein Ende.

Noch eine Woche zuvor war ich in Oakville gewesen und hatte nichts von seinen Plänen geahnt. Diese neue Entwicklung hatte sich unmöglich innerhalb einer Woche ereignen können. Oder doch? Ich fragte mich, wie er so still und heimlich an _seinem_ Leben, _seinem_ Beruf und _seiner_ Arbeit basteln konnte, ohne auch nur im Geringsten an uns Drei gedacht zu haben. Wie war so etwas möglich? Oder hatte er dabei doch an uns gedacht? Waren unsere Bedürfnisse mit einbezogen worden oder waren die ihm gänzlich egal? Diese Flut von schlechten Nachrichten überforderte mich.

Dennoch fragte ich meinen Vater, wieso Sue für uns ein Internat suchen sollte, ich hatte doch vor, nach Salem zu gehen, so wie meine Mutter und ich es beschlossen hatten. Er meinte, ein Jahr für ein Kind wäre auch in Ordnung, aber für zwei Kinder die restlichen Schuljahre auf dem teuersten Internat Deutschlands zu bezahlen, das wäre zu viel. Er sagte, er würde zwar gut verdienen, aber er sei Angestellter, wenn auch ein Leitender, und nicht selbständiger Unternehmer. Da sind die finanziellen Mittel beschränkt, so meinte er. Nun habe sich die Lage verändert, sein Arbeitgeber wolle ihn wieder in Deutschland haben. Er war jetzt sieben Jahre in Kanada gewesen, obwohl der Aufenthalt so lange nicht vorgesehen war, sondern eigentlich nur drei bis fünf Jahre. Ach ja, sagte ich, warum haben wir dann vor vier Jahren so ein tolles Haus gebaut? Er antwortete nicht direkt auf meine Frage. Er sagte weiter, sein Arbeitgeber, die Firma Bosch, hätte ihn lediglich so lange in Kanada bleiben lassen, weil seine Frau erkrankt war. Ein Schock folgte dem nächsten. Was hörte ich da für Sachen? Mein Vater wusste im Vorfeld, dass er Kanada verlassen sollte und wir mit umziehen müssten. Warum hatten wir das nie besprochen? Wieso wusste sein Arbeitgeber, dass meine Mutter krank war, wenn ich das nicht mal wusste?! Hatten die gemeinsam darauf gewartet, bis sie starb? So sah es aus. Wie lange wussten die denn schon davon, während ich in Unkenntnis war? Waren mein Vater und sein Arbeitgeber so sehr miteinander vertraut, dass unsere Familienangelegenheiten dort eher besprochen wurden als bei uns zu Hause, in den eigenen vier Wänden? Es sah nicht nur so aus, es war wohl so. Und ich fühlte mich hintergangen, mehr denn je. Genauer gesagt fühlte ich mich belogen und betrogen. Mein Vater und die Firma Bosch waren hinterhältig und gemein. Wieso wurden wir Kinder nicht auf diese Entwicklungen vorbereitet? Über die todbringende Krankheit meiner Mutter war ich im Vorjahr nicht informiert worden. Und in diesem Jahr nicht über die beruflichen Änderungen meines Vaters! War ich, waren wir Kinder, denn nur Marionetten im Leben meines Vaters? Dumme Puppen, ohne Herz oder Hirn?

Wieso hatte mein Vater nicht einfach eine Versetzung abgelehnt und sich notfalls einen anderen Arbeitgeber in Kanada gesucht? Wollte er etwa zurück nach Deutschland, freiwillig? Hatten wir nicht ein fantastisches Leben in Kanada? Was fehlte ihm dort? Warum mussten wir überhaupt mit nach Deutschland, wenn er so dringend dorthin wollte? Waren wir ihm etwa ausgeliefert? Offensichtlich hatten wir gar kein Mitspracherecht und auch keinen Einfluss. Nun spürte ich stark, was ich schon kurz nach dem Tod meiner Mutter in Gedanken hatte: Wer würde mich jetzt, da sie nicht mehr da war, gegen meine Schwestern oder meinen Vater schützen? Wie ich feststellen musste, konnte mich niemanden gegen die Macht und die Entscheidungsfähigkeit meines Vaters schützen. Fragen über Fragen schossen mir durch den Kopf. Ich wurde verraten. Für mich war es offensichtlich, dass unsere Mutter nicht mehr da war, um unsere Interessen zu vertreten, und dass wir dadurch der Entschlossenheit unseres Vaters direkt ausgeliefert waren. Ich war wütend und hatte einen erneuerten Hass auf ihn, aber einen tieferen als je zuvor. Dass wir im letzen halben Jahr zu einander gefunden hatten, schien mir jetzt eine einzige Illusion gewesen zu sein.

Wenigsten hatte ich mich noch von meinen Freunden für ein Jahr verabschieden können, Carin aber nicht. Sie hatte überhaupt nur widerwillig zugestimmt, den Sommer mit nach Deutschland zu kommen. Für sie war das Land, die Heimat unserer Eltern, als Thema bereits abgeschlossen und sie hatte feste Pläne für ihre Zukunft in Kanada. Ich musste feststellen, dass alle Argumente, die ich meinem Vater vortrug nichts nutzten. Unser Vater hatte alles bereits beschlossen. Ich würde die nächsten fünf Jahre und Carin die nächsten drei Jahre im Internat in Deutschland verbringen, und unsere Meinungen hierüber oder Vorstellungen dazu hatten keinerlei Bedeutung.

Auch Sue hatte im Vorfeld von dem Ganzen nichts gewusst und war geschockt, zumindest tat sie so. Ich war mir nicht sicher, ob ich ihr das abnehmen konnte. Nachdem unsere Mutter -für Carin und mich überraschend- gestorben war, stellte sich heraus, dass Sue im Vorfeld darüber Bescheid wusste, dass unsere Mutter im Endstadion ihres Kampfes gegen den Krebs war und es nur eine Frage von wenigen Tagen oder Wochen war, bis sie stirbt. Aber Carin und ich wussten es nicht! Man hatte uns darüber nicht informiert. Mein Vater sagte, er habe es uns erst nach Weihnachten bzw. den Feiertagen sagen wollen, aber dann war sie plötzlich schon tot. So konnten wir uns nicht von ihr verabschieden. Ich stand bei meinem letzten Besuch bei ihr im Krankenhaus unter dem Eindruck, dass es ihr wieder gut ging und sie bald nach Hause käme. Ich hatte keine Ahnung, dass sie vorbereitend auf unserem Besuch Morphium bekam und deshalb so fröhlich und nach außen hin schmerzfrei. Ich hatte mich so wahnsinnig darüber geärgert, dass Sue und mein Vater sich nicht die Zeit genommen hatten, mir die Wahrheit zu sagen, angeblich um mich zu schonen. Dann kam die Realität und der Schock war enorm, da ich nicht vorbereitet gewesen war. Ich war wütend auf Sue, meine Schwester, dass sie mir damals nicht die Wahrheit gesagt hatte. Sie sagte, es hatte ihr leid getan und, dass so etwas nie wieder vorkommen würde, versprochen. Nun schaute ich sie an, ein halbes Jahr später und fragte sie, ob sie das alles mit dem Umzug etwa auch schon im Vorfeld gewusst hatte. Sie beteuerte, von nichts gewusst zu haben und, dass sie genauso überrascht wäre wie ich, ehrlich. Sie überzeugte mich von ihrer Aufrichtigkeit, ja ich war mir sicher, dass sie verstanden hatte, dass Schwestern untereinander zusammenhalten und sich die Wahrheit sagen sollten.

Nun stand auch sie aufgrund der neuen Entwicklungen vor der Entscheidung, ebenfalls mit nach Deutschland zu ziehen oder womöglich alleine in Kanada zurückzubleiben. Im Gegensatz zu uns war sie bereits volljährig und durfte daher ihre eigenen Entscheidungen treffen. Was ihre jetzige Aufgabe betraf, für uns alles zu regeln, war sie auch nicht begeistert und hatte zudem nicht die entfernteste Idee, wie sie das machen sollte. In einem Telefonat mit unserem Vater fragte sie, wie er sich die praktische Umsetzung vorstelle? Sollte Sue mit uns zwei die nächsten Wochen mit dem Zug von einem Ort zum andern fahren? Die Zuganbindung in einer solchen ländlichen Gegend wie Heubach war schlecht. Sue war kurz davor, sich zu weigern, das alles zu machen. Da er aber auf ihr Mitwirken angewiesen war, sagte unser Vater ihr, sie solle ein Auto kaufen, dafür dürfe sie 10.000 DM von seinem Konto nehmen. Welch ein Hohn, dachte ich mit, natürlich hatte mein Vater Geld auf seinem Konto in Heubach. Er hatte ein halbes Jahr zuvor zu mir gemeint, dass er sein Geld in Deutschland lassen würde, denn „Man kann ja nie wissen...", aber eigentlich wusste er damals wahrscheinlich, dass er nach Deutschland zurück kommen würde und hatte aus dem Grund sein geerbtes Geld im Vorfeld bereits dort gelassen. Wussten etwa nicht nur sein Arbeitgeber, sondern möglicherweise sogar seine Geschwister, ja vielleicht seine gesamte Verwandtschaft, einschließlich meine Großeltern und natürlich die Geschwister meiner Mutter, im Vorfeld über diese Versetzung Bescheid, noch eher wir Kinder davon erfahren durften? Möglich schien mir nun alles zu sein. Das mit dem Geld für den Wagen kam mir vor wie eine Bestechung, damit Sue sich um uns kümmern würde. Hatte mein Vater berechtigte Bedenken, dass sie uns im Stich lassen könnte? Aber sie versicherte mir, sie wird sich aus Sorge um uns kümmern, denn was sollte sonst aus uns geschehen? Um ihre Zukunft und um unsere war sie besorgt. Ihr war mehr oder weniger die Pistole aufgesetzt worden mit einer „Spring-oder-geh-unter" -Option, die sie nicht nur für sich, sondern auch mitverantwortlich für uns, entscheiden musste.

Nun versuchte Sue, zunächst auf eigene Faust ein Auto zu finden. Sie hatte aber noch nie selbst ein Auto gekauft und schon gar nicht auf Deutsch! Sie verstand kaum, was man versuchte, ihr zu verkaufen. Dann kam noch das Problem dazu, dass Sue immer nur Automatik gefahren war und mit Gangschaltung überhaupt nicht umgehen konnte. Aber alle Autos die sie sich ansah, hatten Gangschaltung! Sie war kurz davor aus Verzweiflung das ganze Vorhaben aufzugeben. Dann aber sprang ein Onkel zusammen mit einem Cousin ein um ihr zu helfen. Auf einmal gab es seitens der Familie Unterstützung. Gemeinsam suchten sie ein Auto für Sue und zudem brachten sie ihr im Eilverfahren bei, mit Gangschaltung zu fahren. Dass es uns drei dabei nicht wohl war, dass Sue nach wenigen Probestunden bereits mit einer Gangschaltung fahren würde, blieb unser Problem. Sie musste fahren lernen und Carin und ich saßen dabei und konnten nur hoffen, dass alles gut gehen würde.

Sue hatte bereits 2 Jahre an der University of Toronto studiert und trat nun an eine Universität in Stuttgart heran, um sich nach einer möglichen Aufnahme zu erkundigen. Man erklärte ihr dort, dass ein kanadisches Studium, bzw. 2 Jahre davon nicht anerkannt werden würden und sie von vorne anfangen müsse. Wie bitte? Wir drei Schwestern fanden diese Mitteilung seitens der Uni alle recht schockierend und verstanden nicht, mit welcher Begründung zwei Jahre an einer der ältesten und besten Universitäten Kanadas nichts wert sein sollten. Als wir unserem Vater davon am Telefon berichteten, regte selbst er sich über diese Einstellung auf. Er meinte, das sei typisch Deutsch, die seien von sich so sehr überzeugt, dass sie sich nicht vorstellen könnten, dass man auch anderswo auf der Welt etwas kann, dies sei eine Kombination aus Arroganz und Ignoranz.

Zu diesem Zeitpunkt war Sue auch schon seit fünf Jahren mit Ed zusammen. Sie stand vor der Frage, Kanada und Ed aufzugeben, um mit uns nach Deutschland zu ziehen, oder alleine, ohne Familie, zurück nach Kanada zu gehen. Allerdings würde sie dort kein Zuhause mehr haben, keine Eltern und auch keine Schwestern, die sie oft nervten, aber trotzdem Familie waren! Aber sie könnte dann zumindest die Beziehung zu Ed fortführen und ihr bereits zur Hälfte durchlaufenem Studium weiterführen und in zwei Jahren mit einem Bachelor abschließen. Sollte sie eine fünf Jahre anhaltende Beziehung einfach wegwerfen? Sollte sie zusätzlich noch zwei Jahre an Zeit und Geld die in ein Studium investiert wurden auch wegwerfen? Sie stand wahrscheinlich vor der schwierigsten Entscheidung ihres Lebens.

Es war Mitte Juli, für uns ging nun die nahezu unmögliche Suche nach einem Internat los. So fuhren wir drei Schwestern, 14, 16 und 21 Jahre alt, von einem Internat zum nächsten. Gefunden hatten wir sie alle nur über Hörensagen bzw. auf Empfehlungen. Als wir das erste Mal morgens losfuhren, mussten wir einen Berg hoch fahren, dessen Straße sehr kurvenreich war. Die Strecke war für Sue mit ihrer geringen Erfahrung mit der Gangschaltung eine echte Tortur. Endlich oben angekommen, bot sich uns dann eine echte Überraschung: Eine Polizeikontrolle! Anscheinend wurden nach Terroristen gesucht, was auch erklärte, warum die Polizisten zum Teil Maschinengewehre bei sich trugen. Ach ja, da war doch was mit Deutschland und Terroristen gewesen… Es sah auf jeden Fall komisch aus, bewaffnete Polizisten umringt von Feldern stehend zu sehen. Die Terroristen die sie suchten waren sowohl Männer als auch Frauen und manche an die 20 Jahre alt, weshalb Sue ziemlich genau gemustert wurde. Was für eine Begrüßung war das! Auf jeden Fall war es für Sue nicht leicht zu erklären, warum sie zwar einen deutschen Pass hatte, aber gebrochen Deutsch sprach. Zudem musste sie erklären, dass ihr tatsächlich dieses für ihr Alter doch recht teure Auto gehörte, denn es war auf sie zugelassen, sie es aber mit dem Geld ihres Vaters gekauft hatte, der leider aber zurzeit in Kanada sei. Für die damalige Zeit war diese Geschichte sehr ungewöhnlich. Dass Sue einen zugelassenen Wagen hatte, einen internationalen Führerschein und zwei Teenager im Wagen hinten sitzen, die nicht mal Deutsch sprechen konnten, beschäftigte die Herren schon. Nachdem sie aber unseren Wagen durchsucht hatten, berieten sie sich längere Zeit -weiterhin im Feld stehend- und gaben uns dann die Genehmigung weiter zu fahren. Sie hatten beschlossen, dass diese Geschichte sich keiner hätte ausdenken können und sie daher wahr sein musste. Wir waren wirklich sehr erleichtert. Nun musste Sue allerdings ihren nach vorne in einer Wiese geparkten Wagen wieder rückwärts rausfahren, was sie mit Gangschaltung noch nicht geübt hatte. Nach Anfangsschwierigkeiten ist es ihr schließlich gelungen und wir fuhren, alle etwas genervt, aber sehr erleichtert weiter.

Unser erstes Ziel war ein Internat im Schwarzwald, was mir überhaupt nicht gefiel, dafür aber Carin. Ich hatte noch Schloss Salem vor Augen und dieses hier schien mir zu weit davon entfernt. Nein, dazu war ich nicht bereit. Sue war unentschlossen. Unser zweites Ziel war ein Internat in Baden-Baden, das Carin und ich ganz in Ordnung fanden, aber Sue nicht. Sie bestand darauf, uns daran erinnern zu müssen, dass nicht wir, sondern letztendlich sie die Entscheidung treffen würde, denn sie habe den Auftrag ein Internat für uns zu finden. Zwei Internate hatten wir nun besichtigt und wir wussten alle, dass zumindest in unserer ersten Runde der Suche, nur drei Internate auf der Liste standen. Noch waren wir weit davon entfernt, ein positives Ergebnis zu erzielen. Landschaftlich gesehen waren unsere Reisen sehr attraktiv und wir machten auch den einen oder anderen kulturellen Ausflug, so auch zur Burg Hohenzollern. Es war eine angenehme Abwechslung, aber richtig begeistern konnten wir uns für nichts. Wir waren alle noch immer fassungslos darüber, unsere Heimat aufgeben zu müssen.

Als drittes hatten wir auf unserer Liste ein Internat in einem Vorort von Heidelberg. Unsere Großmutter hatte Erkundigungen eingeholt und erfahren, dass eine gewisse Silvia Sommerlath aus Heidelberg auch mal dort in diese Schule gegangen sei und dann die Königin von Schweden wurde. Prima, dachten wir etwas zynisch, wenn das keine Referenz ist! Unsere Großmutter war sehr besorgt um uns mutterlose Mädchen. Sie konnte sich beim besten Willen nicht vorstellen, wie vor allem Carin und ich die nächsten Jahre zu Recht kommen sollten. Sie wollte für uns die beste Lösung finden und war sehr zufrieden mit dem Ergebnis ihrer Erkundigungen, nach dem passenden Internat für uns. Am meisten machte sie sich darüber Sorgen, wer für uns kochen würde. Sie wusste ja nichts von unseren Fähigkeiten mit dem Dosenöffner umzugehen, wäre davon aber auch sicherlich nicht begeistert gewesen. Wenn sie nur erahnen würde wie oft und wie gerne wir Fertiggerichte aßen, würde sie sicherlich in schwerste Sorge um unsere Gesundheit geraten. Besser, es bleibt unser Geheimnis. Ihrer Ansicht nach war es am aller wichtigsten, dass wir die kommenden Jahren zum einen gut versorgt waren, was dafür synonym war frisch zubereitete, warme Mittagessen zu bekommen, und zum Anderen, behütet sein sollten. Sie wollte dass wir die beste Grundlage für unsere Zukunft bekamen und sie war sich sicher, dass wenn wir diese Schule besuchen würden, wir für unsere Zukunft bestens vorbereitet werden würden, womit sie sicherlich meinte, wie Silvia Sommerlath. Dass es aber nur eine begrenzte Anzahl von künftigen Königinnen in Europa gab und die Wahrscheinlichkeit, dass es eine von uns treffen würde, gleich Null war, wurde nicht berücksichtigt. Aus ihrer Sicht konnte man nie ausreichend vorbereitet sein. Von der Unwahrscheinlichkeit des Eintretens des Ernstfalls abgesehen, interessierten wir Raubeiner uns nicht für kultivierte und geschichtsträchtige europäische Adelshäuser, sondern eher für spaßige hartgesonnene kanadische Wochenendhäuser.

Carin und ich sahen es nicht so, dass wir unbedingt bekocht und behütet werden mussten. Unsere Bedürfnisse lagen völlig anderswo; wir wollten einfach nur wieder nach Hause. Dieser Albtraum, den wir durchlebten, hätte jederzeit von uns aus ein abruptes Ende nehmen können und uns wäre es Recht gewesen, zurück in vertrauter Umgebung zu kehren. Wir waren uns sicher, dort zurecht zu kommen. In der Schule hatten wir bereits gelernt, ein bisschen zu kochen. Zu Not konnten wir auch unser Essen aus der Dose holen oder den Bestelldienst vom Chinesen anrufen. Nur wegen des warmen Essens am Nachmittag sahen wir keinen Grund, auf ein Internat gehen zu müssen. Übrigens hätte unser Vater doch eine Hausangestellte organisieren können, so wie es der Vater meiner Freundin Kirsten auch machte! Wo war denn hier das Problem? Dort schien es doch auch zu klappen. Warum bekamen wir nicht einfach eine Haushälterin? Hatte unser Vater möglicherweise nicht alle Möglichkeiten in Erwägung gezogen? Oder hatte er sich dazu entschlossen uns abschieben, sozusagen loszuwerden? Mir kann es genau so vor. So viele Fragen blieben offen. Wir hatten keine Antworten und jeder Gedanke schmerzte.

Bei dieser Internatsschule nahe Heidelberg handelte es sich um eine reine Mädchenschule. Als Carin das erfuhr, war sie rasend vor Wut. Sie hatte nicht die geringste Absicht, sich in ein „Kloster" einsperren zu lassen, um wohlmöglich noch „geformt" zu werden. Sie war gerade 16 Jahre alt geworden, alt genug um in Kanada den Führerschein zu machen und damit die ersten Schritte in Richtung Erwachsenwerden. Sie brauchte doch jetzt keine Betreuung mehr! Sie hatte nur noch drei Jahre Schule vor sich bis zur Uni, wo sie dann ein Jurastudium antreten wollte. Sie war zuletzt in Oakville nicht nur im Schulorchester, sondern auch im Orchester der Stadt Oakville. Sie war auf allen Ebenen erfolgreich und sehr schnell dabei, selbständig ihre Wege zu gehen. Was in aller Welt sollte sie nun in einem „Kloster" machen? Eine Schule ohne Jungs war für sie undenkbar. Für sie kam das dritte Internat schon im Vorfeld nicht in Frage.

Da ich meine erste große Liebe gerade in Kanada zurückgelassen hatte, hatte ich keinen Bedarf, weitere Jungs kennen zu lernen. Noch war ich traurig und schockiert wegen der gesamten Situation. Daher war mir der Aspekt gemischte oder getrennte Schule egal. Das war so ziemlich meine letzte Sorge. Die Schule hatte qualitativ einen sehr guten Ruf und das Internat galt damals als das beste Mädcheninternat Deutschlands. Möglicherweise wären wir dort nicht hin gefahren, wenn ich mich ebenso vehement gegen die Idee einer „Mädchenschule" gewehrt hätte wie meine Schwester. Aber ich hatte noch den Schreck in meinem Körper stecken über das Telefonat mit meinem Vater an meinem 14. Geburtstag und konnte einfach nicht fassen, was gerade mit uns geschah. Mir fehlte es an der Kraft, die meine Schwester noch aufbringen konnte, um vehement gegen einer Schule anzukämpfen. Das eigentliche Anliegen war für mich doch, dass uns der Boden unter den Füssen weggezogen wurde. Meine Gedanken lagen nicht beim bevorstehenden Schuljahr, sondern bei den darauf folgenden Jahren. Welche Möglichkeiten hatte ich denn noch, nach Hause, nach Kanada zurückzukehren? Was würde aus meiner Beziehung zu Brent werden? Wie sollte ich mich für die University of Toronto qualifizieren? Nein, die Schulwahl war in dieser Zeit nicht wirklich meine größte Sorge.

Nachdem die ersten Schulen abgelehnt wurden, drängte die Zeit, eine Entscheidung zu treffen. Unser Vater hatte uns mitteilen lassen, dass, wenn wir kein Internat fänden, wir bei unseren inzwischen 77 und 78 Jahren alten Großeltern leben müssten und in Heubach zur Schule gehen würden. So sehr ich meine Großeltern liebte, ahnte ich schon, dass dieser Vorschlag nicht durchführbar wäre. Unsere Welten klafften einfach zu sehr auseinander. Carin und ich bemühten uns bei jedem Besuch dort, irgendwie die Zeit tot zu schlagen. Der Ort war uns zu langweilig, obwohl er ein großes Schwimmbad bot, einen eigenen kleinen

Flughafen hatte und schöne Berge drum herum. Aber wir waren dort kein Teil der Gemeinde, wir hatten dort keine Schulfreunde, man betrachtete uns immer als die „Mädels aus Kanada", wir waren Außenseiter. Zudem hatten wir unglaubliche Freiheiten und Möglichkeiten zu Hause kennen gelernt, die sich ganz und gar nicht mit den Vorstellungen und Möglichkeiten eines sehr liebevollen, aber strenggläubig protestantischen Rentnerehepaars deckten. Sie versuchten uns ja auch in den Sommerferien um 9:00 Uhr abends ins Bett zu schicken, was jeden Abend zu einem Wortwechsel zwischen Carin und Oma führte. Sie hatte Werte und Erziehungsvorstellungen, die sicherlich gut waren, aber für unser Gefühl völlig überholt waren. So wie fast alles andere, was wir vorfanden, egal, ob es sich dabei um Erziehung handelte oder technische Geräte. Wir waren ein Haus mit Zentralheizung und Klimaanlage gewohnt, mit einer perfekten konstanten Jahrestemperatur! Wir waren nicht begeistert von einzelnen Öfen, die zum Teil mit Holz oder sogar mit Kohle zu bedienen waren. Wir hatten einen Side-by-Side Gefrier- und Kühlschrank-Kombination in unserer Küche, nicht einem Spielzeug ähnelnden Mini-Kühlschrank oder ein Fensterbrett, dass als Kühlschrankerweiterung benutzt wurde. Es wäre zu viel von uns verlangt gewesen einen dauerhaften moralischen und technischen Zeitsprung um 50 Jahre zurück zu machen!

Wir lebten eher im „hier und jetzt", waren laut und aktiv und so gar nicht „damenhaft", wie sich das unsere Oma so vorstellte. Sie hatte einmal bei unserem Vater angerufen und sich darüber beschwert, dass wir tagein, tagaus in „Sportschuhen", also Turnschuhen, herumliefen. Sie fragte meinen Vater, was das sollte, es gehöre sich für junge Damen nicht, Sportschuhe außerhalb des Sportunterrichtes zu tragen. Und sie bat um seine Zustimmung, mit uns zum Schuhgeschäft „Salamander" zu gehen und „richtige" Schuhe für uns zu kaufen. Er stimmte ihrem Wunsch zu und wir mussten mit unserer Großmutter Schuhe einkaufen gehen. Mit unserer Großmutter! Das war so ziemlich das Unangenehmste, was uns hätte passieren können, uns modisch von unserer Oma beraten zu lassen. Dass unsere Turnschuhe nicht nur Mode, sondern auch Ausdruck eines aktiven Lebensstils waren, konnten wir ihr nicht klar machen, egal wie sehr wir es versuchten. Als wir ihr sagten, dass selbst unsere Mutter nichts dagegen hatte, antwortete sie: „Das war nur, weil sie so krank war, sonst hätte sie sich mehr um euch gekümmert." Dieser Kommentar ging uns beiden zu weit. Wie konnte sie behaupten, unsere Mutter hätte sich nicht um uns gekümmert? Sie beleidigte damit unsere Mutter, die trotz ihren ständigen und zum Schluss schweren Krankheiten sich die letzten Jahre auf ihre Weise wunderbar um uns gekümmert hatte. Sie versuchte nicht uns ihre Vorstellungen von Mode aufzuzwingen, es sei denn, wir gingen abends aus oder hatten eine Feier. Dann mussten wir schon in Kleidern erscheinen. Aber tagsüber und zur Schule durften wir das anziehen, was gerade in Mode war. Wir durften unseren Interessen im vollen Rahmen nachgehen und uns nach unseren Vorstellungen und Fähigkeiten entwickeln, anstatt gebändigt zu werden, so wie wir das Gefühl hatten das unsere Oma es mit uns vor hatte. Unsere Mutter unterstütze alles, was wir machen wollten. Sie organisierte und bezahlte Musikunterricht, Sportunterricht, Veranstaltungen, einfach alles. Selbst als sie in Oakville im Krankenhaus lag und Carin sie dort einmal nach der Schule besuchte und ihr sagte, sie wolle nach Toronto zu einem Konzert. Das war kein Problem für unsere Mutter; sie machte von ihrem Krankenbett aus ein paar Anrufe und schon war der Konzertbesuch für zwei Personen organisiert und das, in einer Zeit bevor es automatische Abbuchungen vom Konto gab! Solche Sachen waren damals nur durch Beziehungen oder mit gutem Namen zu organisieren. Unsere Mutter konnte das.

Die Situation mit unserer Oma war für uns teilweise unerträglich geworden. Wir konnten zwar ihre Anteilnahme und ihre Sorgen um uns spüren. Doch wir dachten, wir brauchten das nicht, was sie uns bieten wollte und konnte. Wären wir dort hingezogen, wäre es für uns, davon abgesehen, dass die Großeltern eine Waschmaschine und einen Fernseher hatten, fast wie eine Zeitreise um 50 Jahre in die Vergangenheit gewesen. Daran hatten wir kein Interesse. Wieso sollten wir uns rückwärts entwickeln, wenn wir doch auf dem besten Weg nach vorne waren? Nicht mal einen funktionierenden Föhn gab es in diesem Haus. Unsere Großmutter, die wie wir drei auch langes Haar hatte, störte das, ganz im Gegensatz zu uns, aber nicht. Sie hatte ihre eigene Art und Weise ihre Haare zu trocken und wollte uns zeigen, wie das geht. Dies durfte Sue als Erste lernen: Oma öffnete ein Fenster, stellte einen Stuhl mit der Rückenlehne gegen die Wand vor dem geöffnetem Fenster und sagte zu Sue: „Bitte, setzt dich dorthin." Wir warteten gespannt auf den „Föhn", der ohne Strom funktionieren sollte. Oma holte ein Kopfkissen, legte es auf die Fensterbank und sagte zur Sue, sie solle sich mit den Schultern und Hinterkopf an dass Kissen anlehnen, die langen Haare aus dem Fenster hängen lassen und die Haare auf diese Weise in der direkten Sonne trocknen lassen. Da waren wir erst mal sprachlos, denn unserer Oma war es dabei wirklich ernst. Aber dann wurden wir drei von einem unglaublichen Lachanfall überwältigt. Wir Schwestern konnten es einfach nicht fassen, wie Sue ihr langes Haar aus dem Fenster hängen liess und einfach abwarten sollte, bis es trocken war! Diese Situation war für uns einfach zu komisch! Wir lachten und lachten, bis uns schon die Tränen kamen. Sue, die immer Einiges für uns ins Englische übersetzen musste, zeigte auf den Stuhl und dann auf das auf der Fensterbank liegende Kissen

191

und sagte zu Carin und mir: „This is a german blow dryer", also dies ist ein deutscher Föhn. Nun konnten wir uns überhaupt nicht mehr einkriegen vor lachen! Unsere arme Oma konnte nicht verstehen, warum wir lachten und wir konnten es ihr nicht wirklich erklären. Obwohl wir die Methode als technisch überholt auslachten, mussten wir tatsächlich feststellen, dass sie funktionierte. Voraussetzung dafür war natürlich, dass die Sonne schien und man auch lange genug in der Sonne sitzen bleiben musste. Und so gesehen, war es nicht komisch, sondern eine sehr altmodische Art sich die Haare zu trocknen. Diese Frau wurde um 1900 geboren, hatte gelernt, ohne Strom auszukommen und hatte zwei Kriege überstanden. Sie hatte für so ziemlich alles eine Lösung, die meist auch funktionierte. Wir drei waren aber damals zu jung, um die praktischen Aspekten ihrer Erfahrungen zu akzeptieren. Wir fanden einfach diesen Föhn ohne Strom irre komisch und alle anderen ähnlich praktischen „Geräte" eben mühsamen.

Möglicherweise hätte ich es ein Jahr lang bei meiner Oma ausgehalten. Schließlich hätten wir bei ihr wenigstens ein Stück Kontinuität in diesem ganzen Durcheinander gehabt. Aber unsere Welten waren wirklich zu weit auseinander. Was aber Carin und unsere Oma betraf, da prallten zu große Unterschiede aufeinander. Als ob wir auf einen Beweis für diese Theorie gewartet hätten, sagte unsere Oma uns eines Tages, sie wolle uns etwas Wichtiges für unsere Zukunft beibringen. Interessiert saßen Carin und ich in der hinteren Stube, als Hedwig ziemlich stolz einen Korb mit kaputten Socken, Stopfgarn und Nähnadeln hervorholte. Sie erklärte uns, wie wichtig es sei, seine Kleidung zu pflegen und selbst reparieren zu können, denn vor allem in schwierigen Zeiten müsse man alleine zu Recht kommen. Da war sie; die Zeitreise. Keines ihrer Worte konnte unser Interesse an dieser Fähigkeit wecken. Wir waren es aus Nordamerika gewohnt, robuste Jeans mit allem Zubehör zu kaufen und zu tragen, bis sie durch getragen waren, und sie dann wegzuwerfen. Nichts an Socken-Stopfen war für uns interessant. Wir interessierten uns für Reiten, Geräteturnen, Segeln, Musik und Jungs, aber nicht für kaputte Socken. Mit dem Wissen, dass wir uns in Zukunft entweder mit Hedwig in Heubach möglicherweise sockenstopfend arrangieren oder irgendeine andere Lösung finden mussten, fuhren wir nach Heidelberg. In Anbetracht dieser Wahl war schon im Vorfeld die Entscheidung auf Heidelberg gefallen, außer wir hätten noch ein anderes Internat finden können, das noch zwei Plätze für Mädchen in unserem Alter frei hatte.

Von Nordamerika nach Europa II

An diesem Tag der letzen Möglichkeit stellten wir drei uns der Internatsleiterin, Benita von Egen, vor. Als Erstes, unübersehbar war ihre physische Präsenz, denn sie war eine sehr große und schlanke Frau, ähnlich wie unsere Tante Trudel. Ihr Kleidungsstil war ausgesprochen klassisch, ja adelig, sie trug an diesem Tag ein dunkelgrünes Kostüm, worin sie aussah, als käme sie gerade von ihrem Landgut. Aber ganz fern der Realität war das nicht, denn das Haupthaus des Internats trug den Namen Schloss und das Areal war eine große Parkanlage. Sie hatte zudem eine starke persönliche Präsenz und strahlte ein Selbstbewusstsein aus, wie ich es so zuvor nur bei meinem Großvater, Paul Bauder, in diesen Maße erlebt hatte. Auch bei ihr, so wie einst bei meinem Großvater, war ich durch die Stärke der Ausstrahlung zunächst etwas eingeschüchtert. Aber als sie mit uns an ihrem antiken runden Kaffeetisch saß und anfing zu sprechen, wurde sie weniger beängstigend für mich. Sie sagte uns zuerst, dass sie mit unserem Vater lange gesprochen habe und wisse, worum es ginge. Das überraschte uns zunächst. Sie erklärte weiter, dass sie großes Verständnis für ihn und unsere Familiensituation habe, da sie auch schon, wie wir, in Südamerika gelebt habe. Jetzt waren wir noch mehr überrascht. Wir hatten es hier, mit einer „Frau von Welt" zu tun, was uns die Sache leichter machte, denn wir mussten nicht erklären, dass wir aus einem anderen Land kommen und jetzt in Deutschland leben sollen. Sie selbst hatte es bereits erlebt wie es ist von einem Land -ja, sogar von einem Kontinent- in ein anderes zu ziehen. Sie verstand, dass wir vom Werdegang her anders waren als Menschen, die ein Leben lang in einem Land leben. Sie hatte fachlich und praktisch gesehen Mitgefühl für unsere Situation und hatte somit im Grunde genommen uns bereits gewonnen. Sie hatte sich unserem Vater gegenüber bereit erklärt, uns aufzunehmen. Aus Sicht des Internates war es aber nicht nur eine Vorschrift, sondern ihr eigener expliziter Wunsch gewesen, uns dennoch zuerst persönlich kennen zu lernen, wie sie uns erklärte. Sie wollte von uns wissen, ob wir denn überhaupt zu ihr auf das Internat wollten. Dass sie wissen wollte, ob wir zu diesem Internat „verdonnert" wurden oder freiwillig kämen, machte sie für mich doch sehr sympathisch. Schließlich sind Internatskinder auch ein Geschäft und Zwei auf einen Schlag zu bekommen ist doppelter Umsatz. Aber sie interessierte sich tatsächlich dafür, was wir wollten. Damit war sie die Erste in diesem Sommer. Das war mal eine Abwechslung. Was wir wirklich wollten, war unser Zuhause zu behalten und dorthin in unsere Leben zurückzukehren. Aber das ging nicht. Also mussten wir akzeptieren, in Deutschland bleiben zu müssen und zudem auf dieses Internat zu gehen, da es im Moment das einzige noch war, welches wir nicht abgelehnt hatten. Die Wahl stand uns frei; dieses oder Oma. Daher wurden wir indirekt verdonnert, haben sie das so aber nicht wissen lassen.

Im Vorfeld wurde Carin von Sue angewiesen, dass sie ihren Mund während des Besuches möglichst halten solle, um nicht unsere Aufnahme zu gefährden. Sue hatte nämlich allmählich genug davon, sich um uns kümmern zu müssen. Sie wollte uns untergebracht wissen, um sich dann auch um ihr eigenes Leben zu kümmern. Schließlich war auch ihr der Boden unter den Füssen weggezogen worden und sie hatte noch wichtige Entscheidungen in sehr kurzer Zeit zu treffen. Da dieses für Carin die einzige Alternative zu „Hedwig" war, befolgte Carin die Anweisung und hielt sich tatsächlich zurück mit ihren provokativen Fragen. Da ich kaum Deutsch sprach, brachte mir Sue unterwegs im Auto bei, einen kompletten Satz auf Deutsch zu sagen. Frau von Egen sagte uns, dass sie noch nie die Situation hatte, dass sich ihr drei Schwestern alleine, ohne ihre Eltern vorstellten, von denen möglicherweise Zwei zu ihr ins Internat kommen würden. Sie bewunderte unseren Mut und unsere Kraft. Vor allem bewunderte sie Sue, die diese Aufgabe mit ihren jungen Jahren zum Erfolg bringen sollte. Im Gegensatz zu den anderen Internatsleitern, die wir bisher kennen gelernt hatten, hatte Frau von Egen erkannt, in was für einer schwierigen Lage wir uns befanden und auch was für eine Last Sue aufgetragen wurde. Ich war von Frau von Egen und ihrer Fähigkeit, die Situation zu erkennen, beeindruckt, sowie von ihrer Menschenkenntnis.

Als Frau von Egen uns sagte, dass noch ein Mädchen aus Kanada das Internat besuchen würde, war für Carin und mich eine sofortige Sympathie für das Internat da, trotz aller anderen Bedenken. Kurz vor Schluss des Gespräches stellte ich meine Frage, den einen Satz, den ich auswendig gelernt hatte: „Was machen die Mädchen in ihrer Freizeit?" Die Antwort kam etwas zögernd, aber sie hieß: „In ihrer Freizeit gehen die Mädchen spazieren und manche musizieren." Ich musste Carin in diesem Augenblick nicht ansehen, um zu wissen, dass sie am Kochen war. Spazieren?! Was soll das den für eine Freizeitaktivität sein? Das war doch etwas für alte Menschen! Sie konnte nicht im Ernst meinen, dass junge dynamische Menschen freiwillig so etwas Langweiliges unternehmen würden. Niemals konnten wir uns vorstellen, Spazieren gehen als eine Freizeitaktivität aufzunehmen. Wir waren es gewohnt zu Turnen, Reiten, im eigenen Schwimmbad zu schwimmen, mit unseren Rennrädern frei herumzufahren, zu Segeln, uns mit Freunden zu treffen, ins Kino zu gehen, zum Tanzen zu gehen und uns mit Jungs zu treffen. Alles andere außer Spazieren gehen! Ich spürte förmlich, wie bei Carin die Anspannung wuchs, als sie merkte, dass es zwar Angebote in und um Heidelberg gab, die Schule bzw. das Internat aber fast nichts von dem, was uns interessierte, anzubieten hatte. Wir flüsterten einander zu, dass es hier unmöglich so langweilig sein könnte, wie es sich anhörte. Das könnte doch nicht möglich sein, oder? Sue spürte unsere Bedenken und schubste uns regelrecht aus dieser Unterhaltung raus, 3bevor wir dieses Thema weiter erörtern konnten.

Die Zeit drängte, denn obwohl die kanadischen Sommerferien bis zur ersten Septemberwoche gingen, waren die Sommerferien hier bereits im August vorbei. Inzwischen war es schon Ende Juli. So sollten wir zu allem Anderen auch noch auf einen Monat Sommerferien verzichten. Obwohl wir noch nicht offiziell zugesagt hatten, gab Frau von Egen uns eine Liste von Sachen mit, die wir für unser Leben im Internat brauchen würden. Diese Liste beinhaltete die Anzahl der Handtücher, Stoffservietten, Bettwäsche und Decken, die wir mitbringen sollten. Zudem brauchten wir eine Leselampe für unseren Schreibtisch und sonst noch Schulmaterial. Während wir noch die Möglichkeiten zu besprechen und die Entscheidung zu beeinflussen versuchten, fing Sue gezielt damit an, mit uns diese Sachen einzukaufen. Sie erkannte, dass eine Entscheidung getroffen worden war. Diese Entscheidung hieß: Heidelberg. Wir riefen Frau von Egen an und teilten ihr unser Ergebnis mit. Innerlich war ich davon überzeugt, dass wir bei ihr am besten aufgehoben sein würden. Die Internatskosten, einschließlich Schulgeld, lagen bei etwa 10.300 DM pro Kind im Jahr.

Heidelberg 1978

So fiel unsere Wahl auf das Elisabeth-von-Thadden-Gymnasium und Internat in Heidelberg-Wieblingen, in der Klostergasse. Unglücklicherweise lautet die Anschrift tatsächlich „Klostergasse", was die innere Ablehnung bei Carin erhöhte, denn mit einem Kloster wollte sie gar nichts zu tun haben. Aber mir machte es nichts aus, schließlich war das Areal wunderschön.

Das Gesamtanwesen, das alte Schloss Wieblingen mit seinem Park, war seit knapp 200 Jahren in Privatbesitz, wie ich schnell lernte. Die Schule selbst hatte mit ihrem Unterricht im Jahre 1927 begonnen und bestand also mit Unterbrechungen bereits seit 51 Jahren. Sie wurde von Elisabeth von Thadden gegründet und hieß ursprünglich „Evangelisches Landerziehungsheim für

Mädchen Schloss Wieblingen". Somit waren Carin und ich in Deutschland beide in einem Internat, in einer Mädchenschule und zudem auch in einer evangelischen Schule mit Tradition gelandet! Größer hätte der Unterschied zu unserem Leben, welches wir unfreiwillig und endgültig einen Monat zuvor aufgeben mussten, kaum sein können. Carin war am Ende des Sommers nicht nach Kanada zurückgekehrt und es blieb ihr lediglich die Möglichkeit, ihre Freunde per Brief über diese Entwicklung zu informieren. Ich würde nach meinem „Deutschlandjahr" auch nicht zurück nach Oakville kommen. Das war's. Wir hatten uns ein soziales Netz aus Freunden und Bekannten, Interessengemeinschaften und Schulgemeinschaften aufgebaut. Im Herzen waren wir beide noch dort und auch im Herzen Kanadierinnen, denn wir hatten insgesamt über sieben Jahre in einem Land der fast unbegrenzten Möglichkeiten, der freundlichen Menschen, der fantastischen Natur und der Hoffnung auf eine gute Zukunft verbracht. Wir hatten in der Schule gelernt, die kanadische Nationalhymne „O Canada" zu singen. Die deutsche Hymne war uns gänzlich unbekannt. Zudem waren wir es gewohnt, ein Foto von Queen Elisabeth in jedem Klassenzimmer vorne hängen zu haben. Überall sah man dort die kanadische Flagge, deren Anblick für uns eine Selbstverständlichkeit war. Und nun waren wir hier.

In unserer neuen Heimat wehte nirgendwo eine Flagge. In der Schule hörten wir auch nicht die Nationalhymne. Die Queen war auch nirgendwo zu sehen und wie wir feststellten, auch sonst niemand an ihrer Stelle. Wie langweilig und leidenschaftslos ich das alles fand! Man durfte nicht stolz darauf sein, zu diesem Land zu gehören. Man durfte nicht morgens zusammen mit den Klassenkameraden von ganzem Herzen die Nationalhymne singen. Was war hier los? Lag es daran, dass dieses Land in der Gegenwart nichts hatte, worauf man stolz sein konnte? Oder lag es an der Vergangenheit, auf die man nicht stolz sein konnte? Für mich war es gleichgültig, wo das Problem lag. Es machte keine Freude, hier zu sein. Wie sollten wir uns mit unserer neuen Heimat identifizieren, wenn keine äußerlichen Anzeichen darauf hindeuteten, dass wir Teil einer guten Sache waren? Wovon waren wir jetzt ein Teil? Es fühlte sich an wie ein großes Nichts.

In einem Internat zu leben, war für Carin absolut gegen ihre Natur. Sie war seit Jahren in unserer Familie fast so etwas wie eine Untermieterin oder eine Mitbewohnerin gewesen. Sie kam und ging, wie es ihre ganzen Interessen und Termine zuließen. Meine Eltern hatten Carin effektiv nie im Griff gehabt. Sie war viel zu eigenwillig und zu selbstständig, und mit sich und ihrer Welt beschäftigt. Unsere Eltern hatten sie nicht im üblichen Sinne erzogen. Sie tat und ließ, was ihr passte. Nachts war sie sicherlich zu Hause und hatte auch kein Interesse an Drogen oder Alkohol, was in ihrem Alter manche Mädchen schon hatten. Es ging nicht darum, dass sie innerhalb der Familie rebellierte. Nein, sie war ein eigenständiger Mensch innerhalb der Familie. Sie scherte sich auch nicht im geringstem um Normen oder Vorschriften. Es war aber auch nicht notwendig, ihr viele Vorschriften zu machen. Sie war stets eine Einser-Schülerin, ohne jemals ernsthaft Hausaufgaben gemacht zu haben, sie konnte hervorragend Querflöte spielen und hatte sich zeitweise sogar überlegt, daraus einen Beruf zu machen. Sie turnte sowohl in der Schulmannschaft als auch im Verein, und sie war gläubige Christin! Ich war auch nicht schlecht geraten als Zweier-Schülerin, die ihre Leidenschaft fürs Reiten hatte und ausbauen wollte und sonst rundum nett und höflich war, aber ich brillierte nicht wie sie. Daher war das Prinzip Internat für mich nicht unbedingt gegen meine Natur, denn ich war nie so selbständig oder freiheitsliebend wie sie, ich war etwas konventioneller und angepasster. In diesen Tagen war ich einfach froh zu wissen, dass wir irgendwo bleiben durften, egal wo, denn ein Zuhause hatten wir ja nicht mehr.

Es war nicht das erste Mal in meinem Leben, dass ich kein Zuhause hatte. Wir zogen ohne einem festen Wohnsitz zu haben 1971 von Deutschland nach Kanada. Damals war ich aber erst sechs Jahre alt und fühlte selbst keinen großen Verlust durch den Länderwechsel, obwohl ich schon traurig darüber war, mich von meinen Freunden zu trennen. Schließlich war ich damals bereits in mein viertes Land gezogen und war nirgendwo lange genug gewesen, um mich bewusst als ein Teil von etwas Größerem außerhalb der Familie zu fühlen. Nun waren wir 1978 ohne einen festen Wohnsitz zu haben von Kanada nach Deutschland gezogen. Sicherlich konnte ich davon ausgehen, dass mein Vater die Sache mit dem Wohnsitz irgendwie und irgendwann regeln würde, wie es in der Vergangenheit auch der Fall war. Dieses Mal war die Situation für mich aber grundlegend anders. Von mir kann ich sagen, dass ich das erste Mal bewusst mein „gefühltes Heimatland" verloren hatte und das war ein furchtbares Gefühl! Verloren ist verloren. Möglicherweise sind die Umstände unter denen man seine Heimat verliert zweitrangig. Es war ein Kappen der Zugehörigkeit. Und das Ganze auch noch ein halbes Jahr nach dem Verlust meiner Mutter. Wie sehr ich an ihr hing, hatte mein Vater immer wieder zu ihren Lebzeiten passend mit den Worten kommentiert: „Bei euch zwei hat man vergessen die Nabelschnur durchzutrennen." Metaphorisch gesehen stimmte das schon. Sie fehlte mir also nicht nur, weil nun doch die Nabelschnur endgültig durchtrennt worden war. Sie war nicht da, um mich in dieser Zeit des Umbruchs zu unterstützen.

Schloss Wieblingen, Elisabeth-von-Thadden-Schule.

Meine Ecke vom meinem Zimmer im „Häusle".

Frau von Egen hatte mich der Gruppe im „Häusle" zugeteilt, außerhalb der Mauern. Als Familienmutter sollte ich Hildegard Schmid bekommen, denn man ging davon aus, dass sie mit meiner verwundeten Seele am besten zurechtkommen würde. Dem war auch so. Frau Schmid, damals Ende 30, hatte etwas Ruhiges und Warmes an sich und ich fühlte mich bei ihr auf Anhieb wohl. Das Zimmer im ersten Stock links wurde mein neues Zuhause, doch ich teilte es mit zwei andere Mädchen, Stephanie, genannt „Steffi" und Verena, genannt „Veri". Beide kamen aus nicht weit entfernten Orten und hatten nicht wie ich einen oder gleich mehrere harte Schicksalsschläge hinter sich. Sie waren beide auf eigenen Wunsch und freiwillig im Internat und das seit der 5. Klasse, also nun im 5. Jahr! Das konnte ich kaum fassen. Beide waren sehr nett, ausgeglichen, freundlich und ruhig. So gesehen waren sie als zufriedene Internatsmädchen gute Werbung. Sie interessierten sich sehr für ihre neue Zimmerkameradin, und so fühlte ich mich bei ihnen auch willkommen. Unser Zimmer war in einem zarten Rosa gestrichen. Ansonsten war alles im Haus in einem nüchternen und sachlichen Weiß und Grau gestrichen.

Trotz der Tatsache, dass ich zwei wirklich nette Zimmerkameradinnen hatte, wäre es mir lieber gewesen, meine Schwester und ich hätten ein Zimmer zusammen bekommen, aber das wurde grundsätzlich seitens des Internates nicht gewünscht. Geschwister wurden zum einen immer getrennt, um Kontakt zu anderen Kindern zu fördern. Zum anderen sollte man mit Gleichaltrigen im Zimmer zusammen sein, denn man könnte von einem ähnlichen Entwicklungsstand ausgehen. Die Mädchen konnten und sollten sich gegenseitig eventuell auch bei den Hausaufgaben helfen. Die Erklärungen waren plausibel. Dennoch hätte ich gerne wenigstens meine Schwester noch in meiner Nähe. Sie war alles was mir noch aus meinem früheren Leben noch blieb! Alles Andere wurde mir weg genommen.

Aber Carin wohnte in der „Scheune", innerhalb der Mauern. Auch sie hatte zwei Zimmerkameradinnen. Wie der Name aussagt, wurde das Gebäude früher für Vorräte verwendet wie Heu oder Getreide, war aber zwischenzeitlich zu Wohnräumen umgebaut worden. Wir sagten gerne, dass da vermutlich früher Schweine drin gewohnt hatten, anspielend auf den mangelnden Luxus und die unübertrefflichen Nüchternheit, in der wir jetzt lebten. Eine typische „Familie", wie die Einwohnerinnen eines jeweiligen Hauses im Internat genannt wurden, bestand aus etwa 15 Mädchen und einer Familienmutter. Man wählte für Carin eine Familienmutter, etwa Ende 40, von der man uns sagte, sie sei, wie Carin, auch sehr an Musik interessiert.

Für uns beide war es völlig neu, dass wir in unseren „Familien" in der Regel nur ein Badezimmer hatten. Das war nicht, wie wir es von zu Hause aus gewohnt waren, für fünf Personen zwei große Badezimmer zu haben und ein zusätzliches Gäste-WC. Zu dem einen Bad hier im Internat gab es in der Regel nur zwei Toiletten für alle 15 Personen, anstatt den drei für fünf Personen, die wir hatten. Die Anzahl der Waschbecken war halb so groß wie die Anzahl der Mädchen, sodass man ein Waschbecken mit einem anderen Mädchen teilen musste. Wenigstens das war mir vertraut. Die etwa drei Duschen pro „Familie" mussten sich die 15 Mädchen auch teilen. Diese waren nicht etwa von einander getrennte Einzelkabinen, sondern aneinander gereiht, sodass man zur dritt in einer Reihe nebeneinander duschte, ohne Trennwände. Das empfanden meine Schwester und ich als eine besondere Zumutung. Nackt neben fremden Menschen zu duschen, übertraf wirklich unsere Vorstellungen von Scham. Das, was in unserem Alter so ziemlich das Intimste war, nämlich sich nackt auszuziehen und unter der Dusche zu waschen, sollten wir nun vor anderen machen? Am liebsten wären wir beide schon alleine deswegen wieder gegangen. Es blieb uns nun aber keine Wahl. Es kam auch vor, dass man anstehen musste, um sich die Zähne zu putzen, zur Toilette zu gehen oder zum Duschen! Was für ein Schock das zusätzlich war! Für Grundbedürfnisse anstehen! Dies sollte Deutschlands bestes Mädcheninternat sein? Bestes in was? In Badezimmereinrichtungen auf jeden Fall nicht. Carin und ich haben uns mit dieser eher an einer militärischen Institution erinnernden Einrichtung und den damit verbundenen Umstellungen, am Anfang wirklich sehr schwer getan. Wir empfanden es als unhygienisch und regelrecht unwürdig. Zum Glück wuschen sich die Mädchen in Deutschland nicht so oft wie die Mädchen in Kanada, sonst hätten wir noch mehr anstehen müssen, um duschen zu dürfen! Da sie sich nicht so oft wuschen, fanden wir, dass sie zum Teil etwas nach Schweiß muffelten, was für uns ausgesprochen gewöhnungsbedürftig war. So etwas gab es in dem Kulturkreis aus dem wir kamen nicht, zumindest nicht in unserem Umfeld. Mit ziemlichem Schrecken mussten wir dann noch feststellen, dass sie sich nicht nur weniger wuschen, sondern fast alle überhaupt nicht unter den Armen und an den Beinen rasierten! Das fanden wir ziemlich eklig. In Kanada fingen die Mädels in der Regel an sich zu rasieren, sobald sie Haarwuchs hatten, also etwa im Junior High, siebte oder achte Klasse. Sich als Mädchen in Kanada unter den Armen und auch an den Beinen zu rasieren, gehörte zur Körperhygiene. Hier in Deutschland fühlten wir uns teilweise wie von Halb-Neandertalern umgeben, zumindest was die Entwicklung in dieser Richtung anbetraf. Was ein Teil dieser Halb-Neandertaler auch tat, bzw. ließ, war das Tragen von Büstenhaltern. Unser Begriff von Körperkultur beinhaltete auch, dass Mädchen in unserem Alter einen BH trugen, sobald die Brüste anfingen zu wachsen und schon in die erste Körbchen-Größe hineinpassten, oder allerspätestens ab der zweiten. Aber hier schien man „natürlicher" mit den Brüsten umzugehen, sie einfach frei hüpfen zu lassen. Mädchen, die unserer Meinung nach schon längst in einen BH hineingehörten, trugen einfach keinen. So viel Natürlichkeit war für uns nicht leicht zu verdauen. Zu alle dem kamen fettige Haare. Die wusch man natürlich nicht bei jedem Duschen, sondern vielleicht ein oder zwei Mal in der Woche. Oh je, was für Umstellungen! In einem Punkt hatte Carin es aber noch schwieriger als ich. In ihrem Haus wohnte ein Mädchen, das magersüchtig war und sie teilte sogar das Zimmer mit ihr. So etwas Dünnes hatten wir zuvor noch nie in unserem Leben gesehen. Wir wussten nicht mal, dass es so etwas gab! Dieses Mädchen hatte mehr Knochen aus seiner Haut hervorstehen als wir überhaupt wussten, dass sie existieren. Aber ich musste mir wenigstens weder in meinem Zimmer noch beim Duschen diesen Anblick antun, Carin aber schon. Die Tatsache, dass Magersucht eine Krankheit ist, konnte man nicht wirklich von uns verlangen, zu verstehen, oder? War das nicht etwas zu viel verlangt?

Hausordnung

Wir mussten uns vom ersten Tag an mit dem Inhalt der Hausordnung beschäftigen, die aus 21 Punkten bestand. Das waren ungefähr 19 mehr als wir zu Hause hatten! Dort sollte jeder möglichst beim Abendessen anwesend sein, damit wir als Familie eine Mahlzeit am Tag zusammen zu uns nehmen konnten. Abends um 23:00 Uhr sollte jeder im Bett sein, aber ich schlief meistens schon um 22:45 ein, was somit für mich auch kein Problem war. Carin las zuhause noch im Bett und machte oft erst um Mitternacht das Licht aus. Morgens war bei uns zu Hause jeder für sich selbst verantwortlich und so stand ich in der Regel um 7:45 auf, um eine Stunde später in der Schule zu sein. Damit war jetzt aber radikal Schluss. Wir waren nicht mehr selbständig in unseren Entscheidungen und in unserem Handeln, sondern mussten uns an strenge Regeln halten und einfach stupide gehorchen. Dies war eindeutig ein gewaltiger Schritt rückwärts in unsere Entwicklung!

Der **erste** Ordnungspunkt besagte, dass Tagesbeginn und Tagesschluss festgelegt sind. Alle mussten um 6:30 aufstehen, Frühstück begann für alle gemeinsam im Speisesaal um 7:00 und endete spätestens um 7:30. Der **vierte** Punkt besagte, dass wir alle pünktlich und ordentlich zu Tisch kommen sollten, weshalb die Tür zum Speisezimmer demonstrativ pünktlich um 7:00 geschlossen wurde und ein unbemerktes Reingehen nicht mehr möglich war. Dann gab es, wie Ordnungspunkt **fünf** sagte, vor Beginn jeder Mahlzeit eine Schweigeminute, die wir im Stehen hinter unseren Stühlen abhielten. Das sollte Gelegenheit zum stillen Tischgebet geben. Erst dann, wenn alle fertig waren, durfte man sich setzen. Wer zu spät kam, musste vor der Tür warten, bis eine der Erzieherinnen wenige Minuten später nachschaute, ob jemand vor der Tür stand und dieses Mädchen nach dem Grund der Verspätung fragte. Erst wenn die Antwort akzeptabel war, durfte diejenige herein und vor allen anderen bereits sitzenden und essenden Mädchen zu ihrem Platz gehen. Es war überaus peinlich, zu spät zu kommen, denn man wurde von allen angestarrt. Aber man musste zum Essen kommen, denn Ordnungspunkt **sechs** sagte, dass die Mahlzeiten Pflicht seien.

Der Ordnungspunkt **acht** besagte, dass das Betreten der Küche nur mit Erlaubnis gestattet sei. Somit wurde geregelt, dass wenn Schüsseln, Schalen, Teller oder Getränkegefäße, leer waren, einer vom Tisch mit dem leeren Behälter an das Fenster der Küche gehen durfte, um nachzufragen, ob es noch einen Nachschlag gäbe. Wir durften nichts vom Tisch mitnehmen, keine verderblichen Lebensmittel auf dem Zimmer aufbewahren und Alkohol war strengstens verboten.

Die restlichen 20 Minuten nach dem Frühstück bis zum Beginn der ersten Unterrichtsstunde um 7:50 nutzen wir dafür, unsere Schulsachen aus unseren Zimmern zu holen und uns auf den Weg in die Schule zu machen. Die Schule dauerte bis um 13:00 Uhr, fünf Tage in der Woche. Wir hatten Glück, dass es samstags keinen Unterricht mehr an unserer Schule gab. Zwischen den sechs Unterrichtsstunden von je 45 Minuten hatten wir vier kurze Pausen von je 5 Minuten und eine große Pause von 20 Minuten. In der großen Pause gab es draußen auf der Terrasse vor dem Speisesaal eine Pausen-Verpflegung für die „Internen", wie die Mädchen genannt wurden, die im Internat lebten. Diese bestand aus einem Getränk und einem süßen Stückchen oder einem Brötchen, frisch vom Bäcker, was für mich neu war und was ich toll fand!

Nach der Schule konnten wir schnell unsere Schulsachen zu unseren Zimmern bringen und uns dort überraschen lassen, ob wir Post hatten, um dann rechtzeitig um 13:15 beim Mittagessen zu sein. Was wir sehr komisch fanden, war das Prinzip des warmen Mittagessens. Wie konnte man nur mitten im Tag darauf bestehen, warm zu essen und womöglich noch alle Familienmitglieder an einen Tisch zu bringen? Das war doch völlig realitätsfremd und zudem, wie wir fanden, unnötig. Wegen diesem warmen Mittagessen mussten die Schulen in Deutschland um 13:00 Uhr zu Ende sein? Alle Mütter bemühten sich, ein warmes Essen auf den Tisch zu bringen für die Kinder und wenn es ging, auch für den Mann? Aber warum? Wieso sollten alle tagsüber zusammensitzen, wenn sie doch am Ende eines erfüllten Tages auch zusammensitzen konnten? Das war für uns damals unbegreiflich und ist es für mich auch heute noch. Wir hatten die sieben Jahre ohne warmes Mittagsessen in bester Gesundheit überlebt und wir hatten ebenso abends unser warmes Essen mit der Familie. Zudem fanden wir das Zusammenkommen der Familie am Abend viel gemütlicher, denn jeder konnte nach einem erfülltem Tag davon erzählen, was er erlebt hatte. Wir hatten gesund damit gelebt, in die Schule unsere „lunch box" mitzunehmen mit reichhaltigen Broten, Gemüsestreifen, Obst und Sachen zum Naschen, und es gefiel uns auch so. Unser neuer Rhythmus gefiel uns dagegen überhaupt nicht! Zudem fanden wir, dass so ein warmes Mittagessen mitten im Tag eigentlich nur müde machte und man danach nicht leistungsfähig war. An Sport war am Nachmittag überhaupt nicht zu denken. Was sollte das Ganze?

Nach dem Mittagessen blieben uns wieder 15 Minuten, um auf unsere Zimmer zu gehen, um dort pünktlich mit der um 14:00 Uhr beginnende Mittagsruhe, wie sie in Ordnungspunkt **zwei** vorgeschrieben war, zu beginnen. Für die Mädchen von der 5. bis zur 10. Klasse bedeutete dies, dass alle auf den Betten liegen und ruhig sein mussten. Was?! Wo war ich denn hier gelandet, in einem Kindergarten für Jugendliche? Die älteren Mädchen, ab der 11. Klasse mussten nur Zimmerruhe halten. Sie durften ruhig an ihren Schreibtischen sitzen, anstatt auf dem Bett liegen zu müssen. Die Mittagsruhe ging 45 Minuten lang mit der Begründung, dass die jüngeren Mädchen zum Teil noch einen Mittagsschlaf bräuchten. Dieser Punkt der Mittagsruhe schien mir am verrücktesten von allen Ordnungspunkten. Carin und ich hatten sieben Jahre hinter uns in einem Schulsystem mit Ganztagsschule, und wir waren sehr glücklich und zufrieden damit gewesen, ohne Mittagsruhe. Die Schule in Kanada begann kurz vor 9:00 Uhr und endete sieben Stunden später, kurz vor 16:00 Uhr. Wir kannten das Prinzip der Mittagsruhe nicht und empfanden sie nicht nur als völlige Zeitverschwendung, sondern auch als unnatürlich. Wer schläft denn schon mitten im Tag, außer Kleinkindern und ältere Menschen? Wir waren es gewohnt, den ganzen Tag unterwegs zu sein beim lernen und trainieren. Und das war gut so.

Zweimal in der Woche, dienstags und donnerstags, mussten wir uns nach unserer Mittagsruhe von 14:45 bis 15:00 umziehen und uns auf den Weg zum Nachmittagssport machen, dem sogenannten Internatssport, der in der Turnhalle der Schule stattfand. Wie Ordnungspunkt **dreizehn** besagte, war die Teilnahme an diesen Sportstunden Pflicht für alle Internatsschülerinnen. Der Sport dauerte bis um 15:45, und wir hatten 15 Minuten Zeit, um wieder zu unseren Zimmern zu gehen und uns umzuziehen, unsere Schulsachen zu holen und pünktlich um 16:00 bei der Hausaufgabenbetreuung zu sein. Hier saßen alle „Internen" von der 5. bis zur 10. Klasse jeweils in verschiedenen Räumen zusammen und wurden von einer Erzieherin betreut, die dafür sorgte, dass alle die in den „Hausaufgabenbüchern" ihrer jeweiligen Klassen eingetragenen Aufgaben machten. Es durfte hierbei nicht gesprochen werden, außer um einer Mitschülerin etwas leise zu erklären, bis alle mit allen Hausaufgaben fertig waren. Anschließend hatten wir wieder 15 Minuten Zeit, um uns auf den Weg zum Abendessen zu machen, das um 18:15 begann und um 18:45 endete. Das sogenannte Abendessen war in Wirklichkeit eine „Brotzeit", was in Deutschland so üblich war und auch heute noch ist. Anstatt ein gemütliches warmes Abendessen zu bekommen, wie wir es gewohnt waren, mussten wir uns ab sofort damit abfinden, meist ein Stück Brot mit Wurst oder Käse und dazu in der Regel Gurke zu essen. Das fanden wir nicht nur ausgesprochen langweilig, ich fühlte mich abends meistens noch hungrig.

Nach dem Abendessen gingen alle 90 „Internen", die wir damals waren, ruhig und andächtig in die Kapelle, die auf dem Anwesen lag, und hielten uns an Ordnungspunkt **drei,** der besagte, dass wir auf dem Kapellenweg und in der Kapelle schweigen sollten. In der Andacht gab es meistens eine Ansprache von Frau von Egen, diese wurden aber auch von Familienmüttern gehalten und manchmal auch von den Mädchen selbst. Es wurden Lieder aus dem Gesangsbuch gesungen und es wurde gebetet. Zugegebenermaßen gefiel mir das Singen von Anfang an. Nach 10 bis 15 Minuten war die Andacht vorbei und alle versuchten, wieder schweigend den Kapellenweg zurückzugehen. Nach der Andacht hatten wir noch etwa eine halbe Stunde Freizeit, in der wir uns mit anderen Mädchen auf dem Hof treffen konnten. Es war diese Zeit, die ich zu nutzen versuchte, um endlich mal meine Schwester in Ruhe zu sehen und zu sprechen. Sonst gab der Tag nicht die Möglichkeit dazu her, es sei denn, wir hätten unsere Besorgungen im Ort gemeinsam gemacht, was wir manchmal auch taten. Um 20:00 Uhr mussten alle in ihren „Familien", oder die „Kleineren" sogar auf ihren eigenen Zimmern sein. Die „Kleinen" gingen auch schon bald danach ins Bett. Wir in der 9. Klasse mussten um 21:30 das Licht ausmachen. Für Carin in der 11. Klasse war „Licht aus" um 22:00. Das waren alles strenge Vorschriften und enorme Umstellungen für uns. So hatte ich mir das mit dem Internat auf keinen Fall vorgestellt! Das hier kam mir vor wie eine Strafanstalt.

Nun musste sich meine Schwester den gesamten Tagesablauf vorschreiben lassen und sie tat sich schon alleine mit dieser Tatsache schwer. Wir fühlten uns beide entmündigt anstatt gefordert. Carin litt von Anfang an darunter, ihr gewohntes freies Leben nicht mehr leben zu können. Ihre Familienmutter war eine Frau, die strengstens auf Pünktlichkeit und die Einhaltung der Ordnungspunkte achtete. Da prallten zwei Welten aufeinander, ähnlich schon wie bei unserer Großmutter. Hatten wir doch die falsche Wahl getroffen? Wären wir vielleicht doch besser bei einer gutmütigen Oma aufgehoben gewesen anstatt in einer einem Militär-Camp ähnlich geführten Institution? Ich begann auf jeden Fall zu empfinden, dass wir eine Fehlentscheidung getroffen hatten und hatte das Gefühl, regelrecht dafür bestraft zu werden zusätzlich zu dem, was ich im vergangenen Jahr erleiden musste.

Mir gefielen diese ganzen Vorschriften auch nicht, aber ich litt wenigstens nicht so sehr darunter wie meine Schwester. Mir fehlten mein Zuhause und meine Mutter. Ich war teilweise krank vor Trauer über das, was ich alles verloren hatte. Insofern war ich doch relativ gut in meiner streng strukturierten Umgebung aufgehoben. Ich hätte sonst möglicherweise einen großen Teil meines Tages allein mit meinem Kummer auf meinem Zimmer verbracht. Selbst das wäre aber nicht möglich gewesen, denn wie Ordnungspunkt **vierzehn** sagte, war das Betreten der Internatszimmer während des Schulvormittags nur nach Vereinbarung mit der Familienmutter erlaubt. Praktisch hieß das, dass es verboten war, während der Schulzeit auf sein Zimmer zu gehen. Zu uns ins Häusle konnte sowieso keiner gehen, da es zu Schulbeginn abgeschlossen und erst zu Schulende wieder aufgeschlossen wurde. Durch das „Dauerprogramm" war ich immer in Bewegung oder irgendwo hin unterwegs und konnte nicht in Ruhe nachdenken und verarbeiten, was mit meiner Ursprungs-Familie passiert war.

Montags, mittwochs und freitags hatten wir, anstatt Internatssport den sogenannten „Dorf-Gang". Es wurde uns gestattet, in Wieblingen Einkäufe zu tätigen für Sachen die wir brauchten, wie Briefmarken, Schreibwaren oder Drogerie-Artikel. Da ich meistens frustriert war, lief ich wie viele Andere auch direkt zum Bäcker und kaufte mir Süßigkeiten oder süße Backwaren und setze mich danach alleine in den Park und aß sie auf. Wir bekamen damals alle ein monatliches Taschengeld. In der 9. Klasse betrug es 15 DM und in der 11. Klasse, in der Carin war, lag es bei 19 DM. Das musste reichen, auch für unsere Briefmarken.

Ich hatte das Glück, in der 9. Klasse zu sein, denn laut Hausordnung, Ordnungspunkt **achtzehn,** waren Radio und Kassettenrekorder und Schallplattenspieler erst ab der 9. Klasse erlaubt. Mir wurde auf meine Nachfrage bestätigt, dass ich kein Radio in meinem Zimmer hätte haben dürfen, wäre ich noch in der 8. Klasse. Das war für mich unfassbar! Zu Hause hatte ich bereits mit sieben Jahren mein eigenes Radio in meinem Zimmer stehen. Mir kam es so vor, als sollten wir von der Außenwelt abgegrenzt werden.

In meiner Klasse waren keine Mädchen aus dem Internat. Steffi und Veri waren in Parallelklassen, in denen sie Latein lernten. Sie hatten einen sprachlichen Lehrzweig gewählt, in dem sie ab der 5. Klasse Latein, ab der 7. Klasse Englisch und ab der 9. Klasse Französisch lernten. Dieser Weg war für mich ausgeschlossen, da ich die 4 Jahre Latein nicht mehr hätte nachholen können. Somit kam ich auf den Mathematisch- Naturwissenschaftlichen Zweig. Hier hatten die Schüler ab der 5. Klasse Englisch und ab der 7. Klasse Französisch. Darin sah ich für mich einen eindeutigen Vorteil im Sinne eines Wissensvorsprungs, da ich ab der 6. Klasse Französisch gelernt und Englisch als Unterrichtssprache hatte.

Auf den ersten Schultag freute ich mich nicht besonders. Da meine deutschen Sprachkenntnisse gering waren, fühlte ich mich an 1971 erinnert, als ich damals in Kanada in die Schule kam und nur wenig Englisch verstand. Dieses Gefühl, Ausländerin zu sein, war wieder da. Nur, dass ich dieses mal, streng gesehen, keine Ausländerin war, denn ich hatte die deutsche Nationalität. Aber was sagt schon ein Pass aus, wenn man sich fremd fühlt und zudem nicht zum Ausdruck bringen kann, was man sagen möchte? Nach der ersten Stunde begrüßte mich ein Mädchen aus meiner Klasse sehr herzlich mit den Worten „Ich bin Feli, willkommen in unserer Klasse" und sie stellte mir noch andere Mädchen vor, auch Bärbel und Katharina. Ich war ihr so dankbar dafür, dass sie auf mich zugekommen war, und ich nicht nur von allen angeschaut und allein gelassen wurde. Es dauerte nicht lange, bis sich mir ein zweites Mädchen vorstellte mit einem genauso freundlichen „Hallo, ich bin die Gabi. Willkommen bei uns in der Klasse." So erlebte ich gleich am ersten Tag zwei nette Begrüßungen und dachte mir, meine neuen Klassenkameradinnen sind vielleicht gar nicht so schlecht. Es waren diese zwei Mädchen, Feli und Gabi, die zu meinen Freundinnen wurden.

Noch im August 1978 erhielt ich eine Postkarte von meinem Vater aus Oakville, auf der ein Teil des Hafens abgebildet war, an dem wir die zwei vorhergehenden Sommer jeweils einen Monat lang täglich zum Segelunterricht waren. Mitten im Bild war eine kanadische Fahne, die stolz im Wind wehte. Auf dieser Karte hin wusste ich nicht, ob ich weinen oder mich freuen sollte. „Meine Heimat!", dachte ich und fühlte Wärme und Geborgenheit in meinem Herzen. „Meine Heimat, in der ich nie wieder wohnen werde!", dachte ich weiter und empfand Traurigkeit. Er schrieb: "Wie geht es in Heidelberg und wie geht es Dir? Oakville ist wie immer -fast- und grüßt Dich. Hat Sue Dich am Wochenende besucht? Ich hoffe, dass alles in Ordnung ist und dass Du überlebst." Wie konnte ausgerechnet er, der Mann, der uns das Zuhause weg genommen hatte, mich fragen, ob alles in Ordnung sei? Natürlich war nichts in Ordnung! Dachte er sich denn überhaupt etwas bei dem, was er schrieb? Vielleicht versuchte er sein Bestes, um mit unserer Situation fertig zu werden und wollte mir nur einen Gruß schicken. Aber ich konnte nichts Positives an dem finden, was er schrieb. Er war in meinem bzw. unserem Heimatland und es schien ihm gut zu gehen. Ich war in seinem Heimatland und nicht nur ich, sondern auch Carin. Wir waren ganz und gar nicht zufrieden. Genau genommen, habe ich ihn gehasst.

An einem unserer ersten „Internats-Heim-Wochenenden", also jedes zweite Wochenende, wenn alle „Internen" im Internat bleiben mussten, machten wir alle zusammen einen Ausflug. Besonders den neuen Mädchen sollte der Ausflug die Möglichkeit geben, sich ein bisschen mit der Landschaft um Heidelberg vertraut zu machen. Zudem sollte es die Gelegenheit geben, sich untereinander kennen zu lernen. Diesen Ausflug fand ich ganz lustig. Wir fuhren mit dem Zug den Neckar aufwärts, dann wanderten wir ein stückweit, und zum

206

Schluss gingen wir an Bord eines Neckardampfers, um nach Heidelberg zurückzufahren, was Alles Spaß machte. Wir entdeckten bei der Zugfahrt, wie schön die Gegend um Heidelberg ist. Bei unserem Spaziergang erlebten wir auch, was für eine gute Kondition Frau von Egen hatte. Obwohl sie wie immer korrekt im Kostüm gekleidet war, und man dadurch auch hätte vermuten können, dass sich nicht sonderlich sportlich sei, hatte sie zu meiner Überraschung keinerlei Mühe, uns forsch voranzutreiben. Selbst als ein umgefallener Baum den Weg versperrte, hielt sie das nicht auf. Mit den Worten: „Da müssen wir wohl rüber", zog sie ihren wadenlangen Rock etwas hoch, schwang ein Bein über diesen riesigen Baumstamm, saß kurz da wie hoch zu Ross, dann zog sie schnell das zweite Bein nach und schon war sie drüben. Frau von Egen hatte Klasse und ließ sich in der Regel durch nichts aus der Ruhe bringen, was ich geradezu vorbildlich und inspirierend fand. Ich bewunderte diese Frau.

Daher war es umso überraschender für mich, als meine Schwester bereits nach wenigen Wochen zu Frau von Egen zu einer Unterredung bestellt wurde. Dort wurde ihr gesagt, sie soll sich doch bitte anpassen an das eher gesittete Internatsleben, anstatt sich teilweise etwas wild aufzuführen. Diese Aufforderung gefiel meiner Schwester überhaupt nicht und sie äußerte ihren Missmut gegenüber dem Internat -welches sie als Um-Erziehung-Anstalt empfand- und ihrer Leiterin daraufhin indem sie unter anderen zu Frau von Egen sagte, sie sei eine „Dumme Kuh!". Dass es nicht angebracht war, mit Erwachsenen so zu sprechen, interessierte sie nicht und auch nicht, dass sie mit dieser unangebrachten Beleidigung, die schon schlimm genug war, die Internatsleiterin auch noch geduzt hatte, was gar nicht ging. Aber Carin hatte ihren berechtigten Frust an falscher Stelle abgelassen. Frau von Egen war nicht Schuld an unserer Situation. Andererseits war meine Schwester nicht in der Lage den Spagat zwischen ihrem eigentlichen kanadisch-wildem-selbständigen „Ich" und dem in Deutschland gewünschten brav-angepassten-„Höhere-Tochter"-Manier zu vollbringen. Es prallten Welten aufeinander.

Als Carin ihrer Freundin Susanne, die auch in der Scheune wohnte, von dem Vorfall bei Frau von Egen erzählte war Carin in den Augen ihrer „Mit inhaftierten" eine Heldin geworden, denn sie hatte sich getraut der Internatsleitern und dem System die Stirn zu bieten. Mir dagegen war der Vorfall etwas peinlich, denn mir war es schon klar, dass man mit einer Internatsleiterin so nicht sprechen durfte. Davon abgesehen bot uns dieses Internat immerhin eine Herberge, ein Dach über dem Kopf, was wir sonst nicht hatten. Dafür war ich dankbar und ich fühlte mich gut aufgehoben. Und das mit der Anpassung war für mich nicht so sehr ein Problem. Meine Schwester war aber schon immer Autoritätspersonen gegenüber furchtlos und teilweise auch respektlos gewesen. Andererseits fühlte sie sich in ihrer persönlichen Entwicklung angegriffen und wehrte sich deshalb. Die eigentliche Schuld, wenn man so will, lag in den kulturellen Unterschieden. Wir waren in diesem Land nicht aufgewachsen und uns konnte man nicht mehr unterdrücken und zu angepassten „Fräuleins" formen, dafür waren wir im Geiste schon viel zu frei. Zur Strafe ihrer Äußerungen musste Carin -sowie andere „böse" Mädchen auch- drei Monate lang im Speisesaal am Tisch von Frau von Egen sitzen, direkt unter den strengen Augen der „Herrscherin", während die anderen Mädchen jeden Monat eine neue Tischordnung genießen durften.

Jedes zweite Wochenende durften wir nach Hause fahren. Bedauerlicherweise aber hatten wir kein Zuhause, wohin wir hätten fahren können. Unser Vater war noch in Kanada, um dort seine Aufgaben zu Ende zu bringen. Also fuhren wir die ersten Reisewochenenden nach Heubach und blieben dort bei unseren Großeltern. Aber schon nach wenigen Besuchen konnte Carin die Aufenthalte dort nicht mehr ertragen und blieb lieber in Heidelberg. Das wurde allerdings nicht gerne seitens des Internats gesehen, da an diesen Wochenenden auch die Familienmütter frei haben sollten. Es hieß, dass nur die Mädchen aus dem Ausland dort bleiben durften, da sie kein Zuhause in Deutschland hatten, wo sie hätten hin fahren können. Also traf diese Regelung doch auch auf uns zu, oder nicht? Wir waren auch aus dem Ausland und wir hatten tatsächlich kein Zuhause. Aber das wurde nicht so gesehen. Man sprach von unseren Großeltern fast als seien sie die Eltern. Wir wurden als deutsche Kinder gesehen und nicht als ausländische. Aber wir fühlten uns als ausländische Kinder! Es schien, als konnten wir es keinem Recht machen. Von uns wurde erwartet, dass wir zu unseren Großeltern fuhren. Aber wir verteidigten unsere Position und machten allen klar, dass unsere Großeltern nicht unsere Eltern waren und ihr Haus auch nicht unser Zuhause. Unsere Argumentation in dieser Sache wurde widerwillig akzeptiert und ein Kompromiss geschlossen. Wir sollten jedes zweite Reisewochenende zu unseren Großeltern fahren und das akzeptierten wir, notgedrungen. Ich war allerdings froh, einmal pro Monat nach Heubach fahren zu können, denn schließlich wollte ich nicht dauerhaft im Internat wohnen. Abgesehen davon fühlte ich mich schon wohl bei den Großeltern, und mir war auch bewusst, wie viel es vor allem meiner Großmutter bedeutete, ihre Enkelkinder bei sich zu haben. Mir tat es gut, in ihrem immer funktionierenden Heim zu sein und die Kontinuität zu erleben, die ich schon als Kind bei ihr kennen gelernt hatte. Mir tat auch die dortige Ruhe gut, die für Carin unerträgliche Langweile bedeutete. Wir fanden den Kompromiss aber in Anbetracht der Umstände gut und hofften, unser Vater würde bald nach

Deutschland kommen und ein neues Haus kaufen, so dass wir wieder ein Zuhause hätten. Unsere Sehnsucht danach war enorm.

Im Herbst erhielt ich eine Postkarte aus Vancouver von meinem Vater, auf der er unter anderem schrieb: „Ich reise möglicherweise nach Deutschland nächste Woche. Vielleicht können wir uns in der Stuttgarter Gegend Häuser anschauen". „JA!", dachte ich mir. Da war es doch endlich! Das war genau das, was ich hören wollte. Für Carin und mich war das Warten auf Klarheit bereits zu lange geworden. Für uns war die Hilflosigkeit in unserer Situation unerträglich. Nachts wachte ich manchmal auf und dachte „Wo bin ich eigentlich?" Bei der Realisierung, dass ich nicht mein interessantes „Deutschlandjahr" am Bodensee erlebte, sondern mit einem Einweg-Ticket in Heidelberg gelandet war, wurde ich mehr als nur traurig. Ich fühlte mich verzweifelt, einsam und verlassen und konnte dann auch zunächst nicht mehr einschlafen. Manchmal weinte ich mich dann aber wieder in den Schlaf. Oft war ich nach solchen Nächten tagsüber ziemlich durcheinander und konnte auch nicht darüber sprechen, was mich plagte. Wir waren den Entscheidungen unseres Vaters, seiner Arbeit und seinem Arbeitgeber ausgeliefert. Mich hatte es dieses Mal fertig gemacht. Emotional war ich dadurch schwer angeschlagen. Möglicherweise würde mein Vater auch nicht nächste Woche nach Deutschland kommen und vielleicht würden wir nicht nach Häusern schauen. Tatsache war, dass dieser Mann Entscheidungen traf oder Ziele verfolgte, ohne Rücksicht auf das, was wir wollten oder brauchten. Wurden wir geopfert für das berufliche Weiterkommen meines Vaters? Wir waren im Internat „geparkt" und schienen gar keinen Einfluss darauf zu haben, womit unser Vater uns als nächstes überraschen oder schockieren würde. Hatte er vielleicht schon eine neue Frau? Stand eine neue Frau möglicherweise dahinter, dass wir auf ein Internat mussten? Waren wir für das neue persönliche Glück unseres Vaters geopfert worden? Fragen über Fragen beschäftigen mich in vielen Nächten.

Kurz nach diesem Lebenszeichen meines Vaters wurde das Haus in Oakville verkauft. Da war es, der endgültige Schlag. Jetzt gab es definitiv kein Zurück mehr. Sue musste zwar wieder zur Uni, aber sie musste auch mithelfen, das Haus auszuräumen. Dazu gehörten auch die Sachen unserer Mutter; Bücher, eine ordentliche Sammlung an Kleidung, Kunst- und Echtschmuck, ein Regal voller Handtaschen, Schuhe und Pelze, alles Sachen die keiner von uns bis dahin angefasst hatte. Diese schwierige Aufgabe lag nun alleine bei ihr. Mir hätte es das Herz gebrochen, diese Sachen letztmalig in die Hände zu nehmen und mich von ihnen verabschieden zu müssen. Arme Sue, sie stand nun auch ohne ein Zuhause ziemlich verloren da und wusste selbst nicht, wohin sie ziehen sollte. Es war ihr Glück, dass der Vater ihres Freundes Ed ein Apartmentgebäude in Mississauga besaß, in der Hurontario Street, nicht weit entfernt war von unserem ersten Haus in Kanada. Die Eltern von Ed machten sich große Sorgen um Sue, denn sie kannten sie inzwischen sechs Jahre lang, eben seitdem sie mit Ed zusammen war. Sue war wegen Ed und wegen ihres Studiums alleine nach Kanada zurückgekehrt. Seine Eltern, Stanley und Stella, wollten sich nun mit um sie kümmern, schließlich wollten Sue und Ed gewiss auch ihre Zukunft miteinander verbringen. Stanley sagte meinem Vater, dass Sue selbstverständlich in sein Apartmentgebäude einziehen könne und auch solle. Das schien beiden Vätern eine gute Lösung zu sein, denn so wäre Sue etwas mehr in einer geschützteren Umgebung. Stanley wollte uns helfen, mit der gesamten Situation möglichst gut zurechtzukommen. Er bot meinem Vater an, dass Sue mietfrei dort wohnen könne, denn schließlich gehöre sie bereits zur Familie. Mein Vater schätzte die Betroffenheit und die Besorgnis von Stanley und Stella sehr, aber er bestand darauf, auch Miete zu bezahlen. Als ich ihn später fragte, warum ihm das so wichtig war, sagte er mir, er wollte sich nie später den Vorwurf anhören müssen, er sei für seine Tochter nicht aufgekommen. Er sagte, es wäre anders, wenn Sue und Ed bereits verlobt wären oder zusammen dort wohnen würden. Aber mein Vater war der Ansicht, dass es wichtig wäre, getrennte Rechnungen zu haben bis dahin. Sue und Ed waren konservativ und hatten ganz klare Vorstellungen. Sie wollten erst nach dem Studium heiraten und vorher auch nicht zusammenziehen.

Ersatz-Schwester

Während wir unsere Anpassungsschwierigkeiten in Deutschland hatten und uns deplatziert und allzu oft missverstanden fühlten, gab es für uns eine unerwartete Unterstützung. Wie ein Licht in der Dunkelheit, in der wir herum tappten, wurde die kanadische „Mit-Inhaftierte" Heidi für uns in dieser schwierigen Zeit. Aber dass es sich so positiv entwickeln würde, hätte ich in den ersten Tagen im Internat, als wir die ersehnte erste Begegnung mit ihr hatten, nicht gedacht.

Sie kam aus Montreal und hatte als erste Sprache Englisch und als Zweite Französisch. Da ihr Vater aus Bayern stammte, sollte oder musste Heidi auch Deutsch lernen, weshalb sie im Internat war. Ihre sprachlichen Fähigkeiten fand ich sehr beeindruckend, denn sie wechselte problemlos dreisprachig von Einer zur Anderen, obwohl sie erst das zweite Jahr in Deutschland war. Als wir sie endlich kennerlernten, war sie allerdings sehr damit beschäftigt, sich mit ihren vielen Freundinnen über ihre Erlebnisse der Sommerferien auszutauschen. Sie kannte offensichtlich viele der Mädchen und alle schienen sich mit ihr unterhalten zu wollen. Also hatte sie zunächst keine Zeit, sich auch noch mit uns zu beschäftigen. Sie ließ uns einfach stehen, vertröstete uns auf später und ging weiter. So fasste ich ihre eigentliche Wiedersehensfreude mit Freundinnen als Desinteresse uns gegenüber auf und war sehr enttäuscht. Zudem hielt ich sie für arrogant und wollte aus lauter Enttäuschung heraus dann doch nichts mit ihr zu tun haben. Aber meine Schwester ließ sich nicht so schnell abschütteln wie ich und suchte weiterhin Kontakt zu ihr. Tatsächlich war ihr das dann auch gelungen und die Zwei freundeten sich an. Carin versicherte mir, dass Heidi nicht arrogant sei, sondern sehr nett und auch sehr witzig. Also gut, dachte ich mir, schienen wir es in Heidelberg doch nicht mit dem arrogantesten Mädchen von ganz Kanada zu tun zu haben und, ich gebe ich ihr doch noch eine Chance. Schließlich war es ja so, dass wir Information von ihr haben wollten, wenn auch sonst nichts. Was wir unbedingt von Heidi wissen wollten war, ob diese ganzen Regeln, nach denen wir lebten, Wirklichkeit waren oder nur auf dem Papier bestanden. Wir brannten darauf zu hören, wie man sich mit den Familienmüttern einigte oder ob es sonst Möglichkeiten gab, sich Freiheiten zu verschaffen. Sie beantwortete unsere Fragen mit einem schlichten „Nein" und erklärte, dass es hier tatsächlich so streng sei und es keine weiteren Möglichkeiten gab. Wir konnten es kaum fassen, dass es wirklich so aussichtslos war die Lebensqualität hier zu ändern, und nahmen diese Information nur ungern zur Kenntnis. Es war erschütternd.

Heidi hatte uns erzählt, dass sie dem Wunsch ihrer Eltern zugestimmt hatte, für ein oder zwei Jahre nach Europa zu kommen, um Deutsch zu lernen. Dieser Teil der Geschichte kam mir bekannt vor. Da Heidi eine leidenschaftliche Skifahrerin war, dachte sie allerdings bei ihrem Europa-Aufenthalt an ein Sportinternat in den Schweizer Alpen. Aber die arme Heidi landete ganz weit weg von den Schweizer Bergen, in Heidelberg! Aus dieser logistischen Fehlplatzierung machten wir den Witz, dass ihre Eltern wohl dachten „Heidel-Berg" wäre so etwas wie ein Schweizer-Berg. Zu meiner Fehl-Platzierung sagte ich ihr, dass mein Vater den Bodensee wohl mit dem Fluss Neckar, der direkt an Wieblingen vorbei floss, verwechselt hätte. Wir scherzten darüber, dass ich doch auf dem Neckar Segeln gehen könnte und sie im nahe gelegenen Odenwald zum Skifahren! Ha! Da hatten wir doch mal was zum Lachen! Der schwarze Humor, die Situationskomik, half uns über die Enttäuschungen hinwegzukommen, nicht dort zu sein, wo wir eigentlich sein wollten. Wie wir mit der Zeit lernten, war der Vater von Heidi als selbständiger Sportbekleidungsdesigner bekannt. Er hatte in Kanada seine eigene Marke und er war es auch, der ursprünglich die Moon Boots entwickelt hatte! Er war auf die Idee gekommen, als er im Fernsehen die Mondlandung sah. Das fanden wir wirklich interessant und auch beeindruckend.

Es tat unseren verwundeten Seelen bereits gut, mit Heidi Englisch sprechen zu können. Hätte ich damals noch meinen Glauben an Gott gehabt, so hätte ich ihm für die Begegnung, die Unterstützung, das Verständnis und die Freundschaft, die gerade begann war und das gesamte Schuljahr über anhalten würde, bedankt. Kein anderer Mensch um uns herum konnte verstehen, was wir für einen Kulturschock durchlebten. Wir waren sportlich und modern. Nun versuchte man uns wie deutsche „höhere Töchter" zu kleiden, zu formen, zu bändigen. Wir drei amüsierten uns bei der Feststellung, dass die hier zwar zum Großteil kleine „Prinzessinnen" waren, aber haarig wie die Affen! Als wir Heidi unser Erstaunen diesbezüglich mitteilten, musste sie schrecklich lachen: „Stimmt, das habe ich vor einem Jahr auch gedacht!", sagte sie dann. Aber sie meinte, man würde sich mit der Zeit an Einiges gewöhnen und es würde einem dann Vieles sogar völlig normal vorkommen. Das konnten wir uns aber nicht vorstellen! So hatten wir drei binnen kürzester Zeit schon einige unsere eigenen Scherze, eben diese Situationskomik. Manchmal mussten wir nur ein Stichwort sagen und schon lachten wir los! Wir fühlten uns so, als würden wir eine andere Kultur beobachten, lebten aber mittendrin. Wie eine Zeitreise in die Vergangenheit fühlte sich das alles für uns an. Ständig sagten wir, die „Germans" dies und die „Germans" jenes. Aber für Carin und mich gab es kein Zurück in unsere Gegenwart, raus aus dieser Zeitreise. Es dauerte daher nicht lange, bis Heidi feststellte, dass es ihr doch um einiges besser ginge als uns; sie hatte zum einen noch ihre Eltern und zum anderen noch ihre Heimat. Sie hatte Mitgefühl mit uns und gleichzeitig war sie sehr dankbar für das, was sie zu Hause hatte. Was war ich neidisch! Wie habe ich mir gewünscht, uns ginge es auch so wie ihr: Sie hatte nicht das Einfach-Ticket, sondern einen Rückflug zurück in ihr früheres Leben. Binnen kurzer Zeit wurde sie für uns mehr als nur eine Freundin, sie war eine Ersatz-Schwester geworden.

Heidi brachte uns das Notwendigste bei, um „hier" zu überleben. Sie sagte uns, es gebe einen englischsprachigen Radio-Sender, der AFN, „American Forces Network", hieß. Über diese Neuigkeit waren wir sehr begeistert. Denn English gesprochen zu hören war für uns Balsam auf der Seele. Da es in Heidelberg einen großen Militärstützpunkt der US-amerikanischen Armee gab, diente dieser Sender den Streitkräften. Weder Heidi, Carin noch ich hatte jemals davor irgendetwas mit irgendwelchen Streitkräften zu tun gehabt und in sofern waren die Programmteile, die sich mit dem Militär beschäftigten, uns völlig fremd. Unsere Familien hatten auch nichts mit dem Militär zu tun. Aber wir waren weit weg von der Heimat und für uns war Deutsch eine Sprache, die erst noch gelernt werden musste. Auch wenn für kanadische Ohren so mancher amerikanische Dialekt etwas schmerzt, sprachen sie in diesem Radio-Sender doch die Sprache, die wir gewohnt waren zu hören und die unseren Ohren so vertraut klang. So fingen wir an, auf unseren Zimmern diesen amerikanischen Militärsender zu hören, was zugegebener Maßen dem Gefühl in einem Militär-Camp gelandet zu sein, etwas verstärkte.

Meine Zimmerkameradinnen hatten meistens nichts dagegen, denn sie sahen den Sender, zusammen mit mir, als eine gute Gelegenheit besser Englisch zu lernen. Die Zimmerkameradinnen meiner Schwester aber nervte es eher, diesen Sender mithören zu müssen. Es ist auch verständlich, dass die deutschen Mädchen einen deutschen Sender hören wollten, um so auf dem Laufenden zu bleiben und auch um „ihre" Musik zu hören. Für beide Seiten war es eine schwierige Situation. Wir wollten Englisch hören, die anderen Deutsch. Konnten wir nur dann Radio in unserer Sprache hören, wenn dies von unseren Zimmerkameradinnen akzeptiert oder toleriert wurde? Das schien nun die bittere Realität zu sein und damit mussten wir fertig werden. War es aber nicht auch wichtig, dass die wir uns wohl fühlten? Uns schon, aber den Erzieherinnen und der Internatsleitung schien es uns um die totale Anpassung zu gehen, und nicht um das Wohlfühlen.

Das Internat war stolz darauf, international ausgerichtet zu sein, bzw. Mädchen aus verschieden Länder zu betreuen. In der „Familie" meiner Schwester war auch ein Mädchen aus Venezuela, meinem Geburtsland. Auch sie hatte deutsche Wurzeln. Was aber wurde für uns getan, uns angeboten, oder uns entgegengekommen, damit wir uns auch wohl fühlten, so weit weg von unseren Heimatländern? Da fällt mir nichts ein. Und ich kann mich nicht daran erinnern, vom Internat aus Unterstützung bezüglich der Integration bekommen zu haben. Von uns wurde die sofortige Einhaltung der Hausordnung verlangt: funktionieren, anpassen, unauffällig sein. Es schien mir so, als hätten wir möglichst schnell unsere eigene Identität, unser „Ich", unser bisheriges Leben ablegen sollen, um schnellstmöglich eine von „ihnen" zu werden. Wir aber fühlten uns von den Erwartungen des Internats, uns möglichst schnell anzupassen, unendlich überfordert und verärgert. Hatten wir denn jemals einer Um-Erziehung zugestimmt? Wir waren zufrieden damit wie wir waren. Warum sollten wir uns ändern? War es denn nicht zu viel verlangt nach alledem, was wir mitgemacht hatten in den letzten Monaten, nun auch noch unsere Identität abzugeben? Wir wurden zunehmend frustriert, denn es schien für uns keinen anderen Ausweg zu geben als die innere Ablehnung dessen, was von uns erwartet wurde, und gleichzeitig zumindest ein bisschen nach außen hin so zu tun, als würden wir uns anpassen.

Unser Sonntagsprogramm sah nichts anders vor als einen Spaziergang am Neckar zu machen, oder eine andere „Mitgefangene" zu besuchen. Einige Mädchen besuchten sich tatsächlich nachmittags auf ihren Zimmern und tranken zusammen Tee. Wir Neu-Zugänge waren völlig sprachlos über diese begrenzte Auswahl an Sonntagsaktivitäten. Spazierengehen und eine „Tee-trink-Kultur"? War das nicht etwas für Erwachsene oder gar alte Frauen? Schlendern und Schlürfen klang für mich nach Seniorenprogramm. War das nicht gegen die Natur junger Menschen, an einem schulfreien Tag nachmittags zu dritt in einem Zimmer zu sitzen und Tee zu trinken? In meinen Augen schon. Wo sollte das denn hinführen, und was würde als Nächstes auf uns zukommen? Etwa Socken-stopfen oder stricken? Wir waren es gewohnt mit unseren Rennrädern quer durch Oakville zu fahren, um Freunde zu besuchen. Mittags, wenn es warm war, trafen wir uns in den warmen Monaten oft und gerne zum Schwimmen, mal bei dem Einen Zuhause, mal beim Anderen. Oder wir radelten nach downtown Oakville zu meiner Lieblingseisdiele „Baskin Robbins". Oder wir machten Sport miteinander, oder gingen zum Reiten. Wir waren in den Sommermonaten immer draußen und in den Wintermonaten auch unterwegs. Da besuchten wir einander Zuhause oder gingen Schlittschuhlaufen oder schauten uns ein Eishockeyspiel an. Wir waren irgendwie immer in Bewegung. Heidi erzählte uns, dass sie Zuhause im Winter am Wochenende oft sogar zum Skifahren ging. Aber hier, hier war nichts los. Hier war Tee-trinken angesagt und womöglich noch gepflegte Unterhaltung führen. Vielleicht war es das, was „höhere Töchter" in Deutschland so in ihre Freizeit trieben. Aber das schien uns als Freizeitgestaltung absolut nicht erstrebenswert und als Lebensstil völlig uninteressant. Hier handelte es sich für uns zumindest um einen weiteren Internatsschock, wenn nicht sogar um ein Kulturschock.

Aus unserer Langeweile und Verzweiflung heraus trafen Carin und ich uns meistens am Sonntagnachmittag in ihrem Zimmer. Von 14:00 bis 18:00 Uhr lief auf AFN der „American Top 40 Countdown", die Chart-Hits der Woche aus den USA, damals noch von Casey Casum moderiert, dem wir gespannt zuhörten. Wir ließen uns von ihm sagen, was wir in der Heimat oder für uns Fast-Heimat verpassten und was die aktuellsten musikalischen Entwicklungen waren. Er brachte uns auch zum Lachen, was außer Heidi, so ziemlich niemanden gelungen war. Carin und ich verschwanden für diese 4 Stunden fast jede Woche in unserer eigenen Welt. Manchmal weinte ich, manchmal sie, manchmal fühlten wir uns beide einfach verlassen. Der Schmerz zu wissen, fern der Heimat zu sein, wurde vorübergehend während dieser Sendung anerkannt. Alle Zuhörer waren „von drüben" und nun hier stationiert. Fast immer, wenn Grüße und Musikwünsche von

Armeeangehörigen an geliebte, zurückgelassene Personen in der Heimat vorgelesen wurden, spürten wir, dass auch wir diesen Schmerz der Trennung durchlebten und dass er durchaus berechtigt war. Wir erlebten aus dem Radio Mitgefühl für unsere Situation, was wir im Alltag nicht erlebten. Die "Top 40" wurde von Casey Casum mit dem Satz beendet: "Keep your feet on the ground but keep reaching for the stars.", etwa: bleibt mit beiden Füssen am Boden, aber greift immer nach den Sternen. Dies wurde zu unserem Leitsatz. Das Internat war der Boden auf dem wir uns befanden, eigentlich wie einbetoniert. Die Freiheit außerhalb dieser Institution war für uns wie die ersten Sterne, nach denen wir griffen. Ultimativ war der große Stern, nach dem wir wirklich strebten, auch wenn nur in unseren Gedanken, die Rückkehr in unsere Heimat.

Da in und um Heidelberg viele Amerikaner lebten, fuhren Carin und ich an den Samstag-Nachmittagen, an denen wir „Stadtgang" hatten, gerne nach Heidelberg in der Hoffnung, ihnen zu begegnen. Wir suchten nicht unbedingt Kontakt zu Militärangehörigen, denn, wie wir schon nach wenigen Gesprächen mit jungen Soldaten feststellten, waren deren Welten ausgesprochen fern von unseren. Aber man hörte in den alten Gassen der Altstadt sehr viel Englisch durch die amerikanischen Streitkräfte, die dort stationiert waren, und auch durch die vielen Touristen aus aller Welt. Es gab eine Konzentration von Amerikanern in den Kneipen, deren Besuch aber für meine Altersgruppe strengstens untersagt war. Dafür duften wir aber zu McDonalds, wo es auch viele Amerikaner gab. So gingen Carin und ich immer bei unseren Stadtgängen zu McDonalds, einfach nur um Englisch zu hören, weil Englisch nach Heimat klang und uns sehr gut tat. Balsam für die Seele gab es bei McDonalds umsonst. Manchmal wurden wir dort angesprochen, da wir miteinander Englisch sprachen, mal von junge deutsche und mal von jungen amerikanischen Männern. Die deutsche junge Männer suchten den Kontakt zu Amerikanerinnen, vermutlich um ihre Englischkenntnisse aufzubessern. Die amerikanischen Soldaten suchten aber ebenso den Kontakt. Das schien in Deutschland eine begehrte Ware zu sein: Frauen aus Nordamerika. Die, die uns ansprachen, fragten uns also, ob wir Amerikanerinnen seien. Amerikanerinnen? Wer, wir? Nein, antworteten wir immer, denn das waren wir auch nicht. Laut Pass war ich Deutsch, blieb aber im Herzen eine stolze Kanadierin. Obwohl Kanada und die USA Nachbarn sind und sich von Europa aus sehr ähnlich sehen und auch dieselbe Sprache benutzen, so waren wir eben nur Nachbarn. Das ist vergleichbar mit Deutschland und Österreich oder zum Teil der Schweiz. Unsere zwei Länder in Nordamerika haben Ähnlichkeiten, aber auch Unterschiede, die aus unserer Sicht groß waren. Die Länder waren keine Einheit, sondern sie wurden einst getrennt durch einen Krieg, und natürlich hatte sich Kanada aus meiner Sicht besser entwickelt als die USA. Um weitere Missverständnisse bezüglich unserer Herkunft zu vermeiden, besorgten wir uns so viele kanadische Flaggen als Aufkleber und in Stoffform, wie wir bekommen konnten und klebten und nähten sie uns überall gut sichtbar hin. Es sollte keiner übersehen, wo wir herkamen. Und es hat auch keiner mehr übersehen!

Als ich meiner neuen Freundin Gabi erzählte, dass meine Schwester und ich die meisten Wochenenden im Internat verbrachten, war sie ziemlich überrascht. Sie war davon ausgegangen, dass wir zu Verwandten fahren würden. Auch hatte sie angenommen, dass wir wenigstens ein interessantes Freizeitprogramm an den Internatswochenenden hatten. Aber als ich ihr sagte, dass wir an den Wocheneden geradezu „nichts" machten, lud sie mich daraufhin spontan ein, ein Wochenende mit ihr in ihrer Familie zu verbringen. Über diese Einladung habe ich mich sehr gefreut, denn es schien für mich der erste Schritt zu einem normalen Leben zu werden. Aber ganz so einfach, wie wir uns das vorstellten, war es nicht umsetzbar. Nun lernte ich weitere Regeln und Prozeduren unseres „Institutes" kennen. Zuerst musste ich die mündliche Zustimmung meines Vaters bekommen, das Wochenende bei Gabi zu verbringen, was ich auch mit einem Telefonat bekam. Mein Vater kannte weder meine Freundin noch ihre Familie und fragte daher als erstes nach dem Beruf des Familienvaters. Als ich „Arzt" antwortete, meinte mein Vater ohne weitere Bedenken dass ich dorthin durfte. Da hatte ich Glück gehabt, dass der Vater von Gabi einen Beruf ausübte, den man zum einen in einem Telefonat klären konnte und der zum anderen international hoch anerkannt war. Die erste Hürde war geschafft.
Als nächstes musste das Internat, das für die Sicherheit aller Mädchen verantwortlich war, sich ein eigenes Bild von der Familie machen, die eine „Interne" besuchen wollte, egal ob für einen Nachmittag oder für ein Wochenende. Es reichte nicht aus, dass unsere „externen" Freundinnen mit uns auf derselben privaten Schule waren. Meine Familienmutter musste meinen Wunsch der Internatsleiterin mitteilen. Die Internatsleiterin teilte das Vorhaben der Schulleiterin, Frau von Rad mit, die wiederum bei meiner Klassenlehrerin, Frau Königsbüscher, über das befreundete Mädchen Auskunft einholte. Wäre die Freundin eine Schülerin gewesen, die negativ auffällt, wäre das Vorhaben hier zu Ende gewesen. Aber Gabi fiel nicht negativ auf und so ging der Prozess weiter. Gabi hatte noch zwei Brüder, die auch nicht „negativ" bekannt waren, was dem Prozess ansonsten geschadet hätte. Die Brüder waren zwar nicht auf unserer Schule, aber es gehörte dazu, sich auch über Geschwister zu erkundigen. Die

Schule teilte dem Internat auch mit, ob wenigstens einer der Eltern der Schule persönlich bekannt war. Die Schulleiterin kannte die Mutter von Gabi, sodass der Prozess schon fast zu Ende war. Frau Schmid teilte mir mit, dass sowohl das Mädchen als auch die Familie grundsätzlich genehmigt seien. Das war zwar schön zu hören, dennoch fand ich diesen ganzen Prozedur übertrieben. Was mir unsere Internatsleiterin dazu erklärte, war, dass gerade bei den Mädchen, deren Eltern im Ausland lebten, die Internatsleitung eine besondere Pflicht habe, sich um das Wohl der Mädchen zu kümmern. Sie persönlich trage die Verantwortung für uns und könne uns nicht einfach irgendwo hinfahren lassen. Nach dieser Erklärung, konnte ich das Vorgehen schon eher einsehen. Mir wurde auch erklärt, dass wenn eine Familie bereits geprüft und als adäquater Umgang akzeptiert worden war, diese nicht bei jedem Besuch nochmals geprüft werden müsse. Na, wenigstens das! Ich versuchte, das alles Gabi zu erklären, ohne sie zu verärgern. Sie hatte größtes Verständnis und war auch gleich damit einverstanden, nach der Schule mal mit ins Häusle zu kommen, um meine Familienmutter kennen zu lernen und das Internat auch „von innen" zu sehen. Ein Glück für mich, dass Gabi ihr sympathisch war und wohl auch die Fragen, die ihr gestellt wurden, zufriedenstellend beantwortete. Sicherlich war es auch gut und diesem Anliegen dienlich, dass Gabi Klassensprecherin war. Dann sollte noch ein Besuch im Hause meiner Gastfamilie abgestattet werden. Dagegen wehrte ich mich allerdings. Ich war so froh, dass mich überhaupt eine meiner Klassenkameradinnen zu sich eingeladen hatte, dass ich meine Dankbarkeit nicht durch eine gründliche Untersuchung der Familie und ihres Zuhauses zum Ausdruck gebracht haben wollte. Mir schien das Ganze übertrieben und die Gründlichkeit der Kontrollen war mir etwas peinlich. Schließlich war ich auch keine Millionärstochter, die Gefahr lief, entführt zu werden! Selbst wenn, würde die Gefahr doch nicht von einer Klassenkameradin ausgehen, oder? Sehr zu meiner Überraschung sah meine Familienmutter ein, dass ich mich zunehmend über diesen ganzen Vorgang ärgerte. So vereinbarten wir, dass sie mich wenigstens dort hinfahren würde, um sagen zu können, dass sie dort war. Das war das erste Mal, dass ich mich, wenn auch nur recht sanft, gegen eine Vorschrift auflehnte, aber ich siegte in der letzten Instanz. Schließlich wollte ich mich nicht komplett entmündigen lassen.

Nach der langen Vorbereitungsprozedur durfte ich endlich für das ersehnte Wochenende zu Gabis Familie nach Schwetzingen. Dort wurde ich herzlichst aufgenommen und war so froh, nicht nur über den warmen Empfang, sondern auch darüber, an einem normalen Familienleben teilhaben zu dürfen! Was tat das gut! Der kleine Bruder von Gabi war ganz süß, aber noch etwas klein. Er war an dem Besuch „aus dem Ausland" interessiert, was uns aber irgendwann nervte. Trotz seiner wunderschönen Augen tat er das, was kleine Brüder in der Regel machten: Er störte. Der ältere Bruder von Gabi wirkte auf mich etwas wie ein „Wichtigtuer", so wie ich es von meiner Schwester Sue gewohnt war. Das schien wohl die Rolle der Erstgeborenen zu sein, sich aufzuführen wie der Chef. Etwas merkwürdig fand ich, dass er bei einer neuen politischen Partei mitmachen wollte, die sich um Umweltbelangen sorgte, bei den „Grünen". Ha, dachte ich, was soll denn das sein? Was hat denn Umwelt mit Politik zu tun? Die Brüder Gabis waren das, was ich von Kanada her kannte: Ganz normale nervige Geschwister. Aber ich liebte dieses Stück Normalität und wäre am liebsten gleich eingezogen, denn ich fand diese Familie wunderbar. Gabis Mutter hatte wohl erkannt, wie sehr es mir fehlte, bemuttert zu werden, und kümmerte sich rührend um mich und meine seelischen Bedürfnisse. Aber schnell war das Wochenende zu Ende und am Sonntagabend fuhr sie mich wieder ins Internat zurück. Auf der Rückfahrt machte ich sie darauf aufmerksam, dass sie eigentlich mitten auf der Landstraße fuhr, als ob es denn keinen Gegenverkehr gäbe. Doch, den würde es schon geben, erklärte sie mir. Aber sie würde bewusst mitten auf der Straße fahren, damit die entgegenkommenden Autos möglichst weit nach rechts ausweichen müssten, um einen Zusammenstoß zu vermeiden. Erst in letzter Sekunde würde sie selbst weiter rechts rüber fahren, damit das andere Auto auch Platz hätte. So, meinte sie, hätte sie immer ausreichend Platz und würde nicht an den Straßenrand gedrängt. Das ganze machte mich etwas nervös, aber ich stellte fest, dass es funktionierte. Im Stillen dachte ich mir: „Meine Mutter wäre auch auf so eine verrückte Idee gekommen", und schon fühlte ich mich bei ihr sicher.

Nachhilfeunterricht

Am Montagmorgen war der Schulalltag wieder da. Die Entspannung vom Wochenende war weggeblasen. Sofort wurde mir wieder bewusst, dass die Schule und das Internat die Aufgabe hatten, mir möglichst schnell Deutsch beizubringen. Aus diesem Grunde hatte ich zunächst jeden Tag während der Hausaufgabenbetreuung eine Stunde Nachhilfeunterricht in Deutsch, was immer zu meiner „Quäl-Stunde" wurde. Die ehrgeizige Nachhilfelehrerin hatte sich vorgenommen, mir die Grammatik der deutschen Sprache beizubringen, und sie versuchte mir zu erklären, dass es nicht nur wie im englischen den einen Artikel „the" gab, sondern gleich mehrere Artikel „der, die und das". Diese Tatsache konnte ich noch gut akzeptieren, wobei ich das als Regel ziemlich überflüssig fand. Ein schlichtes „the" reichte meiner Meinung nach doch auch. Wozu eine Sprache unnötig verkomplizieren? Des weiterem erzählte sie mir von Gerundium, Akkusativ, Dativ usw., bis ich rein gar nichts mehr verstand. Nach etwa einem Monat "Quäl-Stunden" gab die Nachhilfelehrerin auf. Sie hatte mir nichts beibringen können. Über meinen Sieg, diese Frau loszuwerden, freute ich mich ähnlich wie über meinen vermeintlichen Sieg wenige Monate davor, als wir es geschafft hatten, unseren Pfarrer dazu zu bringen, den Konfirmationsunterricht aufzugeben.

Sehr erleichtert war ich, dass diese Sache mit dem Nachhilfeunterricht ein Ende genommen hatte. So kann man doch keine Sprache lernen, dachte ich mir. Schon aber berichtete Frau von Egen mir stolz, sie habe die richtige Person gefunden, die mir Deutsch beibringen würde. Bereits am nächsten Tag hätte ich Unterricht bei Frau Dr. Rech. Ich war sprachlos, denn ich hatte gedacht, die Plage losgeworden zu sein, doch nun sollte es am nächsten Tag schon mit anderer Besetzung weitergehen. Frau von Egen erklärte mir zudem, dass sie eine sehr hohe Meinung von Frau Dr. Rech habe und dass ich sicherlich bei ihr etwas lernen würde. Mein Tagesablauf wurde allerdings geändert, da ich bereits einen Monat Zeit verloren hatte und ich nun einiges nachzuholen hätte, auch in den anderen Fächern. So sollte ich auf meine Mittagsruhe verzichten, was ich gerne tat, und direkt nach dem Mittagessen, von 13:00 bis 14:00 Uhr mich jeden Tag mit Frau Dr. Rech treffen. „Jeden Tag?", frage ich. Ja, antwortete „Benita", wie wir Internen unsere Internatsleiterin hinter vorgehaltener Hand nannten, siegessicher, fünfmal in der Woche sollte ich eine Stunde Deutschunterricht haben. Fünfmal?! Ja, und das, bis ich auf dem Niveau der 9. Klasse wäre. Na, Klasse! Ich stellte mir eine weitere Frau in einem grünen Kostüm vor, möglicherweise eine Freundin von „Benita". Vielleicht hatte ihre Freundin eine Peitsche dabei, mit der sie mir die deutsche Sprache schon irgendwie hinein peitschen würde. Meine Begeisterung war dementsprechend gering.

Was aber auf mich direkt am nächsten Tag wartete, übertraf alle meine Vorstellungen. Er kam eine kleine Gestalt daher, eine ziemlich alte Frau die kaum noch gehen konnte, mit einem buckligen Rücken. Sie hatte weißes Haar, ihre Hände zitterten und wie ich gleich noch feststellen durfte, klapperte ihr Gebiss. Ich war sprachlos, als ich diese Frau auf mich zukommen sah, denn sie kam tatsächlich auf mich zu! Auf einmal wurde mir der Ernst der Lage bewusst. Wenn es außer dieser Person niemanden gab, dem man es zutraute, mir Deutsch beizubringen, musste man mich schon für einen ziemlich hoffnungslosen Fall halten.

Frau Dr. Rech stellte sich mir kurz vor und erklärte, sie beherrsche die Sprachen Deutsch, Englisch, Französisch und Russisch alle fließend in Wort und Schrift so, wie es sich früher für die Bildung einer Frau aus der gehobenen Schicht gehörte, zu der sie aufgrund ihres selbstbewusstem Auftreten und ihrer feinen Manieren unverkennbar gehörte. Zudem könne sie noch Griechisch und Latein. Nach dieser Vorstellung sagte sie entschlossen, sie würde mir jetzt Deutsch beibringen. Dann holte sie ein Büchlein aus ihrer kleinen Tasche heraus, auf dem vorne ein Kätzchen abgebildet war, und sagte, das sei ein Lesebuch der 2. Klasse. Mit den Worten: „Wir machen ein Diktat" fing der Unterricht an. Sie las vor, ihre Zähne klapperten, ihre Hände zitterten und somit auch das Büchlein. Ich hatte die Aufgabe, das aufzuschreiben, was sie mir vorlas, was ich auch versuchte. Allerdings versuchte ich ihr auch zu erklären, dass ich kein Deutsch schreiben konnte, was aber nichts an ihrer Vorgehensweise änderte. Nachdem das Diktat zu Ende war, korrigierte sie mein Blatt und unterstich jedes Wort, das falsch geschrieben war, was ziemlich viele waren. Als Hausaufgabe sollte ich jedes falsch geschriebene Wort 25 Mal schreiben. Da um die 50 Worte falsch geschrieben waren, dachte ich, dass es unmöglich ihr Ernst sein könnte, dass ich jedes Wort 25-mal schreiben sollte. Sie antwortete aber kurz und knapp: „Jedes Wort". Um sicher zu gehen, dass ich sie auch verstand sagte sie es tatsächlich noch mit Nachdruck auf Englisch: „25 times, each word"! Da war mir klar, dass sie es ernst meinte und kein Weg um diesen Berg von einer Aufgabe herumführte. So begann eine Zeit, in der ich am Tag 1000 und mehr Worte in ein kleines Heft schreiben musste. Meine Familienmutter, Frau Schmid, hatte über Wochen mein Martyrium mit der Korrekturschreibung mitbekommen und es tat ihr für mich leid. Allerdings erkannten wir beide, dass diese Methode im Gegensatz zur letzten tatsächlich funktionierte. Binnen weniger Wochen hatten Frau Dr. Rech und ich das Lesebuch der zweiten Klasse fertig und waren beim Lesebuch der dritten Klasse angekommen.

Aber ich hatte in der Zwischenzeit in der Schule in den anderen Fächern viel zu wenig verstanden, und so brauchte ich zusätzlichen Nachhilfeunterricht in den anderen Fächern, um mit dem alltäglichen Unterricht zurechtzukommen. Ich bekam Mathematiknachhilfeunterricht, obwohl Mathematik immer mein bestes Fach gewesen war, aber ich verstand den Unterricht nicht auf Deutsch, was für mich sehr frustrierend war. Dann bekam ich aus demselben Grund noch Physiknachhilfe.

Sehr zu meinem Erstaunen war ich sogar schlecht im Französisch-Unterricht. Aber nicht deshalb, weil ich den französischen Teil nicht verstand, sondern weil ich den deutschen Teil nicht verstand! Ich war gänzlich frustriert, als ich feststellen musste, dass ich die französischen Texte verstand, sie aber nicht ins Deutsche übersetzen konnte. So war ich selbst in einem meiner Lieblingsfächer, Französisch, schlecht. Wieso konnte die Schule nicht zulassen, dass ich ins englische übersetze? Schließlich ging es doch darum, dass ich beweisen sollte, dass ich die französischen Texte verstand, was ja der Fall war. War es nicht ungerecht, mich dafür zu bestrafen, dass ich gelernt hatte, Französisch-Englisch zu übersetzen? Ich hätte verzweifeln können. Bis zu drei Nachhilfestunden hatte ich am Tag, meistens von Studenten, die den Ehrgeiz hatten, mir fachlich weiterzuhelfen. In keinem Fach außer Deutsch konnte ich aber irgendeinen Erfolg nachweisen. Je mehr ich lernte, desto mehr schien sich eine Spirale nach unten zu drehen. Vor lauter Nachhilfeunterricht kam ich nicht mehr dazu, meine regulären Hausaufgaben zu machen. Frau Schmid erkannte meine Verzweiflung. Sie versuchte, sich für mich gegenüber der Schul- und der Internatsleitung durchzusetzen. Gegen ihren Einwand wurde aber damit argumentiert, dass andere Mädchen wie Heidi und Carin das erwartete Pensum doch schafften und daher kein Grund bestehe, den Druck auf mich zu reduzieren. Aber vielleicht hatte ich nicht die Intelligenz oder das Durchhaltevermögen anderer Mädchen und man hätte darauf doch Rücksicht nehmen können. Vielleicht aber hatte ich die Intelligenz, war aber emotional zu sehr belastet und konnte deshalb nicht mehr und nicht schneller lernen? Vielleicht hätte ein Kinderpsychologe mal eingeschaltet werden müssen, anstatt der Annahme nachzugehen, ich sei zu faul um zu lernen. An der Vorgehensweise wurde aber nichts geändert. Frau Schmid hatte wenigstens erreicht, dass ich, was die Deutschnachhilfe anbetraf, jedes falsch geschriebene Wort nur noch 10 Mal schreiben musste. Wenigstens war das eine Erleichterung, aber glücklich war ich dennoch nicht mit der Gesamtsituation. Sie wusste, dass ich alles daran setzte Deutsch zu lernen. Aber ich musste doch noch für meine anderen Fächer lernen. Wir reduzierten die Häufigkeit meiner Deutschunterrichtsstunden auf dreimal in der Woche. Ich konnte mir selber nicht erklären, warum nichts in meinen Kopf zu gehen schien. Aber ich wusste, dass es nicht dadurch besser wurde, dass man mir weiterhin Unmengen Unterrichtsstoff mit Gewalt versuchte einzuflößen.

Selbst meine bislang brillierende Schwester Carin hatte mehrere Stunden Nachhilfeunterricht die Woche in Deutsch, Mathematik und Chemie. In der Schule selbst war für sie der schlimmste Unterricht Geschichte, denn sie verstand weder die europäische noch die deutsche Geschichte. Mir ging es mit dem Geschichtsunterricht genauso. In der 7. Klasse hatte ich kanadische Geschichte gehabt und in der 8. amerikanische. Aber von Europa wusste ich noch nicht viel, genauer gesagt fast nichts. Im diesem Schuljahr musste Carin „Die Leiden des jungen Werther" von Goethe lesen. Auch wenn für sie und mich „Werther's" eigentliche Bonbons waren, las sie das Buch von vorne bis hinten und war fortan stolz darauf, sagen zu können, dass sie immerhin einmal Goethe gelesen habe, auch wenn sie damals nichts davon verstanden hatte!

Das Essen im Internat schmeckte weder Carin noch mir sonderlich. Uns schien es als würden wir ständig Kartoffeln essen und dazu irgendwelche Soßen, merkwürdiges Gemüse und undefinierbare Fleischgerichte. Zu Hause aßen wir viel Pasta- und Reisgerichte. Hier war weit und breit nichts davon zu sehen. Was gesünder war, wusste ich nicht. Ich wusste nur, dass die Gewürze völlig anders waren als ich es gewohnt war, oder genauer gesagt, nicht vorhanden waren. Alles schien mehr naturbelassen, was möglicherweise sogar die höhere Kunst des Kochens war. Aber ich fand's fad und unappetitlich. So viel Naturbelassenes war mir zu viel des Guten. Es gab ein Fleisch, das eine Farbe zwischen grau und hellbraun hatte, was ich bislang so nicht kannte. Heidi lachte, als ich sie fragten, was das denn sei. Sie sagte, sie hätte irgendwann aufgehört, zu fragen oder sich Gedanken über das Essen zu machen und würde es einfach essen. Von diesem Tag an hatte dieses Fleisch, welches wir keiner uns bekannten Fleischgruppe zuordnen konnten, einen Namen bekommen: „Mystery meat", also das mysteriöse Fleisch. Fortan war alles, was uns fremd war, „Mystery meat" und es gab noch die Variante: „Mystery vegetables", das mysteriöse Gemüse. Carin, Heidi und ich hatten wieder etwas, worüber wir kräftig lachen konnten nach dem Motto: Was steht heute auf dem Speiseplan? „Mystery food?". Wir waren wirklich froh, sie dort zu haben und sie war auch froh, uns zu haben. Wir verstanden einander in Freude, Leid und mysteriösem Essen. Heidi wurde eine große Unterstützung für uns beide. Sie fing uns oft auf, wenn wir emotional niedergeschlagen waren, was öfters der Fall war.

Irgendwann im Herbst kam dann tatsächlich auch unser Vater zu Besuch nach Heidelberg. Er war für ein paar Wochen in Deutschland und so sollten wir uns an drei Wochenenden hintereinander sehen, wenn auch zwei davon in Heubach. Sehr zu meiner eigenen Überraschung freute ich mich sogar, ihn wieder zu sehen. Er schien sich auch richtig darüber zu freuen uns zu sehen. Allerdings verschlug es ihm die Sprache, als er uns das erste Mal sah. Ich hatte etwa 5 Kilo zugenommen und Carin sogar etwa 10! Unser Vater meinte, wir würden aussehen wir Dampfnudeln (einem Gebäck aus einem Hefeteig, das im Ofen gebacken kugelrund wird). Trotz unserer Gewichtszunahme hatten wir uns telefonisch bei ihm über das Essen beschwert und so war er davon ausgegangen, dass wir eher abgenommen hätten. Mein Vater konnte nicht nachvollziehen, wie man so sehr zunehmen konnte in so kurzer Zeit, wenn einem nicht mal das Essen schmeckte!

Wir konnten uns das auch nicht erklären. Aber unser Vater wollte uns etwas Gutes tun und fuhr mit uns an dem in Heidelberg gemeinsam verbrachten Wochenende in ein richtig gutes Restaurant, in dem er auch schon mit unserer Mutter gewesen war. Es war in einem der besten Hotels in Heidelberg, dem Hotel Ritter. Als er erzählte, wie er mit seiner Frau dort gewesen war, klang er sehr romantisch und verliebt. Wie konnte dieser Mensch, der so romantisch von Ausflügen mit seiner Ehefrau erzählen konnte, andererseits so rücksichtslos sein, was die gemeinsamen Kinder anging? Er war mir ein Rätsel.

Wir hatten Steaks bestellt, da wir keine mehr gegessen hatten, seitdem wir in Deutschland waren, zuhause aber bestimmt einmal wöchentlich Steaks hatten. Unser Vater sah uns beim Essen zu, und als wir fertig waren, sagte er, wir hätten gegessen wie Ausgehungerte. Er habe noch nie gesehen, dass jemand so schnell wie wir ein Steak gegessen habe. Zudem meinte er, wir würden inzwischen Tischmanieren haben wie Schweine. Er war entsetzt und fragte, ob man uns in unserem teuren Internat beigebracht hätte, so zu essen? Wir sagten natürlich „ja", woher hätten wir sonst solche Manieren gelernt? Zu Hause hatten wir gelernt, bei Tisch gerade zu sitzen und die Ellbogen während des Essens möglichst nahe am Körper zu halten. Sollten wir diese Art die Arme zu halten, mehrmals hintereinander vernachlässigt haben, konnte es durchaus passieren, dass unsere Eltern ein Buch holten und es uns unter den Arm schoben. So mussten wir dann weiter essen, mit dem Buch unter den Arm geklemmt. Davon abgesehen hatte unsere Mutter ein dickes Buch von „Knigge", welches den guten korrekten Umgang in jeglicher Lebenssituation beschreibt. Und nach diesem Buch drillte sie uns vor allem, was Tischmanieren anging. Aber so wie es an diesem Tag aussah, wurde das Buch inzwischen auch begraben.

Zu dieser Zeit war Carin mit Sicherheit auch nicht gut auf unseren Vater zu sprechen. Sie machte ihm auf seinen Kommentar hin klar, dass wir so aussahen und so aßen wie wir es taten, da wir auf seinen Wunsch hin in einem Internat leben mussten. Carin hatte zu Hause außer den 4 Stunden Schulsport noch 5 bis 10 Stunden in der Woche Geräteturnen gemacht. Wir waren im Sommer jeden Tag beim Schwimmen. Unser Internat hatte kein Schwimmbad und es war auch keines im Ort. Sie machte ihm klar, dass es uns gänzlich an Bewegung fehle und er sich gefälligst nicht zu beschweren habe darüber, wie er uns vorfand. Es war doch schließlich das Resultat seines Handelns! Die Situation drohte mitten im „Ritter" zu eskalieren. Da dachte unser Vater nach und meinte, in einem eher freundschaftlichen Ton, das mit den Manieren könne er schon verstehen. Er sei mit sechs Geschwistern aufgewachsen, da musste man auch möglichst schnell essen, um genügend zu bekommen. So, meinte er, würde es bei uns im Internat, wo wir zu acht an einem Tisch saßen, wohl auch sein. Es war eine gelungene Deeskalation. Ich war erstaunt, wie schnell er umgedacht und anschließend direkt reagiert hatte. Unser Vater schien an diesem Tag gemerkt zu haben, dass sich etwas zwischen ihm und uns grundlegend geändert hatte. Wir litten unter den Folgen seiner Entscheidungen über unser Leben und er merkte, dass wir uns in unserem Leiden nicht mehr von ihm herumkommandieren ließen wie früher. Er hatte die Position des bewunderten Vaters, die eines erfolgreichen Geschäftsmannes, der auch uns viel abverlangt hatte, aber auch viel dafür gab, vor allem eine gehobene Lebensqualität, in unseren Augen und Herzen verloren. Der Verkauf unseres Hauses und das auch noch hinter unserem Rücken war für uns ein Verkauf unserer Stabilität, unserer Heimat. Zudem war es ein Vertrauensbruch. Er konnte nicht mehr von uns erwarten, dass wir ihn noch sonderlich respektierten. Die Zeiten waren durch den Verrat vorbei. Es war uns auch ziemlich egal, ob er zum Umzug „gezwungen" wurde von seinem Arbeitgeber oder ob er selbst womöglich den Wunsch geäußert hatte, zurück in seine Heimat zu dürfen. Alles fand statt, ohne dass wir aktiv mit in die Überlegungen einbezogen worden waren und ohne vor Alternativen gestellt worden zu sein.

Wir fühlten uns von ihm behandelt wie kleine, dumme Kinder, deren Meinungen und Gefühle nicht zählten. Möglicherweise waren wir noch klein und dumm, als wir acht Jahre davor den Umzug von Deutschland nach Kanada machten. Inzwischen waren wir es aber nicht mehr und diese Tatsache hatte er unterschätzt. Wir hatten inzwischen in Kanada Gefühle der Zugehörigkeit entwickelt, die er besser hätte erkennen sollen. Wir hatten Meinungen, die er sich lieber hätte anhören sollen. Und wir hatten Pläne für unsere Leben, die er lieber hätte berücksichtigen sollen. Nun war es aber geschehen. In unseren Augen war der Schaden angerichtet und nicht mehr rückgängig zu machen. Das bekam er fortan von uns zu spüren. Wir hatten einen berechtigten Anspruch, dass das nun ruinierte Leben wenigstens auch nach unseren Vorstellungen weiter gestaltet werden sollte. So fragten wir immer bohrend nach, wann wir endlich wieder ein eigenes Zuhause haben würden. Er sagte aber, sein Arbeitgeber hätte sich noch nicht entschlossen, wo genau er als nächstes arbeiten sollte, in Stuttgart oder eine knappe Stunde Autofahrt westlich davon in Karlsruhe. Von dieser Information waren wir nicht sonderlich beeindruckt. Im Klartext sagte er uns, er habe alles in Kanada aufgegeben, ohne zu wissen, was seine neue Aufgabe sein würde und wo er überhaupt eingesetzt werden sollte! Warum hatte er denn bloß so schnell gehandelt? Warum hätten unser Vater und sein Arbeitgeber uns nicht einfach noch ein Jahr in unserer vertrauten Umgebung lassen können, damit wir als Familie erst mal lernen konnten, mit der veränderten Situation umzugehen? Wir konnten es nicht verstehen. Gar nichts davon. War es denn wirklich passiert, dass ein Haufen erwachsener Männer, mein Vater und seine Vorgesetzten, Männer die Firmen lenkten, die täglich mit schwierigen Situationen zu tun hatten, blind waren vor den einfachsten Dingen des Lebens? Wir verstanden das alles nicht und konnten diese Version der Geschichte nur kopfschüttelnd zur Kenntnis nehmen. Es schien uns unmöglich die Wahrheit zu sein. Oder war unser Vater vielleicht durchgedreht? Hatte er den Verlust seiner Frau nicht verkraftet und wusste jetzt nicht mehr, was er tat? Hatte er keinen Arbeitgeber in Kanada gefunden, der ihn einen Job mit 28 Tagen Urlaub, einen gutem Grundjahresgehalt und eine gesicherte Rente anbieten konnte? Möglicherweise nicht so einfach. Aber konnte er die Firma Bosch nicht trotzdem einfach verlassen, wenn Bosch ihn nicht mehr in Kanada haben wollte? Schließlich hatte er doch ein finanzielles Polster durch die Erbschaft von seinem Vater, was immerhin einem satten Jahresnettoeinkommen glich.

Nun wussten wir nicht, wohin die Reise ging. Die Zelte waren abgebrochen und wir drängten auf eine Lösung dieser Situation. Also schauten wir zunächst in Herrenberg und in Karlsruhe Wohnungen an. Wohnungen? Wieso schauten wir uns eigentlich Wohnungen an? Wir wollten doch wieder in ein Haus ziehen! Wir hatten doch so lange ich lebte nie in einer Wohnung gelebt. Unser Vater erklärte uns, dass eine große Wohnung in Deutschland so viel koste wie ein mittelgroßes Haus in Kanada, je nachdem in welcher Lage. Wie bitte, dachte ich? In einem Nebensatz erfuhren wir soeben, dass es auch kein Haus mehr geben würde. Warum in alle Welt würde jemand freiwillig in ein Land ziehen, in dem man mit einem guten Gehalt sich eigentlich nur eine Eigentumswohnung leisten konnte? Das war doch absurd! Wo war denn da die Lebensqualität? Ich verstand immer besser, weshalb unsere Mutter ihr Leben und auch unser Leben in Kanada so sehr geschätzt hatte und unser aller Zukunft dort haben wollte. Unser Vater argumentierte aber zusätzlich uns gegenüber, dass er kein Haus mehr haben wolle, schließlich seien wir doch nur noch zu dritt. Ach ja, richtig, wir hatten ja in einem Jahr zwei Familienmitglieder „verloren", die eine durch Tod, die andere durch Umzug. Unser Vater fragte, wer sich denn um ein Haus kümmern solle? Unsere Mutter wäre nicht mehr da, unsere ältere Schwester auch nicht. Wir seien doch noch Schülerinnen und zu jung, um einen Haushalt zu führen. Möglicherweise hatte er damit Recht. Aber man konnte doch Haushaltshilfen anstellen, wenn man einen Direktorengehalt bezog, oder etwa nicht? Wir waren schon wieder vor beschlossene Tatsachen gestellt worden und ganz und gar nicht davon beeindruckt. In diesem Moment schien mir mein Vater aufgrund unserer Reaktionen ziemlich verloren. Zudem fand ich ihn ziemlich dumm. Hatte er nicht an die Möglichkeit einer Haushaltshilfe gedacht? Wäre das denn so abwegig gewesen, sich Personal ins Haus zu holen? Mir gefiel es überhaupt nicht, dass mein Leben in seinen Händen lag. Ich stand unter dem Eindruck, dass wir vor einem Chaos standen. Was war eigentlich mit den Vorstellungen unserer Mutter? Zählte das nicht mehr? Sie hatte doch erkannt, dass wir Kinder Stabilität und Kontinuität brauchten nach den vielen Umzügen! Sollten wir jetzt etwa weniger Stabilität und Kontinuität brauchen, um besser mit dem Verlust unserer Mutter zurechtzukommen?! Ich denke nicht.

Nach seinem ersten Besuch bei uns in Heidelberg schien mein Vater bei seinem nächsten Besuch Verstärkung mitgebracht zu haben. Er kam mit einer Frau, die wir nicht kannten. Sie war recht klein, etwas pummelig und ziemlich jung. Mein Vater stellte sie als „Amelie" vor und das war's. Mehr Erklärungen gab es nicht. Und somit schien er uns kurz und knapp und natürlich wieder ohne irgendeine Vorbereitung uns gegenüber, gerade seine Freundin vorgestellt zu haben. Trotz der Vorgehensweise, die ich wieder nicht in Ordnung fand, stellte ich fest, dass sie ein sympathischer Typ von Frau war und gut lachen konnte. Als wir mit ihr Schloss Heidelberg besichtigten, fragte ich meinen Vater, was es mit dieser Frau auf sich hätte. Er meinte, er würde sie sympathisch finden und hoffte, wir auch. Das fanden wir schon, aber wie sollten wir das Ganze nun verstehen? Hatte er jetzt eine feste Freundin? Oder hatte er etwa sogar vor, diese Frau zu heiraten? Hatte er uns gerade unsere zukünftige Stiefmutter vorgestellt? Mein Vertrauen zu meinem Vater ging zu dieser Zeit so ziemlich gegen null. Irgendetwas an dieser Geschichte stimmte nicht ganz, und ich fing an, danach zu suchen, was es war. Auf meine Frage, warum er ausgerechnet diese Frau ausgesucht hätte, meinte er, sie sei jung und er hoffe, wir würden uns gut mit ihr verstehen. Amelie war Ende 20 und somit 20 Jahre jünger als unser Vater. Das gefiel mir überhaupt nicht und wirkte auf mich geradezu wie eine Provokation an die Erinnerung an meine Mutter, die nur zwei Jahre jünger war als er. Es machte auf mich den Eindruck, dass jetzt jedes weibliche Wesen den Platz meiner Mutter einnehmen konnte, solange sie jung war und lachen konnte. Waren das die neuen Ansprüche meines Vaters an einen Lebenspartner? War nicht die Aufgabenstellung an der Seite eines erfolgreichen Mannes umfassender als nur zu lächeln, weiblichen Geschlechts zu sein und jung? Da sie in meinen Augen viel zu jung war für meinen Vater und auch zu jung, um sie als Stiefmutter akzeptieren zu können, fragte ich sie, was sie denn an meinem Vater so toll fände. Nach Gekicher kam eigentlich nichts. In der Tat schien mein Vater in den Armen dieser Frau aufgeblüht und auch um einiges jünger geworden zu sein. Was mich schon für ihn freute. Dennoch dachte ich, das kann nicht gut gehen. Amelie sagte dann noch, sie fände ihn toll und sie beide würden zusammen so viel lachen. Ungeschickterweise sagte sie dann noch, dass sie auch viel Spaß hatten, als sie ihn im Sommer in Kanada besuchte. Sie meinte, wir hätten ja ein tolles Haus gehabt. Da verschlug es mir doch die Sprache. Nun konnte ich davon ausgehen, dass mein Vater den Sommer, den wir bei den Großeltern verbringen mussten, mit dieser Frau in unserem Haus in Kanada verbracht hatte. Jetzt fühlte ich mich richtig verraten. War ihr Besuch bei ihm der Grund, weshalb wir unser Zuhause so schnell verlassen mussten? Musste ich jetzt davon ausgehen, dass diese Frau es sich in dem Haus, das unsere Mutter so liebevoll eingerichtet hatte, bequem gemacht hatte? Musste ich gar davon ausgehen, dass diese Frau im Bett meiner Mutter geschlafen hatte? Ich fand das Ganze geschmacklos und war sehr verärgert. Unser Vater war zwar Witwer, aber unsere Mutter war erst ein halbes Jahr lang unter der Erde, als Amelie ihn im Sommer besucht hatte. Hatte er es so eilig, sich eine neue Frau zu suchen? Eigentlich hatte er das Recht, eine neue Partnerin zu haben. Aber rechtfertigte sein Anspruch auf eine neue Beziehung die Tatsache, dass ich mich durch sein Verhalten verletzt fühlte? Vielleicht brachte diese Frau ihn einfach zum Lachen und er brauchte das. Aber mich brachte das Ganze nicht zum Lachen.

Der ganze Stress und der schulische Druck setzten mir ziemlich zu. Ständig hatte ich Bauchschmerzen, beschwerte mich aber nicht, denn ich fühlte mich insgesamt so schlecht, dass ich selbst nicht wusste, was mich am meisten plagte. Es war Oktober, als Frau Schmid mit mir zum Arzt gehen musste, da einer anderen Erzieherin aufgefallen war, dass ich mir ständig die Hand auf den Magen hielt. Als der Arzt mich fragte, was das Problem sei, und damit meinte, wie es zu meinen Bauchschmerzen kommen könnte, wusste ich nicht, was ich antworten sollte. Sollte ich sagen, dass ich vor einem Jahre noch in einer 5-köpfigen Familie in einem anderen Land wohnte, dann meine Mutter gestorben war und wir nur noch zu viert waren? Oder sollte ich sagen, dass ich kein Zuhause mehr hatte, weil mein Vater es verkauft hatte und wir noch kein Neues hatten? Oder sollte ich ihm sagen, weil ich gezwungen wurde, meine Heimat für immer zu verlassen und mit meiner einen Schwester hier im Internat geparkt wurde, vielleicht damit mein Vater sich seiner neuen Frau widmen konnte? Oder sollte ich ihm sagen, dass wir unsere älteste Schwester dadurch verloren, dass sie sich entschlossen hatte, zurück in ihr Heimatland Kanada zu kehren, was nun nicht mehr unser Heimatland sein sollte? Sollte ich so erklären, dass wir dann von vier Familienmitgliedern auf drei geschrumpft waren? Oder sollte ich ihm sagen, dass mein Vater noch nicht wusste, wo er als nächstes arbeiten würde, da sein Arbeitgeber ihm das auch noch nicht mitgeteilt hatte? Während ich überlegte, was ich nun sagen sollte, meinte Frau Schmid antwortend zum Arzt, ich stünde unter dem Druck, bis Weihnachten fließend Deutsch lernen zu müssen. Nach Weihnachten sollte ich, also im zweiten Schulhalbjahr, vollständig am regulären Unterricht der 9. Klasse mitmachen können. Der Arzt erklärte ihr und auch mir, dass ich eine Magenschleimhautentzündung hätte und möglicherweise auf dem Weg zu einem Geschwür wäre. Er meinte auch, dass ich mit 14 Jahren noch etwas zu jung wäre für so etwas. Er meinte freundlich ermahnend, dass ich unter zu viel Stress stehe. Für meinen Magen bekam ich Medizin, aber der Stress ließ nicht nach. Warum er mich damals nicht krankgeschrieben hat, weiß ich nicht. Dass ich unter Antriebsschwäche litt, verstand der Arzt unter den gegebenen Umständen schon. Ob dahinter eine andere psychische oder psychosomatische ernsthafte Erkrankung steckte, wurde damals nicht in Erwägung gezogen. Man empfahl ein Mittel namens „Aktivanad", das mich durch Koffein und Vitamine antreiben sollte. Aber mehr tat er nicht für mich. Auch er kam nicht auf die Idee, mich psychologisch behandeln oder betreuen zu lassen. Der Stress setzte mir seelisch und körperlich zu.

Flug in die Heimat

Als die Herbstferien kamen, war meine Schwester diejenige, die unserem Vater Druck machte. Wir hätten während der Ferien zu unseren Großeltern gehen müssen, da das Internat in dieser Zeit geschlossen war. Carin weigerte sich kategorisch dort hin zu gehen. Sie sagte unserem Vater, er habe bereits ihre Sommerferien ruiniert. Sie würde es nicht zulassen, dass er ihr weiterhin die Ferien ruiniere und sie dazu zwinge, ihre Ferien mit ihren Großeltern zu verbringen. Kurz entschlossen entschied sich unser Vater dafür, uns in den Ferien nach Kanada fliegen zu lassen. Vielleicht hatte er uns gegenüber inzwischen doch ein schlechtes Gewissen, weshalb er nachgab. Wir flogen gleich am ersten Ferientag ab. Henny, die Freundin von Sue, die mit ihr sieben Jahre zuvor nach Kanada geflogen war, holte uns im Internat ab und fuhr mit uns zum Flughafen nach Frankfurt. Wir waren rundum auf Hilfe angewiesen und dankbar sie zu bekommen.

In Toronto angekommen hatten wir beide gemischte Gefühle. Wir kamen zwar „nachhause", aber es gab kein Zuhause mehr. Wir kamen an in dem Apartmenthaus, in dem Sue und vorübergehend auch unser Vater wohnte. Es war ein merkwürdiges Gefühl dort zu sein, denn so war es unübersehbar endgültig, dass unser Haus verkauft war. In der angemieteten Wohnung standen zum Teil die Möbel aus unserem Haus und erinnerten an unser ehemaliges Leben. Sie standen aber am falschen Ort, was ich schmerzhaft fand. Durch diesen Anblick wurde unmissverständlich klar, dass es für unsere Möbel keine andere Umgebung mehr gab.

Unsere Freunde hatten alle in dieser Zeit Schule, da es in Kanada keine Herbstferien gab wie in Deutschland. Somit hatten sie alle wenig Zeit, sich mit uns zu treffen, aber wir konnten wenigstens mit ihnen telefonieren. Sue war tagsüber an der Uni, Vater war bei der Arbeit. So waren Carin und ich mal wieder auf uns alleine gestellt. Das eigentliche Problem war jetzt, dass wir nicht in Oakville waren, wo unsere Freunde wohnten, sondern im benachbarten Mississauga, wo wir keine Freunde hatten. Die Verbindung der zwei Orte durch öffentliche Verkehrsmittel war damals noch schlecht. Wir hatten beide noch keinen Führerschein, obwohl Carin jetzt alt genug gewesen wäre, um in Kanada Auto zu fahren. Wir konnten nur hoffen, dass uns Freunde oder deren Eltern in Mississauga abholten und nach Oakville fahren würden, um uns dort mit ihnen zu treffen. Das taten sie auch, allerdings meistens erst am Abend, da tagsüber alle beschäftigt waren.

Einmal fuhren wir nach Oakville und besuchten Freunde an der High School, O.T. Das empfand ich als besonders ernüchternd. Sie alle schienen vor Energie zu sprudeln. Sie erzählten mir von den verschiedenen Fächern, die sie besuchten, von dem umfangreichen Sportangebot und von sämtlichen Aktivitäten nach der Schule. Sie waren vor Begeisterung nicht zu bremsen. Dieser bunte Haufen Enthusiasmus auf einer Seite war das komplette Gegenteil von meinem Schwarz-Weiß-Leben, das ich in Heidelberg lebte. Dort war mir noch keiner mit so viel Begeisterung für die Schule begegnet. Jede Begegnung mit unseren Freunden war schön, aber auch schmerzhaft, denn die nächste Trennung lag nur wenige Tage entfernt. Im Vergleich mit dem, was wir mit dem deutschen Schulsystem und in unserem Internat erlebten, war schier unerträglich. Natürlich sah ich auch Brent. Wir sprachen über die Situation, dass wir am Ende des Schuljahres unsere Beziehung nicht weiter verfolgen könnten, da ich nicht mehr zurück kommen konnte. Wir fühlten uns beide betrogen, waren aber machtlos, etwas dagegen zu unternehmen. Wie sollten wir jemals herausfinden, ob wir nicht doch zusammengehörten?

Die Zeit kam, in der wir Abschied nehmen mussten. Unsere Freunde hatten uns im Winter geholfen, die Trauer über den Tod unserer Mutter zu verkraften. Nun halfen sie uns schon wieder, diesmal die Trauer über den Verlust unseres Zuhauses zu überwinden. Auch unsere Freunde von der Kirche RLDS, mit denen wir eigentlich nichts mehr zu tun haben sollten, waren für uns da. Nach vielen Besuchen, vielen Umarmungen und viel bitterem Weinen waren unsere Ferien vorbei und wir mussten zurück nach Deutschland fliegen.

Im November wurde es auch in Deutschland kälter, so wie wir es von Kanada gewohnt waren, allerdings nicht ganz so kalt. Wir kannten Winter, die vier Monate dauerten, lange harte Winter mit viel Schnee und kaltem Wind, der vom Ontariosee kam. Aber wir waren damit aufgewachsen und hatten kein Problem damit. Nun regnete es in Heidelberg aber mehr oder weniger den ganzen Monat lang. Ich wartete darauf, dass sich der Regen endlich in Schnee verwandeln würde, aber es passierte nicht. Es begann bereits die Adventszeit, aber der Schnee war immer noch nicht da. So viel Regen waren wir nicht gewohnt und es schlug uns beiden aufs Gemüt. Auch Carin wartete vergebens auf die Verwandlung von Regen zu Schnee. Da sagte ich eines Tages tröstend und scherzend zu ihr: „Das ist Schnee, durchsichtiger deutscher Schnee!" Wir konnten uns vor lauter Lachen kaum beruhigen: Durchsichtiger Schnee! Vorübergehend war wieder eine der schwierigen Situationen mit unserem Humor gerettet worden, ähnlich wie im Sommer, als wir uns über den deutschen Föhn kaputtlachten. Aber sollten wir denn wirklich Advent und womöglich auch noch Weihnachten mit durchsichtigem Schnee verbringen? Das schien mir eine weitere Zumutung. Müssten wir uns denn alles abgewöhnen, was uns lieb und gewohnt war? In einem Telefonat mit meinem Vater beschwerte ich mich, dass es in „diesem blöden Land" nicht mal Schnee gebe! Und ich sagte ihm auch, dass es zu viel verlangt sei, von uns zu erwarten, auch noch Weihnachten ohne Schnee zu verbringen. Unser Vater hatte von uns inzwischen so viel Kritik eingesteckt, dass er kaum noch darauf reagieren konnte. Wir beschwerten uns einfach über alles. Er überlegte kurz und sagte: „Das mag sein, dass es in diesem „blöden Land" keinen Schnee gibt, aber dafür grenzt es an ein tolles Land, indem es endlos viel Schnee gibt, die Schweiz." Er fuhr fort: „Wenn ihr ein weißes Weihnachten braucht, so sollt ihr es auch haben, wir fahren über Weihnachten zum Skifahren in die Schweiz." Wahnsinn, dachte ich, in die Schweiz zum Skifahren! Das hörte sich endlich mal nach einer guten Nachricht an. Endlich kam mal ein Lichtblick in dieses für uns so dunkles halbe Jahr. Carin und ich konnten zwar nicht Skifahren, aber die Schweiz klang sehr gut. Er sagte noch, wir würden als Familie Weihnachten zusammen verbringen und Sue würde von Toronto herüberfliegen, um bei uns zu sein. Schließlich wolle er nicht, dass sie an Weihnachten alleine ohne uns war. Noch eine gute Nachricht.

Kurz vor Weihnachten wurden wir von unserm Vater und von Sue in Heidelberg abgeholt und verbrachten ein paar Tage in Heubach. Zwischendurch führen wir nach Stuttgart um im eilverfahren für uns alle Skikleidung und -Ausrüstung zu kaufen und fuhren dann zu viert in die Schweiz zum Skifahren. Nachdem wir jahrelang über Weihnachten zu Hause gewesen waren, ging es nun zum Skiurlaub und ich freute mich sehr darüber. Auf der Hinfahrt waren wir einige Zeit nach der Schweizer Grenze beeindruckt von der Landschaft. Es war für uns sehr spannend zu sehen, wie sich quasi vor unseren Augen die Berge aufbauten, immer mehr und immer höher. Ich selbst empfand es auch als erleichternd und befreiend, Deutschland verlassen zu haben, auch wenn wir nur ins Nachbarland gefahren waren.

Unser Zielort war Leukerbad im Kanton Wallis. Nach einer Autofahrt, die einen halben Tag dauerte, kamen wir endlich dort an. Für zwei Wochen hatten wir eine schöne, große Ferienwohnung gemietet in einer Wohnanlage, die „Utoring" hieß. Am ersten Abend machten wir einen Spaziergang durch den Ort, der wunderschön war, richtig idyllisch. Mein Vater meinte, er habe bewusst Leukerbad ausgesucht, denn es sei ein schöner Ort, ein etwas größeres Schweizer Bergdorf. Es war ein sehr gepflegter Kurort und wir waren alle bezaubert von den Chalets und allem was dazu gehörte. Unser Vater hatte eine gute Wahl getroffen.

Am nächsten Tag ging es bereits den Berg hinauf zum Skifahren. Wir hatten das große Glück, dass unser Vater ein Apartmenthaus ausgesucht hatte, nur wenige Meter von der Talstation der Seilbahn entfernt war. So mussten wir in unseren neuen Skistiefeln und mit unseren auf den Schultern balancierenden Skiern, wenigstens nicht weit gehen. Wir Schwestern mussten abwechselnd immer wieder darüber lachen, wie ungeschickt wir uns in unseren Skisachen und mit -ausrüstung bewegten. Das war auch gut so, denn wir hatten endlich mal richtig viel zum Lachen. Eine komische Situation folgte der anderen. Oben auf dem Berg angekommen mussten wir erst mal die Bretter an unsere Füße schnallen, was auch nicht so leicht war wie es aussah. Am meisten amüsierte sich Sue, die sich beim Anblick ihrer Schwestern und deren Geschicklichkeitsübungen regelrecht krümmte vor Lachen. So hatte ich sie noch nie erlebt!

Erst mal an die Bretter geschnallt, sollten wir auch noch Skifahren. Unser Vater, der bereits in seiner Jugend viel Skifahren gewesen war, beherrschte diese Sportart immer noch. Er fuhr einfach voraus und meinte, am „Babyhügel" unten angekommen, mit einem sportlichen Winken seines Armes, dass wir auch runter kommen sollten. Sue fuhr zuerst und schien bereits nach wenigen Metern langsam aber sicher mit ihren Brettern zurechtzukommen. Allerdings war sie schlau genug im Pflug zu fahren. Carin machte es ihr nach und fuhr langsam, aber sicher den Berg hinunter. Dann war ich dran. Ich versuchte auch im Pflug langsam den Hügel hinunterzufahren, zu bremsen und weiter zu fahren. Das ging auch einigermaßen gut, bis ich auf halber Strecke die Kontrolle über meine Ski verlor. Sie fuhren einfach weiter und ich konnte weder bremsen noch drehen! Ich wurde immer schneller und direkt auf einen großen roten „Pistenbully", einen Schneepflug, zu. Was aussah wie Absicht meinerseits, war aber keine. Sehr zu meinem Glück erkannte auch der Bully-Fahrer, dass ich keine Kontrolle über meine Ski hatte. Er konnte noch rechtzeitig vorne die Schaufel etwas herunter lassen und so raste ich voll in eine mit Schnee gefüllte Schaufel hinein. Glücklicherweise hatte ich mich nicht verletzt. Meine sehr um mein Wohlbefinden besorgten Schwestern taten das, was sie am besten konnten: Sie lachten mich aus! Es muss eine sehr komische Vorstellung gewesen sein, denn Carin meinte, das sei noch besser gewesen als die Nummer mit den Mülltonnen in Bremen. Ab diesem Zeitpunkt hatte ich diverse Spitznamen und bei jeder Gelegenheit zeigten meine Schwestern auf einen „Pistenbully" und meinten irgendetwas wie: „Das ist keine Bremse!" Oder: „Nicht hineinfahren!". Obwohl ich wieder einmal diejenige war, die ausgelacht wurde, war es nicht mehr so schlimm wie früher. Hauptsache war, dass wir alle wieder lachen konnten.

Morgens frühstückten wir gemeinsam, mittags aßen wir anfangs noch Pasta oben auf der Hütte. Das fanden wir allerdings alle so horrend teuer, dass wir lieber zu unserem Apartment zurückkehrten, um uns dort Pasta aus der Dose zu machen. Auch das fanden wir witzig. Kochen konnten wir alle nicht.

Weihnachten, das Fest, das bei uns zu Hause immer so ein großes Ereignis gewesen war, kam. Unser Vater meinte schlicht, er habe keine Lust mehr auf Weihnachten und somit war das Thema erledigt. Wir feierten nicht einmal, sondern gingen stattdessen Skifahren. Dabei stellten wir fest, dass die Pisten an diesem Tag ziemlich leer waren und so beschlossen wir, dass dies ein zusätzlicher Grund sei, an diesem Tag lieber zum Skifahren zu gehen. Schon näherte sich der erste Todestag unserer Mutter. Wir überlegten, wie wir diesen Tag würdig gestalteten sollten. Aber dieser Tag wurde ähnlich wie Weihnachten einfach nicht sonderlich beachtet. Mein Vater meinte: „Was sollen wir machen? Etwa den ganzen Tag zu Hause herumsitzen und weinen?" Da hatte er recht, das schien kein so guter Plan zu sein, also gingen wir alle auch an diesem Tag zum Skifahren. Das war unsere Art, mit der Trauer umzugehen.

Leukerbad, Weihnachten 1978, Claudia, Carin, Sue.

Beim Skifahren hatten wir zwei Brüder aus Schweden kennen gelernt, Hans und Anders, die allerdings besser Skifahren konnten als wir. Sie waren mit ihren Eltern da, waren ungefähr im Alter zwischen Carin und Sue und wohnten im selben Apartmenthaus. Diese Schweden waren sehr witzig und konnten gut und viel Lachen. Wir stellten fest, dass Schweden und Kanadier einen ähnlichen Humor haben, gerne in der Natur sind und ziemlich viel Unsinn im Kopf haben. Der ältere der Brüder und Sue durften schon Alkohol trinken und taten das auch, wenn wir abends gemeinsam ausgingen. Wir drei Jüngeren lotsten dann die Älteren nach dem Ausgehen und Trinken wieder sicher nach Hause.

In unserem Apartmenthaus wohnte auch eine alleinstehende Frau aus Hamburg mit zwei Teenagern in unserem Alter. Unser Vater und diese sehr große, schlanke, dunkelhaarige Frau mit dem sympathischen Lachen schienen sich auf Anhieb sehr gut zu verstehen. Sie hatte uns erzählte, dass sie mit ihren Kindern aus Ostdeutschland, aus der DDR, geflüchtet sei. Diese Geschichte war für uns alle unglaublich spannend, denn so etwas hatten wir noch nie gehört. Es war das erste Mal, dass wir mit dem geteilten Deutschland überhaupt in Berührung kamen. Davor war es für uns irgendeine fremde Sache, sehr weit weg von uns. Ich konnte es kaum fassen, dass ein Mensch so verzweifelt und auch überzeugt sein kann davon, in Freiheit leben zu wollen, dass er sowohl sein eigenes Leben als auch das Leben seiner Kinder dafür riskierte. Von der Geschichte war ich tief beeindruckt und vor allem von dieser mutigen Frau. Mir gefiel auch, dass sie eigene Kinder hatte und sich dadurch in meinen Augen eher als potentielle Stiefmutter eignete. Und sie lag auch näher im Alter bei unserem Vater als die erste Kandidatin. Ihre Kinder und wir scherzten schon untereinander, dass wir möglicherweise miteinander verwandt werden würden, wenn die beiden heiraten würden. So kam es, dass wir manchmal mit ihnen zum Abendessen gingen und manchmal anschließend mit den Schweden ausgingen. Wir hatten rundum ein volles Programm, das wirklich viel Spaß machte.

Dann kam Silvester. Auch hier gingen wir zum Skifahren und am Abend zum Essen und zum Feiern mit unseren Freunden und möglichen zukünftigen Verwandten. Es war das erste Mal für mich, dass ich an einer Silvesterfeier außerhalb des Hauses teilnahm. Auch das machte großen Spaß, so wie der ganze Urlaub. Aber ich fragte mich, ob wir das auch mit unserer Mutter erlebt hätten?

Weniger zum Lachen war, dass wir unserem Vater noch unsere Elternberichte des Internats zeigen mussten. Der Internatsbericht war in drei Teile gegliedert: 1. Gesundheitszustand, 2. Schule und 3. Persönliche Entwicklung im Internat. Unter „Gesundheitszustand" stand bei mir: „Gut". Das stimmte nicht so ganz, es sei denn, eine Magenschleimhautentzündung wurde dort als „gut" angesehen.

Im Teil „Schule" stand: „Für Claudia waren die Umstellungen auf deutsche Schulverhältnisse und die höheren Leistungsanforderungen nicht leicht... Es fehlen ihr neben der Beherrschung der deutschen Sprache auch manche Grundkenntnisse in anderen Fächern". Da ich die Sprache nicht beherrschte, fragte ich mich, wie ich den Unterricht in den anderen Fächern hätte verstehen sollen? Zudem fragte ich mich, wie sie wissen wollten, ob mir Kenntnisse fehlten, wenn ich mich aufgrund sprachlichen Mangels nicht ausreichend ausdrücken konnte. Die nahmen einfach an, dass mir Grundkenntnisse fehlten und das der Grund sei, weshalb ich dem Unterricht schlecht folgen konnte. Darüber hinaus fragten wir uns, warum die Lehrer annahmen, dass die Leistungsanforderungen in Deutschland höher waren als die in Kanada? Wir empfanden sie nicht als höher, sondern den gesamten Unterricht als langweilig und eintönig.

Was Carin und ich mit Sicherheit wussten war, dass die Schule bzw. das Schulsystem uns nicht gefiel. Wir hielten wenig von der Art, wie der Unterricht abgehalten wurde, primär durch Monologe der Lehrkräfte anstatt unter Einbezug der Schüler und ergänzt durch praktische Übungen im Unterricht. Zudem fanden wir den Unterricht in Musik und Kunst, der sich vornehmlich auf die Bildung im theoretischen Bereich konzentrierte, wahnsinnig einseitig und langweilig. Wie soll man Musik und Kunst begreifen, wenn man fast nur darüber redet oder liest? Es hätte bei all diesem theoretischen Unterricht nur noch gefehlt, man hätte uns über Sport erzählt, anstatt uns Sport machen zu lassen! Aber die zwei Stunden Sport, die wir in der Woche hatten, waren eigentlich auch nur langweilig. Die Schule bzw.

das deutsche Schulsystem weckte unser Interesse nicht. Es war, als hätten wir in Kanada die Schule in Farbe erlebt und mitgestaltet. Nun erlebten wir die Schule in schwarz-weiß. Die Betonung des Unterrichts lag auf Lernen im Sinne von Auswendiglernen anstatt auf Erleben und Begreifen. Das war für uns ein Schritt rückwärts in unserer schulischen Entwicklung. Zudem waren wir es nicht gewöhnt, Unmengen von Unterrichtsstoff in uns hinein zu saugen, nur um ihn auf Nachfragen wiedergeben zu können. Wo war dabei der Lerneffekt?

Auf unseren Feststellungen hin hatten uns andere Schülerinnen gesagt, dass wir Glück hätten, in der Thadden-Schule zu sein, denn staatliche Schulen seien viel schlimmer. Der Gedanke war für mich unfassbar. Wie ungenügend, wenn nur ein Teil unserer Fähigkeiten angesprochen wurde, hauptsächlich die des Auswendiglernens. Es schien im deutschen Schulsystem kein Wert gelegt zu werden auf die Fähigkeiten des Mitdenkens, des Erarbeitens in Gruppen, des Gestaltens im Unterricht. Nein, diese uns präsentierte Art von Unterricht förderte nur einen Teil des jungen Menschen und sprach uns nicht an. Ein Haufen von Einzelkämpfern wurde hier herangebildet. Sie übten nicht in der Gruppe oder lernten in einer Mannschaft zu spielen. Sie gingen alle um 13:00 Uhr nach Hause, um in ihren eigenen Zimmern daheim vor sich hin zu lernen. Jeder für sich alleine. Wie sollte denn da irgendeine Gefühl der Gemeinsamkeit unter den Schülerinnen aufkommen?

Unter „Privatstunden" stand, dass ich wöchentlich 3-mal Deutsch, 2-mal Französisch und 2-mal Mathematik hatte, zusammen 7 Stunden. Es waren aber meistens mehr gewesen. Carin hatte 5 Stunden die Woche. Man hatte das Pensum erst im Dezember auf meine eigenen Beschwerden hin reduziert, da ich mich weigerte, noch mehr Nachhilfestunden zu nehmen. Was für eine Erleichterung für unseren Vater, dass die gesamten Nachhilfestunden von seinem Arbeitgeber bezahlt wurden! Dies war übliche Praxis der Firma, in der immer von der „Bosch-Familie" gesprochen wurde, wenn aufgrund einer Versetzung die Kinder eines Mitarbeiters die Sprache oder das Schulsystem wechseln mussten und sie dadurch zusätzlichen Unterricht brauchten, um den Schulstoff zu meistern.

Im Teil „Persönliche Entwicklung im Internat" stand unter anderem: „Claudia hat sich schnell und gut im Internat eingelebt." Diese Meinung teilte ich nicht unbedingt. Ich hatte eher diesem stumpfsinnigen, bevormundenden System gegenüber resigniert, als mich tatsächlich eingelebt. Manchmal war ich schlichtweg emotional so erschöpft, dass ich mit der Masse mitlief. Ich hatte gelernt, mit dem System zu leben. Nachdem ich in meinem Bericht gelobt wurde mit Worten wie „aufgeschlossen, kontaktfreudig, fröhlich und ordentlich", kam eine herbe Kritik „Wir hoffen, dass Claudia in Zukunft ihre Kontakte zu Gleichaltrigen ausbauen kann und sich nicht so sehr auf die Beziehung zu ihrer Schwester und zu anderen älteren Mädchen, die auch aus Kanada kommen, beschränkt", was aus unserer Sicht die Krönung meines Internatsberichtes war. Wollten die Pädagogen, die mich betreuten damit sagen, dass sie glücklicher wären, wenn ich mehr Zeit mit Menschen verbrachte, die kein Verständnis für meine Situation hatten? Oder wollten sie damit sagen, dass es ihnen nicht gelungen war, mir mit der Schwierigkeit meiner Situation zu helfen und sie mit ansehen mussten, wie Heidi ihre Arbeit machte? Wieso hatte man mich denn eigentlich nie zu einem Psychologen gebracht, um vielleicht professionelle Unterstützung zu bekommen, mit meinen eigenen Emotionen in dieser für mich sehr schwierigen Zeit fertig zu werden? Wurde es denn wirklich von mir erwartet ganz alleine, ohne professionelle Hilfe mit den ganzen Veränderungen der letzen 12 Monaten zurechtzukommen? Anscheinend. In meinen Augen hatten sie versagt, denn ich fühlte mich innerlich ziemlich miserabel.

Da beide Berichte über uns ziemlich schlecht ausfielen, machten wir keinen langen Prozess aus der Sache. Wir gaben die Berichte als Belege unseres Unvermögens unserem Vater. Sue hatte sich zu meinem Erstaunen solidarisch mit uns gezeigt und meinte, das Ganze sei nicht fair uns gegenüber. Unser Vater las und las und es kam nicht viel an Reaktion von ihm dabei herüber. Als einziges sagte er: „Was für ein Glück für mich, dass Bosch eurer Internat bis Weihnachten bezahlt hat und nicht ich". Somit hatte er DM 10.000 an Internatskosten gespart. Er fuhr fort, dass er es aber nach den Ferien bezahlen müsse, also hoffe er, dass die Berichte dann besser ausfallen würden.

Das eigentliche Kernproblem wurde nicht mehr besprochen. Im Grunde genommen konnte das Internat nichts dafür, dass wir uns massiv hintergangen und beraubt fühlten. Wir haben zwar versucht, mit unserem Vater offen darüber zu sprechen, was und wie es gelaufen war. Aber ich kann mich an keine Reue meines Vaters erinnern oder an eine Entschuldigung dafür, wie die Dinge gelaufen waren. Vielleicht hatten wir inzwischen auf indirekte Weise durch unser ständiges Bemängeln dessen, was wir erlebten, auch schon alles gesagt. Wir konnten alle die Uhr nicht zurückdrehen und vielleicht manches anders machen oder entscheiden. Unser Leben hatte sich zu dem entwickelt, was es nun war. Wir konnten von hier aus nur weiter machen. Und nun sollten wir einfach unseren Urlaub miteinander genießen.

Stuttgart - Botnang 1979

Als wir von unserem Skiurlaub zurück nach Deutschland fuhren, hatten wir nach einem halben Jahr endlich wieder ein Zuhause, zu dem wir zurückkommen konnten. Wir fuhren in einen Vorort von Stuttgart, nach Botnang. Dort, in der Furtwänglerstrasse, im obersten Stockwerk eines Hochhauses, sollten wir unser neues Zuhause finden. Nach einer sehr langen Fahrt war es bereits dunkel, als wir in Botnang ankamen. Ringsum sah ich nichts als Apartmenthäuser. Wir schienen irgendwie mitten in einer Betonstadt gelandet zu sein. Etwas verunsichert fragte ich meinen Vater: „Dad, was machen wir hier?" Er antwortete: „Wir müssen erst noch Lebensmittel einkaufen. Wir haben nichts zu essen zu Hause". Daraufhin, dass wir hier lediglich einkauften, war ich erleichtert, denn ich dachte schon, dass wir hier wohnen sollten. Dann zeigte er aber in der Dunkelheit in eine Richtung und sagte: „Da hinten ist unsere Wohnung." Das war doch wohl ein Scherz, oder? Wir wussten nicht, wohin er genau zeigte, aber weder Carin noch ich hatten ein gutes Gefühl bei dieser Sache. Meinte er im Ernst, dass wir in eine Betonsiedlung ziehen sollten?

Es war aber doch sein Ernst. Mit unseren Lebensmitteln voll bepackt kamen wir voller Erwartung endlich in unserem neuen Heim an. Mit den Worten: „Welcome to your new home" wurde die schwere Wohnungstür aufgeschlossen und wir durften eintreten. Wir schauten uns in dieser 4 ½ Zimmer Wohnung mit etwa 125 m² um. Vor diesem Kauf hatte unser Vater bereits einige Wohnungen angesehen und keine hatte ihm richtig gefallen. Der Verkäufer dieser Wohnung hieß wie wir auch Bauder, war aber nicht mit uns verwandt. Unser Vater erzählte uns: „Als ich den Namen auf dem Türschild stehen sah, dachte ich wie praktisch, hier muss ich nur noch einziehen", woraufhin er die Wohnung kaufte. Praktisch für ihn war auch, dass in dieser Penthouse-Wohnung alle Zimmer mit exklusiver Holztäfelung, Regalen und Einbauschänken ausgestattet waren, nach Maß eingebaut. Unser Vater hatte die Wohnung mit allen Einbauten gekauft, einschließlich der Einbauküche samt Geräte, und übernahm auch noch die meisten freistehenden Möbel wie Tische und Sofas. So war die Wohnung fast komplett eingerichtet, als wir dort ankamen. Es war unglaublich und ein bisschen unheimlich. Es hatte aber auch etwas Freundliches, da es allemal besser war, als in einer leeren Wohnung anzukommen. Andererseits hatte es aber etwas Ungemütliches, denn die Möbel waren uns fremd. Sie waren von anderen Menschen und standen so da, dass man nicht wusste, ob die vorigen Eigentümer weggezogen oder vielleicht eher verstorben waren, und so praktisch nichts mitgenommen hatten.

Das Wohnzimmer war rundum mit Rosenholz getäfelt, auch hier waren Regale und Schubladen eingebaut und es sah sehr edel aus. Unserer Mutter hätte das sehr gut gefallen. Bei unserem weiteren Rundgang stellten wir fest, dass unser Vater selbst die Betten samt Matratzen gekauft hatte! Es war fast alles vorhanden außer Bettwäsche, Handtüchern und Geschirr. Das einzige Elementare, was uns bei unserer Ankunft fehlte, war Wärme. Diese Wohnung war unglaublich kalt. Wie praktisch das doch war, denn schon hatten wir unseren nächsten Witz auf Lager: „Well done Dad, too bad it doesn't come with heating!" („Gut gemacht Papa, aber schade, dass die Wohnung keine Heizung hat!). Wir Mädels krümmten uns mal wieder vor Lachen über diese Anspielung auf den unserem Empfinden nach manchmal etwas rückständigen Entwicklungsstand in Deutschland, vor allem, was den Komfort in Wohnungen und Häusern anging. Die Heizung war natürlich vorhanden, aber sie war ausgeschaltet worden, als die Familie eine Woche zuvor ausgezogen war. Zunächst zogen wir weder unsere Winterstiefel noch die Winterjacken noch Handschuhe noch Mützen aus. Wir entdeckten aber sehr zu unserer Freude, dass unsere Badewanne eine eingebaute Heizung hatte, die man beim Auszug als einzige nicht ausgedreht hatte und wir somit ein warmes Badezimmer hatten! Gemein wie wir waren, fragten wir unseren Vater, ob die Deutschen auf diese Art und Weise das Badewasser heizten? Wieder hatten wir etwas zum Lachen, inzwischen war es aber eher ein Grölen geworden. Als wir sehr zu unserer Freude entdeckten, dass es fließendes Wasser in der Wohnung gab, fragten wir unseren Vater, ob wir die Wanne mit kaltem Wasser füllen müssten, um einen Tag später lauwarm baden zu können? Wir kriegten uns vor lauter Lachen nicht mehr ein! Unser Vater musste einiges von uns einstecken!

In unserer ersten Nacht in der Wohnung hatten wir die Wahl entweder zu frieren oder einige Teile unserer Skikleidung, wie die lange Skiunterwäsche, anzuziehen. Wie wir uns gegenseitig sahen in Pyjama, Pullover und Skisocken oder noch witzigeren Kombinationen, konnten wir überhaupt nicht mehr aufhören zu lachen und selbst unser Vater musste mit lachen. Das viele Lachen hatte den Vorteil, dass es uns immer wärmer wurde und es zudem ungemein entspannend war. Mit einem zusammenfassenden Kommentar seiner Töchter: „Das war ja wirklich eine brillante Idee von Dir, unser wunderbares Leben in Kanada aufzugeben und stattdessen hierher zu ziehen" musste sich unser Vater vorerst zumindest mal abfinden.

Am nächsten Morgen schon war zu unser aller Überraschung unsere Wohnung relativ warm, denn wir hatten abends alle Heizungen voll aufgedreht und über Nacht erwärmten sie sich. So konnten wir uns schon am ersten Tag normal gekleidet in unserer Wohnung aufhalten, welch ein Luxus! Nach unserem

Skiurlaub hatten wir erst mal eine Menge Wäsche zu waschen und wollten als erstes damit beginnen. Da mussten wir Mädels feststellen, dass es in unserer Wohnung keine Waschküche gab, wie wir es von unserem letzten Heim gewohnt waren. Nach sorgfältigem aber erfolglosem Suchen fragten wir unseren Vater wo, bitte schön, wir unsere Wäsche waschen sollten? Er meinte, es sei eine Waschmaschine in der Küche. Unsere Küche war sowohl vom Flur als auch von der an das Wohnzimmer angrenzenden Essecke begehbar. Die Küche hatte somit zwei Türen, die beide offen standen. Da wir unsere Waschmaschine gesucht, aber nicht gefunden hatten, meinte unser Vater etwas scherzhaft, als ginge es darum versteckte Ostergeschenke zu finden, wir müssten auch hinter den Türen schauen, was wir dann auch taten. Siehe da, dort wurden wir endlich fündig! Wir wären nie auf die Idee gekommen, erst die Tür zur Essecke zuzumachen, um an die Waschmaschine zu kommen, die direkt dahinter stand. Wir freuten uns riesig über unseren Fund, denn das bedeutete, dass wir endlich tatsächlich unsere Wäsche waschen konnten. Gleichzeitig ekelte uns bei dem Gedanken, in der Küche, wo man doch Essen aufbewahrte und zubereitete, Wäsche waschen zu müssen. Als wir ihn fragten, ob das denn wirklich sein Ernst sei, antwortete unser Vater, das sei völlig normal in Deutschland. Oh Mann, das war für uns wirklich ein gewöhnungsbedürftiger Gedanke, Essen und stinkende Socken in ein und demselben Raum zu bearbeiten.

Unsere Küche war übrigens auch hochwertig, mit Siemens-Einbauten und Bosch-Geräten ausgestattet - ein weiterer Punkt, der unseren Vater beeindruckt hatte. Allerdings war die Küche -sehr zu unserem Entsetzen- rot, sogar tiefrot, auch die Arbeitsflächen. Auch das war gewöhnungsbedürftig. Um unserem Graus mit etwas Humor entgegenzuwirken, was in dieser Zeit dringend notwendig war, nannten wir die Ecke hinter der Tür unseren „Waschraum". Sue sagte dann immer, wenn sie die Waschmaschine betätigte: „I'm in the laundry room" (Ich bin in der Waschküche). Vermutlich war es Sue, die es gewohnt war, für uns alles Mögliche übersetzen zu müssen, die auf diese glorreiche „Übersetzung" kam. Wir verspotteten unsere arme Wohnung bei jeder Gelegenheit, dabei war sie wirklich hochwertig, aber eben klein. Dass man die Wohnungstür öffnete und direkt im Gang stand, fanden wir beengend, obwohl es für deutsche Verhältnisse großzügig war und so bekam der Bereich des Flurs die Bezeichnung „Eingangshalle". Die Badewanne wurde zum „Pool" deklariert, die Terrasse zum Garten. Unser Vater versicherte uns, dass es sich bei diesem Gebäude, wie bei den meisten in Botnang, um hochwertige Eigentumswohnungen handle. Das half uns aber wenig und in unserem Spott war uns nichts zu heilig, um darüber Witze zu machen.

Botnang 1979, Besuch von Oma und Opa, mit Hans.

Dass wir nun Eigentümer einer 4 ½ Zimmer Wohnung waren -und schließlich gehörte Carin, Sue und mir die Hälfte-, diente als nächster Lacher. Wir fragten unseren Vater, was, bitte schön ein halbes Zimmer war? Er zeigte auf einen offenen Raum, der vom Flur abging aber nicht durch eine zusätzliche Wand verschlossen war, der als sein Arbeitszimmer dienen sollte. Wir konnten es nicht lassen zu fragen, ob sich ein halbes Zimmer dadurch definierte, dass die obere Hälfte fehlte oder die untere! Hatte ein halbes Zimmer keinen Boden oder keine Decke? Wie kaufte man ein halbes Zimmer? Geht man zum Makler und sagt: Ich hätte gerne ein halbes Zimmer, was haben Sie denn im Angebot? Und der Makler antwortet: „Wir haben Zimmer ohne Boden, aber auch Zimmer ohne Decke". Was haben wir gelacht! Aber es wurde uns vielleicht gerade dadurch bewusst, dass wir in einem für unsere Verhältnisse kleinen Land wohnten, in dem so wenig Wohnraum vorhanden war, dass es tatsächlich halbe Zimmer gab! Das war nun doch ein beängstigender Gedanke. Nun begriff ich, was mein Onkel Alex ein halbes Jahr zuvor gesagt hatte, als wir mein „Deutschlandjahr" besprachen. „In Europa ist alles so eng." Es war tatsächlich so.

Am selben Tag bekamen wir schon die Kisten mit Geschirr, Wäsche, usw. an. Dazu mussten wir später lediglich den Schreibtisch unseres Vaters und ein Regal in die Wohnung stellen. Das Klavier kam auch mit. Die wertvolle Ledercouch mit Rosenholz stellten wir auf die zur Hälfte überdachte Terrasse,

240

sodass wir auch dort bequem sitzen konnten. Dann wurde in jedes Zimmer noch ein Perserteppich gelegt und fertig war die Wohnung. „Instant home", nannten wir das Ergebnis. Außer dass unser Name bereits an dem Türschild stand, hatte die Wohnung doch tatsächlich noch etwas Überzeugendes an sich. Dies war eine fantastische Aussicht über das „Feuerbacher Tal." So schön auch unser Haus in Kanada gewesen war, eine Aussicht hatten wir dort nicht. Erst in dieser Wohnung konnten wir erleben, wie schön es ist, eine sagenhafte kilometerweite Aussicht zu haben, die Wald, Wiesen und Natur pur bot. Zur Aussicht gehörte auch die Sicht auf den Killesberg, und den Umriss des Bismarckturms in der Ferne. Es war fantastisch und wird sicherlich auch zum hohen Preis der Wohnung beigetragen haben.

Nach wenigen Tagen in unserer neuen Wohnung verabschiedeten wir uns auch schon von Sue, denn sie musste nach Kanada zum Studium zurück und Carin und ich wieder in unser Internat. Unser Vater musste im selben Monat seine neue Arbeitsstelle als Verkaufsleiter bei Bosch in Karlsruhe antreten, als „Leiter des Vertriebs für Afrika, Asien und Lateinamerika im Geschäftsbereich KH". KH war die Abkürzung für Kraftfahrzeughandel, dem größten Geschäftsbereich von Bosch. Für seinen Aufgabenbereich wurden ihm Vollmacht und Prokura der Firma erteilt. Er war direkt KH/GL, dem Geschäftsleiter, oder, wie wir Kinder sagten, dem „Chef" von KH unterstellt. Es schien so, als hätte unser Vater einen größeren Verantwortungsbereich bekommen und sei befördert worden. Möglicherweise hatte die Firma keinen geeigneteren Kandidaten hierfür finden können, schließlich hatte unser Vater jahrelange Vertriebserfahrung auch in Südamerika vorzuweisen.

Obwohl er nun in Stuttgart eine Wohnung hatte, arbeitete unser Vater in Karlsruhe, fast eine Stunde Autofahrt westlich von Stuttgart. Dort war damals ein neues Vertriebszentrum für das Handelsgeschäft mit Kraftfahrzeugausrüstungen in Betrieb genommen worden. Hierbei handelte es sich um ein großes, hellgrünes Gebäude, welches von der Autobahn A5 von Karlsruhe nach Heidelberg auf der Höhe von Durlach nicht zu übersehen und mit dem großen roten Firmennamen „BOSCH" gekennzeichnet war. Wir spotteten wieder mal über unseren Vater. So sagten wir zu ihm: „Gut gemacht, Dad, ein Büro mit Aussicht auf die Autobahn!" Er musste sich schon einiges von uns gefallen lassen und in diesem Fall nutzte es wenig, dass er uns erklärte, dieses Lagerhaus sei eines der modernsten in ganz Europa und liefere Produkte in fast die ganze Welt. Seine Begeisterung konnten wir einfach nicht teilen, zu tief saß bei uns noch das Gefühl, unsere Heimat verloren zu haben für diese Beförderung. Er schien es inzwischen ein bisschen zu verstehen und versuchte uns vielleicht deshalb die Bedeutung der Aufgabe nahe zu

241

bringen, aber alle Versuche waren vergebens. Vielleicht hatte er tatsächlich ein Lob verdient, aber das hatten wir mit Sicherheit nicht für ihn parat. Stattdessen fragten wir ihn noch scherzhaft, ob er nun, da er in einer „Lagerhalle" arbeiten würde, zum Gabelstaplerfahrer „befördert" worden sei. Manchmal schien er an uns fast zu verzweifeln. Die Situation war für uns alle schwierig. Er bekam von seinen Kindern keine Anerkennung. Stattdessen kritisierten wir ihn bei so ziemlich jeder Gelegenheit. Das hatte es zur Lebenszeit unserer Mutter nicht gegeben. Sie hatte uns beigebracht, die Leistungen unseres Vaters zu respektieren. Aber die seelischen Wunden bei Carin und mir waren noch frisch und tief und so bereitete es uns geradezu Spaß, unserem Vater auch Schmerzen zuzufügen.

Zurück im Internat ging für mich der Kreislauf Schule, Nachhilfe, Lernen, Schule, Nachhilfe, Lernen wieder los. Ich war wieder in meinem Gefängnis und wieder zum Lernen verdonnert. Heidi, Carin und ich trösteten uns damit, dass wir die Tage bis zu den nächsten Ferien zählten. Außerdem hatten wir, dank Heidi, ein eigentlich sehr schönes Weihnachtlied ziemlich unfein verunstaltet. Bei unseren abendlichen Spaziergängen im Park sangen wir ein Lied mit folgenden Text: „Hark the Harold's angels shout: XX more days till we are out, XX more days till we are free, from this penitentiary". (Hör' die Engel rufen, XX Tage bis wir raus sind, XX Tage bis wir frei sind von diesem Gefängnis.)

Sehr zu meiner Überraschung bot sich mir aber tatsächlich eine Abwechslung an. Es war mein Glück, dass die Tanzschule anfing. Wie man uns erklärte, sei es in Deutschland üblich, dass Mädchen und Jungs mit etwa 15 Jahren die Tanzschule besuchten, um dort Standardtänze zu lernen. Ich verstand die Worte „Tanzen und Jungs" und war somit begeistert. Die Tanzschule sollte einmal in der Woche stattfinden und wir Mädels vom Thadden-Internat durften dorthin, sofern unsere Eltern zustimmten. Mir wurde aber auch versichert, dass dies eine seriöse Angelegenheit sei, der Standardtanz gehöre zur Allgemeinbildung „höherer Töchter". Na fein, endlich mal etwas Interessanteres, dachte ich mir. Genehmigung eingeholt ging es schon los. Mit dem Bus fuhren wir alle zusammen in die Stadt zu unserem Unterricht. Mir gefiel die Möglichkeit, einmal in der Woche aus dem Internat heraus und mich auch noch offiziell mit Jungs treffen zu können. Das Tanzen machte mir auf Anhieb Spaß und so ging ich auch samstags zum Üben in die Tanzschule. Nach zwei Monaten war der Kurs vorbei, bei dem wir in der Tanzschule Nuzinger gelernt hatten, Walzer, Foxtrott, Cha Cha Cha und Rumba zu tanzen.

Ende März fand unser Abschiedsball statt. Ein großer, schlanker und attraktiver Junge namens Bernd lud mich ein, ihn zum Abschlussball zu begleiten.

Ich war begeistert, dass mich so ein netter, charmanter Junge gefragt hatte. Carin hatte weniger Glück und musste mit einem der übrig Gebliebenen dorthin. Unser Abschlussball fand im Königsaal des Heidelberger Schlosses statt. Es wurde festliche Abendkleidung vorgeschrieben, aber leider mussten wir unsere langen Abendröcke für diese festliche Angelegenheit selbst nähen. Unser Vater meinte, wir hätten gelernt zu nähen, also sollten wir das auch tun. Uns passte es beiden nicht und sicherlich hätten wir uns besser und attraktiver gefühlt, hätten wir etwas Modisches zum Anziehen in der Stadt kaufen können. Aber so war unser Vater, eben eigenwillig und streng. Das Ambiente im Königsaal von Schloss Heidelberg war umwerfend. Man konnte sich kaum auf das Tanzen konzentrieren, denn der historische Saal war überwältigend groß und schön. Was wir da erlebten, war möglicherweise etwas, wovon die vielen Heidelberg-Touristen aus Nordamerika oder Asien nur träumen konnten: An einen Ball im Heidelberger Schloss teilzuhaben. So hatte unser Heidelberg-Aufenthalt doch durchaus einen Höhepunkt mit Stil und Klasse. Mir gefiel der Tanzunterricht und so meldete ich mich für den Fortgeschrittenen-Kurs an. Meine Schwester hingegen hasste das Ganze und machte nur den Anfänger-Kurs. Sie hätte zum einen lieber Geräteturnen gemacht und fand zum anderen die deutschen Jungs ziemlich uninteressant.

Schön war für uns, dass wir nun wieder ein Zuhause hatten. Auch wir konnten jetzt an jedem zweiten Wochenende unser „Heimfahrwochenende" wahrnehmen. Wir fuhren Freitagnachmittags mit dem Zug von Heidelberg nach Stuttgart. Zurück ins Internat fuhr uns sonntags meistens unser Vater mit dem Auto. An diesen Wochenenden hatten wir aber leider nicht viele Möglichkeiten, etwas zu unternehmen, da wir keine Freunde in Stuttgart hatten, mit denen wir uns hätten treffen können. Schließlich gingen wir in Heidelberg zur Schule, wie sollten wir da Leute in Stuttgart kennen lernen? Einmal hatten wir Abwechslung dadurch, dass Amelie zu Besuch kam. Inzwischen war abzusehen, dass für unseren Vater eine Beziehung zu der Frau aus Hamburg, die wir im Urlaub kennen gelernt hatten, aufgrund der Entfernung nicht zustande kommen würde. Ich fand es schade, denn ich mochte sie und auch ihre Kinder. Nun war Amelie wieder da, die wir inzwischen mehr schätzten, denn immerhin brachte sie nach wie vor unseren Vater zum Lachen.

Zu Ostern fuhren wir wieder zum Skifahren nach Leukerbad. Uns hatte der Ort so gut gefallen, dass wir nochmals dort hin wollten. Allerdings kam Sue dieses Mal nicht mit. Zum einen hatte sie wegen ihres Studiums keine Zeit, zum anderen meinte unser Vater, es werde allmählich teuer, uns drei Mädels hin und her fliegen zu lassen. Das mit dem „teuer" konnten wir zwar verstehen, aber es war nicht unser Wunsch gewesen, getrennt zu werden. Es war so gekommen, weil er unsere Familie hatte auseinanderbrechen lassen. Insofern konnte er über Kosten reden so viel er wollte, wir waren für diese Argumentation überhaupt nicht empfänglich. Meiner Meinung nach kam Familie vor Geld. Davon abgesehen waren seine Kostenprobleme nichts im Vergleich zu unserem Heimweh und Sehnsucht.

Da unser Vater vorhatte, in Leukerbad wieder eine große Wohnung zu mieten, meinte er, es wäre noch ausreichend Platz um eine weitere Person mitzunehmen. Wir sagten beide, dass wir gerne Heidi mitnehmen würden. Sie war unsere beste Freundin und zudem eine Art Ersatz-Schwester geworden. Wir konnten uns auch gut vorstellen, dass Heidi gerne mitkommen würde, denn wir wussten, dass sie gerne Ski fuhr. Zum anderen dachten wir uns, dass ihr ein bisschen Familienleben, auch wenn es eine Ersatzfamilie war, gut tun würde. Heidi war begeistert von unserem Vorschlag und sagte gleich zu. Wir hatten auch keine Probleme damit, eine Genehmigung seitens des Internats oder ihrer Eltern zu bekommen, was mich im Nachhinein in Anbetracht manch im Urlaub verbrachter wilder Nächte ein bisschen wundert!

In Leukerbad angekommen, erlebten wir gleich am ersten Skitag, dass in Heidi nicht nur eine echte Kanadierin, sondern auch eine echt gute Skifahrerin steckte. Im Gegensatz zu uns war sie schon ihr ganzes Leben lang auf Brettern gestanden. Sie konnte sogar mit den einheimischen Schweizern mithalten und Carin und ich konnten ihr nur staunend hinterher schauen. Sie fuhr nicht nur davon, sondern machte sich die Mühe, uns etwas zu unterrichten, aber üben mussten wir trotzdem alleine. Tagsüber trennten sich nach unserem Unterricht unsere Wege. Ihre Wege führten über die sehr schwierigen schwarzen Pisten, unsere noch über die blauen Anfänger-Pisten. Dafür verlegten wir aber unsere gemeinsame Zeit auf das Essen und auf das Ausgehen am Abend. Anders als die Abende mit Sue verbrachten wir unsere Zeit nicht in den Kneipen. Wir hatten eine kleine Disco im Ort entdeckt, die fortan unser Stammlokal wurde. Abend für Abend gingen wir dorthin und tanzten zu Disco-Ohrwürmern, vor allem von Boney-M. Zur Musik musste Heidi stets lachen und meinte immer wieder, solche Musik würde in Montreal eher nicht in den Discos gespielt. Das Erstaunliche war, dass wir tatsächlich den ganzen Tag lang auf den Brettern standen und nachts noch die Energie hatten in der Disco zu tanzen. Vielleicht hatten wir unsere Ausdauer dem Mittagsschlaf im Internat zu verdanken?

Heidi hatte nach kurzer Zeit einen Verehrer gefunden, der ausgerechnet aus Kanada kam, was einmal kurz zu einem ermahnenden Wort unseres Vaters führte. Er meinte Heidi gegenüber, dass er von ihr erwarte, sich so zu verhalten, wie es auch ihre Eltern von ihr verlangen würden. Sie sagte, das würde sie tun, und somit war das Thema erledigt. Ansonsten hatten wir alle eigentlich nur Spaß.

Nach zwei Wochen ernsthaftem Sport und viel Tanzen mussten wir unser paradiesisches Leben aufgeben und zurück nach Heidelberg in unser Internat. Keiner von uns freute sich darauf, wieder zurück in die „Anstalt" zu gehen, aber wir konnten es nicht ändern. Wir fingen noch am Abend unserer Rückkehr ins Internat an mit unserem Lied: „Hark, the Harold Angels shout..." und zählten wieder die Tage bis zur nächsten „Freilassung".

In der Schule hatte ich nach wie vor wenig Erfolg, bis auf ein für mich sehr wichtiges Ereignis. Meine Deutsch-Nachhilfelehrerin Frau Dr. Rech und ich hatten es bis zum Frühjahr tatsächlich geschafft, mit meinen Deutschkenntnissen auf das Niveau der 9. Klasse zu kommen! Ich sollte jetzt mit den anderen Schülerinnen am regulären Deutschunterricht teilnehmen. Wir hatten das Buch, „Unterm Rad" von Herman Hesse zu lesen. Damit tat ich mich zwar ziemlich schwer, war aber willens, an der Klassenarbeit darüber teilzunehmen. Das Resultat war, dass ich, sehr zum Erstaunen aller, die Arbeit bestand und das mit einer durchschnittlichen Note! Ich konnte es kaum fassen. Das Schönste war, dass sich meine Klassenkameradinnen mit mir über meinen Erfolg freuten und auch noch applaudierten! Es schien für mich doch noch Hoffnung zu geben.

Kandidatin Nummer drei

Hoffnung gab es auch, was unseren Vater anbetraf. Er brachte an einem Wochenende im Frühjahr eine neue Frau mit nach Heidelberg. Sie hieß Waltraut und kam aus Stuttgart. Sie hatte keine eigenen Kinder, war aber Lehrerin. Mein Vater meinte, vielleicht würde sie mit uns gut auskommen, da sie beruflich mit Jugendlichen zu tun hatte. Sie war lediglich 10 Jahre jünger als unser Vater und somit aus meiner Sicht im Altersunterschied vertretbar. Aber eine Lehrerin? War das jetzt eine gute oder eine schlechte Nachricht? Was an dieser Frau um einiges besser war als bei ihren Vorgängerinnen waren ihre Sprachkenntnisse. Waltraut sprach, verstand und unterrichtete Französisch und Englisch und konnte uns somit auch verstehen, wenn wir Englisch sprachen, was zuhause immer der Fall war. Sie war schlank und eine aparte, attraktive Frau, nicht angepasst, sondern mit einem eigenwilligen Modegeschmack. Sie gefiel mir irgendwie schon. Sie wohnte nicht so weit weg wie die Hamburgerin, war nicht so klein und nicht so jung wie Amelie. Sie schien den Anforderungen unseres Vaters und auch den unsrigen besser zu entsprechen. Sehr beeindruckend an ihr war, dass sie Akademikerin und auch sehr kultiviert war. Sie war schon auf vielen Reisen gewesen, hatte auch in den USA gearbeitet und hatte sogar eine in Kalifornien lebende Schwester, die sie regelmäßig besuchte. Sie war also somit auch vertraut mit dem Leben oder Lebensstil in Nordamerika, was alles für uns einfacher machte. Eines aber hatte sie, womit weder Carin noch ich zu recht kamen, und das war ihr Name. Der war so sehr deutsch, dass wir ihn schlecht aussprechen konnten und er uns ein bisschen in den Ohren schmerzte. Zudem hatten wir bei „Wal-traut" die Assoziation „wall trout", also: Wand Hecht", was weder weiblich noch schmeichelhaft war. Waltraut war durch ihren Beruf stresserprobt, was Jugendliche anging, und konnte daher gelassen reagieren, als wir unser Anliegen bezüglich ihres Namens mit ihr besprachen. Sie hatte Verständnis für unsere Sprachschwierigkeiten, und wir einigten uns darauf sie „Wally" zu nennen. Auch sie konnte gut lachen, obwohl sie eher zurückhaltender war als ihre Vorgängerinnen. Ihre vornehme Zurückhaltung hatte möglicherweise etwas damit zu tun, dass ihr Vater einst in hoher Position in einem Industrieunternehmen tätig war und sie aus einem strengen Elternhaus kam. Sie war den Umgang mit beruflich erfolgreichen Männern von zu Hause aus gewohnt, was sie geradezu dazu prädestinierte, mit unserem Vater auszukommen, denn sie würde sich auch nicht davon einschüchtern lassen. Sie verstand sogar die zum Teil ziemlich schwierigen Witze meines Vaters! Kandidatin Nummer drei hatte ernsthafte Chancen.

Im Sport war ich nach wie vor „sehr gut" und hatte sogar bei den Bundesjugendspielen eine Ehrenurkunde für „hervorragende Leistungen" bekommen. Diese trug die aufgedruckte Unterschrift des Bundespräsidenten Walter Scheel. Auch nicht schlecht, dachte ich mir. Wenige Wochen später erhielt ich eine Siegerurkunde für die erfolgreiche Teilnahme an den Bundesjugendspielen, dieses Mal unterschrieben vom Minister für Kultus und Sport des Landes Baden-Württemberg, Roman Herzog. Im selben Monat bekam ich, nachdem ich meinen Fortgeschrittenen-Kurs in der Tanzschule erfolgreich absolviert hatte, meine Urkunde für das Deutsche Tanzabzeichen in Bronze, verliehen vom Allgemeinen Deutschen Tanzlehrer-Verband E.V., abgekürzt ADTV, Mitglied im „International Council of Ballroom Dancing", von der Tanzschule Nuzinger. Auf meine sportlichen Leistungen konnte ich wahrlich stolz sein. Meine sportlichen Aktivitäten machten mir enorm viel Spaß und ich brauchte sie unbedingt als Ausgleich zu meinem Lerndruck.

Ein halbes Jahr nach der Rückkehr meines Vaters aus dem Ausland und seinem Dienst für Bosch im Inland änderte sich für ihn sein Titel und etwas seine

Aufgabe. Ab Juli 1979 hatte er seinen Arbeitsplatz auf der Schillerhöhe in Stuttgart, dem Hauptsitz der Firma. Konkret bedeutete dies, dass er nun Verkaufsleiter des Geschäftsbereich KH war, zuständig für den Verkauf Übersee, ohne Nordamerika, Australien und Ozeanien. Mein Vater hatte sich der Firma gegenüber wohl darüber beschwert, dass er sich eine Wohnung in Stuttgart gekauft hatte, dann aber eine Stelle in Karlsruhe bekam. Es gefiel ihm weder, jeden Tag hin und her fahren zu müssen, noch einem Vorgesetzten berichten zu müssen, was er nicht mehr gewohnt war. Nach längeren Verhandlungen hatte man bei Bosch wohl eingesehen, dass die Sache nicht günstig gelaufen war und man ihn tatsächlich zu lange im Dunkeln hatte tappen lassen, was zum Kauf der Wohnung an einem Ort und der Arbeitsstelle an einem anderen geführt hatte. Der Arbeitsplatzwechsel von Karlsruhe zur Schillerhöhe in Stuttgart war also ein Entgegenkommen der Firma.

Was uns Kinder anbetraf, planten wir, nach unserem Jahr im Internat mit unserem Vater zusammen in Stuttgart zu leben. Sollte er weiterhin täglich nach Karlsruhe pendeln, so wäre er morgens sehr früh weg und käme abends sehr spät zurück. Ohne diese Versetzung hätte er nicht zugestimmt, dass wir das Internat verlassen durften, um nach Stuttgart zu ihm zu ziehen.

Als das Schuljahr zu Ende ging, hatte Carin die 11. Klasse erfolgreich abgeschlossen. Mein Erfolg blieb aus und ich sollte die 9. Klasse wiederholen, was für mich ein schwerer Schlag war. Nie zuvor gehörte ich zu den „Versagern", aber nun fühlte ich mich wie einer. Was für mich bislang selbstverständlich war, nämlich das Schuljahr einigermaßen gut abzuschließen, war auf einmal nicht mehr möglich. Dazu kam -wie konnte es anders sein- der Vergleich mit meiner Schwester, die das Schuljahr trotz ähnlicher Sprachprobleme geschafft hatte. Sie hatte aber mir gegenüber einen klaren Vorteil dadurch, dass sie die erste und zweite Klasse in Deutschland besucht und das Lesen und Schreiben hier gelernt hatte. Aber diesen Vorteil wollte keiner mit in Betracht ziehen. Mein Vater konnte es einfach nicht lassen, mich jahrein, jahraus mit meiner Schwester zu vergleichen. Das förderte nicht gerade mein Selbstbewusstsein und zudem auch nicht die Gefühle für meine Schwester. Aber selbst sie, das Sprachtalent, die frühere ewige Einser-Schülerin, hatte in diesem Schuljahr Schwierigkeiten gehabt, ihre Ziele zu erreichen. Meine Schwester, das „Superhirn" hatte trotz sprachlichen Vorsprungs und angeborener Begabungen auch nur einen Vierer-Durchschnitt geschafft. Das gab meinem Vater aber nicht sonderlich zu denken. Eigentlich hatte ich einen schlechten Vierer-Durchschnitt, also war ich wie immer eine Note schlechter als sie, aber mein Deutsch war insgesamt noch so schlecht, dass man mich schlichtweg nicht versetzen konnte.

In meinem Schulzeugnis hatte ich lediglich in Englisch und in Sport die Noten „gut", aber ich war mit beiden Noten nicht zufrieden. Wie konnte man jemandem, der Englisch fließend spricht und schreibt, die Note „sehr gut" verweigern? Dies wurde damit begründet, dass ich nicht gut genug ins Deutsche übersetzen konnte. Ja, was jetzt? Hatten die von der Schule mir mit diesem Kommentar nicht schon bestätigt, dass ich eben doch English konnte!? Das eigentliche Problem aber lag darin, dass ich nicht ausreichend Deutsch konnte. Wurde ich mit meinem „mangelhaft" in Deutsch, Französisch und Chemie nicht schon dadurch ausreichend bestraft, nicht gut genug Deutsch zu können? Hatte ich nicht in Kanada bereits vier Jahre Französisch-Unterricht gehabt und somit zwei Jahre mehr Unterricht als meine Klassenkameradinnen? War es nicht naheliegend, dass ich einen Wissensvorsprung hatte? Musste ich denn ausgerechnet in einem meiner Lieblingsfächer, Französisch, auch eine doppelte Bestrafung über mich ergehen lassen? Es schien einiges meinem Gefühl und meinen Erwartungen nach unfair abgelaufen zu sein. Diese schlechten Bewertungen haben mir den Mut genommen, weiter zu machen, und die Hoffnung gebrochen, jemals ausreichende Leistung bringen zu können. Es war für mich ein moralischer Tiefschlag. Wie konnte ich in Sport nur „gut" sein und nicht „sehr gut". Was war an alle dem was ich machte unsportlich? Konnte ich denn wirklich nur „gut" im Sportunterricht in der Schule sein? Nein, es lag natürlich wieder an der mündlichen Leistung im theoretischen Teil des Sportunterrichts, wie mir erklärt wurde.

Mir kam es eher so vor, als mochte man mich nicht und als machte es dieser starren Schule geradezu Freude, einen Menschen, der viel geleistet hatte, schlecht zu bewerten. Meine 5 in Chemie nahm ich ehrlich entgegen. Chemie als Fach ging vom Inhalt her völlig an mir vorbei. Dieser Unterricht wäre möglicherweise auch auf Englisch an mir vorbei gegangen. In Physik und in Mathematik wurde ich mit ausreichend bewertet. In diesen zwei Fächern hatte ich wirklich Schwierigkeiten, den Inhalt sprachlich zu verstehen. Physik zog auch etwas an mir vorbei, ähnlich wie Chemie. Aber in Mathematik war ich immer eine sehr gute Schülerin gewesen. Warum sollte ich die Logik der Mathematik auf einmal nicht mehr beherrschen? War ich denn wirklich so schlecht, dass ich sogar in Religionslehre, Erdkunde, Musik und in Kunst nur mit „befriedigend" bewertet werden konnte? Hatte ich denn nicht in diesen Fächern durch unseren Lebensstil ein ziemliches Wissen? War ich denn nicht zu Bibelunterricht gegangen und zu christlichen Freizeitveranstaltungen? Kam ich denn nicht aus einer kosmopolitischen Familie, in der von uns Kindern erwartet wurde, die Namen vieler Länder der Welt und ihre Hauptstädte aufsagen zu können und sie auch noch auf der Weltkugel zu finden? Hatte ich nicht ein ausgesprochenes Faible für Kunst, das ich von meiner Mutter geerbt hatte? Hatten wir nicht schon einige berühmte Museen und Kunstgalerien besucht und konnte ich nicht schon verschiedene klassische und moderne Künstler identifizieren? Was war hier los? Waren wir einem Schulsystem begegnet, das sich stärker fühlte, indem es systematisch die Kenntnisse und Leistungen von „ausländischen" Schülern schlecht machte? Wurden nur kleine Einheiten von spezifischem Wissen abgefragt, die man entweder auswendig gelernt hatte oder nicht, und wenn man die korrekte Antwort nicht gab, durchfiel? Vielleicht ja, denn hier wurde der Lernerfolg gemessen. Wenn man aber sprachliche Schwierigkeiten hat, kann man eben nicht so viel Erfolg im Lernen nachweisen, wie in seiner Muttersprache. Einleuchtend und logisch. Das hätte auch unserem Vater klar sein müssen, denn er war doch in diesem Land aufgewachsen. Also war von vornherein unser schulischer Erfolg geopfert worden für seinen beruflichen Erfolg. Mein English war ohne Zweifel besser als das meiner Englischlehrerin und meiner Schulkameradinnen. Wie konnte sie mich lediglich mit „gut" bewerten? War ich in deren Augen, weil ich nicht schnell genug Deutsch gelernt hatte, eine kleine, dumme, ungebildete Ausländerin? Ich fühlte mich so eingestuft und meine Abneigung diesem Land gegenüber wurde immerzu stärker. Wie kann man junge Menschen nur so entmutigen? Ich glaube, das Problem lag nicht an der Schule selbst, sondern am deutschen Schulsystem. Es fragte nur gewisse Elemente ab, deren korrekte Beantwortung zum Erfolg führte. Anders gesagt: Die würden nicht mal ein Genie erkennen, weil sie nicht in der Lage sind, seine Kenntnisse zu Fähigkeiten wahrzunehmen, wenn es eine andere Sprache zur Muttersprache hat. Könnte das Genie auf Deutsch lediglich bis 20 zählen, würde ihnen mit diesem System vollkommen entgehen, dass es bis 1000 zählen kann. Du armes Deutschland!

Nun musste ich akzeptieren, dass ich es nicht gemeistert hatte, wie meine Schwester, den Leistungsanforderungen nachzukommen. Aber was waren denn in Wirklichkeit diese Leistungsanforderungen gewesen? Doch nicht etwa bloß die der Schule! Sah denn keiner das Gesamtbild? Unser Vater war ziemlich enttäuscht von mir und meinen Ergebnissen und er betonte, dass er für jede einzelne Nachhilfestunde seit Januar selbst bezahle. Nicht nur das, sondern das zweite halbe Jahr im Internat musste er selbst bezahlen, also etwa 10.000 DM und dafür hatte er ein besseres Ergebnis von uns erwartet. Aber was interessierten mich die Kosten meines Vater und seines Arbeitgebers, um aus uns kleine Deutsche zu machen? Wir wollten das nicht und wir wollten auch nicht auf Dauer hier sein oder bleiben! Wäre unsere Familie in Kanada geblieben, so hätten wir im Sommer nicht nach

Deutschland fliegen müssen und Bosch hätte sich diese Flüge sparen können. Mein Vater hätte unsere zwei Flüge in den Herbstferien und den Flug von Sue zu Weihnachten sparen können. Drei Überseeflüge in einem halben Jahr, die er für uns bezahlte, aber nicht weil wir es wollten, sondern weil **er** es wollte. Also war es doch sein Problem! Für das Geld hätte er vermutlich für diese Zeit eine Haushaltshilfe einstellen können und alles beim alten belassen, ob mit Bosch oder ohne. Und mit dem gerade geerbten Geld seines Vaters hätte er ein schönes Finanzpolster gehabt, um sich in Kanada beruflich neu zu orientieren, vielleicht sogar selbständig zu machen. Nun waren alle Herren damit belastet, für uns Geld auszugeben, anscheinend ohne dabei überlegt zu haben, ob meine Schwester und ich es überhaupt emotional verkraften würden, unsere Heimat aufzugeben und von unserer Schwester getrennt zu sein, so kurz nach dem Tod unserer Mutter. Ich habe es auf jeden Fall nicht verkraftet und sollte gleichzeitig Höchstleistung erbringen? Lachhaft! Gab es denn damals keine Psychologen weit und breit, bei denen sich diese Herren vorher hätten beraten lassen können?

Es ist gerecht zu fragen, ob Eltern grundsätzlich die Wünsche der Kinder erfüllen müssen, ohne Rücksicht auf die eigenen Wünsche zu nehmen. Wenn die seelische Gesundheit der Kinder leiden wird, dann wohl schon. Schließlich haben Eltern doch eine Sorgepflicht ihren Kindern gegenüber. Ja, als Elternteil muss man regelmäßig seine Wünsche zurückstecken. Das bezeichne ich als verantwortungsvolles Handeln. Das bedeutet aber nicht, dass sie das ewig machen müssen, aber zeitweise schon.

Klar stand für Carin und mich nun fest, dass wir aus diesem Internat weg wollten. Allerdings war das Ziel für Carin vom ersten Tag an gewesen - „raus!". Nun aber, in Anbetracht der Tatsache, dass ich ziemlich schlecht in der Schule geworden war, empfahl das Internat unserem Vater, dass ich auf dem Internat bleiben sollte. Sie meinten, ich brauchte besonders starke Kontrolle, bzw. einen strukturierten Rahmen, um den Alltag zu meistern. Sie meinten auch, ich sei mit meinen gerade 15 Jahren noch zu jung, um mit nach Stuttgart zu ziehen, so wie wir es vorhatten. Carin wurde bestätigt, mit ihren 17 Jahren reif genug zu sein, um das Internat verlassen zu können und sich weitestgehend um sich selbst zu kümmern. Im Internat wusste man, dass unser Vater alleinerziehend, und nach wie vor sehr karriereorientiert war. Er war nicht die Sorte von Mann, die mit der Karriere zurückstecken würde, um sich mehr Zeit für seine Kinder zu nehmen. Also ging das Internat zu Recht davon aus, dass wir unseren Alltag selbst gestalten müssten. Ich hatte schon etwas Angst davor, dass dem auch tatsächlich so sein würde, war mir aber sicher, Carin und ich würden das alles schon schaffen. Aber meine ehrlichen Bedenken den neuen Herausforderungen gegenüber hätte ich niemals zugegeben. Ich hatte nicht die geringste Absicht, ohne meine Schwester alleine im Internat zurückzubleiben. Mir war klar, dass ich von ihr nicht getrennt werden wollte. Zudem brauchte ich wieder dringend ein normales Familienleben, um mich zu sammeln, auch wenn unsere Familie nur noch aus drei Personen bestand. Meine seelischen Wunden sollten in Ruhe zuhause heilen. Ich hatte schon zu viele Nächte im Internat wach gelegen, ohne Zuwendung oder Trost. Ich fand, mein Wunsch, wieder in den eigenen vier Wänden zu schlafen, war absolut berechtigt.

Nichts wie weg

Das letzte Schuljahr hatte bereits im August angefangen und ging bis Ende Juli. Das heißt, wir hatten ein Schuljahr von 11 Monaten, anstatt wie in Kanada, nur 10 Monate, gefolgt von zwei Monaten Sommerferien. Wir hatten alle definitiv genug von dem Schuljahr. Heidi, Carin und ich waren überglücklich, als es endlich so weit war und der letzte Schultag gekommen war. Mit vollgepackten Koffern und Kartons waren wir bereit nach Stuttgart zu ziehen. Aber das Ende des Schuljahres bedeutete auch, dass wir uns von unserer lieben Heidi verabschieden mussten, was mit dicken Tränen und trotzdem noch in gewohnter Manier mit viel Lachen geschah. Heidi kehrte nach der 12. Klasse zurück nach Kanada, wo sie zur Universität gehen würde. Wir würden sie schrecklich vermissen, waren aber mächtig stolz, dass nun auch diese Schwester es bis zur Uni geschafft hatte.

Nach einem Jahr Internat war Carin entschlossen, nie wieder einen Fuß in ein Internat zu setzen. Sie hatte nicht vor, nach dem Sommer, mit 17 Jahren, sich noch irgendetwas von irgendeiner Erzieherin sagen zu lassen. Sie suchte sich eine ganz normale staatliche Schule in Stuttgart und war fest entschlossen, ein ganz normales Leben zu führen. Ich war entschlossen, meiner Schwester zu folgen, egal wohin. Unser Vater lebte und arbeitete jetzt auch in Stuttgart und so stellte ich mir vor, wieder so etwas Ähnliches wie ein Familienleben dort anzutreffen. Entgegen dem Rat der Internatsleiterin habe auch ich mich vom Internat abmelden lassen. Sie schrieb aber an meinen Vater, dass zwar Carin den Eindruck mache, gut zu Recht zu kommen, ich aber ganz und gar nicht, ich sei zu kindlich und noch zu unselbständig. Dazu kamen meine sprachlichen und meine schulischen Schwierigkeiten. Wir nahmen es zur Kenntnis, hörten aber nicht auf die berechtigterweise aufgeführten Zweifel an einem erfolgreichen Gelingen in Stuttgart. Mein ganzes Leben lang war ich der Familie bei allen Umzügen gefolgt und hatte nun nicht vor, alleine in Heidelberg zurück zu bleiben. Auch für mich galt, "nichts wie weg" aus dem Internat. So meldete unser Vater uns beide vom Internat ab trotz größter Bedenken aller Beteiligten, was mich betraf.

Wie im Vorjahr, mussten wir jetzt wieder schnell eine neue Schule für uns finden. Ungeschickterweise gab es in Botnang kein Gymnasium; die weiterführenden Schulen waren in der Innenstadt. Leider hatte unser Vater das mit der Schule beim Kauf der Wohnung nicht bedacht. Allerdings war es tatsächlich so, dass alle Gymnasium-Kinder aus Botnang täglich nach Stuttgart pendelten. Da unser Vater arbeitete, würde er morgens nicht die Zeit haben, uns zur Schule zu bringen und nachmittags uns auch nicht abholen können. Daher blieb uns nur, eine Schule zu finden, die wir relativ schnell und praktisch mit öffentlichen Verkehrsmitteln erreichen konnten. Es stellten sich uns konkret zwei staatliche Schulen zur Wahl, die einander gegenüber lagen. Die eine war früher eine Mädchen-Schule gewesen, die andere eine Jungen-Schule, aber beide waren inzwischen gemischt. Wally, die inzwischen die feste Freundin unseres Vaters war, war der Überzeugung, dass wir nicht die richtigen Entscheidungen trafen. Sie meinte, ich sollte unbedingt auf eine Waldorf-Schule gehen, da dort die Schüler eher ganzheitlich gebildet bzw. gefördert werden. Sie war davon überzeugt, dass mir diese Art von Schule und Unterricht eher liegen würde, zudem wäre dort die starke Betonung auf Noten nicht gegeben. Die Idee fand ich sehr interessant und wollte unbedingt der Sache nachgehen. Mein Vater aber lehnte die Waldorf Schule kategorisch ab und sagte: „Keine meiner Töchter geht auf eine Doofi-Schule." Was er damit meine, fragte ich ihn. Er antwortete, dort würden „Schöngeister" ausgebildet, was er nicht im positiven Sinne meinte. Es sei seiner Meinung nach eine Schule für Kinder, die zu doof für die regulären Schulen wären und dazu würden wir nicht zählen. Na ja, ich konnte das nicht sachlich beurteilen, aber Wally war doch Lehrerin und konnte das doch. Aber unser Vater hörte nicht auf sie, er würgte sie mit ihrer professionellen Beurteilung der Sachlage regelrecht ab. Logisches Denken sagte mir, dass sie doch eher eine Ahnung von Schulen hatte. Zudem spürte ich, dass er sie mit der Abwertung ihres Vorschlags ihrer Gefühle verletzt hatte, was ich nicht in Ordnung fand. So entschloss ich mich, der Sache selbst nachzugehen. Wie sich aber herausstellte, war die Waldorf-Schule am Kräherwald zwar Luftlinie vielleicht einen Kilometer von uns entfernt. Aber sie lag auf dem Killesberg, der von uns aus nur direkt zu Fuß durch den Wald zu erreichen gewesen wäre. Auf Spaziergänge alleine durch einen dunklen Wald hatte ich gar keine Lust. Die Verbindung mit öffentlichen Verkehrsmitteln führte durch Botnang, dann den Botnanger-Sattel hinauf, wieder hinunter in die Stadt, wo es dann irgendwo mit dem Bus den Berg an einer anderen Stelle wieder hinaufging.

252

Die Verbindung war so ausgesprochen ungünstig, dass ich damit hätte rechen müssen, möglicherweise eine Stunde pro Richtung am Tag unterwegs zu sein. Da die Schulen bereits vor 8:00 Uhr begannen, hätte ich vor 7:00 Uhr losfahren müssen und vielleicht eine Stunde früher aufstehen, um mich fertig zu machen. Da ich aber bestimmt keine Frühaufsteherin war, schien mir das Ganze doch recht unrealistisch zu sein. Mein Bio-Rhythmus hatte sich auch nach einem Jahr nicht an den deutschen Früh-Aufsteh-Wahn angepasst. Innerlich begann bei mir der Tag immer noch erst kurz vor 8 Uhr. Schon das frühe Aufstehen im Thadden um 6:30 war mir zu früh gewesen, aber noch früher hätte ich niemals geschafft! Und schon dachte ich mir insgeheim, dass ich vielleicht doch auf meinem Internat hätte bleiben sollen. Sehr zu meinem eigenen Bedauern hatte ich mich gegen die Waldorf-Schule entscheiden müssen. Im Nachhinein gesehen war diese Entscheidung zu diesem Zeitpunkt möglicherweise der größte Fehler, den wir gemacht haben.

Vielleicht war ich aber einfach ein „Doofi", und wir sollten das akzeptieren, mich Doofi-gerecht ausbilden zu lassen. Vielleicht war ich aber auch kein Doofi, sondern durch die Umstände der letzten zwei Jahre etwas überlastet und dadurch blockiert. Hatte ich nicht so oder so einen Anrecht darauf, entsprechend den Tatsachen behandelt zu werden, ganz gleich der Ursache? In der Welt meines Vaters gab es aber keine doofen Töchter und auch keine überforderten, sondern nur brillante. Es gab auch in seinen Augen keine zu hohen Ansprüche seinerseits an uns. Wir hatten alle Umzüge von und in irgendwelche Länder mitgemacht, die Sprachen, Schulen und Schulsysteme gewechselt. Warum um Himmels Willen sollte irgendetwas dieses Mal anders sein? Warum sollte das dritte von seinen Kindern den Umzug nicht bravourös meistern? Das hatten wir doch immerhin schon oft erlebt und sozusagen gelernt. Vielleicht hatte mein Vater Recht in seinen sehr hohen Anforderungen und Erwartungen an uns, die zumindest nach außen hin funktionierten. Er stellte die Rahmenbedingungen her und wir mussten parieren. So war es bislang, so hatte es immer funktioniert. Aber hatte mein Vater nicht eine Kleinigkeit übersehen? Hatte er nicht verstanden, dass er die Ansprüche immer gestellt hatte, aber dass es unsere Mutter war, die seine Ansprüche in die Tat umgesetzt hatte? War es nicht sie, die bereits in Südamerika mit ihrer ersten Tochter stundenlang zusammen saß und mit ihr Hausaufgaben machte? War es nicht sie, die immer und überall Wohnort, Häuser und Schulen ausgesucht hatte, und nicht mein Vater oder wir Kinder selbst? War es nicht unsere Mutter gewesen, die immer dafür sorgte, dass wir ein Umfeld hatten, in dem wir uns wohlfühlen konnten? War es nicht sie gewesen, zu der wir mit allen unseren Fragen schulischer und sonstiger Natur kommen konnten und immer eine Antwort bekamen? War es nicht sie gewesen, die der Ruhepol in unserer Familie gewesen war? Hatte mein Vater die Rolle unserer Mutter völlig unterschätzt? Ja, sicher hatte er das und nun mussten wir ohne ihre Führung weitermachen. Carin schien zu glauben, dass wir in Stuttgart problemlos ohne Mutter zurechtkommen würden. Ich hatte die Empfehlungen des Internates ignoriert. Waltraut hatte uns fachmännisch beraten, was die Schule anbetraf, aber mein Vater ignorierte ihren Rat. Wo das alles wohl hinführen würde?

Nachdem wir uns für die Schulen mit dem kürzesten Schulweg entschieden hatten, flogen Carin und ich erst mal in die Sommerferien nach Kanada. Meine Freundin Gabi von Thadden kam für drei Wochen mit. Sie war das ganze Jahr über eine gute Freundin gewesen und eine Unterstützung. So waren wir sogar zeitweise beide sehr schlecht in Mathematik und beschlossen, gemeinsam auf die nächste Prüfung zu lernen. Erstaunlicherweise hatten wir dank des gemeinsamen Lernens auch die besten Noten in der Klassenarbeit erreicht. Unser Mathelehrer hatte zwar zunächst die Vermutung gehabt, wir hätten geschummelt, aber da wir nicht nebeneinander saßen, sei das ausgeschlossen. Dieser gemeinsame Sieg und weitere Besuche meinerseits bei ihr zu Hause hatten eine enge Freundschaft bewirkt, obwohl wir ziemlich verschieden waren in unseren Charakteren. So hatte sie ein starkes politisches Interesse, während meines noch im Schlummerland lag. An ihrem 18. Geburtstag, wenige Wochen vor unserem Abflug, hatte sie sich energisch mit ihren eher links gerichteten Freunden über die mögliche Stationierung von atomaren Mittelstreckenwaffen in Deutschland unterhalten. Alle waren offensichtlich gegen diese Stationierung. Da ich von alledem keine Ahnung hatte, musste sie mir den Zusammenhang erst mal erklären. Zusammenfassend meinte ich, dass es doch gut sei, dass die Amerikaner uns die Unterstützung leisteten, uns gegenüber den Russen beschützen, oder notfalls mit ihren Mittelstreckenwaffen zu verteidigen. Das fand ich doch klasse, dass die dazu bereit waren! Sich gegen Russen zu wehren, schien mir grundsätzlich logisch zu sein. Aufgewachsen in Nordamerika dachte ich ausgesprochen antikommunistisch. Dabei kann ich nicht mal sagen, woher diese Einstellung kam, denn explizit hatten wir das in der Schule nicht gelernt. Aber alles, was nicht demokratisch war, war in meinen Augen feindlich. Und so etwa argumentierte ich. Da löste ich allgemeines Entsetzen in der nach Frieden strebenden Runde aus. Gabi musste mich gegenüber ihren Freunden verteidigen, so unterschiedlich waren wir. Nach diesem Zwischenfall einigten wir uns darauf, das Thema Politik aus unserer Freundschaft herauszuhalten. Da ich Gabi mochte, wollte ich ihr unbedingt meine Heimat zeigen. Sie wiederum wollte das alles, wovon ich ihr das ganze Schuljahr vorgeschwärmt hatte, auch mal sehen. Es würde ihre erste Reise nach Nordamerika werden, quasi zum kapitalistischen Aggressor aus Sicht manch ihrer Freunde.

Zu dieser Zeit lief des Öfteren im Radio ein Lied von „Supertramp", das „Breakfast in America" hieß. Gabi änderte den Text und machte daraus eine kanadische Version: „Take a jumbo, across the water, like to see Canada!" Dann ging ihre veränderte Version weiter mit: „See the boys in Mississauga..." Gabi freute sich riesig auf die Reise. Endlich dort angekommen, fuhr Sue mit uns zu allen obligatorischen Sehenswürdigkeiten, ähnlich wie unsere Mutter es einst mit ihr bei ihrem ersten Kanada-Besuch gemacht hatte. Ein bisschen fühlte ich mich dabei wie ein Tourist und dadurch getrübt, aber Gabi war von allem begeistert. Die großen Dimensionen waren für sie am meisten beeindruckend, sie kam aus dem Staunen kam raus. Am besten gefielen ihr die riesigen Lastwagen, die Trucks, die es in Deutschland in dieser Größe nicht gab. Der Spruch: „Keep on trucking", den es als Aufkleber oft an den Lkw's hinter drauf gab, gefiel ihr so gut, dass wir ihr den Spitznamen „Keep-on-trucking-Gabi" oder abgekürzt „Trucking-Gabi" gaben.

Wir fuhren alle zusammen mit Ed und seiner Familie einige Tage „up North", nach Lake Muskoka, zum Wochenendhaus. Hier erlebte Gabi das richtige kanadische See-Leben samt Angeln und Wasserskifahren. Der Sommer war sehr schön und es tat uns allen gut in Kanada zu sein.

Leider aber habe ich wenige von meinen Freunden antreffen können, schon wieder aus dem Grund, dass wir wieder einmal in Mississauga und nicht in Oakville wohnten. Auch das hat mich traurig gestimmt. Es war zu umständlich kurzfristig nach Oakville zu kommen und frustrierte mich sehr. Einmal aber waren wir aber in Oakville und besuchten zwei Brüder, die ursprünglich aus Bayern kamen. Im Keller ihres Hauses hingen Bayernflaggen und eine Fahne der CSU, der bayrischen Version der CDU, die politisch rechts ausgerichtet ist. Die linksgerichtete Gabi war entsetzt, diese CSU-Fahne zu sehen und meinte zu mir, ob mir klar sei, was das für Leute wären? Sicherlich habe ich mit einem „Nö" geantwortet, da mein politisches Interesse immer noch gleich null war. Ich konnte sie nur daran erinnern, dass wir Politik aus unserer Freundschaft herauslassen wollten und abgesehen davon waren wir so weit weg von Deutschland, dass deutsche Politik nun wirklich nicht das Thema sein sollte. Sie stimmte nur widerwillig zu und schon konnten wir uns wieder entspannen. Sie musste allerdings auch akzeptieren, dass ich, obwohl mir das vorher nicht bewusst war, ziemlich konservativ war und die meisten Menschen, die ich kannte, es auch waren und somit eher politisch rechts als links angesiedelt. Sie war in Kanada tatsächlich bei den Kapitalisten gelandet, hatte aber dennoch und vielleicht gerade bei Ihnen, eine Menge Spaß. Schließlich waren es auch die Kapitalisten, die in schönen

Häusern wohnten und Wochenendhäuser am See hatten, und nicht die politisch links Angesiedelten.

Meine persönliche Meinung zu den vielen linkstendierenden Menschen in Deutschland der 70er-Jahre ist, dass es modern war gegen die Etablierung zu sein. So war ich aber nicht aufgewachsen und hatte daher wenig Verständnis für diese Menschen. Zudem fand ich es ausgesprochen bequem sich links zu äußern, wenn man in einem reichen Land wohnte. Und gerade die Jugendlichen, deren Eltern Ärzte waren oder sonst zu einer höheren gesellschaftlichen Schicht gehörten und gut verdienten, machten auf mich in der Vertretung ihrer politischen Meinung einen eher lächerlichen, als ernst gemeinten Eindruck. Als Gabi mir gegenüber ihre Meinung äußerte, dass alle in Kanada ziemlich angepasst wären, womit sie sowohl modisch als auch politisch meinte, fragte ich sie, was daran so schlimm sei? Ich erklärte ihr, dass das Leben in Kanada so schön sei, dass man sich gegen das System eigentlich nicht wehren musste. Großes Rebellieren dagegen war nicht notwendig, da es doch den meisten Menschen in diesem fantastischen Land gut ging! Das war für uns beide eine interessante Feststellung. Rundum war es für uns beiden eine bereichernde Erfahrung, mein Land auch durch ihre Augen zu sehen. Schweren Herzens trennten wir uns wieder am Ende des Sommers von Sue, Ed und von Kanada.

Nach dem Sommer ging Carin in die 12. Klasse auf das Dillmann-Gymnasium und ich in die 9. Klasse auf das Friedrich-Eugens-Gymnasium. Wir mussten mit der Straßenbahn von Botnang in die Stadt hinunterfahren, was von Tür zu Tür etwa eine halbe Stunde dauerte. Ab jetzt waren wir tagsüber wirklich auf uns selbst gestellt. Bereits am ersten Tag mussten wir Straßenbahn fahren und ich war froh, dass ich überhaupt noch wusste, wie die Haltestelle hieß, an der wir aussteigen sollten. Dann trennten sich auch schon unsere Wege. Ich peilte meine Richtung an, fing an zu laufen und schon gab es direkt neben mir eine Notbremsung und ein fürchterliches Hupen. Ich war bei Rot an einer Fußgängerampel auf die Straße gelaufen. Dabei hatte ich nicht mal gemerkt, dass ich eine Straße überquerte! Das war für mich kein guter Anfang. Ein sehr nettes Mädchen merkte, wie verloren ich war, stellte sich vor und brachte mich sicher zur Schule. Dafür war ich ihr sehr dankbar. Dann suchte ich mein Klassenzimmer. Da stand ich also vor meiner neuen Klasse und alle starrten mich an und ich fühlte mich schrecklich unwohl. Die Stimmung an dieser Schule war ganz anders, als ich es bislang erlebt hatte, irgendwie aggressiver. Das lag vielleicht an dem schrecklich hässlichen innerstädtischen Schulgebäude, dessen Hof zum großen Teil geteert war. Bei diesem Anblick sehnte ich mich zurück nach der wunderschönen Parkanlage der Thadden-Schule, mit ihren gewaltigen großen Bäumen.

In meiner Klasse war nur ein einziger Platz frei neben einem Jungen namens Udo, also setzte ich mich dort hin. Auf mich wirkte er ziemlich schüchtern, was mir im Grunde genommen recht war, denn dadurch hoffte ich, würde er mir nicht so viele Fragen stellen, die ich nicht beantworten wollte, bezüglich meiner Herkunft. Schon am nächsten Tag begegnete mir wieder das nette Mädchen morgens an der Haltestelle, das mich am Vortag quasi als Begleitschutz zu unserer Schule gebracht hatte. Sie stellte sich als Sonka vor und den netten Jungen neben sich als Sven. Beide gingen zu meiner Schule und hatten offensichtlich mehr Übung als ich mit Straßenbahnfahren und Straßen überqueren. Mir wurde jetzt bewusst, wie behütet wir in Wieblingen doch gewesen waren, weit weg von der Innenstadt in einem kleinen Vorort gelegen. In Oakville hatten mich auch weder Straßenbahnen noch Autos bedroht. Dieses Stadtleben lag mir gar nicht. Da aber die beiden von meiner Haltestelle doch sehr nett waren, erinnerten sie mich eher an meine Freunde aus Kanada. So schöpfte ich die Hoffnung, dass es mir hier möglicherweise gelingen könnte -trotz zu geteertem Innenhof- in dieser innerstädtischen Schule einen Freundeskreis aufzubauen.

Unser Vater arbeitete den ganzen Tag und bekam sein warmes Mittagessen in der Kantine der Firma. Wir bekamen aber nirgendswo ein warmes Mittagsessen. Zudem war er beruflich viel unterwegs und auch abends öfters nicht zu Hause. Also fehlte er auch beim Abendessen, was sich bei uns zur deutschen Brotzeit geändert hatte. Für uns bedeutete das, dass wir uns mit 15 und 17 Jahren zum großen Teil selbst versorgen mussten, auch über den Nachmittag und in den Abend hinein, auch was das Essen anbetraf. Anfangs ging unser Vater noch einmal im Monat zu einem Großeinkauf in den Supermarkt, was aber nachließ. Er war inzwischen wieder Mitglied in einem Golfclub und ging mindestens einmal in der Woche, entweder samstags oder sonntags zum Golfspielen, manchmal aber auch an beiden Tagen. Er startete früh los und kam mittags wieder. Damals konnte man in Deutschland samstags nur bis 12:00 Uhr einkaufen, was uns dann überlassen war. Ein richtiges Familienleben führten wir nicht. Da hatte ich doch das Glück, mit Sonka befreundet zu sein und immer wieder zu ihr nach Hause zu dürfen. Sie gehörte zu denen, die in Botnang in einem Einfamilienhaus wohnten, und nicht wie viele in einem der „luxuriösen" Apartmenthäuser. Ihre Eltern waren beide Ärzte und beide berufstätig. Wahrscheinlich war es auch hier hilfreich, wenn beide Eltern arbeiteten, um einen etwas bequemeren Lebensstil führen zu können. Dabei musste ich an die Eltern einer Freundin aus Oakville denken, die auch beide arbeiten und sich dadurch ein wunderschönes Haus leisten konnten. Nur bin ich früher nicht auf die Idee gekommen, dass auch Frauen Geld verdienen und somit auch dadurch zum Familieneinkommen beitragen können. Meine Mutter arbeitete nicht und das war für mich völlig normal. Meine Vorbilder schienen mir sehr konservativ und möglicherweise altmodisch, überholt. Ich musste feststellen, dass es auch andere Lebensmodelle gibt als das, was ich zu Hause erlebt hatte. Was das Haus betraf, fand ich, dass Sonka großes Glück hatte und ich wäre gerne dort eingezogen! Als ich Sven näher kennen lernte, hatte ich den Eindruck, die Stuttgarter Version von Matt vor mir zu haben. Sven war attraktiv, groß, schlank, blond, offensichtlich sehr intelligent, sehr sportlich und zudem sehr nett. Und, ach ja, auch er schien ein geborenes Führungstalent zu sein, ein klassisches Alpha-Männchen.

In meiner Klasse war ein Junge, Martin, mit dem ich mich auch recht schnell anfreundete. Er kam als einziger meinen Klassenkameraden gleich am Anfang auf mich zu und fing an, mit mir zu reden. Über seine Aufmerksamkeit war ich sehr froh und er konnte zudem sehr charmant sein. Er war freundlicher als die meisten anderen in meiner Klasse, meistens gut gelaunt und er schien sich durch wenig irritieren zu lassen. Als ich ihm gestand, dass ich gerade die neunte Klasse wiederholte, wofür ich mich ziemlich schämte, meinte er: „Das macht doch nichts. Ich habe auch schon mal eine Ehrenrunde gedreht." Was war ich erleichtert, dass außer mir noch jemand mal sitzen geblieben war! Aber ihm schien das -im Gegensatz zu mir- nichts auszumachen. Das war für mich ein völlig neues Konzept! Es war wohl doch möglich und das wiederum beruhigte mich, denn zum ersten Mal dachte ich mir, vielleicht ist es auch wirklich nicht schlimm, wenn mal ein Schuljahr nicht klappt. Von zuhause her kannte ich nur den Druck, dass alles auf Anhieb klappen musste, aber nun dachte ich anders, dank seiner Einstellung. Wer sagt denn, dass wir alle zum sofortigen Erfolg verpflichtet sind? Dazu fühlte ich mich jetzt nicht mehr verpflichtet und schon fühlte ich mich weniger wie ein Versager. Martin lud mich auch nach Hause ein und ich fand, dass er unglaublich nette Eltern hatte. Es tat mit immerzu gut nette Menschen kennenzulernen, gleichzeitig war ich etwas neidisch auf dessen Glück, so tolle Eltern zu haben. Durch das wiederholte Miterleben einer intakten Familie fühlte ich mich um so mehr von meinen Eltern verlassen und innerlich leer. Seine Mutter schien mir eine starke Frau zu sein, die ihre Söhne im Griff hatte. Zudem war ihr Haushalt perfekt, was ich von zu Hause her auch so kannte und was mich immer beeindruckte, wenn ich es auch anderswo erlebte. Es war sehr gemütlich bei ihnen und sie selbst sah immer sehr gut aus, dabei arbeitete sie noch! Ich fragte mich, wie sie das alles hinkriegte, denn ich hatte eine oft kranke Mutter, die zudem nicht arbeitete und dachte, das wäre normal. Aber diese Frau war mir ein neues Vorbild. Bei dieser Familie lernte ich auch die deutsche Leidenschaft kennen: Fußball! Samstags zur

Sportschau, saßen die Männer vor dem Fernseher. Auch bei dieser Familie war ich gerne, denn sie war sehr nett und strahlte eine Stabilität aus, die auf mich sehr anziehend wirkte und um die ich sie zutiefst beneidete.

Im Oktober 1979 trat unser Vater eine Kur an. Er erklärte mir, dass Bosch sehr bemüht sei um das Wohlbefinden der oberen Führungskräfte. Er meinte, dass es Pflicht und Recht sei, alle drei Jahre eine Kur für drei Wochen anzutreten, also müsse er das jetzt tun. Ich fragte, warum er das früher nie gemacht hätte, denn schließlich war er doch bereits seit 1968 bei der Firma. Er meinte, dass dieses Privileg zum einen erst ab einer gewissen Management-Ebene besteht, zum anderen würde es nur auf die in Deutschland tätigen obersten Führungskräfte zutreffen. Die Firma habe erkannt, dass die Führungsaufgaben sehr anstrengend seien und man dort besonders auf seine Gesundheit achten müsse. Er sei auch verpflichtet, Gesundheitskontrollen mitzumachen. Des Weiteren meinte er, der „Bosch-Arzt" habe ihm gesagt, dass er dringend eine Kur machen müsse um sich von seinen privaten Strapazen zu erholen. Interessant! Mit dieser Erklärung, er müsse dringend eine Kur machen, weil der „Bosch-Arzt" es gesagt habe, ließ er uns allein in Stuttgart zurück und fuhr für drei Wochen nach Baden-Baden. Unser Vater war zwar im selben Land wie wir, aber dieses Land war nicht wirklich unseres und diese Stadt, in der wir wohnten, war für uns noch neu. Wir waren erst wenige Wochen an unseren neuen Schulen. Wir konnten auch noch nicht Auto fahren, sondern mussten zu Fuß bzw. mit der Straßenbahn überall hin. Außer Wally kannten wir keine weiteren erwachsenen Bezugspersonen in Stuttgart und sie musste schließlich selbst arbeiten. Wally hatte nicht die Zeit, sich um uns zu kümmern. Oder doch? Hätte sie nicht vielleicht in dieser Zeit bei uns in der Wohnung bleiben können? Oder hätten wir eine solche Möglichkeit abgelehnt?

Während der Abwesenheit meines Vaters fühlte ich mich so richtig verlassen und sehnte mich nach meinem behütenden Internat zurück. Meine Vorstellung von einem Familienleben zu dritt war wohl ein Hirngespinst und ich musste akzeptieren, dass es das hier nicht gab und nicht geben würde. Carin hatte, wie konnte es auch anders sein, gleich eine Reihe von Interessen, denen sie nachging und auch einen großen Freundeskreis. Dadurch war sie viel beschäftigt und oft unterwegs, ich aber nicht. Manchmal war ich bei Sonka und ihrer Familie zu Hause und manchmal bei Martin und seiner Familie. Beide Familien waren sehr nett zu mir und auch etwas überrascht darüber, dass meine Schwester und ich für drei Wochen ohne unseren Vater zu Hause waren. Für jede Einladung war ich dankbar und denke, dass das auch die Eltern meiner Freunde spürten.

Dennoch musste ich jetzt alleine mit den Hausaufgaben fertig werden, was mir große Probleme bereitete. Das eigentliche Problem lag aber darin, dass ich in Heidelberg Hochdeutsch gelernt hatte, was dort auch im Schulunterricht gesprochen wurde. Nun war ich aber in Stuttgart und alle schwäbelten, die Schüler und auch die Lehrer! So verstand ich von diesem für mich breiten Dialekt nur die Hälfte. Im Unterricht fragte ich Udo ständig, was die Lehrer gesagt hatten. Er antwortete mir regelmäßig und mit großer Geduld. Zu Hause wiederholte ich dann den Unterrichtsstoff, gewappnet mit Wörterbuch, um das von Schwäbisch ins Deutsche „Übersetzte" dann noch ins Englische zu übersetzen. Es war alles sehr mühsam. So hatte ich mir das Wiederholen der neunten Klasse nicht vorgestellt! Ich dachte, es würde mir leicht fallen, da ich schließlich den Stoff schon mal mehr oder weniger gehört und gesehen hatte. Aber alles schien mir völlig neu und ziemlich fremd. Die zusätzliche Belastung durch den Haushalt, die von Anfang an völlig auf mir lastete, machte mir auch zu schaffen. Meine Schwester machte einfach nicht mit, da es sie nicht interessierte. Mich interessierte es auch nicht sonderlich, aber irgendjemand musste sich darum kümmern. Im Nachhinein weiß ich nicht, warum unser Vater nicht wenigstens eine Putzfrau organisierte, die einmal die Woche vorbeikam und das Gröbste erledigte. Stattdessen blieb alles uns überlassen.

Eines Tages, zwischen Hausaufgaben und Haushalt, war ich etwas verzweifelt zusammengesackt, als das Telefon klingelte. Es war Erika aus Heubach, die sich erkundigen wollte, wie es uns und unserem Vater ginge. Aus irgendeinem Grund wusste sie, dass er zur Kur war und nun meinte sie, besorgt um uns sein zu müssen. Woher ihr Interesse an uns kam, konnte ich mir nicht erklären, sie war lediglich eine Bekannte der Familie noch aus der Zeit Ende der 60er-Jahre, als wir in Heubach gewohnt hatten. Sie hatte uns auch manchmal von Schwäbisch Gmünd abgeholt, als wir schwerstbepackt von Heidelberg zu den Großeltern fuhren. Das war für uns eine Erleichterung gewesen. Aber ein bisschen hatte ich den Eindruck, dass diese Frau einfach nicht genug zu tun hatte und froh war, um eine Gelegenheit mit dem Wagen ihres Mannes zu fahren. Wie dem auch sei. An diesem Tag klangen ihre Worte des Interesses so aufrichtig und mitfühlend, dass ich nur losheulen konnte und es nicht mal schaffte, auf ihre Frage zu antworten. Es war das erste Mal seitdem wir in Stuttgart waren, dass mich jemand so direkt gefragt hatte, wie ich denn zurecht komme und wie es mir ginge. Sie versuchte mich am Telefon zu beruhigen, was aber nicht möglich war, denn ich ließ so ziemlich alles aus meiner verwundeten Seele heraus, was sich in mir aufgeladen hatte. Sie meinte kurz und unkompliziert „Schätzchen, ich komme nach Stuttgart und dann gehen wir schön essen oder bummeln oder was auch immer ihr mögt."

Was für eine tolle Reaktion! Was für eine wunderbare Geste, die mich tief in meinem Herzen berührte, dass sich jemand die Zeit für mich nahm, um etwas mit mir und auch meiner Schwester zu unternehmen. Es schien mir ein Geschenk des Himmels zu sein. Und dass es ausgerechnet die Frau war, die ich als Kind nicht mochte, die mir nun Aufmerksamkeit und Zeit schenken wollte, schien mir ein fast unglaubliches Glück zu sein. Bevor wir auflegten, fragte ich sie, warum sie bereit sei, das zu tun, schließlich musste sie doch eine ganze Stunde bis nach Stuttgart fahren, und davon abgesehen hatte sie doch selbst zwei Kinder, die sie brauchten. Sie antwortete aber, dass es ihr so leid tat, mich so leidend zu erleben, und da meine Mutter Magda und sie sehr gute Freundinnen gewesen waren, würde sie das selbstverständlich für ihre gute Freundin machen. Ach, da es so war, war ich zusätzlich gerührt. Sie opferte ihre Zeit für ihre liebe verstorbene Freundin. Ich konnte mich überhaupt nicht daran erinnern, dass meine Mutter jemals diese Frau als ihre Freundin bezeichnet hatte. Genau genommen war nie von ihr die Rede gewesen und ich war etwas stutzig, ob es denn möglich sei, dass ich nicht mitbekommen hätte, dass zwischen diesen beiden Frauen eine feste Freundschaft gewesen wäre. Aber im Moment, war ich eben dankbar für ihren fürsorglichen Einsatz, auch wenn ich die Hintergründe weder so recht glauben noch mir vorstellen konnte. Den Nachmittag mit ihr habe ich sehr genossen.

Willkommen in Straßburg

Genau diese Fürsorglichkeit fehlte mir. Die Freundin meines Vaters hatte entweder nicht die Erfahrung oder den Hang für diese im Grunde genommen einfache, vielleicht sogar banalen Sachen wie gemeinsames Essen, Bummeln oder ein mütterliches Gespräch, die aber doch für meine Seele ausschlaggebend waren. Sie waren aber die Dinge, die den Unterschied machten zwischen einer Frau mit enormen Kenntnissen und Fähigkeiten und einer, die einfach warmherzig war, bei der ich mich verstanden fühlen konnte. Aber vielleicht ließen wir ihre Versuche uns gegenüber mütterlich zu sein nicht zu. Dafür war Wally aber sehr engagiert in Sachen Kultur und Bildung, was auch gut war. So wollte sie mir für die Herbstferien eine angenehme Abwechslung organisieren und zudem etwas für meine französischen Sprachkenntnisse tun. Sie war davon überzeugt, dass mir Französisch wieder Spaß machen würde, wenn ich mal nach Frankreich fahren würde und dort Gleichaltrige kennen lernte. So stimmte ich ihrem Vorschlag zu, an einem Schüleraustausch teilzunehmen, denn die Idee eine Woche in Straßburg zu verbringen, gefiel mir sehr gut. Bislang kannte ich die französische Sprache nur aus dem Schulunterricht und freute mich darauf, diese auch mal in Frankreich zu erleben. Ich hatte die Hoffnung, dass man mir dort eine nette Familie -für mein seelisches Wohlbefinden- aussuchen würde mit einem Mädchen in meinem Alter, das ähnliche Interessen hatte wie ich. Vielleicht reitet die sogar, dachte ich. Und so würde ich endlich mal jemanden kennenlernen der meine Interessen teilt. Das stellte ich mir wirklich toll vor und hoffte, wir könnten eine Freundschaft fürs ganze Leben beginnen!

Am Tag der Abreise hieß es, es habe ein Durcheinander gegeben und ich sei versehentlich einer Familie mit zwei Söhnen zugeteilt worden. Daraufhin wollte ich die Reise absagen, aber mein Vater meinte, ich sollte trotzdem hin, schließlich ginge es doch darum mein Französisch zu verbessern. Davon abgesehen, hatte er ohnehin keine Zeit für mich in den Ferien und ich würde mich zuhause doch nur langweilen. Wir hatten für die Ferien keinen Alternativplan vorbereitet. Also zog ich es doch vor Straßburg zu erleben und wir fuhren los, obwohl mir bei der Sache nicht ganz wohl war. Dort angekommen wurden wir freundlich empfangen. Als ich aber den Jungen sah, der mein Austauschschüler war, dachte ich gleich, das kann nicht gut gehen. Er war etwas dick, sehr ruhig und verschlossen und konnte fast kein Deutsch. Leider konnte ich keinerlei Gemeinsamkeiten feststellen und so stand ich da, ziemlich fehl am Platz und überlegte doch, mit meinem Vater wieder mitzufahren. Der aber hatte bereits ein „Dankeschön"-Geschenk überreicht und verabschiedete sich außerordentlich schnell.

Die Familie wohnte in einer Altbauwohnung, was für mich ein völlig neues Erlebnis war. Was zunächst wie eine romantische wohnräumliche Zeitreise aussah, stellte sich aber schnell als technisch stark zurückgebliebene Realität dar. Vor allem das kalte Badezimmer blieb mir in Erinnerung und die Anweisung nur kurz zu duschen, da sonst der Boiler leer werden würde. Die Franzosen schienen sich noch weniger zu duschen als die Deutschen und so war es für diese Familie recht erstaunlich, dass ich jeden Morgen zum Duschen ging. Wenigstens der ältere Bruder war aufgeschlossener als der Rest der Familie und konnte ziemlich gut Englisch, also unterhielten wir uns auf Englisch. Das war schön für den älteren Bruder, brachte mich aber in meinen Französisch-Kenntnissen nicht weiter.

In der Schule wurde ich als die Austauschschülerin aus Deutschland vorgestellt, was mir keinen Jubel einbrachte. Es kam so gut wie keine Reaktion von den Schülern und ich spürte eine regelrechte Abneigung den Deutschen gegenüber. Auch in den Pausen wurde ich ignoriert und stand ziemlich alleine da, denn an der „Deutschen" hatten die Schüler kein Interesse. Ein Mädchen hatte sich allerdings doch mit mir unterhalten und beteuert, dass sie schon mal in

Deutschland gewesen war und dort nette Menschen kennen gelernt hatte. Na, wenigsten eine, die mich nicht wie die Pest mied. Es kam aber eine Englischstunde, die das alles änderte. Ich sollte etwas vorlesen und spürte schon, wie die kleinen Franzosen gespannt waren, ob „die Deutsche" das überhaupt konnte. Also las ich. Da staunten alle, als sie merkten, dass ich fließend Englisch konnte. Dem Englischlehrer hätte ich schon gerne vorgetäuscht, dass wir in Deutschland alle so gut Englisch konnten, schon alleine, um der französischen Überheblichkeit einen Dämpfer zu verpassen. Noch war ich aber keine echte Deutsche, die ihr Wohl über das ihres Landes stellte. Also erklärte ich, dass ich eigentlich aus Kanada kam und erst seit einem Jahr in Deutschland lebte. Und siehe da, auf einmal war ich interessant geworden und in der nächsten Pause kamen einige der kleinen Franzosen auf mich zu, die eine Stunde zuvor kein Wort mit mir reden wollten und sprachen mit mir auf Englisch. Das war zwar für die Franzosen interessant, brachte mich aber in meinem Französisch-Kenntnissen auch nicht weiter. Auf einmal waren die „Deutsche" und der dicke Junge, über die zuvor gespottet wurde, doch interessant! So schnell können sich die Sympathien ändern! Aus dieser Erfahrung lernte ich, Franzosen gegenüber immer zuerst zu sagen, dass ich aus Kanada kam. Für die restliche Woche sprachen alle Englisch mit mir und ich lernte wenig Französisch dazu. Ich war froh, wieder abreisen zu können.

Zurück in Stuttgart, ging der Unterricht weiter. Mir blieben Erfolgserlebnisse aus und ich zweifelte ernsthaft an meiner Entscheidung, nach Stuttgart gekommen zu sein. Unser Vater war nach wie vor beschäftigt und meine Schwester auch. Tag für Tag saß ich vor meinen Büchern und musste mir alles selbst beibringen. Ich überlegte, zurück auf mein Internat zu gehen. Dort würde ich mich weder um Haushalt noch Essen kümmern müssen. Was die Schule anbetraf, so verstand ich inzwischen, was mir Steffi und Veri gesagt hatten: Ich könne froh sein, nicht auf einer staatlichen Schule zu sein, denn die seien schlechter als das Thadden. Das begriff ich inzwischen, denn hier schien es wirklich fast nur um Faktenvermittlung zu gehen und das auch noch auf Schwäbisch. Innerlich musste ich akzeptieren, dass ich aufgeschmissen war, ich kam hier wesentlich schlechter zurecht als im Internat. Dazu kam noch etwas, was mir bis dahin fremd war. Das war eine zum Teil ablehnende Haltung der Schüler gegenüber den Lehrern. Es schien teilweise eine grundlegende Missachtung der Schüler den Personen gegenüber zu herrschen, wenn auch nur unterschwellig, die die Aufgabe hatten, ihnen etwas beizubringen. Bislang kannte ich das weder aus Kanada noch aus der Thadden-Schule und der Grund für dieses Verhalten war mir verborgen. Möglicherweise lag es an dem Alter, in dem wir uns befanden, um die 15, das dazu prädestinierte rebellisch gegenüber Autoritäten zu sein. Vielleicht lag es aber auch daran, dass ich nun zum ersten Mal eine Schule in einer Innenstadt besuchte und der Umgang miteinander schlichtweg oberflächlicher, rauer war. Egal woran es lag, ich fand es nicht gut und es lag mir nicht. Meine gesamte Situation war unbefriedigend und ich wusste auch, dass ich unter diesen ganzen Umständen keine guten Noten erreichen würde.

Es dauerte nicht lange bis zu den Weihnachtsferien, auf die ich mich richtig freute. Inzwischen waren wir alle begeisterte Skifahrer geworden und es war klar, dass wir wieder in die Schweiz fahren würden. Dieses Mal würden wir nur zu dritt sein, dachte ich. Da sagte uns unser Vater, dass Wally selbstverständlich auch mitkommen würde. Grundsätzlich hatte ich nichts dagegen, aber ich hätte mich auch darüber gefreut, wenn wir nur zu dritt gefahren wären und wir mal unseren Vater für uns alleine gehabt hätten, um auch mal seine ungeteilte Aufmerksamkeit zu haben. So hoffte ich zumindest, würden wir vielleicht mal einander näher kommen und uns aussprechen können. Aber er war schließlich frisch verliebt und warum sollte er seine neue Partnerin nicht mitnehmen? Also würden wir doch zu viert fahren. Grundsätzlich war ich froh darüber, dass mein Vater eine feste Partnerin hatte, denn eine Beziehung schien ihm gut zu tun.

Nach unserem wunderschönen Urlaub kamen wir zurück und für mich ging der Schulstress wieder los. Inzwischen hatte ich allerdings richtige Versagens ängste entwickelt. Zum einen wollte ich mir die Reaktion meines Vaters nicht vorstellen, wenn ich nochmals mit einem schlechten Zeugnis nach Hause kommen würde. Zum anderen war mir dank seinen ganz klaren Worten inzwischen bewusst, dass ich die neunte Klasse nicht noch mal wiederholen durfte und wenn ich sie nicht schaffen würde, wäre es das Ende meiner schulischen Laufbahn. Was für ein Albtraum! Ich konnte gar nicht fassen, wie schnell sich mein wunderbares und sorgenfreies Leben verwandelt hatte in ein Sorgenpaket mit Versagens- und Zukunftsängsten. Dann gab es die Zeugnisse und siehe da, meins fiel schlecht aus. Das konnte mein Vater absolut nicht fassen und er fragte mich, wie ich nur so dumm sein konnte, den Schulstoff, den ich nun zum zweiten Mal hörte, immer noch nicht begreifen zu können. Durch seine Reaktion und seinem Kommentar war ich sehr verletzt, denn ich musste feststellen, dass er sich absolut nicht vorstellen konnte, dass ich mit der gesamten Situation überfordert war. Da war es mein Glück, dass Wally bei uns war, denn sie schien mich doch verstehen zu können und verteidigte mich. Sie konnte ihm gegenüber auch sagen, dass sie wohl doch Recht gehabt hatte mit ihrer Empfehlung, mich die Waldorf-Schule besuchen zu lassen, und dass das Ergebnis da sicherlich besser gewesen wäre. Wally begriff wirklich, dass Deutsch für mich noch eine Fremdsprache war, die ich erst noch meistern musste. Ich war froh, dass sie bei uns war und meinen Vater durch ihre Argumentation zurechtweisen konnte. Ihren Mut, sich mit ihren Ansichten ihm gegenüber zu stellen, bewunderte ich. Das kannte ich so bislang nicht. Aus eigener Kraft hätte ich mich nicht gegen die Vorwürfe wehren können und den ständigen Vergleich mit meiner Schwester, die im Gegensatz zu mir mit der Sprache und mit der neuen Situation besser zu Recht kam.

Zunächst war ich wie gelähmt und wusste nicht, was ich tun sollte. In meiner Verzweiflung rief ich Frau von Egen in Heidelberg an und schilderte ihr meine Situation. Sie hörte mir aufmerksam zu und ersparte mir in ihrer Großzügigkeit einen Vortrag nach dem Motto: „Ich hab's doch gesagt." Sie meinte, ich könne zurück auf das Internat kommen und wir würden das mit der neunten Klasse sicherlich schaffen, aber ich müsse bereit sein, viel dafür zu tun. Dazu war ich bereit, denn ich wollte nicht akzeptieren, dass ich nach den Sommerferien nicht mehr zur Schule gehen sollte. Allerdings hatte ich ziemlich Angst davor mit meinem Vater darüber zu sprechen. Aber er war sowieso auf einer Geschäftsreise und ich musste warten, bis er wieder zurückkam.

Erziehung per Postkarte

Im Februar 1980 schrieb unser Vater uns von einer Geschäftsreise aus Afrika eine ziemlich überschwängliche Postkarte aus Abidjan, Cote d' Ivoire, der Elfenbeinküste: „...it's about time to come home. What a difference here compared to Lagos, it's a relief.", etwa "Es ist Zeit nach Hause zu kommen. Was für ein Unterschied im Vergleich zu Lagos, es ist eine Erleichterung". Ich fasste es so auf, als wäre er ziemlich gut gelaunt und dadurch möglicherweise auch offen für ein Gespräch bei seiner Rückkehr nach Hause. Er kam zurück, hatte enorm viel Arbeit im Büro und besuchte zwischendurch Wally. Plötzlich musste er wieder verreisen und ich hatte es nicht geschafft, mit ihm zu reden.

Im März schrieb uns mein Vater eine Postkarte aus Teheran, Iran. Erst ein Jahr zuvor hatte es dort eine Revolution gegeben, durch welche die Monarchie gestürzt worden war und nun unterdrückten die sogenannten „Befreier" das Volk. Da war kein Platz für offene Kommunikation. Er schrieb: „Seit 3 Tagen bin ich hier, es gefällt mir ganz gut, es ist hier Frühling". Vom Text her gesehen war es eine kurze und nichtssagende Postkarte. Sie enthielt keine Botschaft und ich konnte so recht nichts mit ihr anfangen, außer zur Kenntnis zu nehmen, dass es Frühling war im Iran. Damals gab es politische Spannungen zwischen Iran und Irak. Da ich mit einer Grippe zu Hause lag, hatte ich den ganzen Tag lang das Radio an und hörte stündlich die Nachrichten. Jede volle Stunde wurde von der Möglichkeit eines anstehenden Krieges zwischen Iran und Irak berichtet, wodurch ich völlig beunruhigt war. Ich war 15 Jahre alt und bereits Halbwaise. Der Gedanke, dass mein Vater in einem fremden Land auch nur mit der geringsten Wahrscheinlichkeit in einen Krieg verwickelt werden könnte, war für mich unerträglich. Vollwaise wollte ich nicht werden. Diese Art der Erziehung aus der Ferne und mit Grüßen auf einer Postkarte hielt ich nicht mehr aus. Von meinem Vater fühlte ich mich völlig allein gelassen und es reichte mir nicht aus, nur meine Schwester hier zu haben, die ohnehin ständig unterwegs war. Ich wollte eine Bezugsperson hier bei mir haben, einen vernünftigen und verantwortungsvollen Erwachsenen. Hatte ich früher „nur" Angst davor, dass meine Eltern von Krankheiten befallen und zu früh aus dem Leben genommen würden, so hatte ich nun die Angst, dass mein Vater von einem willkürlichen Kriegsgeschehen betroffen werden könnte.

Wieder zu Hause angekommen, berichtete mein Vater mir ausführlich von seiner Reise. Er erzählte, dass er in Iran eine Person zur Seite hatte, die sein Ansprechpartner war und ihn zu seinen Terminen begleitete. Er erklärte mir, dass die Postkarte aus dem Iran deshalb so kurz gefasst war, weil er davon ausging, dass Post ins Ausland zensiert wurde. Er wollte so neutral wie möglich schreiben, damit kein Anlass seitens iranischer Kontrolleure bestand, die Karte zu vernichten, anstatt sie abzuschicken. Seine Erklärung hatte ich verstanden und war nun umso mehr beunruhigt. Es wurde mir zunehmend bewusst, dass er in einem Land gewesen war, in dem man seine Meinung nicht offen aussprechen durfte, was mir sehr missfiel. Er erzählte, dass es dort unter der jetzigen Regierung so streng sei, dass man auch einen Gruß auf den Führer Khomeini zu gegebenem Zeitpunkt oder Anlass aussprechen musste. Solch einen Anlass hatte mein Vater miterlebt und erzählte, er wäre dabei fast verhaftet worden. Genau genommen wurde er verhaftet, war aber gleich wieder freigelassen worden. Er war in einer Gruppe, die das Bild von Khomeini offiziell grüßen sollte, aber er machte nicht mit. Man forderte ihn auf, auch den Gruß auszuüben, doch er weigerte sich dies zu tun. Er sagte, er sei Ausländer und somit nicht betroffen von solchen Regelungen. Daraufhin wurde er verhaftet. Sein Ansprechpartner rettete ihn durch folgende Aussage: Dieser Ausländer sei ein völliger Ignorant und er entschuldige sich für sein Verhalten. Diese Geschichte beunruhigte mich unbeschreiblich. Meinen Vater empfand ich als einen ziemlichen Spinner, der leichtfertig seine Freiheit aufs Spiel setzte, nur um seinen Willen durchzusetzen. Ich hielt ihn für verrückt und mir gegenüber unglaublich verantwortungslos. Ich war krank vor Kummer und er riskierte auch noch, verhaftet zu werden.

Aber ich hatte mich in seiner Motivation getäuscht, denn ich konnte den tieferen Sinn seiner Protesthaltung nicht erkennen. Er sagte mir, dass er sich nach der Nazizeit geschworen habe, nie wieder einem Diktator oder einer Macht einen Gruß zukommen zu lassen, der nicht auf freiem Willen beruhte. Über seine Entschlossenheit und Geradlinigkeit war ich erstaunt. Einerseits war ich stolz auf seine Prinzipien, andererseits konnte ich nur noch hoffen, dass er sich durch seine Entschlossenheit nicht noch einmal in Gefahr bringen würde.

Jetzt war der richtige Zeitpunkt um meinem Vater gegenüber meinen Wunsch zu äußern, zurück ins Internat zu kehren. Er schaute mich an mit einem Blick, den ich nicht verstand, äußerte sich aber auch nicht zum Thema. Möglicherweise hatte er nicht begriffen, wie ernst es mir war und wie schlecht es um meine schulischen Leistungen stand. Er schenkte mir und meinem Anliegen keine weitere Aufmerksamkeit, sondern tat das, was er immer tat: Er arbeitete viel im Büro und besuchte zwischendurch Wally, ging zum Golfen und dann auf Geschäftsreise. Ich war inzwischen ziemlich verzweifelt.

Im März schrieb uns mein Vater eine Postkarte aus Lagos, Nigeria. Abgebildet waren Einheimische in traditioneller Kleidung, nebeneinander stehend in einer Reihe. Er konnte sich einen kleinen Scherz nicht verkneifen und schrieb: „Here are some of my spark plug customers, they are still waiting for their cars!", etwa „Abgebildet sind einige meiner Zündkerzen-Kunden, sie warten noch auf ihre Autos!" Sein kleiner Scherz wurde Grundlage einer unserer weiteren familieninternen Witze. Immer wenn wir Menschen versammelt stehen sahen und nicht wussten, was sie dort machten, kam der Kommentar „Das sind Zündkerzen-Kunden von Dad, die allerdings noch auf ihre Autos warten!". Wir fanden es immer zum Brüllen und lachten darüber noch lange.

Erst als er von dieser Reise zurückkehrte, fanden wir die Zeit, über meine Probleme ernsthaft zu sprechen. Endlich telefonierte er dann auch mit Frau von Egen. Er wusste nicht, dass ich im Vorfeld schon die Lage überprüft hatte. So war es ein kurzes Gespräch, welches sie miteinander führten. Anschließend stimmte er meinem Wunsch zu, dass ich wieder nach Heidelberg zurück durfte, und zwar umgehend nach den Ferien.

Heidelberg 1980

Da ich in der echten Welt gescheitert bin, war ich sehr froh darüber in meinem Internat „eingesperrt" und versorgt zu werden. Wieder durfte ich ins „Häusle" zu meiner ehemaligen Erzieherin und war sehr erleichtert darüber, wieder in geordneten Verhältnissen leben zu dürfen, mich weder um Haushalt, Essen, Einkaufen oder Ähnliches kümmern zu müssen. Es gab nur einen freien Platz im Häusle, also kam ich zwangsläufig in das Zimmer von Katrin, die etwa zwei Jahre älter war als ich. Auf mich wirkte sie sehr reif und aufgeklärt und war eine mir bis dahin unbekannte Mischung aus Hippie, Rebell, Vamp und eben doch Anwalts-Tochter. Das war mir ein bisschen zu viel und zunächst ziemlich unheimlich. Sie ließ mich deutlich spürten, dass es ihr überhaupt nicht passte, eine Jüngere in ihrem Zimmer zu haben und dazu noch so eine brave, angepasste, konservative. Also versuchte ich, mich möglichst ruhig und unauffällig zu verhalten. Schließlich waren mir solche feindseligen Gefühle von früher noch von meinen Schwestern bekannt und ich verstand es gut, ihnen aus dem Weg zu gehen. Da wir sehr unterschiedlich waren, konnte ich nur hoffen, dass es gut gehen würde, mit ihr das Zimmer bis zu den Sommerferien zu teilen. Schließlich hatte ich sonst keine Möglichkeit, wo ich hätte hingehen können. Es musste klappen.

Ich kam in eine andere, für mich neue Klasse. Auch dort war lediglich ein Platz frei, in der ersten Reihe, also setzte ich mich dorthin. Mir war bewusst, dass ich ab sofort keinen Tag Zeit verlieren durfte, was das Lernen anbetraf, und konzentrierte mich dementsprechend auf den Unterricht. Es kam die erste Englischstunde und ich spürte Erleichterung darüber, dass ich wenigstens in diesem Fach alles verstehen würde. Da kam aber für mich eine große Überraschung. Unsere Englischlehrerin hatte in Großbritannien studiert und einen sehr starken schottischen Akzent. Sie war eine sehr kleine, schlanke Frau, stockkonservativ gekleidet, und hatte zudem noch ein unschönes Gesicht. So etwas wie diese Frau hatte ich nie zuvor gesehen und einen solchen Akzent nie gehört. Als sie anfing vorzulesen, konnte ich nur staunen, was es für Möglichkeiten gab, „mein" Englisch auszusprechen. Als unsere Lehrerin den Titel einer Geschichte vorlas, die „A crooked roof" hieß, also ein gekrümmtes Dach, musste ich sie doch tatsächlich fragen, was sie da eben bitte schön gesagt hätte. Ich hatte etwas wie „e grugd ruff" verstanden und konnte mir nicht vorstellen, was das denn sein sollte. Sie und auch der Rest der Klasse begriffen, als ich meine Frage stellte, dass ich Englisch konnte. Aber ihre Erklärung auf meine Frage verstand ich nur bedingt. Da kam von hinten von einem Mädchen eine Erklärung in einem englischen Akzent, der mir auch nicht bekannt war, den ich aber zumindest verstand! Das Mädchen hieß Conny und war wie ich auch Deutsche, hatte aber einige Jahre in Malaysia gelebt. Was war ich froh, eine Gleichgesinnte in meiner Klasse zu haben, noch eine Deutsch-Ausländerin! Conny war einen halben Kopf größer als ich, hatte ein breites Kreuz und einen Auftritt wie ein Fußballspieler. Später erfuhr ich, dass sie Tennis spielte. Als eines Tages eine Interne mich aufforderte mitzukommen, um

Conny im Fernsehen spielen zu sehen, begriff auch ich, dass sie professionell spielte. Auf jeden Fall konnten Conny und ich sehr gut miteinander lachen und das taten wir auch, vor allem im Englischunterricht, was später dazu führte, dass unsere Englischlehrerin uns frei stellte, während des Unterrichts im Flur zu verweilen, weil wir durch unser ständiges Gekicher um ihren Akzent den Unterricht störten. Also verbrachten wir manche Stunden im Flur und spielten sogar dabei Super-Hirn, bis wir uns entschlossen, wieder in den Unterricht zu gehen, weil wir doch das mulmige Gefühl hatten, die Sache könnte einen Haken haben.

In der ersten Woche mit der neuen Klasse hatte ich auch schon bald Französisch-Unterricht. Ich sollte vorlesen, was auch einigermaßen klappte. Dann sollte ich den Text aber von Französisch ins Deutsche übersetzen, was weniger gut funktionierte. Unserer Lehrerin erklärte ich, dass ich Französisch sehr gut ins Englische übersetzen könnte, aber nicht so gut ins Deutsche und dachte, sie würde das verstehen können und auch akzeptieren. Aber das tat sie nicht. Stattdessen bestand sie auf der Übersetzung ins Deutsche, was ich ziemlich ärgerlich fand. Warum war sie so intolerant? Ich bot doch an, in die Sprache eines unserer Unterrichtsfächer zu übersetzen und nicht ins Swahili! Wie konnte ein Mensch, der Sprachen beherrscht, nur so kleinlich sein? Es war mir unbegreiflich. Es musste doch darum gehen, dass ich ihr beweise, den Text zu verstehen, aber das war mir nur möglich mit der Direktübersetzung von Französisch ins Englische. Stattdessen stotterte ich in Deutsch herum und niemand wäre jemals auf die Idee gekommen, dass ich bereits seit der 6. Klasse Französisch lernte. Direkt hinter mir saß ein Mädchen, das Verständnis für mein Problem hatte und mir die Übersetzung zuflüsterte. Für ihre Unterstützung war ich ihr sehr dankbar, auch wenn wir dadurch schummelten. Sie hieß Ariane und war auch Deutsche. Sie hatte aber, wie ich schnell feststellte, sehr gute Sprachkenntnisse. Im Gegensatz zu den anderen Mädchen konnte sie schon richtig gut English und auch einiges Französisch sprechen, was sie wohl in ihrer Schulzeit in der Schweiz gelernt hatte. Auch von ihren Flüsterfähigkeiten war ich sehr beeindruckt. Ariane war einen ganzen Kopf größer als ich, hatte lange blonde Haare und lachende blaue Augen. Sie hatte eine erstaunliche Energie und eine positive Grundeinstellung, was mir auffiel, da die meisten anderen Mädchen das nicht hatten. Mit der Zeit, als wir uns besser kennenlernten, verstand ich aber, dass sie in ihrem Inneren tief verletzt wirkte. Vielleicht hatte sie auch gerade deshalb die Fähigkeit, Mitgefühl zu zeigen und einem Gestrandeten wie mir zu helfen. Beide Mädels waren mir auf Anhieb sympathisch und so gewann ich gleich an meinen ersten Schultagen zwei neue Freundinnen.

Mit der Zeit gewöhnte sich meine Zimmerkameradin Katrin an mich und zu Überraschung aller ging es doch gut, dass wir in einem Zimmer zusammen waren. Wir gingen sogar samstags manchmal zusammen in die Stadt. Sie ging allerdings in die Kneipen, trank Bier und wurde von den Amis angemacht. Ich saß brav daneben und hoffte, dass wir heil und sie noch nüchtern dort bald wieder heraus kämen. Unter der Woche aber war ich mit einer Menge Lernstoff eingedeckt und bekam zudem, wie ich es schon kannte, einige Stunden Nachhilfeunterricht. Dieses Mal war aber meine Einstellung dem Lernen gegenüber eine andere; ich wollte lernen und ich wollte und musste das Schuljahr unbedingt schaffen. An den Gedanken, dass ich ein schulischer Versager sein sollte, konnte und wollte ich mich nicht gewöhnen. Leider aber war der Eindruck aller, die mich in diesen Jahren kennerlernten, so. Die wenigsten verstanden, dass ich mit der Integration in diesem Land kämpfte und mit dieser Sprache. Dass ich früher keine schulischen Schwierigkeiten hatte, konnten sie sich sicherlich nicht vorstellen. Ich war eine Deutsche, also müsste ich doch Deutsch können. Dass ich aber eine Wiedereingegliederte war, eine Rückkehrerin, wurde mir nicht wirklich angerechnet. Nach wie vor fühlte ich mich wie eine Ausländerin.

Damals schon war es Mode, vieles was aus Nordamerika kam, einfach schlecht zu machen. Möglicherweise taten das manche Deutschen, um ihr Minderwertigkeitsgefühl den immer noch präsenten Besatzern gegenüber auszugleichen. Sie warfen „mein" Kanada und die USA in einen Topf, und hätten vermutlich noch sonstige Länder dazu gepackt, und nannten es „Amerika", was ungefähr gleich wäre wie alle deutschsprechenden Ländern in einem Topf zu werfen unter dem Begriff „Europa-deutschsprechend." Mir wurde gerade von den Pädagogen meiner Schule gesagt, dass das dortige kanadische Schulsystem wohl nichts tauge, wenn ich nie zuvor schulische Schwierigkeiten gehabt hätte. Wie arrogant und auch ignorant sie doch alle auftraten. Und wie unfair sie doch mir gegenüber waren. Kann ein junger Mensch -dazu in der Pubertät- denn wirklich so vieles in einem oder zwei Jahren ertragen und trotzdem Höchstleistung bringen? Nein, ich war emotional völlig überfordert gewesen von Allem und da nutzt selbst eine höhere Intelligenz nicht viel, wenn die Seele so sehr leidet, dass das Hirn auf Durchzug stellt. So war die Lage damals, aber leider wurde diese Möglichkeit nicht mal in Erwägung gezogen. Mein Versagen im deutschen Schulsystem hatte nichts mit der Qualität des kanadischen Schulsystems zu tun.

Noch im selben Monat erhielt ich im Internat eine Postkarte von meinem Vater aus Johannesburg, Südafrika. Er schrieb: "Wie geht es Dir, hast Du Dich gut im E.v.T. eingelebt? Es ist doch schön dort. Auch hier kann man es aushalten, herrliches Herbstwetter." Ich stand unter dem Eindruck, dass es meinem Vater richtig gut ging, da ich -sein Sorgenkind- nicht mehr in Stuttgart war und er sich um mich keine Sorgen machen musste. Dafür bezahlte er jetzt andere. Seine Arbeit und das viele Reisen gefielen ihm sehr gut und ich musste feststellen, dass diese Art zu leben genau seinem Naturell entsprach, und er es genoss, mit vielen verschiedenen Kulturen zu tun zu haben. So allmählich begann ich zu begreifen, dass er vielleicht in Kanada zu lange derselben Tätigkeit nachgegangen war und sich möglicherweise auch dadurch gelangweilt hatte, dass er dort nicht international tätig sein konnte. Für mich war es traurig festzustellen, dass „mein" Kanada, oder zumindest die Aufgabe, die er dort gehabt hatte, ihn nicht ausgefüllt hatte. In starkem Gegensatz zu ihm, brauchte ich nicht so viel Abwechslung und ein multi-kulturelles Umfeld. Mir hatte Kanada gereicht, um sehr glücklich zu sein, ich liebte die Ruhe und Stabilität, die wir dort erlebten und die unglaublich freundliche Menschen. Schade, dachte ich, dass es ihm nicht gelungen ist, dort ein ebenso internationales und abwechslungsreiches Arbeitsumfeld zu finden. Dass wir völlig verschiedene Bedürfnisse hatten, musste ich einfach akzeptieren. Was mich glücklich machte, langweilte ihn. Was ihn erfüllte, überforderte mich. Wir waren grundverschieden und ich war dieser Tatsache ausgeliefert. Durch diese Feststellungen entwickelte sich schleichend in mir das Gefühl des Kapitulierens gegenüber alledem, was ich hinnehmen musste.

Dennoch war dieses Mal alles anders im Internat. Ich lernte eine Menge nette Mädchen kennen, auch eine, die bei Stuttgart wohnte, namens Tina. Ich war sehr froh darüber, denn so konnten wir zusammen mit dem Zug bis nach Stuttgart fahren und uns an den Wochenenden dort auch treffen. Auch sie war relativ neu in der Gegend zugezogen und hatte noch keinen Freundeskreis. So ergab sich eine weitere Freundschaft, obwohl Tina und ich von Anfang an sehr verschieden waren. Sie war unglaublich aktiv, geradezu unruhig und zudem für mein Gefühl viel zu dünn. Ich dagegen war eher inaktiv, ruhig und hatte immer noch meine Dampfnudel-Proportionen. Mein Vater meinte später dazu, dass wir ein bisschen wie „Dick und Doof" wirkten. Das war seine Sicht. Tina konnte meinen Vater nicht ausstehen. Diese Antipathie war gegenseitig. Sie war der einzige Mensch, der ihn später als gemein und egoistisch bezeichnete, was mich richtiggehend beeindruckte. Zunächst hatte uns die Not zusammengebracht und das war doch besser, als wenn wir beide niemanden gehabt hätten, oder? Mein Vater hätte doch lieber froh sein sollen, dass ich überhaupt eine Freundin hatte und zudem eine, deren Lebensweg dem meinem ähnelte. Sie hatte mit ihrer Familie „wie wir" auch schon in verschiedenen Ländern gelebt und so wusste sie, wie es war, die Zugezogene zu sein. Vielleicht war das auch die einzige Gemeinsamkeit, die wir

271

hatten, und möglicherweise war es die innere Leere wegen der zurückgelassenen Freunde in der Ferne, die uns zusammenbrachte. Tina, Ariane und ich fuhren jedes zweite Wochenende mit dem Zug 2. Klasse nach Stuttgart bzw. weiter nach München. Das war von Beginn an nicht einfach, denn ich mochte beide sehr, aber die zwei schienen sich weniger gut zu verstehen. Aber so war es eben im Internat, Fremde wurden zusammengewürfelt, und nicht alle konnten miteinander auskommen.

In der Schule musste ich erst mal eine ganze Menge an Unterrichtsstoff nachholen. Es war geradezu katastrophal, wie viel ich versäumt hatte und was ich noch lernen musste. Frau Schmid und ich stellten fest, dass es ziemlich unwahrscheinlich war, dass ich das Schuljahr bestehen würde. Mich packte aber der Ehrgeiz und so lernte ich freiwillig stundenlang jeden Tag. Als ich eines Tages in meiner Frustration zu ihr meinte, dass ich das alles nicht mitmachen müsste, wenn meine Mutter nicht gestorben wäre, meinte sie: „Du bist nicht die Einzige, deren Mutter gestorben ist." Ach wirklich, dachte ich mir und bat sie direkt um ein konkretes Beispiel. Sie sagte: „Unterhalte Dich doch mal mit Doro, sie hat ihre Mutter noch früher verloren." Das tat ich dann auch, und so lernte ich Dorothea kennen, die zwar eine Baroness war, aber von allen schlicht Doro genannt wurde. Sie machte einen sehr netten, fähigen und zufriedenen Eindruck. Schon seit mehreren Jahren lebte sie im Internat und schien ein fester Teil des Institutes zu sein. Sie kannte jeden und auch alle Erzieherinnen und Lehrer. Sie hatte zusätzliche Ämter inne, wie zum Beispiel den Schülerlotsendienst, den sie sogar leitete. Dieses Mädchen schien regelrecht froh um ihren Platz im Internat zu sein. Allerdings machte sie auf mich persönlich den Eindruck eines Kindes, das wenig Liebe und Beachtung erfahren hatte. Ein bisschen wirkte sie manchmal wie ein feuchter Hund, etwas vernachlässigt, aber froh um die Wärme der guten Stube. Sie erzählte mir, dass ihre Mutter starb, als sie erst 5 Jahre alt war und es erst mal mehrere Haushälterinnen gab, bis ihr Vater wieder heiratete. Da dachte ich mir, dass ich es in zweierlei Hinsicht eindeutig besser gehabt hatte. Erstens hatte ich meine Mutter acht Jahre länger als sie ihre hatte. Zweitens musste ich mich nicht von einer fremden Frau erziehen lassen. Über beides war ich sehr froh und auch dankbar, und in der Tat erleichterte mir das meinen Schmerz. Andererseits aber versuchte ich Frau Schmid zu erklären, dass Doro es insofern besser getroffen hätte als ich, da sie wenigstens nicht ihr Zuhause und zudem noch ihr Heimatland verloren hätte, und sie musste auch nicht mit einem neuen Schulsystem und einer fast fremden Sprache zurecht kommen. Meine Argumentation war zwar richtig, ich erntete dennoch wenig Verständnis. Denn wie ich es schon öfter in Deutschland zu hören bekommen hatte: „Aber Du bist doch Deutsche und das hier ist Deine Heimat." Damals konnte ich noch nicht wie heute auf diese Feststellung oder Richtigstellung der anderen reagieren. Heute kann ich eindeutig sagen: Ein Pass macht noch lange keinen Einheimischen. In meinem Herzen war ich Kanadierin und einheimisch ist man dort, wo das Herz hingehört.

So begann auch damals eine Freundschaft mit Doro und sie war es, die mich auf mein Fragen hin -ob auch andere Mädchen „Probleme" hätten- auf weitere und zum Teil ziemlich brutale Schicksalsschläge der im Internat lebenden Mädchen aufmerksam machte. Meine Erzieherin hätte mir die wirklich harten Fälle aus Diskretionsgründen nicht sagen dürfen, denn die Mädchen sollten im Internat ein „normales" Leben haben, ohne durch Vorurteile der Anderen belastet zu werden. Gegen allen Anschein war dieses Internat nicht exklusiv für „höhere", privilegierter oder verwöhnte Töchter, die nur die Sonnenseite des Lebens kannten. Es waren eine ganze Reihe Mädchen dabei, die von zu Hause aus wenig zu lachen hatten, unabhängig vom finanziellen Stand der Eltern. Manche hatten nicht mal Eltern. Manche hatten einen Elternteil der psychisch krank war und nicht in der Lage, sich um ihre Kinder zu kümmern. So erfuhr ich, dass es im Internat auch Mädchen gab, die mit Hilfe eines Stipendiums dort waren, was wiederum durch Spenden von Ehemaligen ermöglicht wurde. Aufgenommen wurden also auch Mädchen, deren Eltern in einer finanziellen Notlage waren. Da war ich doch sehr überrascht von der sozialen Seite des Elisabeth-von-Thadden-Internats. Aber dann wurde mir von der Gründerin des Internats erzählt, die eine tiefgläubige, überzeugte und auch praktizierende Christin war. Sie war so sehr überzeugte Christin, dass sie sogar während des Hitler-Regimes Mädchen und Frauen jüdischer bzw. nichtarischer Herkunft auf ihrem Grundstück, also in exakt den Gebäuden, die wir benutzten, versteckte. Nach Möglichkeit verhalf sie auch Menschen zur Flucht ins Ausland. Ihre Meinung gegenüber dem Nazi-Regime war bekannt und führte dazu, dass ihre Schule geschlossen wurde. Sie selbst wurde verhaftet und 1944 zum Tode verurteilt. Das Erstaunlichste für mich an dieser Geschichte war, dass erzählt wurde, Elisabeth von Thadden sei betend und singend zu ihrer Hinrichtung geschritten. Meine Meinung über das „Thadden" änderte sich durch diese neuen Kenntnisse völlig. Ich begann zu begreifen, dass es sich hier um eine Schule handelte, deren Grundgedanken gut sind und die viel mehr darstellte, als ich vorher erkennen konnte. Fortan war ich stolz darauf, ausgerechnet an diesem Internat gelandet zu sein.

Flieg Daddy, flieg.

Im Mai 1980 schrieb mein Vater mir eine Postkarte aus Kuwait, aus dem Sheraton Hotel. Er schrieb: „36°C, sonnig, bald wird es noch wärmer, das ist Kuwait. Viel Sand, viel Öl, viele Autos und lauter nette Leute, die nichts anderes wollen als glücklich sein und viel Geld verdienen!" Anfang Juni kam eine weitere Postkarte von einer Geschäftsreise in den Fernen Osten: „Nach Singapur, Jakarta und Manila bin ich hier gelandet. Es geht mir immer noch gut, ich hoffe Dir auch - wieder." Das war eine Anspielung darauf, dass ich mir große Sorgen machte um meine schulischen Leistungen und zwischendurch ziemlich verzweifelt gewesen war. Noch von derselben Reise erreichte mich eine weitere Karte mit dem Text: „This is still Tokyo, but tomorrow it will be Peking. I just talked to Sue, she is fine - so am I", etwa: Das hier ist noch Tokio aber morgen bin ich in Peking. Ich habe soeben mit Sue gesprochen. Es geht ihr gut - und mir auch. Es war eine sehr schöne Karte von dem Berg Fuji mit einer Blumenlandschaft im Vordergrund. Zusammen mit seiner Unterschrift malte er ein „happy face", einem Smiley, mit Schlitzaugen! Er konnte es einfach nicht lassen, Späßchen zu machen und ich hatte den Eindruck, dass es ihm zunehmend besser ging. Er hatte sich in seine neue Aufgabe vertieft und entwickelte sich beruflich weiter. Dagegen hatte ich größte Probleme, meine Aufgaben zu bewältigen und entwickelte mich nicht sonderlich gut weiter. Sein Aufstieg - mein Abstieg.

Im Juni 1980 schrieb er noch eine Karte aus Jeddah (K.S.A). Abgebildet war „The Holy Mosque at Night". Er schrieb: "Heute bin ich in Jeddah, morgen geht es wieder nach Riyad. Es ist immer noch sehr heiß und sandig - aber das Geschäft läuft gut. Herzliche Grüße, auch an Frau Schmid". Ich war mir nicht sicher, was er mit den Grüßen ausdrücken wollte. Hatte er Gefallen an meiner Heimmutter gefunden oder wollte er lediglich freundlich grüßen? Oder vielleicht war er dankbar, dass sich jemand um seine Tochter kümmerte und er wollte es durch den Gruß zum Ausdruck bringen? Möglicherweise aber freute er sich darüber, dass er weiter nach Herzenslust seinen Geschäftsreisen nachgehen konnte, ohne ein schlechtes Gewissen haben zu müssen, seine jüngste Tochter unbeaufsichtigt zu Hause gelassen zu haben.

Das Ende des Schuljahres war gekommen. Mit Ach und Krach und gerade so hatte ich die 9. Klasse dann doch noch geschafft. Es war ein weiteres Albtraum-Schuljahr gewesen und ich war froh, dass es vorbei war.

Mein Vater meinte, dass ich keinen Sommerurlaub verdient hätte, da meine schulischen Leistungen so miserabel waren. Das fand ich schon wieder ziemlich unfair in Anbetracht der Tatsache, dass es doch der Länder- und

Sprachenwechsel war, der mich zu einer Schülerin mit Lernproblemen gemacht hatte. Dennoch stimmte er der Reise nach Kanada zu, aber der wirkliche Hintergrund war der, dass ich für den Sommer irgendwo bleiben sollte. Er musste weiterhin arbeiten und reisen und hatte meine Schwester und mich für die sechs Wochen Schulferien nicht zu Hause haben wollen. Also wälzte er uns an Sue ab, die allerdings inzwischen auch berufstätig war und im Grunde genommen das Ganze gar nicht gut fand. Wir waren rundum überflüssig und ich fühlte mich nirgendwo willkommen.

Nachdem wir den Sommer wieder in Kanada und wieder im falschen Ort verbracht hatten, nämlich in Mississauga anstatt bei unseren Freunden in Oakville, ging ich ins Internat in Heidelberg zurück und war froh darüber einen Ort zu haben, an dem ich wohnen konnte und essenstechnisch und auch sonst betreut wurde. Wieder durfte ich im Häusle wohnen -bei meiner nach wie vor sehr geschätzten und sehr gemochten Frau Schmid- und konnte wieder in „mein" altes Zimmer ziehen, in dem ich das erste Jahr gewesen war. Meine neuen Zimmerkameradinnen waren Susanne und Heide. Susanne kam aus Karlsruhe und war ins Internat gekommen, da sie aus gesundheitlichen Gründen einiges an der Schule versäumt hatte und sich nun im Internat ausschließlich auf ihre schulischen Leistungen konzentrieren sollte. Sie war ein großes blondes Mädchen, schlank und schlaksig. Sie wirkte so gar nicht sportlich und trug zudem eine starke Brille, die ihre Augen verschwinden ließ, sodass man zunächst kaum sah, dass sie sehr schöne grüne Augen hatte. Sie kleidete sich ausgesprochen konservativ und brachte mir im Laufe des Schuljahrs die Bedeutung mancher Markenamen wie z.B. Burberry bei. Äußerlich wirkte sie zunächst recht kühl, so wie ich mir eine kühle Norddeutsche vorstellte.

Heide kam aus dem Saarland und erklärte mir, dass sie aufgrund eines Todesfalls einiges an der Schule versäumt hatte und nun ins Internat gekommen war, um aufzuholen. Viel mehr sagte sie eigentlich nicht. Sie schien an nichts sonderlich interessiert zu sein außer am Lernen. Modisch gesehen war sie mit ihren knallengen Jeans eher in die Richtung Musiker-Groupie zu stecken. Das einzige, was ihre etwas distanzierten Augen manchmal aufblitzen ließ, war, wenn sie von ihrem jüngeren Bruder erzählte, dass er Kart-Rennen fuhr. Sie war sich sicher, dass er eines Tages ein richtig großer Rennfahrer werden würde. Sie steckte uns so sehr mit ihrer Überzeugung an, dass auch wir Aufkleber auf unsere Hefte klebten mit den Namen von irgendwelchen Kart-Rennen oder Rennbahnen. Und ich, ich war nach wie vor kanadisch-sportlich konservativ in meinem Kleidungsstil. Da ich nur knapp die 9. Klasse geschafft hatte, musste auch ich mich sehr auf meine schulischen Leistungen konzentrieren. Da waren wir also, drei Mädels, die alle ziemlich verschieden waren, alle etwas Schreckliches hinter sich hatten und nun sich alle konzentrieren sollten. Ob das klappen würde? Meine neuen Zimmerkameradinnen waren ruhig und zunächst ziemlich verschlossen, also tat ich das, was man im Internat machte, man stellte keine weiteren Fragen. Ich hatte aber auch nicht das Gefühl, dass ich mit diesen zwei Mädchen warm werden würde und dachte mir, wie gut ich es doch mit Veri und Steffi gehabt hatte.

Man weiß nie, wenn man im Internat jemanden kennen lernt, ob die Gründe, die er für seinen dortigen Aufenthalt angibt, wirklich wahr sind. Sie könnten teilweise zutreffend sein oder gänzlich erfunden. Daher war es immer interessant zu hören, was sie sagten, aber man musste davon ausgehen, dass es möglicherweise auch nicht stimmte. Dann gab es auch Mädchen, die gar nichts als Grund angaben, die Stillen. So hatte ich einmal erfahren, dass ein Mädchen im Internat war, weil ihre Mutter sich das Leben nehmen, ihre Tochter aber nicht alleine zurücklassen wollte. Also versuchte die Mutter erst die Tochter mit Schlaftabletten zu töten und als sie dachte, es wäre ihr gelungen, beging sie ihren Selbstmord. Die Tochter überlebte und war nun -mehr oder weniger anonym- unter uns. Von mir wusste ich sicher, dass meine Mutter gestorben war und mein Vater keine Zeit für mich hatte oder anders ausgedrückt, ein erfolgreicher Geschäftsmann war. Also hatte ich einen toten Elternteil und einen abwesenden, weshalb ich betreut werden sollte. Suspekt war für mich immer, wenn die Mädels zwei Eltern hatten, die beide noch lebten und das auch noch zusammen unter einem Dach. Da fragte ich mich immer: Wieso waren sie im Internat? Und ich hatte das Gefühl, dass es für die Mädchen vielleicht so herum schlimmer ist, wenn alles zu Hause von außen intakt wirkte, denn dann war möglicherweise etwas doch nicht intakt, da sonst die Mädels doch zu Hause wohnen würden, oder? Aber sie wollten, konnten oder durften nicht offen drüber reden.

Mit meinem Vater telefonierte ich, um ihm von meinen neuen Zimmerkameradinnen, Susanne und Heide zu erzählen. Wie immer fragte er nach dem Nachnamen der Mädchen. Als ich sagte, wie Susanne mit Nachnahmen hieß, meinte er: „Frage sie mal, ob ihr Vater Dietward heißt. Wenn ja, sag' ihr, sie solle ihrem Vater einen Gruß von mir ausrichten." Da war ich etwas verblüfft, dass mein Vater dachte, er könne möglicherweise den Vater meiner Zimmerkameradin kennen. Woher denn auch, wenn er doch einen Großteil seines Erwachsenenlebens im Ausland gelebt hatte? Aber dennoch: Ich erzählte Susanne, was mein Vater gesagt hatte und sie gab es beim nächsten Telefonat mit ihrem Vater weiter. Da hörte ich von ihr: „Mein Vater meinte, dass, wenn Dein Vater mit Vorname Hans hieße, dann solle ich ihn zurückgrüßen lassen." Beim nächsten Telefonat erklärte mir mein Vater, dass sie beide Jahre lang bei Pfaff tätig gewesen waren und sich daher kannten. Da die Grüße sachlich, aber nicht herzlich gewesen waren, nahm ich an, dass die Zwei wohl eher nicht Freunde gewesen waren. Susanne und ich konnten diesen Zufall kaum fassen und gerade weil wir beide vermuteten, dass unsere Väter nicht gut miteinander ausgekommen waren, war für uns die Tatsache, dass wir zwei nun zusammen auf einem Zimmer waren, ziemlich komisch.

Im Internat ging es mir zunehmend besser. Im Vergleich zu meinem ersten Jahr hatte ich dieses Mal wirklich nette Freundinnen, was die Sache viel angenehmer machte. Insofern war die Kritik im Internatsbericht vom ersten Jahr richtig gewesen, dass ich mich mehr hätte um Kontakte kümmern müssen, anstatt mich mit Carin und Heidi abzukapseln. Aber damals war ich noch so sehr unter Schock wegen der ganzen Umstellungen, dass ich mich an Vertrautes klammern musste. Der Schock war inzwischen gewichen und an dessen Stelle eine Leere in mir eingekehrt, niemanden zu haben, der sich zu Hause um mich kümmern konnte. Zu der Leere kam noch ein Stück Verzweiflung, durch den enormen Druck, die 10. Klasse auf Anhieb schaffen zu müssen. Der Kreislauf Schule, Hausaufgabenbetreuung, Lernen und noch mehr Lernen ging wieder los. Da war ich sehr froh darüber, Ariane mit bei der Hausaufgabenbetreuung zu haben, die versuchte mir das Lernen leichter dadurch zu machen, dass sie mir Sachen erklärte, die ich nicht verstand. Zum anderen verstand sie es immer wieder, durch ihren einmaligen Humor, scharf an der Grenze zwischen toleriertem und störendem Witz in die sonst so trockene Stunden rein zu bringen. Irgendwann erzählte sie mir, dass ihr Bruder auf einem Internat in der Schweiz sei, wo es ihm überhaupt nicht gefiele, weshalb sie ihm regelmäßig schrieb und dadurch versuchte ihn aufzumuntern. Also schloss ich mich an und schrieb ihm auch den einen oder anderen Brief. Es tat gut, einem anderen Leidenden auf diese einfache Art zu helfen, und wie sie mir versicherte, freute auch er sich über die Post. Erst in dieser Zeit erfuhr ich, dass der Vater von Ariane erst kürzlich verstorben war und dass auch sie eine Halbwaise war. Vielleicht war es das, was uns vereinte.

Zu meiner eigenen Überraschung vermisste ich meine Schwester nicht wirklich. Im Gegenteil, ich war sogar froh, sie nicht um mich zu haben, denn sie war in der Zeit, in der wir im Internat waren, so voller Hass dem Internat gegenüber, dass ich unter ihrem Einfluss nicht auf die Idee gekommen war, die positiven Seiten des Internats zu sehen. Inzwischen spürte ich unter den Mädchen im Internat eine Verbundenheit, denn wir alle waren in der Situation, nicht zu Hause wohnen zu können oder zu wollen. Die Ursachen waren verschieden. Manche wollten einfach zu einer besseren Schule gehen, die sie sonst in ihren

Heimatorten nicht hatten. Andere waren Halbwaisen, Waisen, Scheidungskinder bzw. Kinder alleinerziehender berufstätiger Mütter oder Väter. Manchmal empfand ich es so, als wären wir zum Großteil ein Haufen Reste. Das verband uns in unserem Humor, in unserer Hilflosigkeit, in unserer Ausweglosigkeit. Denn hier waren wir aufgehoben. Auch die Mädels, die einander nicht sonderlich mochten, hatten doch wenigstens Respekt vor den anderen, denn man wusste nie, was das andere Mädchen durchgemacht hatte. So gesehen war das Internat eine enorme Lektion, eine einmalige Erfahrung, um unsere Sozialkompetenzen zu entwickeln oder zu verbessern.

Für manche Mädchen bot das Internat eine Ersatzfamilie, mit Ersatz-Müttern und Ersatz-Geschwistern, Streit und Versöhnung, Regeln und Missmut, aber auch Geborgenheit und Schutz. Für manches Mädchen war es mehr als es zu Hause hatte, Reichtum hin, Armut her. Apropos Armut: Ich habe mal erfahren, dass die Ober-Mutter „Benita", die manche von uns als zu streng empfanden, die aber doch ein gutes, wenn auch teilweise verborgenes Herz hatte, einem Mädchen, welches von zu Hause fast gar nichts bekam, sogar aus eigener Tasche einen Wintermantel kaufte.

An meinen Reisewochenenden musste ich feststellen, dass mein Vater und Carin in Stuttgart scheinbar alles gut im Griff hatten. Carin musste sehr viel auf ihr Abitur hin lernen, hatte aber auch noch Zeit für Freunde und Aktivitäten. So hatte sie sich auch für einen Schüleraustausch mit einem Mädchen aus Australien gemeldet, und als ich eines Tages nach Hause kam, war sie da. Sie war blond mit einer australischen Sonnenschein-Ausstrahlung, recht extrovertiert und machte den Eindruck später mal eine richtige Party-Löwin werden zu können. Sie trug einen Mantel aus Känguru-Fell, was ich zuvor noch nie gesehen hatte, und wir die Frage nicht unterlassen konnten, ob man in solch einem Mantel besser hüpfen kann. Unseren Herbst fand sie unglaublich kalt. Carin und sie machten sich über das deutsche Wetter und auch sonst noch alles Mögliche lustig. Am meisten freute sie sich darüber, bei uns gelandet zu sein anstatt bei einer typischen Deutschen Familie. Das war zwar für ihre Deutsch-Kenntnisse nicht förderlich, aber dafür hatte sie viel Spaß bei uns.

Hochzeit

Es kamen die Herbstferien und somit auch die Hochzeit von Sue und Ed. Mein Vater und ich würden gemeinsam von Stuttgart über London nach Toronto fliegen. Erst mal gab es aber in Stuttgart am Flughafen für mich einen ziemlich unangenehmen Zwischenfall. Mein Vater und ich waren gemeinsam zur Passkontrolle gegangen, er wurde durch gewunken und ich zunächst nicht. Die Polizisten fragten mich, wo ich geboren sei und ich antwortete: „In Caracas, Venezuela." Daraufhin schauten sie mich sehr misstrauisch an, ließen mich dann aber doch weiter gehen. Mein Vater und ich wurden dann für ein körperliches Abtasten getrennt. Ich ging zur Frauenkabine, er zur Männerkabine. In der Kabine kam zu der bereits dort wartenden Polizistin noch eine zweite hinzu und stellte mir dieselben Fragen von eben nochmals und dazu noch weitere. Ich wurde gründlich am ganzen Körper abgetastet, was ich recht unangenehm fand, und musste auch noch einige Kleidungsstücke ausziehen. Das Ganze wurde mir zu viel und ich stand unter dem Eindruck, dass hier ein Missverständnis vorlag. So fragte ich, ob sie meinen Vater dazu holen könnten, was aber diese Frauen eher reizte, als es mir nutzte. Meine Bitte verneinten sie und stellten mir stattdessen noch mehr Fragen: Wo ich hinfliegen würde und für wie lange und warum über London und was ich da vorhätte. Ich antwortete: „Nach Toronto für eine Woche, zur Hochzeit meiner Schwester und über London fliegen wir, weil mein Vater die Tickets so gekauft hat." Inzwischen hörte ich irgendwo meinen Vater ziemlich laut mit irgendjemandem diskutieren. Das schien geholfen zu haben, denn ein männlicher Kollege schaute in meine Kabine herein und sagte, dass sie mich gehen lassen sollten, was die Polizistinnen nur ungern taten. Ich war erleichtert und war am Gehen, als eine der Polizistinnen mir doch tatsächlich voll in die Haare griff und einmal kräftig nach unten zog. Ich war völlig entsetzt! Was machte diese bekloppte Frau da mit mir? Ich schrie sie dementsprechend an und sagte, dass das weh getan hätte. Sie sagte lediglich, sie wollte nur sicher gehen, dass ich keine Perücke trug. Nach diesem Angriff war ich sehr froh, meinen Vater zu sehen, der offensichtlich aufgebracht und auch sehr froh war, mich wieder zu sehen. Ich erzählte ihm, was alles passiert war, und er bestellte den obersten Diensthabenden her in einem entsprechenden Tonfall, sodass die Polizisten spurten. Mein Vater ließ wohl irgendwelche wichtigen Namen aus der Wirtschaft, Politik oder Justiz fallen und warf zusätzlich mit juristischen Ausdrücken und Drohungen um sich, was funktionierte. Der oberste Diensthabende hörte sich unsere Geschichte an, sprach dann mit den Polizistinnen und entschuldigte sich anschließend bei uns für die ganze Sache. Seine Erklärung für das Ganze lautete, dass eine der Polizistinnen in mir eine Ähnlichkeit mit einer gesuchten Terroristin gesehen hatte. Na klasse, dachte ich mir, das auch noch! Dass ich erst 16 war und die gesuchte Frau vielleicht 20 oder älter war, schien ihr entgangen zu sein. Diese Polizistin hielt meinen Pass für eine Fälschung, mein Aussehen für eine Tarnung, meinen Vater für eine Lüge und mich für eine Bedrohung. Aber zum Glück hat sich alles aufgeklärt. Für mich war das aber ein sehr beängstigendes Erlebnis gewesen. Da waren sie wieder, Deutschland und seine Terroristen. Es war das, was ich schon drei Jahre zuvor in Kanada dachte: Ich will nicht in ein Land ziehen, das solche Probleme hat. Und nun war dieses Problem, wenn auch nur kurzfristig, auch meines geworden. Dementsprechend froh war ich, so froh wie noch nie, Deutschland zu verlassen.

In Kanada angekommen, wartete vieles auf uns zu erledigen, und einiges auf meinen Vater zu bezahlen. Carin war wegen einer Chemie Klausur getrennt von uns geflogen, aber bald waren wir alle vereint. Es war ein schönes Gefühl und das erste Mal seit langem, dass wir Vier mal zusammen waren. Mein Vater hatte schon die Flugtickets für sich, Carin und mich und auch für Sue's beste Freundin Henny bezahlt, denn sie war schließlich eingeladen und sollte Trauzeugin sein. Wir vier Mädels wohnten bei Sue in ihrem Apartment. Mein Vater bevorzugte ein Hotelzimmer für sich alleine. Zügig mussten noch die letzten Vorbereitungen getroffen werden. Mit meinem Vater fuhr ich zu seinem Schneider nach Toronto, wo er sich die Anzüge abgeholt hatte, die er dort bei seinem letzten Besuch bestellt hatte. Mein Vater trug nur maßgeschneiderte Anzüge. Die Kosmetikerin, die uns zur Zeremonie schminken würde, kam zu uns zum Probeschminken, die Kleider mussten anprobiert werden. Sues Hochzeitskleid musste noch fertiggestellt und bezahlt werden. Dann waren da noch das Kostüm für Sues Hochzeitsreise, die Blumen, das Essen, die Kirche, die Pfarrer, die Band, der Bankett-Saal und die Limousine. Es war eine Menge, das Sue vorbereitet hatte und es war sehr beeindruckend. Wir hatten sehr viele Termine und auch Einladungen, aber das Ganze machte auch enorm viel Spaß. Am Abend vor der Hochzeit feierten wir noch mit den Brautjungfern und nachdem die anderen nach Hause gegangen waren, blieben wir noch sehr lange wach. Sue und Henny feierten noch weiter, was wohl der Abschied von ihrem Junggesellinnen-Leben sein sollte. Vor dem Schlafengehen versteckten Carin und ich sämtliche Wecker, die wir finden konnten, so dass Sue am nächsten Morgen verkatert und schimpfend um 6:00 Uhr auf Wecker-Suche gehen durfte. Sie hatte einen abartig frühen Termin beim Friseur und es ging ihr dabei nach dem wenigem Schlaf vermutlich nicht so gut.

Die Trauung sollte ökumenisch in einer katholischen Kirche in Mississauga abgehalten werden, mit einem katholischer Priester und einem evangelischen Pfarrer. Unser Pfarrer war unser treuer Pfarrer Knaack, der katholische Priester hieß Bonk. So hatten Carin und ich wieder mal etwas zum Lachen: Die Knaack und Bonk Trauung! Wir fanden, dass das unglaublich komisch klang! Bedauerlicherweise waren wir einfach nicht in einem Alter, um

Respekt vor einer ökumenischen Trauung zu haben, was damals übrigens noch ein richtiges Novum war. Pfarrer Knaack musste grinsen, als er uns wieder sah, die Schwestern, die einst seine schwierigen Konfirmandinnen waren, die „Beißzange" wie er uns genannt hatte. Ich weiß nicht, was er wirklich dachte, als er uns sah, aber er war erstaunlich freundlich uns gegenüber. Am Tag der Trauung schüttete es wie aus Kübeln und Sue meinte, das sei ein schlechtes Omen für ihre Ehe. Mein Vater beruhigte sie und sagte, sie müsse es so sehen: Bei solch einem Wetter kann es nur noch besser werden! Sue sah einfach fantastisch aus, trotz Regen. Die Trauung war wunderschön, die große Kirche voll bis an den letzten Platz.

Danach ging es zum Festsaal, der für 320 Personen bestens vorbereitet war. Nach dem Foto-Termin kamen auch schon die ersten Gäste und wir standen am Eingang und begrüßten sie alle mit Händedruck oder einem Küsschen. Bis der Saal voll war, schien eine sehr lange Zeit zu vergehen und uns allen taten vom Händeschütteln die Hände weh. Diese kleine Unannehmlichkeit konnte der fantastischen Stimmung im Saal nichts anhaben. Reden wurden gehalten und das mehrgängige Menü ließ auch keine Wünsche offen. Das anschließende Tanzen bot uns Bewegung und Freude. Der ganze Abend war märchenhaft. Am Schluss verabschiedete sich das junge Brautpaar und alle waren sichtlich gerührt von ihrem Glück, auf das sie sich Jahre lang vorbereitet hatten. Es war ein wunderschönes Fest gewesen.

Kurz nach diesem wunderbaren Ereignis ging es für alle wieder zurück ins echte Leben. Wieder im Internat angekommen, fragten die Mädchen, ob es denn tatsächlich wahr sei, dass ich für eine Woche über den Atlantik geflogen war? Ich musste antworten, dass es tatsächlich so war. Allerdings fügte ich immer hinzu, dass ich schließlich zur Hochzeit meiner Schwester geflogen war. Mancher Klassenkameradin verschlug es trotz der Begründung die Sprache über diese weite Reise für einen so kurzen Aufenthalt. Viele von ihnen hatten noch nie ein Flugzeug bestiegen und die wenigsten waren überhaupt mal in Übersee gewesen. Ich versuchte die Sache zu relativieren, denn ich merkte, dass das Ganze nicht gut angekommen war. Sie schienen neidisch und zum Teil regelrecht verärgert darüber, dass mir so etwas möglich war, ihnen aber nicht. Bei manchen galt es geradezu als eine protzige Zur-Schau-Stellung einer finanziellen Überlegenheit, so zu reisen. Ich konnte nicht fassen, wie feindselig manche mir gegenüber waren. Das war Neid pur, was ich da erlebte. Dass an der Hochzeit 320 Personen teilnahmen, erzählte ich daraufhin nur ganz wenigen vorsichtig ausgewählten Mädchen, darunter meinen Zimmerkameradinnen. Den anderen hätten die Dimensionen überfordert.

Mit Ariane habe ich auch diese Anfeindung mancher Mädchen besprochen, als sie an einem unserer langweiligen Sonntagnachmittage, an denen es nichts anderes zu tun gab, als Tee zu trinken, zu mir gekommen war. Inzwischen hatten wir auch außerhalb der Klasse und der Hausaufgabenbetreuung noch manchen Besuch beim Orthopäden gemeinsam gemacht und bummelten auch mal samstags in Heidelberg. Ich war diejenige von uns, die immer zusätzliches Taschengeld hatte. Mein Vater gab mir 50 DM im Monat, womit ich mehr als das Doppelte zusätzlich hatte als das offiziell erlaubte Taschengeld. Im Gegensatz zu den meisten anderen „Internen" ging es mir taschengeldmäßig richtig gut. Nicht nur Ariane hatte immer weniger als ich zur Verfügung. An diesem Sonntag aber sagte ich ihr, dass ich diese Anfeindungen nicht verstehe. Schließlich sei es nicht angeberisch, zur Hochzeit der eigenen Schwester zu reisen! Ich konnte doch nichts dafür, dass ich sehr weit reisen musste, um daran teil zu nehmen. Dass dieser internationale Lebensstil nicht beneidenswert war, sondern zum einen mühsam erarbeitet durch meinen Vater, zum anderen aber mir wenig Freude brachte, das sahen die Mädchen nicht. Sie schienen meine Familiensituation mit luxuriösem Jet-Set zu verwechseln, der nach Monaco oder sonstwo hinflog um Party zu machen. In meiner Familie gab man viel Geld dafür aus, einander zu sehen und ich war verärgert über den mir fälschlicherweise entgegengebrachten Neid. Und ich meinte noch zu Ariane, dass ein Mädchen sogar so weit ging, mir vorzuwerfen, ich hätte nur Interesse daran, mich mit Reichen zu umgeben. Ha! Wie fand ich das daneben! Ich suchte mir meine Freunde nicht nach ihrem Wohlstand aus, sondern danach, ob ich sie nett fand oder nicht. Sie schaute mich an und meinte „Du hast keine Ahnung, nicht wahr?" und ich fragte sie, wovon ich keine Ahnung haben sollte. Sie meinte: „Von meinem Großvater." Ich wusste nicht, was ihr Großvater mit dem Thema Anfeindungen zu tun hatte, aber ich ahnte, dass sie versuchte, mir etwas zu sagen. So fuhr sie fort, dass ihr Großvater ein erfolgreicher Unternehmer sei. Also gut, sagte ich ihr, dafür musst du dich nicht schämen. Wir können alle nichts dafür was unsere Eltern oder Großeltern für Berufe haben. Mein Großvater war auch erfolgreich und mein Vater auch. Also, kam sie heraus mit der Sprache und verklickerte mir, dass ihr Großvater einer der größten Unternehmer Deutschlands sei. Na gut, das waren dann doch andere Dimensionen, als ich sie aus meiner Familie her kannte. Deshalb mochte ich sie weder mehr noch weniger. Komisch fand ich aber, dass sie immer weniger Taschengeld hatte als ich.

Wie schön war es für mich und auch die Anderen, als die Adventszeit begann, die traditionell im Thadden sehr andächtig gefeiert wurde. Mit einfachsten und vielleicht auch gerade dadurch schönen Mitteln wie Tannenzweigen und

Kerzen wurde unser Speisesaal adventlich wärmend und einladend geschmückt. Wir alle saßen wie in einer riesengroßen Familie zusammen und sangen Weihnachtslieder. Dabei wurde es vermutlich jedem von uns warm uns Herz und manchen sogar wärmer als in der eigenen Familie zu Hause.

Zu Weihnachten fuhren wir als Fast-Familie, Dad, Wally und ich in die Schweiz, nach Arosa. Natürlich freuten wir uns wie immer auf das bevorstehende Skierlebnis und ganz besonders in diesem Jahr auch auf einen neuen Skiort. Aber die Stimmung war anders als sonst und es schien an Wally zu liegen. Sie war traurig und nach wenigen Tagen musste mein Vater auch mit mir Klartext reden. Er hatte bereits im Herbst den Vorschlag zu einer Versetzung bekommen, den er uns zwar mal zwischen Tür und Angel mitgeteilt hatte, wir aber nicht ernst nahmen, da er doch erst versetzt worden war. Nun war es aber bereits so weit, dass er dieser Versetzung zugestimmt hatte. Ich konnte nicht fassen, was ich da hörte. Er war doch erst zwei Jahre in Deutschland und nun sollte er nicht nur versetzt werden, sondern auch noch ins Ausland?! Aber wie stellte er sich das vor? Wir hatten doch erst einigermaßen die deutsche Sprache gelernt. Noch immer hatte ich schulische Schwierigkeiten und meine Schwester war in der 13. Klasse und somit kurz vor dem Abitur. Er konnte doch nicht im Ernst meinen, dass wir jetzt schon wieder einen Länder- und Sprachwechsel verkraften würden! Nein, auf keinen Fall! Oder doch? Vielleicht, wenn wir in ein Englisch sprechendes Land ziehen würden, könnten sich unsere Probleme auflösen. Möglicherweise schon, aber seine Versetzung war nach Spanien, wie ich gleich erfahren durfte. Da blieb mir doch mal wieder die Sprache weg, ich war sprachlos. Wie bitte, sollten wir jetzt auch noch Spanisch lernen? Das konnte doch unmöglich sein Ernst sein! Aber er meinte, es sei definitiv sein Ernst, und es ginge nach Madrid. Dort gebe es auch deutsche Schulen, zu denen wir wechseln könnten, fügte er hinzu. Nach dem Initialschock folgte zum grundsätzlichen Thema „Versetzung", folgte bei mir der erste Gedanke über das Land von dem er sprach. Spanien, das klang nach Wärme und Lebensfreude und in meinen Ohren vielleicht doch interessant. Ein Umzug dorthin käme möglicherweise doch in Frage. Aber was war mit Waltraut? Sie war doch schon anderthalb Jahre mit unserem Vater zusammen. Würde sie ihn einfach gehen lassen? Hatte sie denn überhaupt irgendetwas in dieser Situation zu sagen? Würde er ohne sie umziehen? Oder würde sie mitziehen, vielleicht als seine Ehefrau? Es gab so viele Fragen und wenige Antworten. Dafür gab es aber, wie immer, ein Ultimatum. Gleich nach dem Skiurlaub ging es für meinen Vater bereits nach Madrid. Ich fand das alles in sich unfassbar und zudem noch, dass ich, dass wir schon wieder vor vollendeten Tatsachen gestellt wurden. Als Carin nach einer

Woche zu uns stieß und wir das Thema mit ihr besprachen, meinte sie schlichtweg, dass sie keinen weiteren Wechsel mitmachen würde und in Ruhe ihr verdammtes Abitur machen wolle. Thema beendet.

Wenigstens beim Skifahren hatten wir Dank einer Gruppe junger, attraktiver, lustiger und ein bisschen verrückter Schweden eine Menge Spaß. Genau genommen waren die zum Anbeissen süß! Trotz meiner Speckröllchen versuchte ich, sie durch mein inzwischen erstaunlich gutes Skifahren zu beeindrucken. Diese Schweden hatten jede Menge Unsinn im Kopf und so kamen sie wie gerufen als Therapie gegen den Stress, den wir aufgrund der neuen Nachrichten unseres Vaters hatten. Jeden Tag aßen sie auf der Ski-Hütte und so wollte ich auch mal dabei sein. Normalerweise aßen wir aus meiner Familie wie gewohnt aber nicht auf der teuren Ski-Hütte. Als ich von meinem Dilemma erzählte, mit den anderen oben essen zu wollen, sagte mein Vater, sehr zu meiner Überraschung, das sei kein Problem. Die Schweden seien sehr höfliche und zuvorkommende Menschen und wenn sie mich am nächsten Tag fragen würden, ob ich mit ihnen Mittagessen wolle, sollte ich lediglich antworten: „Jag har inga pengar", was übersetzt bedeutet „Ich habe Hunger". Also merkte ich mir meinen kleinen Satz und freute mich schon darauf, ihn zum gegebenen Zeitpunkt anwenden zu können. Und der kam. Höflich fragten sie mich, wie jeden Tag, ob ich denn mitkommen wollte und ich antwortete stolz und sichtlich zufrieden mit mir: „Jag har inga pengar". Daraufhin meinte Lars, das sei kein Problem, ich solle mitkommen und er würde mich einladen. Auch nicht schlecht, dachte ich. Natürlich fragten sie mich, woher denn so plötzlich meine Schwedisch Kenntnisse kämen, woraufhin ich erklärte, mein Vater hätte mir diesen Satz und auch andere wichtige Sachen wie „Snö" und „Snöboll" beigebracht. Die Jungs kringelten sich vor Lachen und ich hatte eine leise Ahnung, dass etwas nicht stimmte. Sie erklärten mir, dass ich auf ihre Frage hin, ob ich mit zum Mitagessen kommen wollte, geantwortet hatte: "Ich habe kein Geld", nicht "Ich habe Hunger". Mir war das so peinlich, daß ich am liebsten unter den Tisch gekrochen wäre! Von dieser Geschichte abgesehen, hatte ich viel Spaß mit "meinen" Schweden. Und was unsere täglichen waghalsigen Rennen anbetraf, bei denen mir in der Schussfahrt die Oberschenkelmuskeln zitterten und vor Schmerzen brannten, so schickten mir die Jungs eine Postkarte ins Internat: Lars hat sich am Tag nach meiner Abfahrt bei einem Rennen beide Arme gebrochen.

Madrid, Spanien 1981

Im Januar trat unser Vater seine Stelle in Madrid an. Natürlich hatten wir nicht die Möglichkeit gehabt, in den Entscheidungsprozess mit einbezogen zu werden. Im Skiurlaub gab es lediglich einen Gedankenaustausch nach bereits beschlossener Sache. Er beteuerte aber, dass dies wirklich nicht sein Werk gewesen sei. Er sei von Hans L. Merkle, immerhin dem obersten Diensthabenden der Firma Bosch, mit dieser Aufgabe betraut worden. Die Lage in Spanien sei kritisch, da Spanien Teil der Europäischen Union werden wollte. Im Entscheidungsprozess hierzu haben die Politiker auch die Meinung eines Gremiums aus führenden Wirtschaftsexperten einholen wollen. Solche Gespräche standen an und man müsse daher genau wissen, ob es sich für deutsche Firmen lohnt, langfristig in Spanien zu investieren in Anbetracht einer erst vor wenigen Jahren beendeten Diktatur. In der neuen erst sich entwickelnden Demokratie sei noch zu vieles ungewiss und zudem müssten Arbeitgeber von zu starken sozialistischen Gesetzgebungen ausgehen, die ein wirtschaftliches Handeln wenig rentabel machten. Kurz gefasst erklärte uns mein Vater, dass er Spanisch könne und Herr Merkle ihn darum gebeten habe dort hin zu gehen, um die Lage zu eruieren. Da war ich doch etwas platt. Mit solch einer schwergewichtigen Begründung hätte ich nicht gerechnet. Das wog alles viel mehr als gewöhnliches Sicherstellen des Einkommens oder Fortkommens in der Firma. Die Erweiterung von Europa, was für ein fantastisches Anliegen! Da konnte ich meinem Vater nicht mal böse sein, dass er so kurzfristig aufbrechen musste. Ich war sehr beeindruckt, dass er direkt oder indirekt etwas dazu beitragen konnte. Und, wie er auch noch hinzufügte, war er weder in Karlsruhe noch in Stuttgart sonderlich gerne. Er kam mit den Kollegen und Vorgesetzten, die ihn im Grunde genommen um seine Auslandeinsätze und -Erfahrungen zutiefst beneideten, dies aber niemals zugegeben hätten, einfach nicht zurecht. Stattdessen legten sie ihm Steine in den Weg, blockierten seine Verbesserungsvorschläge, wie zum Beispiel die optische und auch funktionale Vereinheitlichung der „Bosch-Dienste" zunächst in Deutschland und später auch europaweit. Sie lehnten es ab mit Kommentaren wie „Nicht alles, was Sie im Ausland erlebt haben, lässt sich auf uns übertragen" und waren schlichtweg kleinkariert. Mein Vater musste also zugeben, dass die Sache, der er jetzt nachging, auch für ihn persönlich wirklich einen tieferen Sinn hatte. Er wurde bei Bosch im Inland nicht wieder wirklich glücklich, also ging er gerne wieder ins Ausland. Seine Vorschläge bezüglich der „Bosch-Dienste" wurden übrigens umgesetzt während seines Spanien-Aufenthalts. Allerdings kassierte einer der „Kleinkarierten" das Lob für die wunderbaren Ideen.

In Madrid leitete mein Vater eine Bosch-Tochterfirma namens FEMSA, zusammen mit einem Kollegen. Noch im Januar schrieb er mir auf einer Postkarte: „Finally found a postcard and the time to write. To go to school every day is a very hard job - I prefer working! So far I like Madrid. After snow the first day it's nice and warm by now", etwa „Endlich habe ich eine Postkarte sowie die Zeit gefunden zu schreiben. Jeden Tag zur Schule zu gehen ist ein harter Job - da arbeite ich doch lieber! Bis jetzt gefällt es mir in Madrid. Nach dem Schnee am ersten Tag ist es jetzt schön und warm". Die Karte mit der „Plaza Colón" wurde mit einen Happy Face mit riesigen Augen unterschrieben. Ich stand unter dem Eindruck, dass es meinem Vater gut ging und er ziemlich heiter war. Das war auch zu vermuten, denn er hatte mir noch verraten, dass er sich unglaublich darauf freute, ausgerechnet nach Spanien zu ziehen. Er und meine Mutter waren unbeschreiblich glücklich gewesen in ihren Jahren in Südamerika. Sie liebten alles Latein-Amerikanische. Nun hoffte mein Vater in Spanien auch etwas davon zu spüren zu bekommen. Ich hoffte es auch sehr für ihn, nachdem ich begriffen hatte, dass auch seine Repatriierung nach Deutschland nicht so sehr gelungen war. Und wie er so liebevoll von sich und meiner Mutter sprach, heimsten zusätzliche Pluspunkte für ihn bei mir ein. Und Wally war nicht mitgezogen, sie blieb in Stuttgart.

Kurz nachdem ich diese Karte bekommen hatte, kam ich eines Tages aus der Schule ins „Häusle" zurück. Frau Schmid stand schon da, um mich zu begrüßen und ich erahnte eine schlechte Nachricht, denn sie hatte einen äußerst besorgten Gesichtsausdruck, der schon sagte: Ich muss dir etwas sagen. Die Nachricht war die der politischen Ereignisse in Madrid, die sie versuchte, mir zu erklären. Es habe in Madrid einen Putschversuch durch Rebellen gegen die spanische Regierung gegeben und ich versuchte sie zu verstehen und gleichzeitig auszuwerten, ob das eine Gefahr für meinen Vater bedeutete. Frau Schmid sah besorgt aus, als sie mir das mitteilte, denn auch sie wusste noch nichts Genaueres. Mit einem Schlag fühlte ich mich verloren. Wo war mein Vater? Wie ging es ihn? Sie sagte, dass wir noch keine schlechte Nachricht von oder über meinen Vater erhalten hätten und dass das im Grunde genommen eine gute Nachricht sei. Sie war sich sicher, dass er anrufen würde, sobald es möglich wäre, aber anscheinend gab es ein Problem mit der Kommunikation nach Madrid. Wir konnten nur abwarten. Noch am selben Tag erreichte er Frau von Egen telefonisch, die mir dann die gute Botschaft überbrachte, alles sei bei ihm in Ordnung. Vor Freude und Erleichterung hätte ich weinen können, aber zunächst steckte mir noch der Schreck in den Knochen und ich war wie betäubt. Das alles musste ich erst mal verarbeiten. Noch in derselben Woche konnte auch ich mit meinem Vater telefonieren. Er beruhigte mich und versicherte mir, dass er nicht in Gefahr gewesen war, oder jetzt sei. Die ganze Situation war zwar so kritisch gewesen, dass sich König Juan Carlos von Spanien an das Volk wandte, denn die Demokratie wie auch seine Position standen auf der Kippe, würden die Rebellen siegen. Mit den Worten „Es sind lediglich Verkehrsumleitungen aufgestellt und ich habe einen längeren Weg zur Arbeit" spielte mein Vater die Situation herunter. So ganz glaubte ich ihm aber nicht.

Kurz danach standen bei uns eine Woche Faschingsferien an. Da der ganze Madrid-Umzug noch nicht im Detail beschlossene Sache war, d.h. noch unklar war, wer von unserer Familie genau dorthin mit umzieht und wer nicht, sollte ich meinen Vater dort besuchen. Er wollte mir die Stadt zeigen und wir sollten alle Möglichkeiten für meine Zukunft dort erörtern. Wegen dieser Reise war ich ziemlich nervös, denn alleine zu fliegen war nach wie vor nicht mein Ding. Zudem würde ich in ein Land fliegen, dessen Sprache ich nicht beherrschte, und das wenige Wochen davor vor einer möglichen gewaltsamen Machtübernahme gestanden war. Ein Teil von mir wollte nicht hin, aber der Flug war gebucht, das Ticket hatte damals über 1.000 DM gekostet und schon allein deswegen hätte ich mich nicht getraut, einen Rückzieher zu machen. Zudem wollte ich schließlich auch meinen Vater sehen. Um meinen Flug rechtzeitig zu erreichen, bekam ich von der Schule tatsächlich die ausnahmsweise erteilte Erlaubnis, am letzten Schultag vor den Ferien früher abreisen zu dürfen. Alle, Internatsleiterin, Schulleiterin und Direktorin fieberten mit mir mit. Frau Schmid stand in der großen Pause startklar mit ihrem kleinen roten Auto und fuhr mit mir zum Flughafen Frankfurt. Mir war fast schlecht vor Aufregung. Im Vorfeld hatte ich meinen Vater gefragt, was ich noch bei der Grenzkontrolle oder beim Zoll sagen sollte, um zu erklären, dass ich auf Besuch bin und nichts zu verzollen hätte. Er fasste es kurz und meinte: Sag' einfach: „No hablo español", was schlichtweg bedeutet: Ich spreche kein Spanisch. Vertraut habe ich ihm nach der schwedischen „Ich habe Hunger"-Nummer nicht wirklich. Aber er versicherte mir, ich könne ihm diesmal vertrauen.

Mit der spanischen Fluggesellschaft Iberia flog ich direkt nach Madrid. Die Sitze waren so klein, daß ich mich eingeengt fühlte. Unter den Sitzen war nicht genug Platz für meine Tasche. Die Stewardessen sprachen nur Spanisch und das Essen habe ich als ziemlich lausig in Erinnerung. Neben mir saß eine sehr gepflegte Asiatin, der anzusehen war, daß sie dasselbe Unwohlsein empfand wie ich. Als uns die schriftlichen Zollerklärungen auf Spanisch verteilt wurden, schauten wir einander an und mußten lachen. Dann taten wir unsere Köpfe zusammen und Englisch sprechend wurstelten wir uns durch die auszufüllenden Zettel. Was für ein schlechtes Aushängeschild dieser Flug für Spanien war!

Endlich in Madrid angekommen, ging ich mit meiner Nebensitzerin aus dem Flugzeug auf den Ausgang zu, als es um uns herum laut wurde. Ein Mann schien zu schimpfen und als ich zu ihm hinschaute, mußte ich feststellen, dass er mit mir schimpfte. Er winkte mich mit einer Handbewegung zu sich herüber und da er eine Uniform anhatte, folgte ich ihm. Er schimpfte weiter und hatte sich vermutlich beschwert, dass ich nicht sofort bei seiner ersten Aufforderung zu ihm herüber gekommen war. Ich lächelte höflich und sagte meinen einzigen gekonnten spanischen Satz: „No hablo español". Meine Tasche stand vor ihm auf einem Tisch und er forderte irgendetwas. Es dauerte noch etwas, bis ich begriff, dass er meinen Pass haben wollte. Diesen schaute er interessiert an, dann bekam er ganz große Augen, schaute mich ziemlich wütend an und schnauzte mich mit Worten an, von denen ich nur verstand: Caracas, Venezuela und español. Von Kopf bis Fuß bekleidet in Mausgrau, wie es sich für eine reisende Privatschülerin gehörte, stand ich weiterhin da, höflich lächelnd und wiederholte meinen Satz: „No hablo español". Offensichtlich glaubte der kleine hitzköpfige Spanier nicht, dass ich kein Spanisch sprach, da ich schließlich geborene Venezuelerin war. Jetzt verstand ich sein Problem. Das war für mich dumm gelaufen, aber ich konnte nichts dafür. Quasi als Strafe dafür, dass er mir immer noch nicht glaubte, dass ich kein Spanisch sprach, untersuchte er jeden Zentimeter meiner Taschen aufs Genaueste. Er nahm sogar die riesige Tafel Toblerone-Schokolade heraus, die ich für meinen Vater gekauft hatte, öffnete sie und leerte sie auch noch aus. Er deutete darauf und schien zu fragen, was das sei. Ich lächelte ihn gewohnt höflich an und sagte auf Englisch dies sei Schokolade. Er war sichtlich enttäuscht, dass da keine Drogen oder sonstiges drin gewesen waren, denn ich bin mir sicher, auch er hielt meinen Pass für eine Fälschung und mich ebenso. Nach einer langen Denkpause seinerseits sagte ich zu ihm bestimmt: „No hablo español", packte meine Sachen wieder ein und ging weiter. Ich war mir nicht sicher, ob er mir nachlaufen würde und hatte dementsprechendes Herzklopfen. Als ich meinen Vater endlich sah, nahm ich ihn ganz fest in die Arme und er mich auch. Ich glaube, wir Zwei hatten uns in unserem ganzen Leben noch nie so sehr gefreut, einander zu sehen.

Wir fuhren in das Hotel Eurobuilding, in dem er wohnte und für die Dauer meines Besuchs eine kleine Suite genommen hatte. Auf dem Weg dorthin bekam ich im Schnelldurchgang die ersten Eindrücke von Madrid, einer wunderschönen Stadt, der anzusehen war, dass sie eine Weltmetropole mit glorreicher Vergangenheit war. Die fantastischen Gebäude strahlten etwas aus, was den Besucher wissen ließ, wir sind ein stolzes Volk. Ehrfürchtig und beeindruckend fand ich alles, was ich sah. Noch am selben Abend gingen wir zum Essen aus, allerdings zu einer Uhrzeit, bei der ich im Internat schon auf meinem Zimmer sein musste. Mit dem Taxi fuhren wir zum „Plaza Mayor", einem absoluten architektonischen und historischen Höhepunkt der Stadt. Dort betraten wir ein enges Lokal, das laut, warm und verraucht war. Mein Vater versicherte mir, dass es eines der besten einheimischen Restaurants war, als wir in den Keller hinabstiegen, wo wir uns mit Arbeitskollegen und Freunden von ihm trafen. Ich wurde aufs Wärmste begrüßt und man sagte mir, mein Vater hätte sich riesig auf meinen Besuch gefreut und sie freuten sich mit ihm. Diese Spanier hatten eine Herzlichkeit, die sich in Deutschland nur in einem förmlichen Händedruck ausgedrückt hätte. Mir gefiel ihre Art sehr gut und, obwohl mir von diesem langen und ereignisreichen Tag ziemlich flau im Magen war, versuchte ich mich mit ihnen zu unterhalten. Zum Essen bekam ich etwas, das ich weder optisch noch vom Geruch her irgendwo zuordnen konnte. Es war eine Spezialität von grüner und brauner Farbe, fest und flüssig gemischt und mit einer schwimmenden Öl-Masse obendrauf. Dementsprechend begeistert war ich, dies zu mir nehmen zu müssen, ohne mir dabei anmerken zu lassen, dass mich die Brühe ziemlich anekelte. Nach dieser "Delikatesse" musste ich erst mal zur Toilette, denn ich hatte das Gefühl, dieses Essen wollte mich auf dem schnellsten Weg wieder verlassen. Da ich etwas länger weg gewesen war, fragte mich mein Vater, ob alles in Ordnung sei. Meine großen Augen und ein kaum unterdrückter gequälter Gesichtsausdruck ließen ihn vermuten, dass es mir nicht gut ging. Da er noch mitten in seinem Geschäftsessen war, einigten wir uns schnell darauf, dass ich alleine mit dem Taxi zum Hotel zurück fahren sollte. Wir würden den Spaniern sagen, dass ich schlichtweg müde war, da ich bereits um 6:30 h aufgestanden war und einen Flug hinter mir hatte. Also setzte mich mein Vater in ein Taxi, gab mir einen Geldschein mit vielen Nullen in die Hand und sagte dem Fahrer, wohin er mich bringen sollte. Meine Erlösung schien in Sicht. Dann fuhren wir einen Weg, der mir ganz anders und auch länger schien als der, den wir gekommen waren. Meine Beobachtung versuchte ich dem Fahrer auf Englisch mitzuteilen und sagte zudem, dass ich krank sei und er sich beeilen sollte. Nach einer längeren Fahrt waren wir endlich angekommen und ich gab ihm meinen Geldschein. Kurz überschlagen hatte ich ausgerechnet, dass ich noch einige Hunderter zurückbekommen musste, aber mir wurde schon schwindlig. Also forderte ich ihn mit Handzeichen auf, dass er schneller machen sollte. Dann gab er mir eine ganze Hand voll Kleingeld. Das Geld war mir völlig fremd und ich war nicht in der Lage, mich damit zu beschäftigen. Da sich mein Essen wieder meldete, zeigte ich dem Portier meine Handvoll Kleingeld und meinte, dass ich hier wohl übers Ohr gehauen wurde. Zum Diskutieren konnte ich nicht bleiben und rannte so schnell wie möglich zu meinem Zimmer. Dort angekommen, trennten sich die Brühe und ich voneinander und ich ging, völlig erschöpft, ins Bett. Als mein Vater kurz danach zurückkam, schaute er noch nach mir. Ich muss einen ziemlich elenden Eindruck gemacht haben, denn er besorgte mir noch eine Wärmflasche sowie Medikamente gegen Durchfall, Schwindel und Erbrechen. Am nächsten Morgen ging es mir wieder erstaunlich gut. Ich vermute, mir war das alles etwas zu viel Aufregung gewesen. Trotzdem blieb ich am Vormittag noch im Bett. Erst am Nachmittag ging ich dann durch Madrid spazieren und landete im Nobelkaufhaus „El Corte Inglés". Von allem was ich dort sah war ich endlos beeindruckt und begeistert. Es war leider zu schade, dass ich nicht eines dieser superreichen Kinder war mit Kreditkarte und hohem Limit darauf. Ich hatte nur wenig Bargeld und so blieb es beim Schauen und es reichte mir noch für eine Zeitschrift.

Schon am selben Abend hatten wir eine Einladung bei einem spanischen Unternehmer und seiner Familie zu Hause in ihrer Villa. Unser Taxi brachte uns in eine Wohngegend, die erhebliche finanzielle Erfolge erahnen ließ in einem Maße, wie ich es in meinem Leben noch nicht gesehen hatte. Und ich war gespannt, was uns dort erwartete. Meinen Vater bat ich nur darum, mich nicht dazu zu zwingen, scharfe oder fettige spanische Speisen zu mir nehmen zu müssen. Dort angekommen wurden wir vom Butler hineingebeten, der uns zum Warten ins Herrenzimmer führte. Dieses ließ das meines Großvaters Paul Bauder wie eine großzügige Abstellkammer mit Büchern wirken. Die Deckenhöhe im Haus war höher als ich es jemals in einem Privathaus gesehen hatte. Im Herrenzimmer waren die Wände mit Leder bezogen und mein Vater, der dort schon mal gewesen war, erklärte mir, dass es sich hierbei auch noch um ein hochwertiges Leder handelte. Die riesigen und pompösen Möbel mit ihren Verzierungen und Gold schienen mir eher etwas aus einem Film zu sein. An den Wänden hingen üppige Portraits der Familienmitglieder. Aus dem Staunen kam ich nicht mehr heraus, als schon der Hausherr ankam, auf dessen Erscheinen ich schon ziemlich gespannt aber gar nicht vorbereitet war. Dieser Mann kam laut und freudestrahlend auf meinem Vater zu und begrüßte ihn herzlich, als würden sie sich schon ewig kennen. Mir ist dabei nicht entgangen, dass der kleine weißhaarige Mann höchstens so groß war wie ich. Dann kam er direkt auf mich zu und begrüßte mich ebenso herzlich, als wäre ich eine nahe Verwandte. Er sprach überschwänglich mit mir und ich vermutete, dass er mich willkommen hieß. Mein Vater musste übersetzen. Unser Gastgeber war zwar offensichtlich sehr vermögend, sprach aber nicht mal Englisch. Nachdem die Männer kurz etwas Ernsteres besprachen, brachen wir schon in den nächsten Raum auf. Auf dem Weg dorthin teilte ich meinem Vater meine Beobachtung mit, dass der Herr doch lispelte. Mein Vater musste sein Lachen unterdrücken und erklärte mir, dass die spanische Aussprache so sei, woraufhin ich nur meinte, dass könne unmöglich sein Ernst sein. Wer lispelt denn schon freiwillig?! Im nächsten Raum angekommen, dass die Dimension eines kleinem Saals hatte, saß die Dame des Hauses, eine wirkliche Grande Dame in aufwendiger Kleidung, mit üppigem Schmuck und einer Frisur, die offensichtlich nur ein Friseur so gekonnt hinbekommen konnte. Hier fühlte ich mich zu bescheiden angezogen, aber ich konnte daran nichts ändern. Unsere Gastgeber waren eben Vollblut-Spanier und ich kam aus einem schwäbisch-kosmopolitischen protestantischen Elternhaus. Um der Señora herum saßen und standen weitere Personen, ihre Kinder, Freundinnen und Angestellte. Alle begrüßten mich einzeln und herzlich. Es war unglaublich! Sehr zu meiner Erleichterung sprachen die Kinder alle Englisch, auch wenn ich diese Art und Weise der Aussprache und Betonung nie zuvor gehört hatte, war es lustig.

Am nächsten Tag schon besuchte ich die Deutsche Schule, auf die ich sehr gespannt war. Leider sprachen die Jugendlichen untereinander meist Spanisch und so fühlte ich mich, obwohl ich vorgestellt wurde, ziemlich fehl am Platz. In der Pause ging es in ein Stadt-Café, was im Thadden undenkbar gewesen wäre. Aber hier waren alle entspannt und aufgeklärt, südländisch eben. Sie waren nicht nur Stadt-Menschen, sondern offensichtlich Teil einer Metropole, in der die Uhren anders tickten als in einem kleinen deutschen Vorort. Ich kam aus dem Staunen nicht mehr heraus. Die Mädels waren modebewusst gekleidet, alle rauchten und tranken echten Kaffee. Sie waren geschminkt und trugen wertvoll aussehenden Schmuck. Was mich aber am meisten beeindruckte war, dass sie alle fließend Spanisch sprachen, als hätte es für sie nie eine andere Sprache gegeben. Aber ich wusste, dass sie auch Deutsch, Englisch und zum Teil noch Französisch konnten. Auf meine Frage hin -die denen möglicherweise ziemlich dämlich vorkam- warum sie sich alle untereinander spanisch unterhalten würden, erklärte mir die Anführerin der Mädels, die mit den blonden Haaren, kurzem Rock und auffälligstem Goldschmuck, dass Spanisch eine so fantastische und leidenschaftlich lebendige Sprache sei, dass man sie einfach sprechen musste! Ach so, dachte ich mir und kam mir wirklich wie ein Landei vor. Oh je, dachte ich mir, wie soll ich da jemals dazu gehören? Davon abgesehen, wie sollte ich jemals fließend Spanisch lernen, wenn ich noch nicht mal gutes Deutsch konnte? Ich hatte erste Zweifel, ob ich diesen Umzug meistern würde. Aber ich wusste nicht, wem ich meine Bedenken mitteilen sollte. Oder wie.

Am darauf folgenden Tag besuchten wir noch den Golfklub, bei dem mein Vater Mitglied werden wollte, im Norden Madrids, dem "La Moraleja". Dort stand ein fantastisches Klubhaus, das seinen Golfklub Solitude nahe Stuttgart, in dem er Mitglied war, sehr bescheiden erscheinen ließ. Das hier waren ganz andere

Dimensionen und mein Vater meinte, der Preis für die Mitgliedschaft sei auch entsprechend höher. Aber er meinte, er würde noch mit Bosch darüber verhandeln, wie viel davon sie übernehmen würden, denn schließlich sei er von der Firma versetzt worden und erwartete, dass sie ihm im Rahmen der Versetzung auch diesbezüglich entgegen kommen würden. Das klang für mich logisch. Wir fuhren anschließend durch ein sich im Bau befindendes Wohngebiet, ähnlich wie damals die "Paradise Homes" in Oakville. Direkt am Golfklub angrenzend waren und entstanden Villen, Häuser und großzügige Doppelhaushälften. Von dieser Gegend war ich auf Anhieb begeistert! Endlich ein Wohngebiet mit Häusern und Grün anstatt Betonhochhausluxus. Alle meine Negativeindrücke von Flug, Pass-Kontrolle, Essen und Lispeln waren mit einem Schlag weggepustet. Auch meine Bedenken bezüglich der Schule waren verschwunden und ich sah vor mir nur noch unser neues Familienleben, ähnlich wie wir es in Kanada gehabt hatten. Mein Vater aber übersetzte mir die vielen Nullen auf den großen Plakaten und meinte, das hier könne er sich nicht leisten. Ich gab aber nicht nach und suchte die Baustellen ab, bis ich das kleinste der Häuser gefunden hatte mit nur 7 Zimmern, plus das für das "Mädchen", also dem Personal, so wie es in Südamerika auch üblich war. Mein Vater wurde nachgiebiger, aber er rechnete noch. Er meinte dieses "kleine" Haus würde um einiges mehr kosten als die Eigentumswohnung, die wir in Stuttgart hatten. Da ich nicht im Geringsten an der Wohnung hing und nun sowieso meine Zukunft in Madrid sah, war für mich alles nur noch eine Frage der technischen Abwicklung und ich würde möglicherweise in den Sommerferien in unser neues Glück umziehen. Aber mein Vater fragte, wie ich mir das vorstellen würde, dass er so viel Geld für ein Haus ausgeben sollte? In diesem Augenblick war ich stinksauer auf ihn und hielt mit meiner Entrüstung nicht hinterm Berg. Wofür, fragte ich ihn, würde er so viel arbeiten, internationale Versetzungen auf sich nehmen und unsere Familie auseinanderbrechen lassen, wenn sich das nicht gut bezahlen lassen würde? Er meinte, er verdiene schon gut, aber nicht hervorragend. Da platzte mir endgültig der Kragen und ich sagte, dass er mir nicht vormachen könne, nicht genug zu verdienen als Mit-Geschäftsführer einer Firma mit über 1.000 Angestellten, um nicht eine entsprechende Hypothek für eine Doppelhaushälfte aufnehmen zu können! Er schaute mich etwas überrumpelt an und nach einer längeren Pause meinte er: "Du bist ja wie deine Mutter." Das fasste ich als Kompliment auf und fragte ihn dann noch, ob ihm seine Familie denn nichts bedeuten würde und ob er denn nicht meinte, dass wir ein Zuhause verdient hätten? Die Lösung meiner Sehnsucht nach einem Haus und einem Familienleben sah ich hier vor mir und freute mich über meine Zukunft in Spanien. Danach war es zwischen uns still und wir fuhren weg. Mein erster Besuch in Madrid war kurz danach zu Ende und ich war mir sicher, dass es mir in diesem Land mit den herzlichen Menschen sehr gut gefallen würde.

Wieder zurück in meinem Internat, schrieb mein Vater im März eine Postkarte aus Ägypten. Abgebildet war die Giza Pyramiden-Gruppe. Zu mehr als „Auch aus Cairo sendet Euch herzliche Grüße, Euer Daddy" reichte es nicht. Vielleicht reicht ihm die Zeit nicht, vielleicht war es auch seine Stimmung. Was nicht geschrieben stand, war, dass er 21 Jahre zuvor mit unserer Mutter dort gewesen war und im Vorfeld dieser Reise der Erinnerung wegen melancholisch war. Er hatte eine Sehnsucht nach den guten alten Zeiten geäußert und zum ersten Mal auch, wie sehr er sie, seine Frau, vermisse. Möglicherweise kamen ihm dort tatsächlich sämtliche Erinnerungen hoch. Nach seiner Rückkehr von dort sprach er bei meinem Wochenendbesuch zu Hause kein Wort darüber, weder über die Reise noch über seine Gefühle für seine verstorbene Frau. Er schien in sich gekehrt und einsam zu sein.

In der Schule ging mein Lernstress weiter und ich versuchte mir vorzustellen, wie ich es ab dem nächsten Schuljahr bewältigen sollte, noch eine Sprache dazu zu lernen. Manchmal wurde mir regelrecht schwindlig ob dieser schier unlösbaren Situation. Aber mir war klar, dass ich ein Familienleben brauchte und wenn mein Vater nun in Spanien lebte, ich dort auch hinziehen würde. Noch nicht klar war, wie sich Carin entschließen würde. Sie war in ihrem letzten Schuljahr und lernte unentwegt für ihr Abitur. Fest stand nur, dass sie studieren würde, aber das Wo oder Was war noch völlig offen. Sie könnte praktisch fast überall hinziehen zum Studieren, sofern sie die Sprache der Uni beherrschte. Praktisch bedeutete das, dass sie in Deutschland bleiben und studieren könnte. Aber wenn wir die Wohnung in Stuttgart verkaufen würden, stünde sie ganz alleine da, ohne Familie sowieso, aber zudem auch ohne die Wohnung, in der sie bereits zwei Jahre gewohnt hatte. Würden wir in Madrid das schöne Haus kaufen, könnte sie vielleicht in Madrid studieren und wir hätten wieder ein Familienleben zu dritt. Sie überlegte aber, nach Toronto zum Studieren zu ziehen denn sie wollte ihrem Ziel verfolgen, nach Kanada zurückzukehren. Dort wäre sie wieder in der Nähe von Sue, was ja auch nicht schlecht wäre. Allerdings würde ich sie dann zum ersten Mal in meinem Leben nicht mehr in meiner Nähe haben. Der Gedanke gefiel mir überhaupt nicht. So richtig zum Reden kamen wir Drei nicht, denn unser Vater war entweder bei der Arbeit in Madrid oder international auf Geschäftsreisen unterwegs.

Es gab nur einen Weg endlich zu einer Entscheidung zu kommen und der war, dass wir über die Osterferien gemeinsam unseren Vater in Madrid besuchen sollten. Meine Schwester und ich waren beide begeistert. Im Vorfeld hatte ich meiner Schwester von unserem möglichen neuen Zuhause erzählt und sie war gespannt auf alles, was Madrid und seine Umgebung zu bieten hatten. Zuerst war gedacht gewesen, dass Carin und ich alleine nach Madrid fliegen sollten, denn unser Vater wollte endlich mal Zeit mit uns verbringen und sich auch um uns kümmern. Gleichzeitig war es dabei allzu verständlich, dass seine Partnerin sich durch eine solche Aktion ausgegrenzt fühlen würde. Davon abgesehen, dass sie nach wie vor in meinen Vater verliebt war und auch Zeit mit ihm verbringen wollte, war auch sie auf Madrid gespannt. Nun musste mein Vater eine Entscheidung treffen, die sowohl der Partnerin als auch den Kindern gerecht werden, ihm aber auch zusagen würde. So beschloss er, dass wir alle drei zusammen nach Madrid kommen sollten. Wir, die Kinder, hatten gemischte Gefühle bei dieser Entscheidung. Zum einen bildeten wir uns ein, quasi ein Exklusivrecht auf unseren Vater zu haben. Zum anderen wollten wir wirklich mal mit ihm alleine sein. Aber es schien ihm doch immer besser zu gehen, wenn er eine Partnerin bei sich hatte, also taten wir ihm zuliebe so, als würde es uns nichts ausmachen. Aber wir buhlten alle um seine Aufmerksamkeit. Abgesehen davon, hatten wir wirklich wichtige Entscheidungen zu treffen, die uns alle vier maßgeblich betrafen. Also flogen wir drei gemeinsam ab Stuttgart, wahrscheinlich alle mit gemischten Gefühlen.

Dort angekommen hatten wir ein volles Programm geplant und sollten zudem an den Werktagen tagsüber an der Berlitz-Schule Spanisch-Unterricht nehmen. In unserem Intensivkurs hatten wir nach sechs Stunden Unterricht noch einiges an Vokabeln zu lernen. Natürlich glänzte Carin im Erlernen der Sprache mehr als ich. Aber ich war schon froh darüber, dass ich nach wenigen Tagen mir meinen Orangensaft mit: „Uno zumo de naranja por favor" bestellen konnte. Inzwischen wohnte unser Vater in einem Apartment-Hotel des Eurobuilding, wodurch er zu den Schlafzimmern zusätzlich noch ein Wohnzimmer hatte. So zu wohnen war für unsere Familie völlig normal; neues Land, Zwischen-Unterkunft, Sprache lernen, neue Kultur kennenlernen.

Was sich uns alles in Madrid schon allein an Kunst bot, hätte uns ausreichend beschäftigen können. Wir verbrachten zwei Mal einen halben Tag nur im Museum Prado, wo wir uns fast ausschließlich mit der klassischen spanischen Kunst beschäftigten und Namen wie Greco, Goya und Velázquez mit in unsere Allgemeinbildung aufnahmen. In einem Reiseführer über Madrid hatte ich beim

Durchblättern das Prado Museum abgebildet gesehen, woraufhin ich zu meinem Vater meinte: „Schau dir mal dieses schöne Haus an!" Er und meine Schwester antworteten etwas trocken: „Das ist kein Haus. Das ist ein Museum." Sie hatten mich beide daraufhin als größenwahnsinnig bezeichnet, obwohl ich beteuerte, das Bild nur kurz gesehen und es nicht genauer angeschaut zu haben. Auf jeden Fall fand ich das alles, worauf wir uns konzentrierten, sehr schwere Kunstkost. Mich bewegte wie düster, trist oder aussichtslos viele Gemälde wirkten. Man hatte den Eindruck vermittelt bekommen, dass Spanien sehr schwere und grausame Zeiten gehabt haben muss. Mir ging es durch und durch. Spanien war tatsächlich leidenschaftlich, im Guten wie im Bösen. Ich war zutiefst bewegt, beeindruckt und etwas besorgt.

In den folgenden Tagen besuchten wir viele historische Sehenswürdigkeiten in und um Madrid. Wir fuhren zum „Real Sitio San Lorenz de El Escorial" (Königliches Schloss Sankt Laurentius von El Escorial), eine Schloss- und Klosteranlage aus dem 16. Jahrhundert, in dem auch Gebeine der Königlichen Familie über Jahrhunderte begaben lagen. Dieses gigantische Bauwerk verschlägt einem schon bei der Anfahrt dorthin die Sprache. Als Anspielung auf meinen Kommentar zum Prado, meinte mein Vater auf dem Weg dorthin, wir würden zum „King's summer house" fahren.

Auf der Fahrt dorthin musste ich meinen Vater doch mal fragen, was für eine Automarke er denn fahren würde. Er hatte seit meinem letzten Besuch einen Firmenwagen bekommen, einen Seat in einem quietschenden Grün-Ton. Er meinte, das sei das Top-Modell von Seat, woraufhin wir uns alle kringelten vor Lachen! Als er uns auf der Autobahn die Top-Geschwindigkeit des Top-Modells vorführte, mussten wir geradezu mitleidig lachen! Wir fragten besorgt, wie denn die anderen Kisten dann wohl aussahen. Unser Urteil war hart und gemein, aber wir kannten unseren Vater ausschließlich als Mercedes-Fahrer und diese viereckige Kiste hatte nicht die geringste Chance gehabt, es mit dem sicheren Fahrgefühl eines Mercedes aufzunehmen. Der Witz war aber der, dass das Auto mit einer Top-Stereoanlage von Blaupunkt ausgestattet war, was unübersehbar an den in den Türen und sonstwo angebrachten Lautsprecher zu erkennen war. Zur Demonstration drehte er nun die Lautstärke Stufe um Stufe hoch, bis die Boxen vibrierten und die Stärke der Stereoanlage uns ins pure Grölen versetzte. Kurz danach vibrierte das ganze Auto und wir meinten, er müsse runter drehen, bevor das Auto anfing, auseinander zu brechen. Abschließend meinten wir, dass er nun so ausgestattet sei, dass er sein Auto stehen lassen, die Anlage hochdrehen und drum herum eine open-air Disko eröffnen könnte.

Toledo, Claudia und Carin.

Wir hatten insgesamt viel Spaß miteinander auf dieser Reise. Wir besuchten auch die Stadt Toledo und alle kauften den einheimischen Modeschmuck mit den Blumenmotiven als Intarsien. In dieser kurzen Zeit entwickelte ich das Gefühl, dass wir Vier doch eine Chance als Familie hatten, auch wenn wir alle so sehr verschieden waren. Aber mein Gefühl sagte mir auch, dass zwischen Wally und meinem Vater noch nicht alles besprochen war. Als ich sie fragte, ob sie sich denn vorstellen könne, mit uns nach Spanien zu ziehen, meinte sie, dass sie in Stuttgart ihre Arbeit hätte. Das kam mir merkwürdig vor, denn es gab es für eine gebildete Frau wie sie doch sicherlich auch Arbeit in einer so großen Stadt wie Madrid. Vielleicht hätte sie auf der Deutschen Schule arbeiten können? Aber mir war ihre Aussage zudem etwas fremd, da ich mir eine berufstätige Frau an der Seite meines Vaters nicht wirklich vorstellen konnte. Meine Mutter hatte nicht gearbeitet und es wäre auch schwierig gewesen wegen der vielen Umzüge. Meinen Vater kannte ich als einen konservativen Mann, dessen Ehefrau nicht arbeitete. Und da ich den Eindruck hatte, als wollte er wieder eine Ehefrau haben, musste diese doch in seine Vorstellungen passen, einschließlich Haus und Kinder betreuen und natürlich auch Kochen. Ob die Liebe zwischen den beiden so stark war, dass Wally ihr selbständiges Leben für eine traditionelle Ehefrau, „Hausfrau" und Mutter-Rolle eintauschen würde? Oder vielleicht hatte mein Vater in den letzten Jahren dazugelernt und war bereit, eine selbständige Frau an seiner Seite zu schätzen. Die Kindererziehung war nur noch bedingt wichtig, da ich die letzte war, die noch minderjährig war. Aber dass Wally nicht kochen konnte, das schien ein Problem zu sein. War es denn so etwas Banales, warum unser gemeinsames Glück nicht funktionieren sollte? Ich war zu jung, um etwas davon verstehen zu können und auch nicht wirklich fähig, es zu analysieren. Die Situation und deren Lösung schienen mir so einfach, aber die Erwachsenen machten es in meinen Augen sehr kompliziert.

Wir kamen von Madrid zurück und ich war voller Hoffnung und Freude, dass wir im Sommer mit oder ohne Wally nach Spanien ziehen würden. Vielleicht könnte Carin dort eine Universität besuchen. Das Haus wäre auch groß genug für längere Besuche von Sue und Ed. Wie aufregend das alles war! Nach Stuttgart schickte unser Vater uns eine Postkarte aus Hong Kong. Er schrieb: „Have a glimpse at Hong Kong, it's beautiful. Have a nice April", „Schaut Euch Hong Kong an. Es ist wunderschön. Einen schönen April noch". In einem bald darauf folgendem Telefonat teilte ich meinem Vater meine Aufregung und Begeisterung bezüglich des Umzugs nach Madrid mit, worauf er für mich recht unerwartet meinte: „Du ziehst nicht nach Madrid." Mir verschlug es wieder einmal die Sprache. Ich soll nicht nach Madrid umziehen? Warum nicht? Wohin sollte ich denn dann hinziehen? Was war mit unserer Familie? Er war doch mein Vater und konnte unmöglich einfach Deutschland verlassen und mich nicht mitnehmen. Wie sollte ich hier zurecht kommen, ohne Eltern? Ich wollte doch nicht mal hier leben! Das war doch nicht meine Heimat! Erst nahm mein Vater uns unsere Heimat weg, zwang uns dazu, hier zu wohnen und dann zog er wieder ins Ausland. Das war für mich unfassbar! Er meinte, es sei doch zu weit, von La Moralecha mit dem Bus jeden Tag in die Stadt zur Schule zu fahren und auch wenn die deutsche Schule ein Ganztagsschule war und ich tagsüber versorgt wäre, müsste ich dann mit dem Bus wieder nach Hause. Er meinte, ich würde doch am Tag vielleicht 10 Stunden weg sein. Aber genau das war doch das Gute an der Sache, fand ich! So konnten wir gemeinsam frühstücken und später am Abend zusammen Abendessen. Ich konnte nirgendwo ein Problem sehen. Die Zeit dazwischen würde ich sowieso für meine Hausaufgaben brauchen, sodass ich effektiv den ganzen Tag beschäftigt sein würde. Abgesehen von all den technischen Details würde ich im Sommer 17 Jahre alt werden und schon fast volljährig. Er müsse mir doch auch mal eine Chance geben, so wie Carin ihre in Stuttgart bekommen hatte. Ich flehte ihn regelrecht darum an. Das Gespräch war zäh und endete damit, dass er sagte, Frau von Egen teilte seine Ansicht. Was hörte ich denn da? Frau von Egen wurde in unsere Entscheidungsfindung mit einbezogen und ich wusste von alledem nicht das Geringste?! Ich fühlte mich so was von hintergangen und konterte, dass sie das nur gesagt hat, damit ich weiterhin auf ihr Internat gehen müsste. Nein, mein Vater meinte: „Ich kann und will die Verantwortung für dich hier in Madrid nicht übernehmen." Davon abgesehen, meinte er, habe er sich dazu entschlossen, kein Haus in Madrid zu kaufen, denn die politische Lage sei noch nicht ausreichend stabil, um langfristig in eine Immobilie zu investieren. Mit diesen zwei Argumenten war ich K.O. geschlagen und am Boden zerstört. Womit das Gespräch beendet war.

Es dauerte nicht lange, bis ich Frau von Egen um ein Gespräch bat. Es war sicherlich meinerseits eines meiner unfreundlichsten und unhöflichsten Gespräche mit ihr. Aber sie fasste es mit Überlegenheit und Nachsicht auf. Zusammenfassend sagte sie mir klipp und klar, dass sie der Ansicht sei, ich könne nicht alleine für mich sorgen in einem fremden Land, dessen Sprache ich nicht mal beherrschte. Zudem wäre ich einer Großstadt nicht gewachsen. Sie fuhr fort, ich sei behütet aufgewachsen und eine Metropole wie Madrid bringe weitaus größere Gefahren mit sich, als ich mir vorstellen könnte. Von ihrer Argumentation war ich erschlagen. Obwohl ich erkannte, dass sie Recht hatte, hätte ich es damals nicht zugeben können. Meine Hoffnung darauf, Deutschland zu verlassen war enorm gewesen und nun mit einem Schlag dahin. Meine Sehnsucht danach, mit meinem einzigen lebenden Elternteil zusammenzuleben, war riesengroß und blieb unerfüllt. Die Aussicht auf eine Zukunft in Spanien war verlockend und vielversprechend, aber sie war nicht mehr meine. Das alles konnte ich ihr nicht sagen, aber die Menschenkennerin, die sie war, hatte sie das sich alles denken können. Das einzige, was mir zu dem Ganzen einfiel -quasi als Bestrafung dafür, dass ich mich von ihr hintergangen fühlte- war, ihr zu versichern, dass ich nach den Sommerferien nicht ins Internat zurückkommen würde und ihre Bemühungen, mich hier zu halten, umsonst gewesen waren.

Von meinem Vater fühlte ich mich endgültig weggestoßen. Unter diesen Umständen, dass meine Zukunft nun völlig ungewiss war, sollte ich noch das Schuljahr schaffen. Es war Stress, Stress und noch mehr Stress. Dann kam für mich die Hiobsbotschaft, die mir in dieser Phase meines Lebens fast das Rückgrat gebrochen hätte. Kurz nach diesen Neuigkeiten telefonierte ich mit meiner Schwester Carin. Unser ganzes Leben lang war es immer sie gewesen, die mich in schwierigen Zeiten getröstet hatte. Zum Beispiel, als wir als kleine Kinder über Wochen im Schwarzwald „geparkt" waren und nicht so recht wussten, wann oder ob unsere Eltern wieder zurückkommen würden. Auf jeden Fall hatte sie schon von den Entscheidungen unseres Vaters erfahren. Nun teilte sie mir mit, dass sie sich dazu entschieden habe, nach Toronto zum Studieren zu ziehen. Hilfe, meine Schwester würde mich verlassen!? Sollte ich alleine in Deutschland bleiben? Bitte nicht! Verlass du mich nicht auch noch, habe ich sie angefleht.

Zum ersten Mal in meinem Leben wollte ich nicht unbedingt weiterleben, denn ich fühlte mich so überflüssig. Für eine Zukunft konnte ich keine Perspektive sehen. Meine Familie hat mich verlassen und ohne sie konnte und wollte ich nicht sein. Es muss nicht immer Krieg sein, wie damals bei meinen Eltern, um einem jungen Menschen die Hoffnung zu nehmen. Ich hatte meine Mutter verloren, dann meine Heimat und meine Freunde, dann wurde ich durch einen Ozean von meiner einen Schwester getrennt. Dann das Internat. Dann zog mein Vater weg und nun sollte meine zweite Schwester auch noch durch einen Ozean von mir getrennt sein. Mir blieb nur die Möglichkeit, weiterhin in einem Land zu leben, in dem ich nicht sein wollte. Nein, das war mir alles zu viel. Die Motivation, weiter zu leben, wurde in dieser Zeit von Tag zu Tag geringer. Wäre ich doch nur jetzt schon tot, so hätte ich keine Sorgen mehr. Zudem wäre ich im Himmel bei meiner Mutter und könnte ihr erzählen, was alles passiert ist, nachdem sie uns verlassen hatte. Diese Gedanken waren die einzigen, die mir gefielen und ich überlegte, wie ich dem Sterben nachhelfen könnte. Die letzten vier Jahre waren mir zu anstrengend gewesen. Leider schien es niemanden um mich herum, ausreichend aufgefallen zu sein. Ich hatte zu viel verloren von dem, was mein Leben schön und lebenswert machte. Wie viele Verluste soll ein junger Mensch in solch einer kurzen Zeit verkraften können? Und wie soll man damit zu Recht kommen, dass die Verluste mit Misserfolge einhergehen? Die letzten drei Schuljahre waren für mich erfolglos gewesen, zum Teil eine Qual. Nun sollte ich ohne Unterstützung in der Gegenwart auskommen, um mich weiter auf eine Zukunft vorzubereiten, die für mich perspektivlos war? Heute bin ich erstaunt, dass ich damals nicht aufgegeben und durch eigene Hand mein Leben beendet habe.

Meinen Schwestern gegenüber muss ich den verzweifelten Eindruck gemacht haben, dass ich das nicht überstehen würde, wenn ich alleine in Deutschland zurück bleiben würde. Wir sprachen darüber wie wir dieses Problem lösen könnten. Eine von ihnen kam auf die geniale Idee, dass ich dann eben mit nach Toronto ziehen sollte. Sie wollten mich nicht alleine zurücklassen und meinten, da es in Toronto auch Internate gebe, würden sie das schon regeln. Damit meinten sie, unseren Vater davon zu überzeugen, dass das die einzige Lösung sei. Schon wieder war ich fassungslos, diesmal aber positiv. Es sah so aus, als müsste ich vielleicht doch nicht ohne Unterstützung in der Gegenwart auskommen. Und die Perspektivlosigkeit bekam eine hoffnungsvolle Wende.

Wie meine Schwestern das geschafft hatten, weiss ich nicht. Aber sie beide hatten sich schon immer dafür erfolgreich eingesetzt, was sie für richtig hielten. Bevor ich überhaupt verarbeiten konnte, was in den Wochen des Frühjahrs 1981 passiert war, flogen wir wenige Wochen später für die Dauer der

Pfingstferien nach Kanada zu Sue und Ed, um alle Möglichkeiten mit ihnen zu besprechen. Carin besuchte die Uni, zu der sie gehen wollte. Sue und ich besuchten Internate. Es war für Sue enorm anstrengend, uns dort zu haben und -mal wieder- sich darum zu kümmern, dass wir irgendwo einen passenden Platz finden würden. Allerdings war es dieses Mal, im Vergleich zu drei Jahre davor, wesentlich einfacher. Sie sprach die Sprache, hatte ein eigenes Auto und wusste, wohin wir fahren mussten. Dafür war aber ihre Zeit knapp, denn sie war voll berufstätig. Sue arbeitet in einer Bank und hatte mehr Stunden die Woche zu arbeiten als ihr Ehemann. Ed arbeitete bei seinem Vater im Büro. Somit war er auch flexibler und konnte auch zwischendurch etwas mit uns unternehmen. Er war, so wie wir es schon immer von ihm gekannt hatten, für uns da. Und wir, das eingespielte Trio, waren gerne zusammen. Für uns war er nicht nur der Ehemann unserer Schwester. Er war wie ein Bruder für uns, und ein liebevoller dazu. Sue und Ed hatten sich zu dieser Zeit nach einem Haus umgeschaut und so fuhren wir mit Ed auch zu verschiedenen Baustellen. Das Ganze war sehr spannend und man konnte sich für die Zwei nur freuen, als sie sich dazu entschlossen, ein eigenes Haus zu bauen. Ed versicherte uns, sobald das Haus fertig gebaut sei, wären wir jederzeit bei ihnen willkommen. Was für eine gute Aussicht!

Genf

Mit Mut für eine positive Zukunft und neuem Elan kehrte ich zurück in mein Internat und zur Schule. Die wenigen Tage noch bis zu meiner Entlassung konnte ich zählen. Verlockend war es für mich, die Stunden zu zählen, die ich noch in einer deutschen Schule verbringen musste, so sehr hasste ich dieses Schulsystem. Aber so viel Zeit hatte ich gar nicht. Nach wie vor musste ich um meine Noten kämpfen, um überhaupt das Schuljahr zu bestehen. Dies war die Voraussetzung dafür, dass ich nach den Sommerferien in Kanada zur Schule gehen konnte. Die Leiterin der Schule, Frau von Rad, nahm mich zur Seite, um mit mir ernste Worte zu sprechen. Anscheinend war ich die letzten Monate wieder ein Stückchen weiter in meiner Leistung abgerutscht und die Versetzung war ernsthaft gefährdet. Das war dank den Umständen nicht wirklich verwunderlich. Dank meinem Vater und seinem Arbeitgeber kam ich einfach nicht zur Ruhe! Sie ruinierten meine schulische Laufbahn. Dennoch versicherte ich ihr, dass ich, obwohl ich von Chemie nach wie vor nichts verstand und zwischen den Noten fünf und sechs herum dümpelte, das Schuljahr schaffen würde. Schließlich dürfte ich danach zurück in meine Heimat, und das würde ich mir nicht entgehen lassen.

Zum Glück hatten wir diverse einwöchige Klassenfahrten vor uns und ich konnte erst mal den Klauen der Schule entkommen. Ich hatte mich zu einer Städtereise nach Genf gemeldet, denn ich wusste, dass dort viele internationale Organisationen waren, die mich magisch anzogen. Wir würden mit etwa 15 Mädchen und einer Lehrerin mit dem Zug von Heidelberg nach Genf fahren. Wir waren alle sehr aufgeregt und gespannt. Lediglich Ariane, die sich auch zu dieser Reise angemeldet hatte, fehlte bei der Abreise noch. Sie war beim Geburtstag ihres Großvaters und sollte von dort aus direkt nach Genf fliegen und sich uns anschließen. Die Lehrerin, die ich vorher nicht kannte, die unsere Gruppe leitete und betreute, sagte vor versammelter Mannschaft: „Das Fräulein wird erst in Genf zu uns stoßen. Anscheinend ist sie sich zu fein, um mit uns Zug zu fahren." Da war ich aber sprachlos! Was sagte diese Frau für einen Unsinn?! Ariane war das ganze Jahr über mit uns jedes zweite Wochenende mit der Bahn in der zweiten Klasse gefahren. Manchmal waren die Züge so voll, dass wir nur einen oder zwei Sitzplätze gehabt hatten und uns halbstündlich mit dem Stehen und Sitzen abwechselten. Sie war sich keineswegs zu fein, um Zug zu fahren. Dieser Lehrerin teilte ich das so auch mit. Aber dafür erntete ich nur böse Blicke von ihr und zu meinem Erstaunen auch von manchen der externen Mädchen, die Ariane nicht mal kannten. Noch während der Zugfahrt schien sich die „Anti-Ariane"-Gruppe entwickelt zu haben und man lästerte über sie. Sie rissen sich regelrecht die Münder darüber auf, dass sie wohl nur fliegen konnte. Mit Fakten versuchte ich diesen Gemaule zu entgegnen. Ich erklärte, dass sie das ganze Jahr über nicht ein einziges Mal irgendwo hin geflogen war. Das interessierte die „höheren Töchter" nicht. Den Gipfel dieser Verleumdungskampagne, die angeheizt gewesen war von dieser untersetzten Lehrerin, die einen Kopf kleiner war als ich, dafür aber einen so breiten Hintern hatte, dass man sich fragen musste, warum die nicht umkippt, sollten wir noch bei unserer Ankunft in Genf am Bahnhof erleben. Die fette Kuh sagte doch tatsächlich, dass wir uns zu unserem Hotel beeilen sollten, denn wer weiß „Vielleicht landet das Fräulein mit dem Hubschrauber auf dem Dach!" und „Das wollen wir uns nicht entgehen lassen". Kichernd und gackernd folgten ihr die Mädchen, die ich Stunden davor noch als Klassenkameradinnen oder Mädchen aus Parallelklassen betrachtet hatte. Nun kamen sie mir vor wie eine Meute von Halbwilden, die auf dem Sensationspfad waren, um sich auf Kosten einer Unschuldigen zu ergötzen. Ich konnte es nicht fassen.

Noch in der Lobby des Hotels meinte die Lehrerin süffisant, sie werde „dem Fräulein", die bemüht war, gleichzeitig mit uns anzukommen, ordentlich den Kopf waschen. Ich war schockiert. Was war das für eine fiese Person?! Woher kam dieser tiefe Hass, der in ihr war, um eine ihrer Schutzbefohlenen dermaßen ungerecht schlecht zu machen? Hier geschahen Dinge, die ich mir nicht erklären konnte und die mir regelrecht Angst machten. Ich suchte mein Zimmer auf und verstaute meine Sachen, um auf dem schnellsten Weg Ariane entgegen zu gehen, um sie vor der bevorstehenden Attacke zu warnen. Aber ich hatte sie verpasst. Sie war bereits auf ihrem Zimmer und als ich dort ankam, saß sie völlig aufgelöst und heulend auf ihrem Bett. Noch ein Mädchen und ich versuchten sie zu trösten. Aber Ariane war hart getroffen und zutiefst verletzt. Sie wollte gleich wieder abreisen, aber wir beschlossen, dass wir diese Kuh nicht die Schlacht gewinnen lassen würden. Ariane sagte noch zu mir: „Würde ich doch nur Bauder heißen wie du. Du fliegst das ganze Jahr über in der Welt herum und es interessiert keinen Menschen." Es war fast ganz richtig, denn nachdem ich nach den Herbstferien ähnliche, aber mildere Attacken erlebt hatte, hatte ich beschlossen, den anderen nichts mehr über meine Reisen zu sagen, außer dass ich zum Beispiel meinen Vater besuche oder meine Schwester. Wo sie konkret wohnten, sagte ich nicht. Oder ich log sogar und sagte, dass ich mich mit ihnen in Stuttgart treffe. Aber es war zu meinem eigenen Schutz gewesen und so zog ich mir deren Neid und Zorn nicht auf mich. Was wirklich hinter meiner Familiensituation steckte und wie sehr ich darunter litt, das interessierte keinen Menschen. Genau so wie die Mädchen weder willens noch fähig waren, bei Ariane sich mit den Fakten zu beschäftigen. Das Ganze war widerlich und für uns eine enorme Trübung der Stimmung auf unserer ganzen Genf-Reise.

Wir schafften es dennoch, uns sämtliche Sehenswürdigkeiten anzusehen. Wir waren beim Roten Kreuz, wo wir uns einen riesigen Raum mit schier endlosen Karteikarten mit Namen von vermissten Personen ansahen. Bei den Vereinten Nationen besichtigten wir einen riesigen Sitzungssaal und waren anschließend im obersten Stockwerk des UN-Hochhauses mit Blick über dem Genfer See zum Mittagessen in der Kantine. Genf und der Lac Léman waren wunderschön. Diese Internationale Organisationen waren einfach fantastisch und inspirierten mich, später in meinem Leben beruflich etwas Sinnvolles machen zu wollen. Endlich hatte auch ich Ziele, wenn auch nur sehr vage. Jetzt war ich mir erst mal sicher, eines Tages hier oder in New York für die Vereinten Nationen arbeiten zu wollen. Diese Reise war ein wunderschöner Abschluss zu meinen drei Jahren in Europa. Getrübt war sie allerdings dadurch, dass ich erleben musste, wie unglaublich hässlich diese deutschen Fräuleins und Frauen sein konnten und deshalb wollte ich nur noch eins: Weg von ihnen für immer. In diesem Land, so schien es mir, durfte man nicht aus einer Familie sein, die Erfolg hatte, auch finanziell. Man gehörte in den Augen der weniger Erfolgreichen zu den Bösen. Was für eine verdrehte Welt, dachte ich mir. Schließlich waren es doch gerade diejenigen, die Firmen leiteten, die für Arbeit und Einkommen der anderen sorgten. Gedankt wurde das mit Neid und Missgunst.

Aber ich hatte auch gute Freundinnen im Internat gewonnen, Doro, Conny, Ariane und vor allem meine Zimmerkameradin Susanne. Ich würde sie vermissen und fand es schade, dass sich nun unsere Wege trennten. Aber das war nun mal der Lauf des Internatslebens.

Nachdem sie unendlich viel gelernt hatte, schaffte Carin in Stuttgart ihr Abitur mit einem mittleren Durchschnitt. Das war eine enorme Leistung für sie gewesen, aber dennoch war die Endnote schade. Denn wenn sie nicht einen Sprachwechsel hätte bewältigen müssen, wäre sie zweifelsohne eine Einser-Schülerin geblieben und hätte mit Auszeichnungen die Schule abschließen können. Sie hätte sicherlich ein in Nordamerika so bedeutendes Stipendium für eine Universität bekommen, hätte sie Kanada nicht verlassen müssen und die High School dort durchziehen können. Aber sie wurde um diese Chance betrogen. Dennoch feierte sie in Stuttgart ihren persönlichen Erfolg ausgiebig mit ihren Freunden, und bei einem Grill-Fest im Kräherwald verbrannten einige von ihnen manche ihrer Bücher. Carin verbrannte sie alle. Dad und ich waren sehr stolz auf sie, dass sie ihr Abitur geschafft hatte. Ihr Einsatz war enorm gewesen. Als Belohnung dafür durfte sie zurück in ihre Heimat, dort studieren und ihr künftiges Leben angehen.

Dagegen hatte ich tatsächlich nur mit Ach und Krach das Schuljahr bestanden, aber ich wurde in die 11. Klasse versetzt. Man gab mir ein Zeugnis und sagte mir, dass ich nun die Mittlere Reife hätte. Was auch immer das war, es interessierte mich nicht. Ich war praktisch schon am Packen und gedanklich mit einem Fuß schon in meiner Heimat. Für mich ging die dreijährige Horror-Reise, die allerdings durch manch schönen Urlaub positiv unterbrochen wurde, zu Ende. Ich freute mich unbeschreiblich und wollte nur noch nach Hause. Mein Onkel Alex hatte Recht gehabt in allem, was er gesagt hatte. Ich hätte nicht nach Europa gehen sollen und die Familie hatte nur eine Chance, wenn wir zusammen geblieben wären. Zwar hatte mein Vater berufliche Erfolge zu verbuchen, aber der Preis, den wir alle dafür bezahlt hatten, war viel zu hoch.

Wollte ich wenige Wochen davor noch tot sein, so hatte auch ich nun die Möglichkeit, mir eine Zukunft aufzubauen. Die Versetzung meines Vaters nach Spanien hatte ihn aber endgültig von uns getrennt. Ich weiß nicht, wie er sich dabei fühlte, seine eigenen drei Töchter künftig und für immer auf einem anderen Kontinent leben zu haben. Er hatte die Familie auseinander brechen lassen, quasi geopfert, und musste nun mit den Konsequenzen leben. Irgendwie hatten wir unseren Vater verloren. Wenigstens würden wir drei Schwestern, die alle im Herzen Kanadierinnen waren, wieder zueinander finden und wiedervereint werden. Eigentlich war meine Hoffnung, irgendwann wieder in meine Heimat zurück zu kehren, irgendwo in den letzten drei Jahren auf der Strecke geblieben. Aber dank der Tatsache, dass meine Schwester Carin ihr Ziel -die Rückkehr in unsere Heimat- nie aus den Augen verloren hatte, konnte ich mich nun an ihre Fersen heften. Europa hatte sich uns von vielen schönen und interessanten Seiten gezeigt. Wir hatten die Schweiz mehrmals erleben dürfen, in einem echten Schloss unseren Abschlussball erlebt, die nahezu umwerfende Ausstrahlung Madrids kennen gelernt und noch so manches mehr. Aber so beeindruckend die historischen Gebäude, so naheliegend die diversen Sprachen, so abwechslungsreich die Kulturen auch sein mögen, in mir schlug mein Herz noch kanadisch und so wollte ich mein „Abenteuer Europa" beenden und einfach nachhause fliegen, dorthin, wo ich mich am wohlsten fühlte.

Mit riesigen Koffern beladen standen wir am Frankfurter Flughafen und wussten, dass wir nur noch wenige Flugstunden davon entfernt waren, für immer unsere kanadische Heimaterde unter den Füßen zu haben.

Copyright © 2009, 2. Auflage 2025 Claudia Bauder

ISBN: **978-3-7693-8995-1**
Verlag: BoD · Books on Demand GmbH, In de Tarpen 42, 22848 Norderstedt, bod@bod.de
Druck: Libri Plureos GmbH, Friedensallee 273, 22763 Hamburg